Cuba

GUÍA TOTAL
CUBA

Textos: **Juan Cabrera** y **Fernando de Giles**. Actualización: **Isabel Urueña**. Editora de proyecto: **Ana Mª López Martín**. Coordinación técnica: **Mercedes San Ildefonso**. Técnico editorial: **David Lozano**. Equipo técnico: **Nuria Barbé** y **Karmelo Pardo**. Cartografía: **Anaya Touring**. Ilustración de la catedral de La Habana: **Fernando Aznar**.

Diseño de cubierta e interiores: **marivies**.

Fotografías: **Archivo Anaya:** 17 inf., 134, 135, 138 (izq.), 139 (dcha.), 156 (3), 215 (dcha.). **García Pelayo, A./ Anaya:** 134 (centro). **Leiva, A. de/ Anaya:** 166, 168. **Mike Steel:** 17 sup., 22, 23, 32 inf., 54-55, 57, 58 (2), 61, 62 inf., 64, 65, 66 (izq.), 84-85 (med.), 87, 88, 90, 101 (sup.), 103, 104 (2), 112-113 (3), 118, 130 (2 inf.), 149, 182, 185 (3 inf.), 192, 196, 214, 215 (izq.). **AGE Fotostock:** 12-13, 14-15, 21, 25 (2), 29, 34, 35, 36, 39, 46-47, 62 (sup. izq.), 69, 77, 78, 80 (3), 83, 93, 94-95, 96, 101 (inf.), 106-107, 108 (3), 116-117, 121, 122-123, 160-161, 180-181, 185 (sup.), 199. **Corbis:** 26 sup., 40-41, 124-125, 133, 140, 145, 159, 163, 167, 169, 175 (sup. e inf. dcha.), 176-177, 190, 213. **B. Dombrowski:** 171 (dcha.). **Hernández/ Avisón:** 194 (dcha.). **Istockphoto.com:** 17 med., 32-33, 50-51, 66 (sup. dcha.), 74 (izq. y med.), 75, 84 (3), 85 (3), 128 (2), 129 (2), 150 (2), 151 (2), 152-153, 154 (2), 162, 186 (3), 188, 200 (2), 203 (5), 205 (2), 206, 209 (sup. y med.), 210, 212, 217. **Stock Photos:** 175 (inf. izq.). **Oficina de Turismo de Cuba:** 66 (inf. dcha.), 70, 71, 130 (2 sup.), 171 (izq.), 209 (inf). **123RF:** 6-7, 48, 142, 146.

Los editores desean expresar su agradecimiento a la **Oficina de Turismo de Cuba** en Madrid por su valiosa colaboración en la publicación de esta guía.

Reservados todos los derechos. El contenido de esta obra está protegido por la Ley, que establece penas de prisión y/o multas, además de las correspondientes indemnizaciones por daños y perjuicios, para quienes reprodujeren, plagiaren, distribuyeren o comunicaren públicamente, en todo o en parte, una obra literaria, artística o científica, o su transformación, interpretación o ejecución artística fijada en cualquier tipo de soporte o comunicada a través de cualquier medio, sin la preceptiva autorización.

6ª edición: Enero 2014

© Grupo Anaya, S. A., 2014
Juan I. Luca de Tena, 15. 28027 Madrid

Depósito legal: M-33.268-2013
I.S.B.N.: 978-84-9935-615-0
Impreso en España - Printed in Spain

PRESENTACIÓN

Esta **Guía TOTAL de Cuba** se presenta como un magnífico instrumento para conocer por primera vez o bien revisitar este fascinante país. En ella se puede encontrar, por un lado, una exhaustiva descripción de su riqueza naturalística y cultural, y por otro, una completa información hostelera y de servicios diversos, muy útil para el viajero.

Para mayor comodidad, la información de este volumen se organiza en las siguientes secciones:

La primera parte, dedicada a la visita del país, comienza por **La Habana,** y está dividida en seis apartados correspondientes a otras tantas zonas de la ciudad (Habana Vieja, Habana centro, El Vedado y Miramar, Habana del Este, Barrio de Regla y Otros lugares de interés), además de un itinerario por los alrededores. A continuación se describe **el resto de Cuba,** en donde se propone la visita a otras ciudades, poblaciones, playas o espacios naturales de la isla interesantes de conocer.

La segunda sección, titulada **A vista de pájaro,** ofrece un recorrido panorámico por la geografía, la historia, el arte, la música y la cultura cubanos, por lo que constituye una excelente lectura para preparar el viaje.

La última parte está dedicada a **Informaciones prácticas** y ofrece abundante información sobre diversos temas como gastronomía, tipos de alojamientos, la documentación necesaria para viajar, medios de transporte, moneda, principales acontecimientos culturales y festivos, etc., así como una serie de direcciones útiles y una amplia **selección de restaurantes y hoteles** recomendados.

El carácter práctico de esta guía se ve reforzado por la **información cartográfica** en ella contenida: un mapa general de Cuba, cuatro mapas detalle para recorrer los itinerarios, un mapa de situación de la isla, la división administrativa y cuatro planos de ciudades.

La amenidad de los textos y la calidad de las fotografías aquí incluidas hacen que esta guía, una vez cumplida su función de acompañante y asesor del viajero, se convierta en un valioso libro en la biblioteca de casa.

Los editores de ANAYA Touring

La información contenida en esta guía ha sido cuidadosamente comprobada antes de su publicación. No obstante, dada la naturaleza variable de los datos, recomendamos su verificación antes de salir. Los editores agradecen de antemano cualquier sugerencia al respecto y declinan responsabilidad alguna por las molestias que pudieran ocasionar dichos cambios.

www.anayatouring.com

La página web de Anaya Touring ofrece un completo catálogo de publicaciones de la editorial e información de interés para viajeros. Asimismo recoge todas las sugerencias y opiniones de los lectores.

CÓMO USAR ESTA GUÍA

El **color rojo** indica: en los itinerarios de la ciudad, los monumentos, museos, calles y plazas de mayor interés turístico; en los itinerarios territoriales, las localidades y regiones a las que se recomienda dedicar una visita.

La estrella (★) o estrellas (★★) llaman la atención sobre los lugares u objetos que puedan tener un interés especial.

La *cursiva* indica los datos prácticos como horarios y líneas de transporte, páginas web... Además aparecen en cursiva los términos extranjeros y los títulos de las obras de arte.

Museo Nacional de Bellas Artes★ (I, D4). *Calle Trocadero, entre Agramonte (Zulueta) y Avenida de las Misiones (Monserrate). Visita, de martes a sábado de 10 h a 18 h, domingo de 10 h a 14 h.* Junto al Memorial se halla el **palacio de Bellas Artes,** sede del Museo Nacional.

La **negrita** indica los monumentos artísticos y los lugares que, aunque no estén señalados con color rojo, pueden resultar atractivos para el visitante.

Para los museos y otras instituciones culturales, se facilitan las modalidades de visita, los horarios y los días de cierre que estén en vigor en el momento de redacción de los textos y que son, por tanto, susceptibles de variaciones.

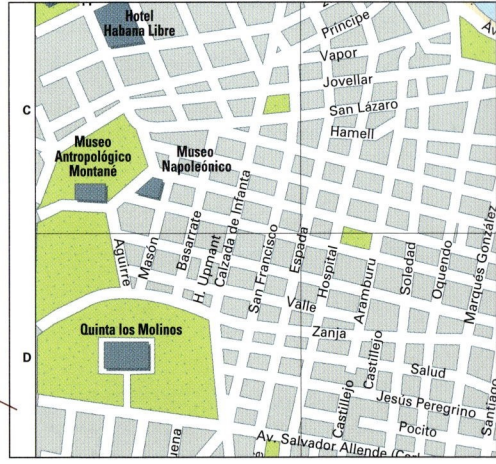

Muy importantes son también los **cuadrantes,** definidos por letras y números, en los que se dividen los planos, pues a ellos se refieren las indicaciones situadas junto a los monumentos, los museos, etcétera.

En los **planos de las ciudades** se destacan del trazado las calles peatonales y las grandes arterias de comunicación.

La abreviatura f.p. después de una referencia indica que el monumento se encuentra fuera del plano.

A lo largo de la guía se han incluido diversos mapas detalle de las distintas partes en que se ha dividido la visita a la isla de Cuba. En ellos, podrán seguirse los recorridos sugeridos con más facilidad.

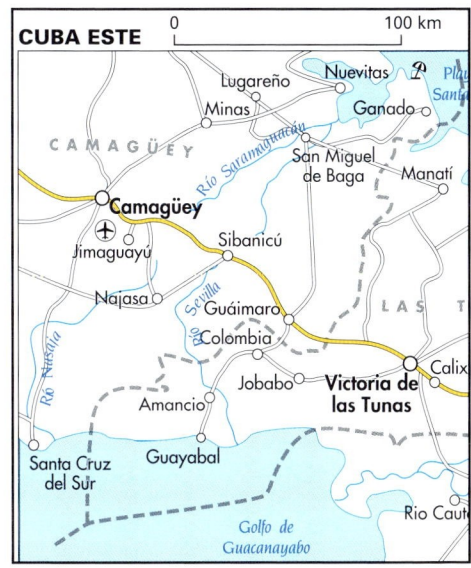

Informaciones prácticas

Se indican las direcciones y los números de teléfono de las sedes centrales de los **organismos públicos** y de **interés turístico.**

Los numerosos **símbolos** permiten distinguir las distintas categorías de la información.

CAMAGÜEY

📞 32

Transportes
Aeropuerto Ignacio Agramonte. A 7,5 km de la ciudad. Telf. 610 00.
Cubana de Aviación. República, 400, esquina Correa. Telf. 921 56 y 913 38.

Hoteles
🏨 **Maraguán.** Circunvalación Este. Telf. 721 70. Fax: 36 52 47 Aire acondicionado, restaurante, cafetería, bar y night-club. A pocos minutos de Camagüey.
🏨 **Horizontes Camagüey.** Carretera Central Este,

Leyenda de los planos de ciudades

▬	Edificio de interés turístico	𝒊	Información turística
▬	Manzanas	🅿	Aparcamiento
▬	Parques y jardines	⊕	Aeropuerto

ÍNDICE GENERAL

Como usar esta guía, *4-5*
Mapa general de la isla, *8-11*

La Habana

Historia, *14;* Habana Vieja, *20;* Habana centro, *35;* El Vedado y Miramar, *40;* Habana del Este, *44;* Barrio de Regla, *44;* Otros lugares de interés, *45;* Alrededores, *47*
Plano de La Habana I: Centro y Habana Vieja, *18-19*
Plano de La Habana II: Vedado y Miramar, *42-43*
Mapa de La Habana accesos, *45*

El resto de Cuba

Provincia de Pinar del Río, *52;* Ciudad de Pinar del Río, *52;* Parajes naturales, *53*
Mapa de Cuba oeste, *52-53*

Provincia de Matanzas, *59;* Varadero, *60;* Parajes naturales, *62*

Archipiélago de los Canarreos, *66;* Isla de la Juventud, *66;* Nueva Gerona, *68;* Cayo Largo, *70*

Provincia de Cienfuegos, *72;* La ciudad de Cienfuegos, *74*
Mapa de Cuba central, *72-73*

Provincia de Villa Clara, *78;* Santa Clara, *78;* Caibarién, *79;* Remedios, *80*

Provincia de Sancti-Spíritus, *81;* La Ciudad de Sancti-Spíritus, *81;* Trinidad, *82;* Parajes naturales, *85*

Provincia de Ciego de Ávila, *86;* Morón, *86*

Provincia de Camagüey, *89;* Ciudad de Camagüey, *89*

Provincia de Las Tunas, *91;* Victoria de las Tunas, *92*

Provincia de Holguín, *92;* La ciudad de Holguín, *93*

Provincia de Granma, *97;* Bayamo, *97;* Manzanillo, *99;* Parajes naturales, *100*
Mapa de Cuba este, *98-99*

Provincia y ciudad de Guantánamo, *102;* Ruta a Baracoa, *104;* Baracoa, *104*

Provincia de Santiago de Cuba, *106;* La ciudad de Santiago de Cuba, *107;* Ruta de Santiago a Guantánamo, *119;* De Santiago hacia el Oeste por la costa, *120;* Excursión al Pico Turquino, *121*
Plano de Santiago de Cuba, *110-111*

Cuba a vista de pájaro

El medio natural, *124;* Historia, *132;* Cuba en la actualidad, *147;* Literatura, *155*
Artes plásticas, *159;* La música, *163;* El cine, *172;* Ritos y creencias, *173*
Fiestas, *178*

Informaciones prácticas e índices

Para viajar por Cuba, *183*
Guía de servicios. Hoteles, restaurantes, transportes, diversiones, *217*

Índice de lugares, *255*
Índice de mapas y planos, *259*

CUBA
Mapa de carreteras

0 — 100 km

- Autopista
- Carretera principal
- Carretera secundaria
- División provincial
- Capital de nación
- Capital de provincia
- Otras poblaciones
- Aeropuerto
- Cueva
- Playa
- Lugar de interés turístico

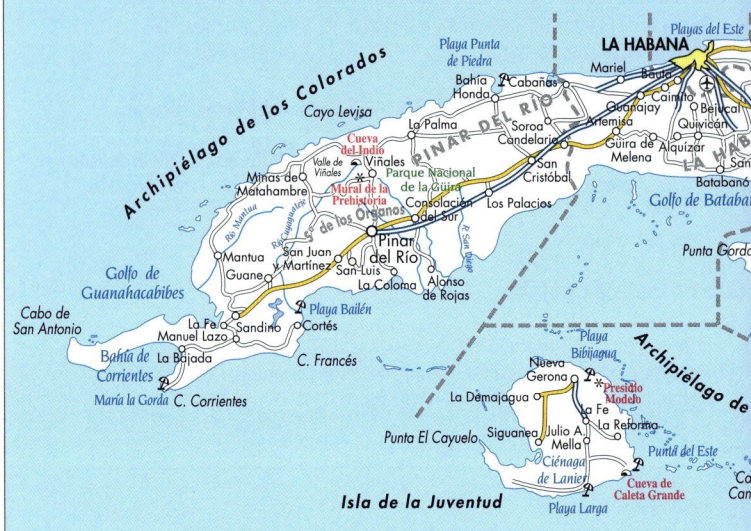

Golfo de Florida

Archipiélago de Sabana

Santa Cruz del Norte · Bahía de Matanzas · Pen. de Hicacos
Matanzas · Varadero · La Teja · Balneario de Elguea
Cárdenas · Limonar · Corralillo
Madruga · Coliseo · Martí
Güines · Unión de Reyes · Jovellanos · Máximo Gomez · Sagua la Grande · Isabela de Sagua
Nueva Paz · Pedro Betancourt · Perico · Quemado de Güines · VILLA · Cayo Fragoso
Buenavista · MATANZAS · Colón · Los Arabos · Cascajal · CLARA · Emilio Córdoba
· Jagüey Grande · Manguito · Cifuentes · Encrucijada
Ciénaga de Zapata · Calimete · Santo Domingo · Camajuaní · Remedios · Caibarién
Playa Larga · Aguada de Pasajeros · Abreus · Rodas · Lajas · Santa Clara · General Carrillo · Yag
San Blas · CIENFUEGOS · Ranchuelo · Placetas
Bahía de Cochinos · Palmira · Manicaragua · La Rana
Playa Girón · Cienfuegos · Cumanayagua · Fomento · Cabalguan · Tagu
Juraguá · Jagua · Lago Hanabanilla
Canarreos · Pico San Juan 1.140 · S⁰ del Escambray · Sancti Spíritus · Jatibo
Cayo Rosario · Playa Tortuga · Cayo Largo · Topes de Collantes · Salto del Caburní · SANCTI-SPIRITUS
Playa Sirena · Banao · La Sie
Trinidad · Alberto Delgado · Embalse Zaza
Tunas de Zaza · El Jib

Mar Caribe

Cayo Bretón

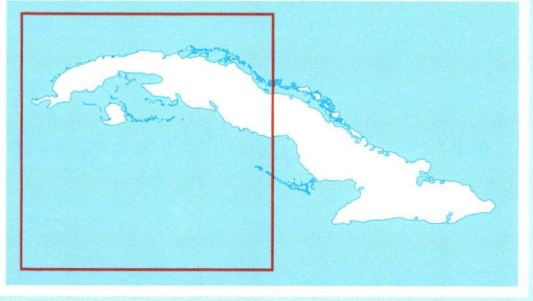

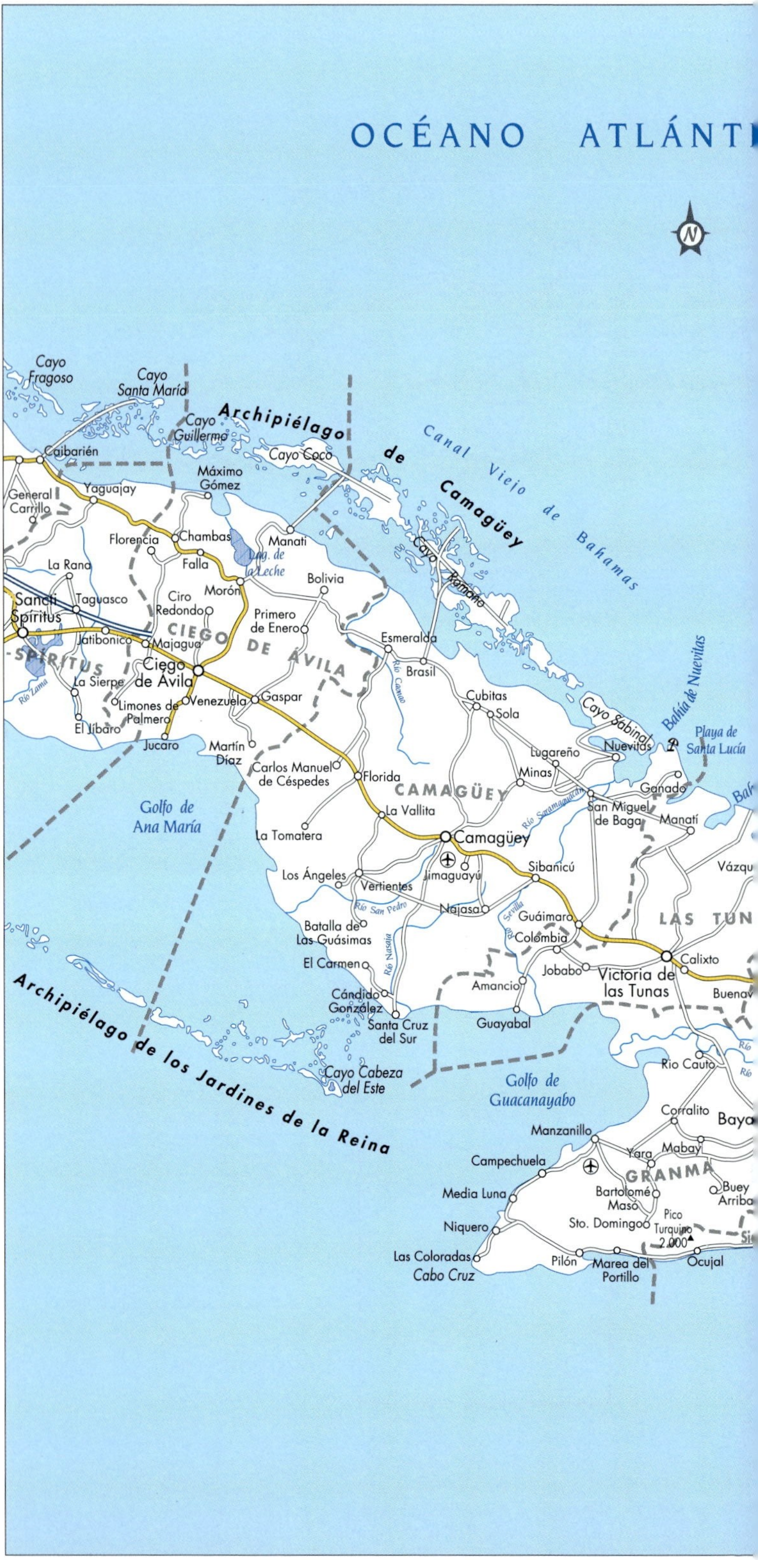

OCÉANO ATLÁNT
N
Cayo Fragoso
Cayo Santa María
Cayo Guillermo
Archipiélago de Camagüey
Cayo Coco
Canal Viejo de Bahamas
Cayo Romano
Caibarién
Yaguajay
General Carrillo
Máximo Gómez
Florencia
Chambas
Manati
Falla
Lag. de la Leche
La Rana
Bolivia
Sancti Spíritus
Taguasco
Ciro Redondo
Morón
Primero de Enero
Jatibonico
Majagua
CIEGO DE ÁVILA
Esmeralda
Brasil
Río Caonao
SPÍRITUS
Ciego de Ávila
La Sierpe
Río Zaza
Venezuela
Gaspar
Limones de Palmero
El Jíbaro
Jucaro
Martín Díaz
Cubitas
Sola
Cayo Sabinal
Bahía de Nuevitas
Playa de Santa Lucía
Nuevitas
Lugareño
Minas
Carlos Manuel de Céspedes
Florida
CAMAGÜEY
Río Saramaguacán
Ganado
San Miguel de Baga
Manatí
Golfo de Ana María
La Vallita
La Tomatera
Camagüey
Sibanicú
Vázqu
Los Ángeles
Jimaguayú
Vertientes
Río San Pedro
Najasa
Río Sevilla
Guáimaro
LAS TUN
Batalla de Las Guásimas
Colombia
Calixto
El Carmen
Río Najasa
Jobabo
Victoria de las Tunas
Amancio
Buenav
Cándido González
Santa Cruz del Sur
Guayabal
Archipiélago de los Jardines de la Reina
Río Cauto
Cayo Cabeza del Este
Golfo de Guacanayabo
Corralito
Baya
Manzanillo
Yara
Mabay
Campechuela
GRANMA
Buey Arriba
Media Luna
Bartolomé Masó
Pico Turquino 2.000
Sto. Domingo
Niquero
Las Coloradas
Cabo Cruz
Pilón
Marea del Portillo
Ocujal

O
Manatí
Bahía de Puerto Padre
La Herradura
Bahía de Bariay
Don Lino
Jesús Menéndez
Gibara
Guardalavaca
Cabo Lucrecia
Rafael Freyre
Banes
San Andrés
Bahía de Banes
Holguín
Mirador de Mayabe
Bahía de Nipe
Antilla
Báguanos
Cacocum
HOLGUÍN
Cayo Mambí
Moa
Urbano Noris
Cueto
Mayarí
Sagua de Tánamo
Cauto Cristo
Río Mayarí
Mayarí Arriba
Río Toa
Mabujabo
Baracoa
Palenque
Mella
SANTIAGO DE CUBA
GUANTÁNAMO
Jiguaní
Bayate
El Salvador
Boca de Yumurí
Punta de Maisí
La Maya
Manuel Tames
La Máquina
Contramaestre
Palma Soriano
San Luis
El Cristo
Niceto Pérez
Guantánamo
Puriales de Caujerí
Santiago de Cuba
Gran Piedra 1.128
Glorieta
Imías
Cruce de los Baños
El Cobre
Granjita Siboney
San Antonio del Sur
Chivirico
Playa Siboney
Baconao
Caimanera
Boquerón
Base de EE. UU.
Bahía de Santiago
Playa Cazonal
Bahía de Guantánamo

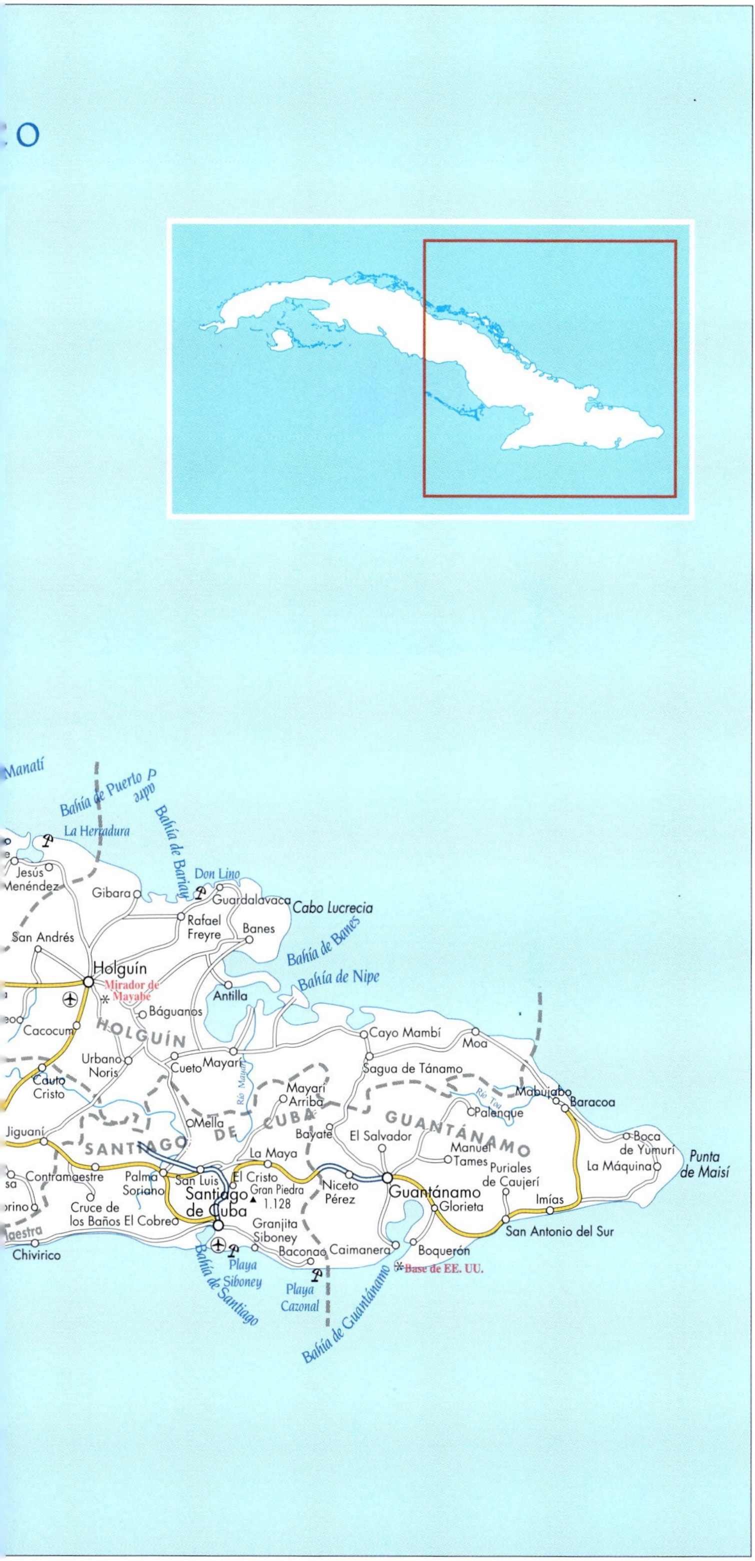

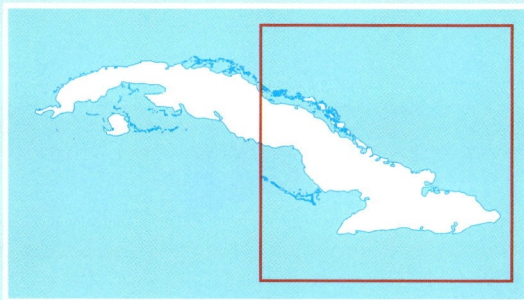

La Habana

LA HABANA**

Al llegar a La Habana se tiene la impresión de haber llegado a una ciudad recién bombardeada. El deterioro de algunos barrios, la amenaza de ruina de bellas e inmensas mansiones y los mordiscos que el paso del tiempo y la falta de recursos dieron al Malecón, provocan la sorpresa del viajero. Pero, en contra de esa primera decepción, surge una atrayente atmósfera difícil de definir, que de inmediato hace posible el disfrute de la belleza de la ciudad más allá de la heridas causadas por las restricciones que padece.

La Habana es un enjambre bullicioso que se pega en el alma de quien la visita. Bellos mulatos, rasgos orientales aquí e ibéricos allá, encantadores ancianos de apacible sonrisa, pillos en busca de turistas, escolares sonrientes y uniformados a la salida de las escuelas... forman una suerte de crisol de todos los colores que habla de una identidad forjada a base de pacíficos mestizajes. Es La Habana una ciudad que vive en la calle; un auténtico ser vivo que entusiasma, formado por más de dos millones de habitantes.

Historia

En la plaza de Armas, que fue en la época colonial el centro de la vida oficial y pública de La Habana, se alza un monumento llamado El Templete, rodeado de un pequeño jardín tropical. En el lado norte de la columna conmemorativa hay una inscripción en latín, casi borrada por la erosión del tiempo y los elementos, que traducimos como sigue: "Detén el paso, caminante, adorna este sitio un árbol, una ceiba frondosa, más bien diré signo me-

Vista de la ciudad, con el Hotel Nacional en primer término

morable de la prudencia y antigua religión de la joven ciudad, pues ciertamente bajo su sombra fue inmolado solemnemente en esta ciudad el autor de la salud. Fue tenida por primera vez la reunión de los prudentes concejales hace ya más de dos siglos: era conservado por una tradición perpetua; sin embargo, cedió al tiempo. Verás una imagen hecha hoy en la piedra, es decir el último de noviembre en el año 1754".

La inscripción, un tanto críptica en su estilo dieciochesco, da fe de que en ese lugar hubo una ceiba durante mucho tiempo y que bajo su sombra se celebró la primera misa y el Cabildo recibió la guarda y custodia de los fueros y privilegios de la villa de La Habana, según costumbre y usanza de las leyes de Castilla. La columna conmemorativa de la fundación de la ciudad fue erigida por el gobernador don Francisco Cajigal de la Vega cuando la ceiba no pudo sostenerse más en pie en el año que indica la frase: el día último de noviembre de 1754, cumpliéndose así el destino de todo árbol histórico cuando la savia deja de circular por sus vasos leñosos, es decir, hacerse piedra. El interior del templete está decorado con tres pinturas alusivas al acontecimiento del artista francés, largo tiempo vecino de la ciudad, Jean Baptiste Vermay.

La fundación de La Habana se hizo pues a la sombra pero antes de ello la ciudad tuvo, entre 1514 y 1519, por lo menos dos asentamientos distintos: el de 1514, que en uno de los primeros mapas de Cuba, el de Paolo Forlano de 1564, sitúa la villa en la desembocadura del río Onicaxinal, en la costa sur de Cuba; otro asentamiento en La Chorrera, que está hoy en el barrio de Puentes Grandes, junto al río Almendrales, que los indios llamaban Casiguaguas, donde los fundadores trataron de represar las aguas, conservándose en la actualidad los muros de contención de esta obra hidráulica, la más antigua del Caribe. Y el último, que conmemora El Templete, que

fue la sexta villa fundada por los españoles en la isla, llamada San Cristóbal de la Habana por Pánfilo de Narváez: *San Cristóbal*, tal vez porque este gigante santo cruzaba los ríos apoyado en una palmera a modo y *Habana*, patronímico de oscuro origen, que puede venir de *Habaguanex*, nombre del cacique indio, señor de aquellas tierras, citado por Diego Velázquez en su relación al rey de España.

La Habana resurgió en varias ocasiones de los escombros y cenizas a que la reducían de cuando en cuando los piratas y corsarios franceses durante la primera mitad del siglo XVI, hasta que en 1561 la Corona dispone que la ciudad sea el lugar de concentración de las naves españolas procedentes de las colonias americanas antes de partir para la travesía del océano. Oro y plata, lana de alpaca de los Andes, esmeraldas de Colombia, caobas de Cuba y Guatemala, cueros de la Guajira, especias, palo de tinte de Campeche, maíz, papa, mandioca, cacao... llegan en los veleros al puerto mejor protegido de América, entre marzo y agosto, para formar los grandes convoyes que, custodiados por las naos militares, parten en días señalados rumbo a España. Con ellos, miles de marinos, funcionarios, colonos, comerciantes, aventureros... bullen en la incipiente ciudad, que crece desde el puerto a ritmo vertiginoso. El día 20 de diciembre del año 1592, Felipe II confiere a La Habana el título de ciudad, veintinueve años después de que el gobernador de Cuba trasladara a ella su residencia oficial desde Santiago, sede hasta entonces del gobierno de la isla.

La importancia estratégica de La Habana y las riquezas que a ella llegan y de ella parten la convierten en codiciado objetivo de piratas y galeones con patente de corso de las potencias enemigas de la Corona española. La Habana se fortifica durante el siglo XVII por mandato de los reyes que la suscriben como "Llave del Nuevo Mundo y antemural de las Indias Occidentales". Al mismo tiempo, la ciudad se edifica con los materiales más abundantes de la isla: las maderas, que proporcionan a la arquitectura de la época un encanto peculiar en combinación con los estilos llegados de la península Ibérica y, muy profusamente, de Canarias.

En 1649 una epidemia de peste llegada de Cartagena de Indias, en Colombia, extermina a la tercera parte de la población habanera.

El 30 de noviembre de 1665, la reina doña Mariana de Austria, viuda de Felipe IV, ratifica el escudo antiguo de Cuba, que tenía como símbolos heráldicos los tres primeros castillos de la ciudad: el de la Real Fuerza, el de los Tres Santos Reyes Magos del Morro y el de San Salvador de la Punta, como tres torres de plata sobre campo azul. Además, una llave de oro que simbolizaba el título de "Llave del Golfo", concedido desde antiguo a la ciudad.

Durante el siglo XVII la ciudad se engrandece con construcciones monumentales civiles y religiosas. Se erige el convento de San Agustín, se concluye el castillo de El Morro, y se construyen la ermita del Humilladero, la fuente de la Dorotea de la Luna en La Chorrera, la iglesia del Santo Ángel, el hospital de San Lázaro, el monasterio de Santa Teresa, el convento de San Felipe Neri... En 1728 se funda la Real y Pontificia Universidad de San Jerónimo en el convento de San Juan de Letrán. En 1762 los ingleses ocupan La Habana permaneciendo en ella once meses. En la defensa de la ciudad se destaca el héroe popular José Antonio Gómez y muere de un balazo en el pecho el capitán de navío Luis de Velasco.

En 1774 se realiza el primer censo oficial de Cuba: 171.670 habitantes, de los cuales 44.333 son esclavos. Entre 1789 y 1790 se divide la diócesis de Cuba: se erige en catedral la Iglesia Mayor de La Habana mientras que la antigua mitra permanece en Santiago de Cuba. Seis años más tarde, el 15 de enero de 1796, llegan a La Habana los restos de Cristóbal Colón procedentes de Santo Domingo.

El siglo XIX se abre con la llegada a La Habana de Alejandro von Humboldt, quien queda impresionado por la vitalidad del puerto habanero. En el año 1837 se inaugura el primer tramo de ferrocarril, de 51 km, entre La Habana y Bejucal, que se usa para el transporte de azúcar del valle de Güines hasta el puerto de la ciudad. Con ello Cuba se convierte en el quinto país del mundo en tener ferrocarril y el primero de los de habla española. A lo largo del siglo,

LA HABANA

La Habana se enriquece con centros culturales, como el teatro Tacón, uno de los más lujosos del mundo, el Liceo Artístico y Literario, el teatro Coliseo... Visita la ciudad Garibaldi bajo el nombre de Giuseppe Pani y se suceden las conspiraciones de patriotas independentistas al mismo ritmo que la autoridad de la Corona las reprime y sofoca. La Habana vive los últimos momentos de la colonización española en América, que se cierra definitivamente cuando el acorazado norteamericano *Maine* es hundido en su puerto dando a los Estados Unidos el pretexto para invadir la isla. El cambio de siglo transcurre en La Habana, y por lo tanto en Cuba, bajo la ocupación y el gobierno de los Estados Unidos.

Durante el transcurso del siglo XX la historia de La Habana, ya desde hace tiempo capital de Cuba, es la historia de la isla contada en otro lugar de esta guía. Este siglo es el del engrandecimiento físico y cultural de la ciudad, no siempre bello y ordenado, pero que dibujó su urbanismo hasta dejarla básicamente como la conocemos en la actualidad: 7.399 km² y dos millones y medio de personas, aproximadamente, que viven en cuatro "Habanas" diferenciadas entre sí por los sucesivos ensanches ocurridos en el tiempo, cada una de ellas con su peculiar personalidad y estilo, que son hoy vestigios vivos de renacimientos y decadencias, tiempos de guerra y de paz, mejores o peores según las distintas nostalgias... En definitiva, la ciudad caribeña por antonomasia, que es lo que asalta en primer lugar al visitante y que en palabras de Alejo Carpentier es "... Espíritu barroco, legítimamente antillano, mestizo de cuanto se transculturizó en estas islas del Mediterráneo americano, que se tradujo en un irreverente y descompasado rejuego de entablamentos clásicos, para crear ciudades aparentemente ordenadas y serenas donde los vientos de ciclones siempre al acecho del mucho orden, para desordenar el orden apenas los veranos, pasados los octubres, empezaran a bajar sus nubes sobre las azoteas y tejados."

Un rasgo de identidad de la capital cubana son los viejos coches americanos que circulan por sus calles e impregnan el ambiente de un fuerte olor a petróleo.

17

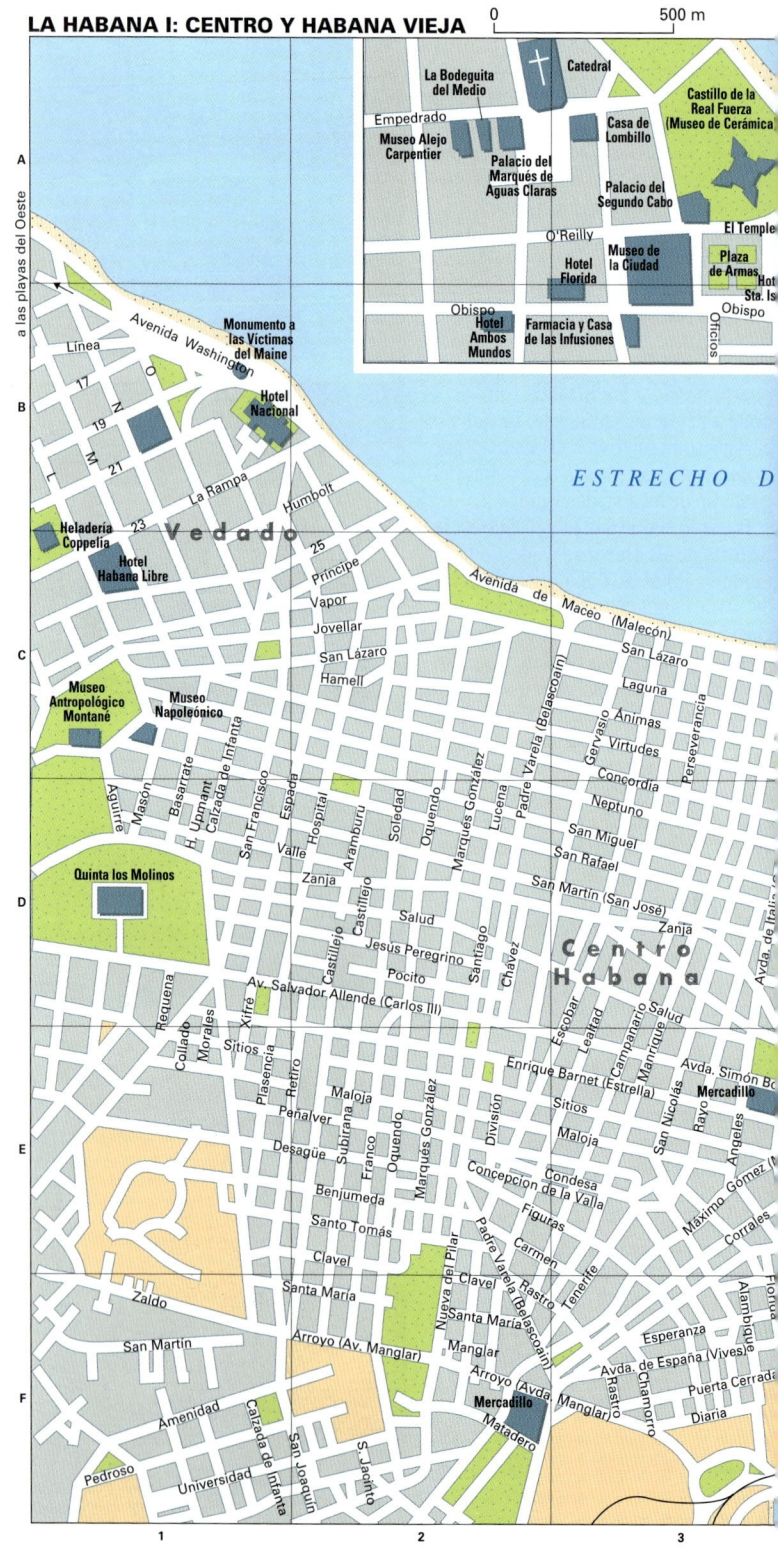

LA HABANA

I VISITA

Hugh Thomas, en el tercer tomo de su obra *Cuba, la lucha por la libertad,* describe La Habana de 1958 como una ciudad que comprende cuatro núcleos urbanísticos bien diferenciados. Eran los años del paso de la dictadura de Batista al triunfo de la revolución de Fidel Castro y, por lo tanto, era La Habana heredada. Desde un punto de vista urbanístico, la revolución ha realizado grandes transformaciones en la ciudad, principalmente en lo que afecta a los servicios, la construcción de viviendas sociales y edificios oficiales, pero, por lo que respecta a la topografía de La Habana, se puede seguir describiendo de acuerdo a las mismas grandes áreas de 1958, aunque añadiendo alguna más.

HABANA VIEJA**

La Habana Vieja es la ciudad antigua, formada a partir del puerto y el centro oficial, la plaza de Armas. Es la ciudad de las rejas, los portalones, el revoco, el deterioro, el rescate, la intimidad, la sombra, el frescor, los patios... En ella están todos los grandes monumentos antiguos, las fortalezas, los conventos e iglesias, los palacios, las callejuelas umbrías, las calles con soportales, la densidad humana, la humanidad negra... El deterioro es evidente pero sigue siendo el conjunto colonial más genuino de Latinoamérica.

El Estado cubano realiza enormes esfuerzos por conservarlo y restaurarlo, y también la UNESCO proporcionó su granito de arena cuando, en 1981, lo declaró Patrimonio de la Humanidad. Es, por supuesto, La Habana española, mitad imagen y semejanza de Cádiz, mitad adorno y nostalgia de Tenerife. Por todo ello, la Habana Vieja, 5 km² de pintoresquismo que encierran 900 edificios coloniales, es para pasear, y si se comienza por el **Templete,** que recuerda la ceiba bajo cuya sombra se fundó la ciudad, no se hará más que echar a andar justo donde comenzó la historia. De la conservación de su patrimonio arquitectónico se ocupa la prestigiosa Oficina del Historiador, que gestiona fondos internacionales para rescatar antiguos edificios y los destina a nuevos usos.

Plaza de Armas** (I, D5)

La plaza de Armas es el punto de partida de una visita ordenada. Se abre a las calles Obispo, O' Reilly, Tacón y Baratillo. El origen de su nombre es obviamente militar, ya que desde finales del siglo XVI tenían lugar en ella las ceremonias y los acontecimientos castrenses.

Es la más antigua de la ciudad y en su primitiva fisonomía no debió respetarse el mandato de las leyes de Indias que indicaban que "... cuando hagan la planta del lugar, repártanlo por sus plazas, calles y solares a cordel y regla, comenzando desde la Plaza Mayor y sacando desde ella las calles a las puertas y caminos principales, y dejando tanto compás abierto que, aunque la población vaya en crecimiento, se pueda siempre proseguir y dilatar en la misma forma".

La plaza era pequeña, y con motivo de su ampliación, en 1586 se derribó un conjunto de casas que estorbaban para la defensa de la ciudad. En ella se reunían los vecinos en cabildo abierto y se hacían conocer mediante pregonero y a toque de tambor las noticias y disposiciones de la autoridad.

El aspecto actual de la plaza es casi exactamente el mismo que tenía a partir de la remodelación de 1589, es decir, rodeada por los mismos edificios nobles: la Casa de Gobierno y palacio de los Capitanes Generales, que hoy alberga el Museo de la Ciudad; el palacio del Segundo Cabo, que alberga dependencias del Ministerio de Cultura; el del Conde de Santovenia, donde se instaló uno de los primeros hoteles de la ciudad –el Hotel Santa Isabel–, y el Castillo Real de la Fuerza, convertido hoy día en Museo de la Cerámica.

Museo de la Ciudad** (I, D5). *Calle Tacón, entre Obispo y O'Reilly. Visita, de 9.30 h a 18.30 h.* Se trata del edificio más importante de la plaza de Armas, y tanto por su arquitectura como por su contenido merece una detenida visita. Edificado a partir de 1776, sus obras fueron concluidas en el año 1791. Es uno de los ejemplos más destacados de la arquitectura española en Latinoamérica.

De estilo barroco, aunque con reminiscencias renacentistas, se debe a la poderosa personalidad del coronel ingeniero Antonio Fernández de Trevejos y Zaldívar, junto al que colaboró el arquitecto habanero Pedro Medina. Fue dedicado a Casa de Gobierno y se utilizó como residencia del Capitán General de la isla, por lo que se le conoce también como **palacio de los Capitanes Generales.**

Entre los numerosos usos a los que ha estado destinado, fue también Ayuntamiento y cárcel de La Habana hasta 1835, además de sede de la Presidencia de la República desde 1902 hasta 1920. El gobierno de ocupación norteamericano realizó desafortunadas modificaciones y la República otras no menos deplorables que continuaron en 1930 mientras se utilizó

La Habana Vieja es un singular muestrario de mansiones y palacetes que el paso del tiempo y la falta de recursos van despojando de su antiguo esplendor.

como Ayuntamiento; de forma repentina e inexplicable desapareció todo el mobiliario antiguo, las obras de arte, la rica pinacoteca que albergaba y se destruyeron y mutilaron bellos espacios interiores para adaptarlos a las necesidades burocráticas: instalación de aire acondicionado, archivos, despachos, etc.

En 1967 la administración de La Habana decidió iniciar la restauración del palacio para dedicarlo a Oficina del Historiador de la Ciudad y Museo de La Habana. El encargo recayó en Eusebio Leal, quien hoy continúa su dedicación permanente al cargo y es el artífice de la magnífica transformación del edificio.

El *patio*★, al que se asoman las tres plantas de su arquitectura, posee gran belleza y se halla rodeado por un claustro. En el centro, una estatua en mármol de Cristóbal Colón, obra del italiano Cuchiari, destaca sobre un jardín de plantas tropicales, olorosas y medicinales, dos palmas reales y una yagruma cuyas hojas reflejan la luz en la noche por su apariencia fosforescente. La belleza de este patio fue cantada por el poeta Ángel I. Augier en un poema que puede leerse en una de las paredes interiores. En la *planta baja* pueden visitarse las bóvedas subterráneas, descubiertas durante los trabajos de restauración. Además hay una sección de carruajes y coches antiguos, máquinas de bomberos y una maqueta de la primera locomotora que circuló desde La Habana.

En el *entresuelo* se expone una colección de tarjetas, inscripciones y ornamentos necrológicos procedentes del cementerio de Espada, primera necrópolis de la ciudad, además de esculturas y lápidas antiguas procedentes de jardines y edificios habaneros. También alberga la colección de cobres hispano-cubanos donada por Sara Pujol, viuda de Ricardo Soler, extraordinario herrero y fundidor catalán. En lo que fuera despacho del historiador de La Habana Emilio Roig de Leuchsenring, y en su honor, se halla la sala que guarda la documentación y las primeras piezas de esta colección. La planta se completa con la biblioteca y el archivo del museo, en el que se conservan las actas del Ayuntamiento de La Habana desde 1550 hasta 1794.

En la *planta superior* se han reconstruido las dependencias de los capitanes generales, en las que se ha tratado de recrear el ambiente original de los salones con muebles antiguos procedentes de entidades y colecciones particulares. El **salón del Trono**★ es una de las piezas más curiosas: dedicado a una posible visita del rey de España que jamás tuvo lugar, espera, según dicen los habaneros, el acto simbólico de su uso con ocasión de una visita del actual monarca de los españoles. A continuación se halla el gran **comedor,** con colecciones de vajillas de porcelana y loza españolas, francesas, inglesas y norteamericanas provenientes de familias

La Habana siempre fue plaza codiciada, de ahí sus sólidas y numerosas fortificaciones. A la derecha, vista desde el castillo del Morro. Sobre estas líneas, el castillo de la Real Fuerza.

criollas y españolas. Se adornan estas dependencias con uniformes de época, armas y banderas españolas de combate además de pinturas de artistas cubanos, José Nicolás de Escalera, Juan del Río, Esteban Chartrand, Vicente Escobar, o españoles, Federico Madrazo, Vicente López y Casado del Alisal, entre otros. Destacan también diversas obras de pintores belgas, Cleenewerk, Gustave Wappers, y miniaturas del húngaro Mejasky.

La **sala capitular** del Consistorio habanero ha sido completamente restaurada a falta únicamente de la doble sillería de los regidores. En un testero destacado está el retrato de Cristóbal Colón que adornó el palacio del Almirante y sus descendientes en Santo Domingo y que fue traído a Cuba junto a sus cenizas el 15 de enero de 1796 por obsequio del Duque de Veragua. Completan el salón las mazas de plata con el escudo labrado de la ciudad de La Habana, que fueron fundidas por el platero Juan Díaz en 1631.

A continuación se hallan las **salas dedicadas a la Cuba Heroica,** en las que se recrea la historia cubana en sus luchas por la independencia: retratos de personajes como el presbítero abolicionista Félix de Varela, el sociólogo descreído José Antonio Seco, el general español Narciso López, que puso su espada al servicio de la anexión a los Estados Unidos... En la siguiente sala se pueden ver retratos de Carlos Manuel de Céspedes, iniciador de la lucha contra España tras liberar a sus esclavos, y de los demás próceres de la época, pintados por Federico Martínez. Las armas nobles y artesanas de soldados y campesinos, entre las que destaca por su ingenio un curioso cañón de cuero. La última sala de las dedicadas a la Cuba Heroica alberga en sitio de honor la primera bandera cubana, enarbolada el 19 de mayo de 1850, y frente a ella la bandera de Carlos Manuel de Céspedes, con la que inició la lucha en el ingenio *La Demajagua* en 1868. Entre ellas, un fuego eterno en memoria de los héroes cubanos caídos por la patria y, en los testeros, los retratos de los generales revolucionarios, los extranjeros que se sumaron a las luchas por la independencia y, entre otros objetos, la urna con la espada de Antonio Maceo.

La **sala de las banderas** alberga una extensa colección de estandartes restaurados que cuelgan del techo. Un retrato de José Martí del pintor cubano Armando Menocal y otro gran óleo del mismo artista, al fondo de la sala, que representa la muerte de Antonio Maceo, ocurrida en combate el 7 de diciembre de 1896. Objetos personales de Céspedes, Agramonte, Gómez y Calixto García completan esta sala junto a sus retratos, debidos a los pintores Miguel Melero y Servando Cabrera. Tras salir a la galería, se pueden recorrer otras salas dedicadas a la **Intervención Norteamericana,** la **República** y la **Revolución.** Destacan las imágenes del acorazado *Maine,* antes y después de la explosión del 15 de febrero de 1898 que sirvió de pretexto para la declaración de guerra a España por parte de los Estados Unidos. Objetos de la última fase de la guerra, la *Enmienda Platt,* que afrentaba la independencia cubana, objetos y documentos de la primera República, la "República secuestrada", la silla presidencial, estatuas caídas y rotas y banderas norteamericanas de ocupación ilustran esta dolorosa etapa de la historia de Cuba. Y como colofón a todo ello, los fragmentos del águila imperial norteamericana, fundida con los restos de bronce del *Maine,* que formara parte del monumento a los muertos en la explosión y que fue derribado en 1961 tras la derrota norteamericana en la bahía de Cochinos.

Palacio del Segundo Cabo* (I, D5). Al norte de la plaza de Armas se alza este palacio, construido en 1772 según planos del coronel Fernández de Trevejos en estilo neoclásico y, al igual que el Museo de la Ciudad, en la piedra caliza local, llena de oquedades e incrustaciones calcáreas marinas.

Su edificación se realizó a iniciativa del marqués de la Torre, gobernador de Cuba, quien proyectó cuatro grandes edificios que cerraran la plaza de Armas, aunque solo llegó a construir el Palacio de Gobierno –Museo de la Ciudad– y este edificio del Segundo Cabo, dedicado en un principio a albergar dependencias oficiales; durante la República, Correos y el Palacio de Intendencia; el Senado, hasta la construcción del Capitolio en 1929, y finalmente, la sede del Tribunal Supremo de Justicia. En la actualidad, pertenece al Ministerio de Cultura y alberga la editora oficial. En la planta baja se han instalado dos librerías.

Castillo de la Real Fuerza**(I, D5-6). *Calle O'Reilly y Avenida del Puerto. Visita, de lunes a sábado, de 9 h a 18.30 h.*

El castillo o fortaleza de la Real Fuerza es el otro gran monumento que cierra la plaza de Armas. Fue la primera gran fortificación de la ciudad, iniciada en 1558 sobre las ruinas de un antiguo fuerte. En ese mismo año, la Corona envió a Cuba al ingeniero Bartolomé Sánchez al mando de 14 oficiales y maestros canteros con el fin de reconstruir el castillo, que había sido incendiado y destruido por el corsario francés Jacques de Sores. El pirata había tomado La Habana con solo dos carabelas, saqueándola y asesinando a 30 ancianos y negros que tenía presos, tras reducir a los escasos defensores que entonces tenía la incipiente ciudad. De Sores se retiró sin conseguir las enormes riquezas que esperaba encontrar y La Habana quedó arrasada e incendiada.

La megalomanía del ingeniero Bartolomé Sánchez le impulsó a proyectar una torre de cien pies para el castillo, por lo que el rey lo destituyó, mandando a un nuevo ingeniero, el abúlico Francisco de Calona, que, treinta años después de iniciadas las obras, aún no había concluido el castillo.

Durante casi dos siglos fue residencia del Gobernador General y hoy alberga un **museo de cerámica.** En su bóveda se yergue una copia de la primitiva y airosa **Giraldilla** –la auténtica está en el Museo de la Ciudad–, el símbolo turístico de La Habana. La veleta se asemeja a la Giralda sevillana y data de 1631 y, aunque es un remate típico de los torreones de la época, la leyenda –una de las primeras y más bellas de La Habana– dice que es la imagen de doña Inés de Bobadilla, esposa del conquistador español y gobernador de la isla, Hernando de Soto. Doña Inés quedó como gobernadora de Cuba cuando su ambicioso esposo se fue a conquistar La Florida y mientras este descubría el Mississippi, ella subía todos los días al torreón de La Fuerza esperando ver las velas del galeón que lo trajera de vuelta a casa. Soto jamás retornó porque murió precisamente en el Mississippi. La Giraldilla fue construida mucho después de que muriera doña Inés, pero el torreón –que no es el original– conservó el nombre de torreón de la Espera y los habaneros, con una hermosa leyenda que podemos evocar ante un mojito o daiquirí porque la Giraldilla es también el símbolo del ron *Havana Club.*

Antes de abandonar la plaza de Armas, hay que echar un vistazo a una hendidura enrejada que aparece en el firme de su suelo y permite ver el primitivo nivel de la plaza española, descubierto hace pocos años, y que estaba cubierto desde los días de la segunda invasión americana por una gruesa capa de cemento hidráulico y otras de asfalto. Frente a ella, una serie de casas restauradas alberga en su interior algunos establecimientos populares: bar, casa del agua, botica, etc., en el afán recuperador del pintoresquismo histórico de la Habana Vieja del historiador de la ciudad.

Plaza de la Catedral** (I, D5)

Saliendo de la Fortaleza y encaminándose por la calle Mercedes, se llega a la plaza de la Catedral, en la que confluyen las calles Empedrado y San Ignacio.

A finales del siglo XVI, este lugar, que se encontraba a un nivel inferior, era un espacio cenagoso, por lo que era denominado La Ciénaga. Hasta ella llegaba, en el lugar conocido como **El Chorro,** la Zanja Real, que se empezó a construir en torno a 1560 aprovechando el resurgimiento de la ciudad tras el incendio y saqueo protagonizado en 1555 por los piratas franceses.

La Zanja Real era un canal abierto que surtía de agua a la ciudad, más tarde amurallada, y que tenía una noria que se encontraba en las inmediaciones del actual Parque de la Fraternidad. En 1587 el Cabildo de La Habana construyó en La Ciénaga un aljibe que, un siglo más tarde, sirvió para abastecer de agua a la primera **casa de Baños** de la ciudad, situada en un ángulo de la plaza. En la actualidad, alberga una **galería de artesanía.**

Parece ser que con estas obras se desecó La Ciénaga, dejando al descubierto un espacio que comenzó a ser considerado de dominio público. Algunos vecinos trataron de apropiarse de los terrenos, por lo que el rey tuvo que dictar una real cédula declarando el espacio de común uso con la prohibición de que "se vendiera o se enajenase". Así, la plaza realmente constituida comenzó a ser edificada y, a finales del siglo XVII, el obispo Diego Evelino Compostela inició la construcción de una ermita dedicada a San Ignacio –de la que tomó su nombre la actual calle–, a partir de la cual en 1724 se construyeron la iglesia y el Real Colegio.

La Catedral** fue levantada sobre la ermita a partir de 1748 por orden del obispo salmantino Felipe José de Res Palacios. Se trata de una de las más bellas y sobrias iglesias del barroco americano, obra de la Compañía de Jesús. Es, por tanto, un ejemplo del estilo "jesuítico", aunque también se trata de un barroco

Las plazas conforman el epicentro de la vida urbana. A la izquierda santera prediciendo el futuro, en la plaza de la Catedral. A la derecha, Carnaval en la plaza de la Catedral.

LA CATEDRAL DE LA HABANA

Típica construcción barroca de mediados del XVIII que atiende a la sobriedad con que la Compañía de Jesús dotaba a sus fundaciones. Su achatamiento responde, a la vez, a un estilo muy típico de Cuba que prefiere desarrollar los edificios más en anchura que en altura. Convertida en catedral en 1788, desde su fundación está dedicada a Nuestra Señora de Loreto, cuya imagen preside el altar mayor.

La Madre de Dios y la Santería

Al ser identificada la **Virgen** con la diosa orisha **Yemayá,** no es extraño ver ofrendas de santería en el interior del templo o en sus muros exteriores.

Torre campanario

Más maciza que la otra torre que flanquea la fachada principal por contener los cuerpos de campanas, más necesitados de refuerzo.

Los restos de Colón

Hasta 1898 los restos de **Cristóbal Colón** reposaron en su nave central después de haber sido traídos desde Santo Domingo. En ese año se trasladaron a Sevilla.

de inspiración cubana, algo achatado y familiar, como un dolmen tropical a la vez sólido y elegante.

Está dedicada desde su fundación a la Virgen, cuya imagen preside el altar mayor. En la segunda mitad del siglo XVIII, se llevó a cabo una serie de reformas dirigidas por el arquitecto Pedro Medina, y en 1755 se consagró la capilla, obra del habanero Lorenzo Camacho, a Nuestra Señora de Loreto. La iglesia fue convertida en catedral al fundarse la diócesis de La Habana en el año 1788. En los primeros años del siglo XIX, la catedral fue ampliada por el obispo Juan José Díaz de Espada, hombre de gusto poco afortunado, ya que sustituyó las primitivas tallas jesuíticas por vulgares copias de obras de Murillo, Rubens y otros artistas famosos realizadas por el francés Vermay, autor de los cuadros de El Templete.

El templo tiene tres naves de planta prácticamente cuadrada (34 x 35 m), y alberga ocho capillas laterales. Los trabajos de escultura y orfebrería del altar mayor, así como los del tabernáculo, fueron realizados en Roma por el italiano Bianchini bajo la dirección del escultor español Antonio Sola. Detrás del altar mayor hay tres pinturas al fresco del italiano Giuseppe Perovani, de quien se sabe que fue el primer profesor de dibujo de La Habana. Lo que sin embargo sigue siendo un misterio es cómo llegó a Cuba el cuadro *El papa disponiéndose a decir misa* que se conserva en el templo y que fue pintado en el siglo XV con anterioridad al descubrimiento de América. Hasta 1898 se conservó en la nave central un monumento funerario, obra del español Arturo Mélida, que guardaba las cenizas de Cristóbal Colón, traídas desde Santo Domingo y transportadas en ese año a la Catedral de Sevilla.

En todo tiempo, la Catedral ha tenido una enorme significación religiosa para los habaneros porque su dedicación a la Virgen la ha convertido, de paso, en templo santero al identificarse la Madre de Dios con la orisha *Yemayá*, por lo que, aún en la actualidad, no es extraño ver ofrendas santeras en su recinto e incluso en los rincones de sus muros exteriores.

Casa de Lombillo* (I, D5). Saliendo de la Catedral, a la izquierda, se halla la casa de Lombillo, palacio construido en la primera mitad del siglo XVIII y ampliado pocos años después de iniciada su edificación. Perteneció a un familia habanera de apellido Pedroso, pero tomó su definitivo nombre de un conde de Lombillo que se casó con una de las descendientes de los Pedroso a finales del XIX.

Palacio del Marqués de Arcos*. Colindante al edificio anterior se encuentra el palacio del Marqués de Arcos, construido en 1741 por el padre del primer marqués de la dinastía, el español Ignacio de Peñalver y de Cárdenas, que se distinguió por su actividad en favor de la Corona durante el asedio y la ocupación de Cuba por parte de los ingleses, lo cual le valió en 1742 el marquesado.

De estilo barroco, posee dos fachadas; la principal, orientada a la calle de la Merced, presenta balcones de rica rejería y arcos de columnas dóricas y una bella escalera italianizante en su interior.

Durante un tiempo, fue Casa de Correos y también sede del Liceo Artístico y Literario, fundado en 1844 por el catalán Ramón Pinto, que desempeñó un importante papel en las luchas por la independencia de Cuba y fue ejecutado en 1855.

El palacio, uno de los mejor conservados de la arquitectura colonial española, fue restaurado durante la remodelación iniciada por el arquitecto Luis Bay para devolver su antiguo estado a la plaza de la Catedral.

En el cercano callejón del Chorro, que parte de la misma plaza, se halla el **Taller Experimental de Gráfica** de La Habana, donde los artistas cubanos y, en ocasiones, artistas extranjeros invitados, realizan aguafuertes, serigrafías o litografías. Las obras, que son una excelente muestra de la calidad del arte plástico cubano, pueden ser adquiridas a precios razonables y, si se tiene interés, es posible charlar con los artistas.

Palacio de los Condes de Casa Bayona** (I, D5). *San Ignacio, 61, Plaza de la Catedral. Visita, excepto lunes, de 9.30 h a 19 h.* Enfrente de la Catedral se alza el palacio de los Condes de Casa Bayona, que alberga el **Museo de Arte Colonial***. Se trata de una mansión reconstruida en 1720 por el gobernador de Cuba don Luis Chacón, quien casó a su hija con el primer conde de Casa Bayona, enterrado

Colegiales, con la Catedral al fondo

en el convento de Santo Domingo, merced otorgada por su generosidad con el convento, al que dejó todos sus bienes, incluido el palacio. Esta mansión fue sede del *Colegio de Escribanos Forenses* de La Habana y redacción del diario *Discusión*, periódico de los primeros años de la República.

El **mármol rojo** del suelo del zaguán resulta muy hermoso, así como el **artesonado** de madera preciosa, el **patio**★ de estilo clásico y el **balcón** de tejadilla.

Palacio del Marqués de Aguas Claras★★ (I, D5). Si, como es probable, a esta altura del paseo se tiene sed, es posible calmar esta y a la vez admirar el antiguo palacio del Marqués de Aguas Claras, último de los monumentos de la plaza. Situado a la derecha según se sale de la Catedral, alberga en su interior el bar-restaurante *El Patio*. El nombre del local responde, evidentemente, al hecho de que lo más bello del palacio es precisamente este patio que, en otros tiempos de mayor esplendor, albergó el restaurante *París*. El palacio data de 1775 y fue construido por el primer marqués de la estirpe. En el centro del patio, una fuente rodeada de verde vegetación tropical alberga algunas tortugas acostumbradas a convivir con los turistas. Con anterioridad a la Revolución fue sede del Banco Industrial.

Todavía puede encontrarse algún recuerdo para llevar a casa en la tienda de artesanía que alberga la antigua **casa de Baños,** situada en el flanco occidental de la plaza, edificio de dudoso estilo barroco que fue reconstruido a fines del siglo XIX.

La Bodeguita del Medio (I, D5). A pocos pasos de la plaza, en la calle Empedrado –que, al parecer, debe su nombre al hecho de ser una de las primeras calles, si no la primera, que fueron empedradas en La Habana– está *La Bodeguita del Medio*, la taberna-restaurante más famosa de Cuba.

Se trata, en realidad, de una taberna similar a las que hay en cualquier pueblo de España que comenzó siendo un alma-

Dos establecimientos señeros de La Habana, inmortalizados por el escritor Ernest Hemingway: El Floridita (arriba) y La Bodeguita del Medio (abajo).

cén de víveres, fundado por el emigrante húngaro Sepy Dobronyi, y reformada posteriormente por el español Ángel Martínez. Tiene la peculiaridad de ser la única de su género que queda en la ciudad. Fue cantada por Nicolás Guillén –un asiduo parroquiano– y frecuentemente visitada por Ernst Hemingway, como reza el cartel que recoge una frase suya escasamente ingeniosa: *"My daiquirí in Floridita and my mojito in La Bodeguita"*.

Tras la revolución, Ángel Martínez pasó de propietario a encargado de la nueva administración estatal de *La Bodeguita*, donde aún todavía se sirve el *mojito*, una bebida larga de ron, jugo de limón, azúcar y agua con gas aromatizada con yerbabuena escuchando música en directo. El restaurante es uno de los mejores en cocina criolla, y quien tenga la suerte de reservar una mesa y no caerle mal al "capitán" puede hacer en él un oportuno alto en el recorrido.

Mercado de Artesanía (I, D5). *Antiguos almacenes, Avda. del Puerto.* El mercado de artesanía que anteriormente se situaba en el parque Céspedes, se pasea ahora a la frescura del antiguo almacén portuario. No es que Cuba tenga una enorme tradición artesana; de hecho, la oferta del mercado parece inventada antes de ayer. La extinción de la población indígena en los primeros momentos de la colonización española privó a la isla de las tradiciones y la cultura manual india, tan rica en países como México o Colombia. Por otra parte, el turismo norteamericano de los años previos a la Revolución buscaba en Cuba otros "recuerdos" muy distintos a los usuales, en la actualidad el escaso interés por la industria artesanal se ve reflejado en objetos de poca calidad y escasa creatividad. En cambio encontraremos una amplia muestra de pintura actual a precios módicos: naïf, de raíces afrocubanas… y se compra a los propios artistas.

Las Fortalezas**

Monumentos señeros de la Habana antigua son sus fortalezas. Ya se ha mencionado el castillo de la Fuerza, pero queda aún el **castillo de los Tres Reyes del Morro** y la **fortaleza de San Salvador de la Punta,** defensas que guardaban la entrada de la bocana de la rada.

Castillo del Morro* (I, B5). *Carretera de La Cabaña, costa este de la entrada de la bahía de La Habana. Visita, de lunes a viernes de 9 h a 17 h; sábados y domingos de 8 h a 16 h.* La construcción del castillo de los Tres Reyes del Morro se debió al paso por La Habana del pirata inglés Sir Francis Drake. El rey de España ordenó su construcción sobre una gran piedra que se conocía con el nombre de El Morro, y para ello envió al maestre de campo Juan de Texeda, acompañado del ingeniero militar Battista Antonelli, quienes arribaron a La Habana en 1587 y comenzaron enseguida la tarea.

El Morro fue concebido como una pequeña ciudadela rodeada por un foso seco, y Antonelli, de espíritu renacentista, confirió a su necesaria robustez una elegancia armónica con el enclave natural por medio de una serie de terrazas descendentes que lo mimetizan con la roca base.

Fue una importante plaza fuerte durante la invasión inglesa que tuvo lugar en el año 1792, ya que resistió durante cuarenta y cuatro días los combates, pero después fue el punto estratégico desde donde los ingleses cañonearon a las tropas españolas de la ciudad. En la actualidad, el castillo alberga un mesón de ambiente español y sirve de escenario para la celebración de festivales de música y danza. El faro que corona su torreón es de 1942 y sirve para orientar a los barcos que llegan a puerto. Sustituyó al antiguo faro giratorio de principios del siglo XIX que, a su vez, vino a modernizar el sistema de vigilancia a base de banderas y señales luminosas de leña y fuego que avisaba, junto a una campana, la presencia de piratas en la costa.

San Carlos y San Severino de la Cabaña* (I, C6). *Carretera de La Cabaña, costa este de la entrada de la bahía de La Habana. Visita, de 9 h a 21 h. Incluye la ceremonia del cañonazo.* La fortaleza más impresionante de la colonia española era La Cabaña, construida junto al Morro sobre el lugar desde donde los ingleses dispararon a placer sus cañones contra la ciudad y que aún hoy impresiona con sus murallas de finales del siglo XVIII.

Junto con el castillo de los Tres Reyes del Morro integra el **Parque Histórico-Militar Morro-Cabaña.** En la actualidad, alberga la colección de armas antiguas más importante del país. El Che la utilizó como cuartel general después de la Revolución. Cada noche a las 21 h, unos soldados vestidos con trajes de época disparan desde ella el "cañonazo de las nueve", que rememora el que tradicionalmente se disparaba todos los días para avisar del cierre de las puertas de la muralla de la ciudad.

Fortaleza de San Salvador de la Punta (I, C5).

En la orilla opuesta de la rada, al comienzo de la curva del Malecón, se alza la fortaleza de San Salvador de la Punta, de menores dimensiones arquitectónicas, y también reconvertida en mesón, hoy en fase de reforma. Fue construida en 1590, y en 1629 el Cabildo habanero decidió, para defender mejor el puerto, unirla por la noche con el Morro mediante una gruesa cadena de tozas que impidiese la entrada de barcos enemigos. La señal del cañonazo indicaba que la cadena se cerraba, y no se volvía a abrir hasta la mañana siguiente.

Las defensas de la ciudad fueron completándose según las necesidades. Para protegerla por tierra, en la tercera década del siglo XVII, se construyeron el **castillo de la Chorrera,** al oeste de La Habana, y al este, el **castillo de Cojímar.** También, junto al mar, se elevaron una torre vigía, denominada **torre de San Lázaro** por estar situada en el barrio homónimo donde estaba el lazareto de los enfermos de lepra; la **batería de Santa Clara** y el **cementerio de Espada,** donde se hallaban las canteras en las que José Martí estuvo condenado a trabajos forzados. Junto a los restos de la antigua muralla, se eleva otra **fortaleza,** que es la sede de la Policía de tráfico. Fue construida a principios del siglo XX imitando las antiguas fortalezas.

Otros rincones de La Habana Vieja

Hay en la Habana Vieja otras muchas casas y palacios de antigua nobleza distribuidos por sus estrechas y umbrosas calles, reconocibles, muchas veces a duras penas, por su fisonomía antigua que contrasta con el pintoresquismo ajado de las viviendas populares.

A veces, si se hace caso omiso de la mezcla racial, se tiene la sensación de estar paseando por una ciudad española de provincias, pero enseguida sale al paso el recuerdo de un viejo revoco azul, rosa o verde, una rejería, un portalón con los huecos de viejos vitrales, un corredor oscuro que se pierde hacia laberintos de patios interiores, jambas ornamentadas, balcones de piedra y hierro, balconadas corridas en las que se asoman indolentes muchachas de una escuela de taquigrafía o fuma su pipa una negra de colorido pañuelo en la cabeza, cortinas semidesveladas, plazuelas con ancianos a la sombra de un árbol exuberante y tropical…, todo viejo pero hermoso y humano.

La Habana Vieja es para pasearla, y alcanza su hora más bella al anochecer, cuando, al fondo de una calle que va a dar al mar, se descubre la dorada reverberación del sol sobre la superficie violácea y se advierte de pronto un jirón de brisa al torcer una esquina o el ritmo de un bongó en el fondo de un portal y la mulata que cruza la acera con el pelo cuajado de rulos bajo la pañoleta… Entre estas impresiones el caminante descubrirá una iglesia, una casa señorial, un palacio que a veces es almacén, otras oficina del Estado, las más una escuela…

Detrás de la **Plaza Vieja***, a la que conduce desde la Catedral la calle de San Ignacio, se puede ver el barroco **palacio del Conde de San Juan de Jaruco,** que es un ejemplo más de la tradición. Construido en el siglo XVII, fue ampliado cuando su

Vista de La Habana desde el castillo del Morro, junto a los cañones llamados "Los Doce Apóstoles"

propietario don Gabriel Beltrán de Santa Cruz y Aranda obtuvo el título nobiliario en 1768 por sus hazañas contra los ingleses. Una de sus inquilinas, Mercedes de Santa Cruz y Montalvo, fue gloria de las letras cubanas bajo el pseudónimo de Condesa de Merlín, antiesclavista y bella mujer que admiraron los salones de París cuando se casó con un noble francés.

En la calle de San Ignacio se hallan también, en el número 76, el **palacio del Conde de Jibacoa,** de airosa combinación clásica y barroca, y en el número 70, la **casa de la Beata de Cárdenas** –también conocida como de los Bigotes de la familia Cárdenas–, construida en el siglo XVIII y sede de la Sociedad Filarmónica a principios del siglo XIX.

del que se puede visitar su bello **patio**★ colonial, la primera fuente pública de la ciudad, las celdas de las monjas y el pequeño cementerio. Hoy alberga un alojamiento económico.

El conjunto de **iglesia** y **convento de San Francisco de Asís**★ (I, E5) data del año 1608, y fue reconstruido en 1737. Convertido en almacén de legumbres primero y de antigüedades después, está sin embargo abierto al público; por la tarde se celebran en él conciertos de musica clásica.

Otras iglesias antiguas, más o menos restauradas y más o menos abandonadas, salpican la Habana Vieja. La inmensa mayoría data del siglo XVII, época durante la cual las comunidades religiosas y la Corona se dedicaron a fundar numerosos

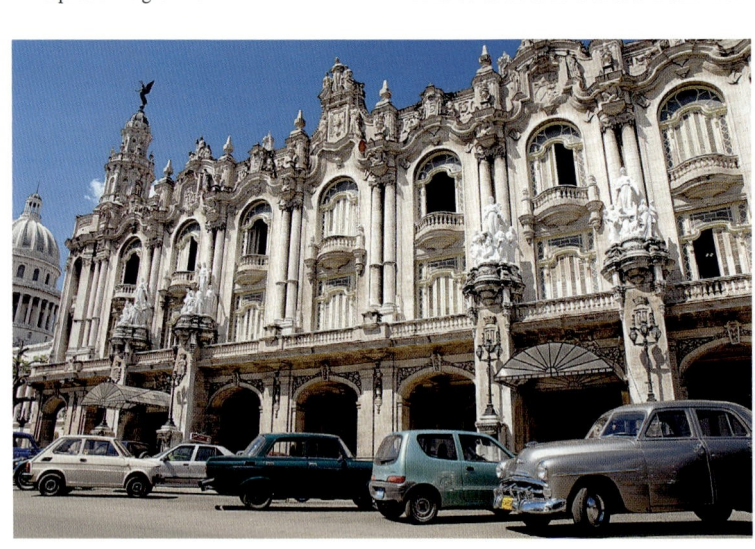

Gran Teatro, edificio construido a principios del siglo XX como Centro Gallego.

La Plaza Vieja y sus calles cercanas tienen hermosas **galerías**★, muy típicas de La Habana, con arcos de medio punto y vidrieras de colores que antaño se adornaban con dibujos que más tarde fueron sustituidos por calcomanías.

La primera iglesia construida en La Habana, que databa del año 1550, no se ha conservado hasta nuestros días. La más antigua de las existentes en la actualidad es la **iglesia del Espíritu Santo** (I, E5), situada en la calle Cuba. Fue construida en 1688 por una cofradía de negros liberados. En la misma calle está el **convento de Santa Clara** (I, E5), que data de 1635,

templos. Entre ellas, merecen ser destacadas la **iglesia de Nuestra Señora de la Merced**★(I, E-F5), en la calle Cuba, esquina a la calle de la Merced, con un curioso medio claustro decorado con estatuas, entre ellas una del profeta Elías y otra de San Dimas el buen ladrón; la Virgen de la Merced sincretiza con la diosa *Obatalá*, la que le dio el aliento vital a los hombres; el párroco tiene que andarse con mucho ojo para que los santeros no celebren en ella sus ritos. Y la de **María Auxiliadora,** en la calle Teniente Rey, esquina a Compostela, en cuyo **atrio** se aparcan coches y bicicletas.

Uno de los conventos más curiosos del casco antiguo, **Nuestra Señora de Belén**★ (I, E5), que hoy día es un centro de atención para adultos, discapacitados y niños, a cargo de la Dirección de Asuntos Humanitarios de la Oficina del Historiador. Se llega a él encaminándose por la calle Acosta y tras atravesar un gran arco con un campanario en la parte superior. Fue fundado en 1674 por los padres de la orden de Belén, que se dedicaban a la enseñanza, actividad que les debió deparar pingües beneficios, ya que al cabo de un siglo eran propietarios de uno de los mayores ingenios del país, el de San Cristóbal, con una dotación de más de 300 esclavos. Esta iglesia era una de las dos en las que se mantenía el viejo derecho grandes almacenes y casas de comercio, situación que se prolongó hasta el siglo XIX al tiempo que se multiplicaba la riqueza habanera. Precisamente de este último siglo es el exponente más destacado de lo referido con anterioridad: la **Manzana de Gómez,** situada frente al Parque Central. Fue iniciada por don Julián Zulueta, marqués de Álava, aunque su conclusión se debe, ya en el siglo XX, a José Gómez Mena, que le añadió cuatro pisos.

Por último, subiendo la calle Leonor Pérez se llega al **Museo-Casa Natal de José Martí**★ (I, F4), dedicado al poeta, pensador y héroe de la Independencia cubana *(de martes a sábado de 9 h a 17 h, domingos de 9 h a 13 h)*. Situado cerca

Ministerio del Interior, con la efigie del Che y su lema "Hasta la victoria siempre".

de asilo por el que los criminales que se refugiaban en ella no podían ser detenidos. En su *interior* existe un observatorio meteorológico que sirve para prevenir los devastadores huracanes. Frente al puerto, junto a los restos de las antiguas murallas, se halla el **seminario de San Carlos y San Ambrosio**★, un bello edificio neoclásico. Es el único seminario que funciona en la actualidad en el país.

El siglo XVIII –como se habrá sospechado al ver los palacios ya descritos y otros menores que se encontrarán más adelante– fue una etapa en la que proliferaron mansiones, edificios oficiales, del puerto, se trata de la pequeña casa en la que nació el padre de la patria cubana el 18 de enero de 1853. La familia Martí ocupaba el primer piso del edificio y en la parte baja vivía un oficial español. Se pueden ver objetos y recuerdos y el único retrato al óleo de Martí que se conoce.

HABANA CENTRO

Para ser rigurosos y hablar con propiedad, la Habana Vieja empieza en el puerto y termina, con buena voluntad, en la amplia curva que describen las avenidas de Bélgica (más popularmente conocida como Monserrate) y Las Misiones.

El Capitolio Nacional, sede de la Academia de Ciencias de Cuba.

El Floridita* (I, D4). Haciendo casi frontera con ambas avenidas está el bar-restaurante *Floridita*, que bien puede servir de alto en el camino antes de proseguir hacia el centro de La Habana. Es muy corriente escuchar que el *Floridita* es la "cuna del daiquirí" (con acento en la i final), pero no hay que confundir "cuna" con "templo". En verdad, el daiquirí es la bebida emblemática del *Floridita* pero no nació en él. Para todo el que tenga interés por las leyendas, hay dos versiones. Una es nacionalista y afirma que era la bebida de los patrióticos mambises, que mezclaban ron con zumo de limones (sin nombre todavía), y que fue bautizada cuando los mambises que recibieron al general norteamericano Shafter en la playa de Daiquirí experimentaron el cóctel con hielo que el americano mandó traer de su barco.

La otra leyenda da fe de que la bebida era común entre los obreros cubanos e ingenieros norteamericanos de la mina de hierro Daiquirí, cercana a Santiago de Cuba. Se supone que los americanos le pusieron el hielo y uno de los ingenieros el nombre de la mina.

El Floridita, que en 1820 se llamaba *La Piña de Plata*, es un bar de estilo inglés que tiene una magnífica barra de caoba y en el fondo un espacio para restaurante donde es común la langosta. El bar era el lugar permanente de Hemingway en la época en que el *Floridita* era un antro de prostitutas, homosexuales y matones, moneda corriente en esta zona de Cuba en la que se concentraban los locales de diversión y lupanares. Pero el personaje más importante del *Floridita* era el catalán Constantí Ribalaigua i Vert, muerto en el año 1952, a quien los habaneros llamaban Constante, un *barman* maravilloso, inventor de casi doscientos combinados a base de ron y que, cada mañana, llegaba al *Floridita* con los limones que cultivaba en su propio jardín. La trituradora de hielo que le da esa consistencia nívea al daiquirí del *Floridita* llegó al local en 1920 y es la misma de don Constante, y de Hemingway y la prostituta Leopoldina, *la Honesta*, acompañada del escritor en sus frecuentes borracheras. La fotografía con la escultura de Hemingway apoyado en la barra, es un obligado rito turístico.

Paseo del Prado (José Martí)★ (I, C-D4). La frontera entre La Habana Vieja y La Habana Centro debería ser, en realidad, el paseo del Prado, hoy llamado José Martí, que comienza en el Parque Central y termina frente al castillo de San Salvador de la Punta, en el Malecón. Recibió su primer nombre en honor del paseo homónimo de Madrid y es un exponente de la pujanza de Cuba durante el siglo XVIII, cuando fue construido y rodeado de mansiones ilustres, sedes de bancos y empresas comerciales, y fue, durante muchos años más, el elegante centro de La Habana, escenario de calesas y caballos, lugar de encuentro para damas y caballeros durante las mañanas de domingo y pista de los desfiles en la época de carnaval.

Aparece flanqueado por hermosos árboles que se alternan con bancos de mármol, leones y adornos de bronce. En su entrada se organizan animadas tertulias deportivas o de temas de actualidad en las que cualquiera puede participar.

Museo de la Revolución y Memorial Granma (I, C-D4). *Refugio, 1, entre Monserrate y Zulueta. Visita, excepto lunes, de 13 h a 18 h; domingos, de 10 h a 13 h.* Subiendo desde el mar, en un pequeño parque situado a la izquierda se conservan los restos de la antigua **cárcel** de La Habana.

Un poco más arriba, entrando por la calle Refugio, se halla el antiguo **Palacio Presidencial★,** que permaneció ocupado entre 1920 y 1960, y que en la actualidad alberga el **Museo de la Revolución★,** cuya visita resulta de interés para todo aquel que sienta curiosidad por la historia más reciente de Cuba. Fotos, documentos, banderas, armas, objetos que exaltan la lucha revolucionaria contra la dictadura de Batista en un ambiente que, por su sacralización, excede los fines puramente museísticos e históricos.

En la plaza-jardín contigua se encuentra el **Memorial Granma★,** donde se expone, entre vehículos y avionetas históricos de la lucha urbana y revolucionaria, el yate *Granma*, que sirvió para trasladar desde México a Cuba a Fidel Castro, el Che Guevara y los demás expedicionarios que iniciarían desde Sierra Maestra la revolución contra Batista.

Museo Nacional de Bellas Artes★ (I, D4). Dos edificios muy cercanos entre sí contienen las colecciones del museo. La colección de Arte Universal se ubica en el recuperado y bellísimo Centro Asturiano *(Agramonte esquina a S. Rafael)* donde destaca la pintura española (el Greco, Sorolla...). Y la colección de Arte Cubano *(Trocadero entre Agramonte y Misiones)* muestra cronológicamente ordenados, un estupendo elenco de pintores cubanos de todas la épocas. Obras y objetos de la **época de la colonia,** cuadros y grabados de los siglos XVIII y XIX, realizados por José Nicolás de la Escalera, Vicente Escobar, Juan Bautista de Vermay, Hipólito Garneray, Eduardo Laplante, Joaquín Tejada, Armando Menocal, Fidelio Ponce y Víctor Manuel, entre otros. Especial atención merecen las salas que ilustran las **luchas por la independencia** y las dedicadas al **arte del siglo XX,** en las que se encuentran representados los artistas cubanos, desde Amelia Peláez o Eduardo Abela hasta Wifredo Lam, Mariano Rodríguez, René Portocarrero, Raúl Martínez, Antonio Vidal y los pintores y escultores posteriores a 1959.

Gran Teatro de La Habana (I, D4). Dominando el Parque Central se encuentra el antiguo Centro Gallego, que da fe de la pujanza de esa comunidad española en Cuba. Su construcción acabó en 1914. De un "estilo sin estilo" en palabras de Alejo Carpentier, su barroquismo manifestado en balcones curvados, esculturas grandilocuentes y profusión de nervaduras y decoración acaba por resultar atractivo. Su sala principal, con un aforo de dos mil butacas, tiene una espléndida acústica.

Capitolio Nacional** (I, D4). *Visita de 9 h a 20 h.* Situado junto al Centro Gallego, este edificio es otra "tarta blanca" que al primer golpe de vista semeja un espejismo, ya que parece el Capitolio de Washintong trasplantado a Cuba. Fue, naturalmente, el Capitolio Nacional y, en la actualidad, alberga la **Academia de Ciencias de Cuba**. Construido en 1929 como palacio del dictador Machado, fue hasta 1959 la sede de la Cámara de Representantes y del Senado. Su cúpula cobija la estatua bajo techo más grande del mundo.

Barrio Chino (I, D3). Dentro del crisol de razas que conforman la actual población de La Habana, la china, aunque en modesta cantidad, contribuye a hacerla aún más cosmopolita. Se pueden contar con los dedos de una mano los chinos de raza pura que quedan en la ciudad, pero, a pesar de todas las mezclas habidas, aún la gente moteja a algunos como "chinos".

La verdad es, que si no se supiera de antemano, nunca se podría descubrir un atisbo de origen oriental en aquellos a los que llaman "chinos", pues tienen la piel tostada, visten, hablan y se comportan como auténticos cubanos, e incluso en algún grupo de música tradicional cubana se puede encontrar algún "chino" armado de maracas o guitarra rumbeando como el que más. Claro que, después de ser avisados y con buena voluntad, se ven unos ojos rasgados, unos pómulos salientes y otros rasgos que recuerdan a los asiáticos.

Al margen de la escasa inmigración china, existe otro factor que contribuye a la mimetización de los orientales en Cuba: el hecho de que este país es una sociedad abierta y nueva que rápidamente hace suyos a los foráneos.

El caso cubano es particular en el mundo, solo comparable al de Brasil, ya que cualquier inmigrante, sea de la raza o religión que sea, en menos de una generación se siente como un cubano. Esta peculiaridad contrasta fuertemente con lo que ocurre en los países que fueron antiguas colonias anglosajonas, como en el caso de Estados Unidos, donde la gente, a pesar de llevar en el país tres, cuatro y hasta cinco generaciones, sigue siendo italo-americana, judio-americana, afro-americana, polaca, hispana, irlandesa, china, coreana o de cualquier otro lugar del que procediesen sus tatarabuelos, y continúa viviendo en territorios o en barrios en los que predominan individuos de su mismo origen, con los que conviven, se casan y tienen descendencia.

En Cuba las cosas no ocurren de igual forma, aunque como es lógico se conservan algunas señas de identidad comunes, predominando y conformando prácticamente lo que es la cubanidad lo español y lo africano. La influencia *yankee*, aunque en menor medida, también dejó su poso y, por último, los chinos, que han contribuido con su exotismo a formar una curiosa mezcla de orígenes raciales. Esta contribución se deja notar como en ninguna otra parte en el llamado "Barrio Chino".

La inmigración china no es de época reciente. Los primeros en llegar datan de 1847 y siguieron llegando durante todo el siglo XIX y buena parte del XX, aunque en este con menor intensidad. Durante el siglo XIX la mayor parte procedía de Estados Unidos, donde, tras trabajar en la construcción del ferrocarril, las propias compañías los trasladaron a otros países para que continuasen con esa dura labor; también el final de las obras del Canal de Panamá produjo una diáspora de trabajadores que alcanzó la isla, que en aquella época se hallaba en manos de los norteamericanos. En Cuba fueron las empresas azucareras las que usaron esta mano de obra, no en la zafra, que para eso ya tenían a los negros, sino en los ferrocarriles, donde se quedaron muchos de ellos abriéndose paso con su laboriosidad y dejándose envolver poco a poco por las virtudes y los vicios nacionales.

El "Imperio Chino-Habanero" se circunscribe a cuatro o cinco pequeñas calles –como las llamadas Zanja, Rayo, San Nicolás, y la más característica de todas, la calle Dragones–, perdidas en medio del deterioradísimo barrio de Centro-Habana. Para llegar hasta él desde el Malecón hay que encaminarse por la calle Galiano, que hace esquina con el hotel *Deauville*.

Otra ruta desde la Habana Vieja sería cruzando el Prado y dejando a un lado la antigua fábrica *Partagás*, donde está el comienzo de la calle Dragones.

En sí mismo este barrio no tiene nada de particular, pero es un lugar agradable si se desea salir de la zona turística y visitar un **mercado** chino; en él los vendedores ofrecen frutas, verduras y carne, además de soja, jengibre y otros condimentos chinos; en la entrada, llegando por la calle Cuchillo, venden por pesos unos deliciosos batidos de "fruta bomba" (papaya); justo al lado hay un buen restaurante chino llamado *La Muralla* (Cuchillo, 12). En la misma manzana está el *Restaurante Pacífico*, también chino y decorado de acuerdo a la tradición (San Nicolás, 520).

Lo verdaderamente curioso del barrio son las llamadas **Sociedades Chinas de Instrucción y Recreo,** pequeños casinos-bares-fondas-restaurantes, situados en un primer piso, en los que se puede comer muy bien y muy barato, además de tomar una cerveza, jugar una partida de billar o asistir a algún espectáculo los fines de semana.

Hay bastantes, basta con fijarse en los carteles, aunque a veces están en chino; entre ellas destacan: *Sociedad China La Unión de la Familia* (San Nicolás, entre Rayo, Zanja y Dragones), *Sociedad China Lung-Kwn-Sol* (Dragones, 364), *Fonda Sue-Yuen-Tong* (Dragones, 355) y *Fonda Chi-Tack Tong,* que está en una planta baja y es más bien un restaurante. Callejeando por el barrio se encuentran cosas curiosas, como el *Diario Popular Chino (Kwong-Wah-Po),* un cine o una farmacia homeopática china.

Plaza de la Revolución, presidida por el monumento a José Martí.

El Malecón

OTROS BARRIOS DE LA HABANA

El Vedado y Miramar*

El Vedado era, en un principio, el barrio que sustituyó a la Habana Vieja cuando los españoles acaudalados empezaron a encontrar insalubres las calles de la primitiva ciudad. Pero el Vedado fue, sobre todo, la zona que comprendió las posesiones norteamericanas durante las dictaduras y, sobre todo durante la de Batista, cuando el capitalismo del norte hizo de Cuba una prolongación de Florida. En él se construyeron los grandes hoteles con sus casinos, los restaurantes, cabarets y bares donde el turismo del dólar todo lo compraba: el viejo y enorme **Hotel Nacional*** (I, B1), remodelado tras la batalla de 1933, por el que han pasado célebres artistas, presidentes de gobierno y mafiosos millonarios; el **Habana Hilton** (II, C6), hoy *Habana Libre;* el **Capri** (II, B6), en el que la mafia americana que asesinó al gánster Anastasia tenía uno de sus cuarteles generales; el **Riviera** (II, B3), situado sobre el Malecón, ya cerca de Miramar... Entre estos grandes edificios proliferaron las casas ajardinadas de los ricos comerciantes en una variedad de caprichosos estilos, que se prolongaron con el túnel bajo el río Almendares, al final del Malecón, hacia el aristocrático barrio de Miramar.

El Malecón* fue la obra fundamental que proporcionó a La Habana un magnífico balcón al mar y un paseo abierto a todas las imaginaciones. Empezó a construirse en tiempos del general Wood y fue el atractivo principal del "Plan Forestier" para la remodelación urbanística de la ciudad y la promoción del turismo habanero. Hoy es la vía más concurrida y popular de la ciudad. Aquí se reúnen parejas de enamorados, pescadores, jóvenes y viejos para charlar, bailar o cantar... Los días de tormenta cuando las olas saltan por encima del parapero, el espectáculo que ofrece es impresionante.

La fisonomía de los barrios de Vedado y Miramar está concebida, como la Habana Vieja, con un trazado a cordel de calles perpendiculares formando una trama urbanística en forma de parrilla, con grandes avenidas y bulevares que dan un respiro al resto de las calles: la avenida de los Presidentes o el Paseo son hermosos ejemplos de bulevares ajardinados.

La Rampa* (I, B1). Constituye el centro neurálgico del Vedado. La Rampa es a La Habana de hoy lo que para otros tiempos fue el paseo del Prado. Es el tramo de la calle 23, que arranca en la calle L y baja hasta el Malecón, junto al mar. Constituye la zona cosmopolita de la ciudad, ya que alrededor de ella se localizan hoteles, restaurantes, tiendas, compañías aéreas, etc. Por la noche, ofrece su cara más luminosa y sensual, cuando grupos de jóvenes salen a divertirse y bailar. Al principio de la Rampa, en un pequeño jardín situado a la izquierda, hay un mercado de artesanía, y en la esquina con la calle L se halla la famosa **heladería Coppelia****(II, B6), rodeada de un frondoso parque con grandes árboles y siempre circundada por una inmensa cola de gente que pacientemente trata de saborear uno de los 27 sabores de helados que sirve.

En lo alto de la colina del Vedado, el dictador Machado construyó la Escuela de Derecho, actualmente **Universidad de La Habana,** con su gran escalinata frente al monumento dedicado a Julio Antonio Mella, líder estudiantil de los años 20 y mártir de las luchas contra la dictadura. La **escalinata** y el **campus** llamado plaza de Ignacio Agramonte, fueron los escenarios de las manifestaciones y protestas de los años previos a la revolución. En la escalinata se suelen celebrar conciertos nocturnos para la juventud habanera.

LA HABANA II: VEDADO Y MIRAMAR

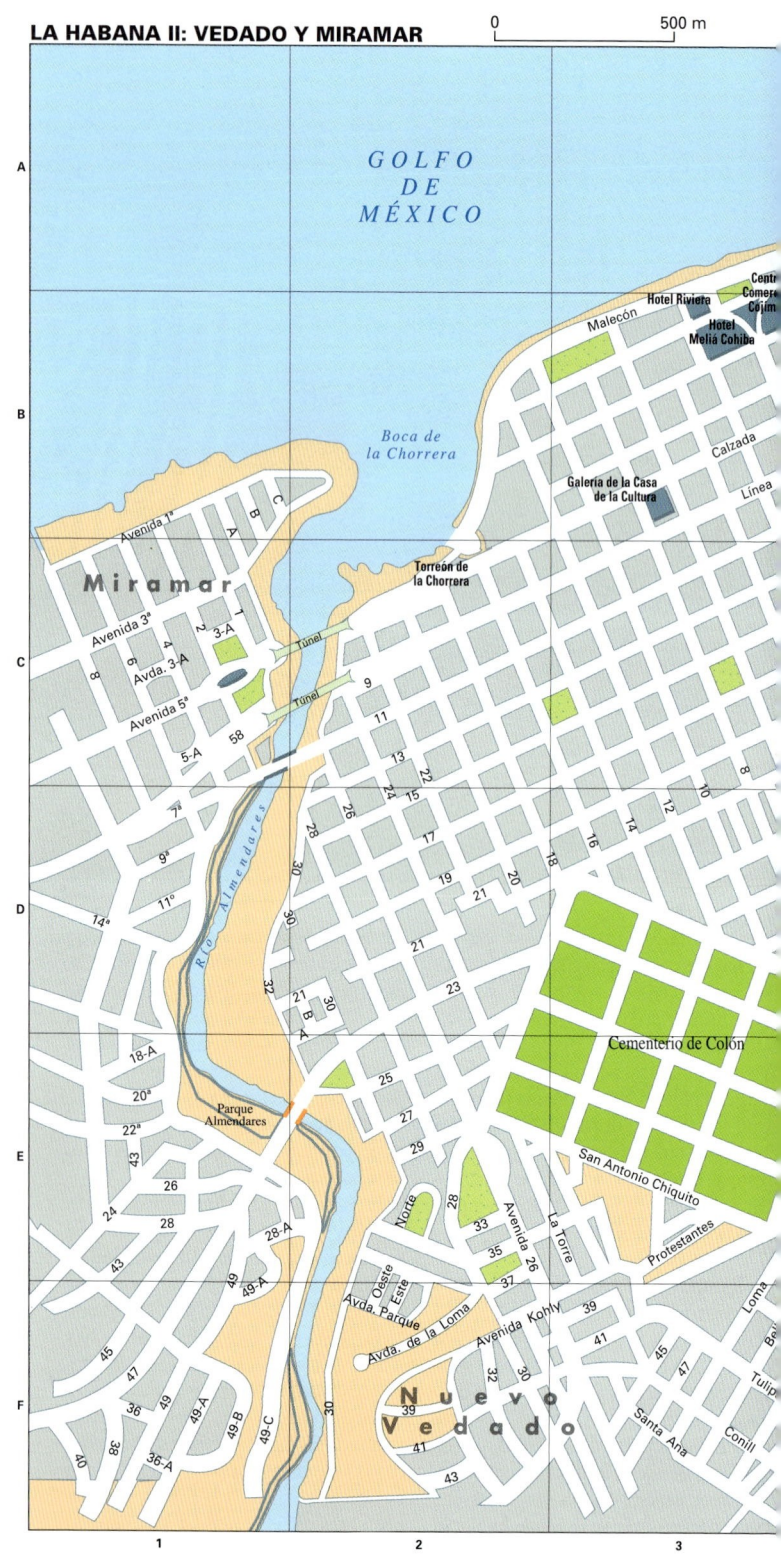

GOLFO DE MÉXICO

Centro Comercial Cojim
Hotel Riviera
Hotel Meliá Cohiba
Malecón

Boca de la Chorrera

Galería de la Casa de la Cultura
Calzada
Línea

Torreón de la Chorrera

Miramar

Avenida 1ª
Avenida 3ª
Avda. 3-A
Túnel
Avenida 5ª
Túnel

Río Almendares

Parque Almendares

Cementerio de Colón

San Antonio Chiquito

Avenida 26
La Torre
Protestantes

Oeste
Este
Avda. Parque
Avda. de la Loma
Avenida Kohly
Loma
Tulip
Santa Ana
Conill

Nuevo Vedado

4
5
6
A
B
C
D
E
F
Tribuna Antiimperialista
Galería Casa de las Américas
Mercado de Artesanías
Museo de la Danza
Línea
Avenida de los Presidentes
Avenida Washington
Hotel Capri
al Hotel Nacional de Cuba
Museo de Artes Decorativas
Heladería Coppelia
Mercadillo
Hotel Habana Libre
La Rampa
edado
Vapor
Jovellar
San Lázaro
27 de Noviembre
Universidad
Museo Napoleónico
Antiguo Hotel Ritz
Museo Antropológico Montané
Hospital Universitario
Avenida de la Universidad
PASEO
Basarrate
San Martín
Aguirre
Masón
Valle
Monumento a los Presidentes
Zapata
Quinta de los Molinos
Avenida Salvador Allende (Carlos III)
Dulces
Luaces
Lugareño
Pozos
Montoro
Requena
Collado
Morales
Feria de la Juventud
Bruzón
Protestantes
Terminal de Ómnibus Nacionales
Almendares
Museo Postal Filatélico
19 de Mayo
Desagüe
Aranguren
Avenida Carlos M. de Céspedes
Plaza de la Revolución
Monumento a José Martí
Biblioteca Nacional José Martí
Avenida de Colón
Territorial
(Zaldo)
Villuenda
Sede del Partido Comunista Cubano
Avenida de la Independencia (Avda. de Rancho Boyeros)
Hidalgo
Estancia
Marino
Calzada de Ayestarán
Panchito Gómez
Masó
Avenida 20 de Mayo
San Martín
Amenidad
Pedroso
Universidad
San Pedro
Pedro Pérez
Cocos
Clavel
inal de Ferrocarril de Noviembre
Aeropuerto

Plaza de la Revolución★ (II, E5). El espacio más espectacular de La Habana es, por supuesto, la plaza de la Revolución, en la que caben un millón de personas como se comprueba frecuentemente cuando el gobierno convoca a los cubanos en fechas señaladas del calendario revolucionario.

La plaza de la Revolución formaba parte del plan urbanístico del arquitecto francés Jean Claude Forestier, quien, en el año 1926, bajo la dictadura de Machado propuso este lugar punto desde el cual partieran las calles y avenidas hacia el mar.

El proyecto no fue llevado a cabo, aunque Batista lo retomó posteriormente adulterándolo. La plaza actual, presidida por el **monumento y memorial a José Martí,** está flanqueada por edificios oficiales: diversos ministerios, Palacio de Justicia, Biblioteca Nacional, Comité Central del Partido Comunista, etc. Sobre uno de los edificios oficiales destaca, en silueta de metal, un gran retrato del Che Guevara, a quien solo se han dedicado dos monumentos en Cuba, uno en Santiago y otro en Santa Clara.

Habana del Este

La Habana novísima se halla situada al otro lado del túnel construido bajo La Rada: es la Habana del Este, con sus distritos de Cojímar y Alamar.

Se trata de un espacio habilitado por la Revolución en el que se alzan enormes bloques de viviendas sociales, levantadas en régimen de microbrigadas de construcción integradas por los trabajadores de todas las actividades. El proyecto, que ha sido vital para paliar el problema de viviendas que es endémico en Cuba, no ha contado sin embargo con total aceptación, ya que son zonas semejantes a las ciudades-dormitorio de los países europeos donde escasean los lugares de ocio y diversión.

Barrio de Regla (I, D6)

Si se quiere visitar un barrio eminentemente santero, se puede coger el vaporcillo en el puerto de La Habana y navegar hasta Regla y **Casablanca,** el distrito marinero con su famosa **ermita** y su San Antón, que tiene el cerdo que ríe, con lazo azul y cogido por un collar de perro. Es un delicioso y tranquilo paseo marítimo que se prolonga por íntimas y alegres calles donde la música suena en cada esquina.

En el popular **barrio de Regla,** situado enfrente de la Habana Vieja, en la orilla opuesta de la bahía, se eleva la pequeña y bella **iglesia★** blanca de la patrona de la ciudad, la **Virgen de Regla,** una curiosa imagen de una Virgen negra con un niño blanco en los brazos, que sincretiza con la orisha *Yemayá*, diosa del mar. La iglesia tiene un pequeño **museo** diocesano adjunto. Este barrio es como un pueblecito que no tiene nada que ver con la abigarrada ciudad. Sus placenteras calles están flanqueadas por viejas casonas en las que se esconden peluquerías, pequeños comercios y un curioso yerbero que se anuncia con el siguiente cartel: "Salá-malecú, malecú-sala".

En la **casa de la Cultura** se reúne la *Peña Bolerista Roberto Faz* (Martí, 212), que actúa los fines de semana. Más adelante se halla la placita de Guaycanamá, centro neurálgico en el que se desarrolla la vida cadenciosa de sus habitantes y donde están el **teatro Céspedes** y el *Café-Restaurante Tropical*.

Un poco más delante, a unos 5 km, está el **barrio de Guanabacoa★,** antiguo poblado de negros y contrabandistas. Todavía hoy conserva su fisonomía e idiosincracia intactas, siendo el templo de la santería y donde están afincados muchos de los santeros profesionales. Su mayor atractivo es el **Museo Histórico de la Santería★** *(Martí, 108, Guanabacoa. Visita, excepto domingos, de 9.30 h a 16 h)* dedicado a los orígenes africanos de Cuba. Todo lo relacionado con la santería y los ritos ñáñigos –máscaras, tambores, ornamento– se encuentran en él. En el pueblo son interesantes también el **monasterio de San Francisco** y el **Teatro Carral.**

Para acceder a estos barrios hay que atravesar el túnel de la bahía, orgullosa obra de ingeniería de los años cincuenta o bien llegar en unos pequeños y viejos transbordadores que salen desde el puerto, junto al edificio de la aduana. Siempre van repletos de pasajeros, a menudo con sus bicicletas. Primero suben al barco los ciclistas y después los pasajeros de a pie, orden que se invierte al bajar.

OTROS LUGARES DE INTERÉS

Hay en La Habana y sus alrededores otros lugares, además de los descritos, que pueden tener interés para curiosos de sus especialidades. A la mayor parte de ellos se puede ir en visitas organizadas por las agencias turísticas.

Museo de Artes Decorativas★ (II, B4; *Calle 17, 502, entre las calles D y E, Vedado. Visita, excepto lunes, de 11 h a 18.30 h; domingos, de 9 h a 13 h)*. Está situado en una antigua residencia señorial del siglo XIX y guarda en su interior mobiliario antiguo, porcelana y cerámica, cristalerías, espejos, bronces y objetos ornamentales.

Museo Hemingway★ *(Visita, excepto martes y días lluviosos, de 9 h a 12 h; domingos, de 9 h a 12 h)*. Situada en la localidad de San Francisco de Paula, al sureste de La Habana, es una mansión llamada **Finca La Vigía** que compró para el escritor su esposa Mary y donde ambos vivieron durante veinte años. En este lugar Hemingway escribió gran parte de *Por quién doblan las campanas*, *El viejo y el mar* e *Islas del golfo*. Finca Vigía, el *Floridita* y Cojímar, el pueblo de pescadores donde el Premio Nobel conoció a Gregorio Fuentes, su personaje para *El viejo y el mar*, son los tres puntos cardinales de la Cuba hemingwayana. La mansión, cedida por su viuda al Estado cubano, ha sido convertida en museo y en ella se conservan la biblioteca y objetos personales del escritor, entre ellos el atril donde Hemingway escribía, siempre de pie.

Museo Napoleónico (II, C6; *calle San Miguel y Ronda; visita: de lunes a sábado de 11 h a 18.30 h, domingo de 9 h a 12.30 h)*. Curioso museo solo por hallarse donde se halla, en Cuba… Obras de arte, armas, mobiliario, etc., que formaban parte de la colección privada de Julio Lobo, uno de los más acaudalados hombres de negocios de América Latina. Tras la Revolución huyó del país "legando" su tesoro al Estado.

Cementerio Cristóbal Colón (II, D-E3). Por extraño que parezca es un lugar de sorprendente belleza, que data de finales del siglo XIX. Con el paso del tiempo quedó aprisionado en pleno barrio de El Vedado, entre las calles 23 y 12, pero es el tercer camposanto del mundo, por su importancia, y un auténtico monumento nacional cubano. Se trata de un inmenso

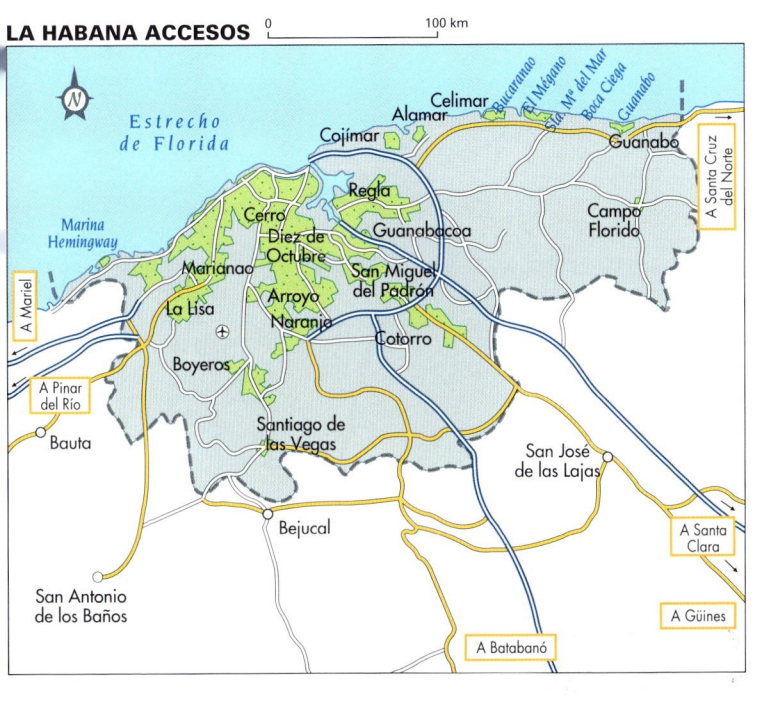

LA HABANA ACCESOS 0 — 100 km

LA HABANA

y majestuoso jardín de mármoles, bronces, estatuas, panteones como palacios y bellos mausoleos, donde predominan el neogótico y el neoclásico. Las leyendas y la mezcla entre lo religioso y lo pagano se suceden entre los más de 500.000 m² de extensión. La imagen de *La Milagrosa*, protectora de la maternidad, es la más célebre y curiosa, por alzarse en un cementerio. Siempre está llena de flores dada la enorme veneración popular que hay hacia ella.

Parque Lenin. Construido por el Gobierno de la Revolución, es el parque de atracciones de La Habana: 670 ha de verde bosque en las que las familias pasan los fines de semana. Hay un parque de atracciones, un acuario, cines, teatro infantil y de marionetas, caballos para la equitación, lago con barcas, anfiteatro con capacidad para 2.400 espectadores, biblioteca al aire libre, campos de deporte, bares, restaurantes, un trenecillo de 9 km de recorrido, galerías de arte, etc. Hoy día subsiste en franca decadencia.

Los domingos de la rumba (I, D2). El **callejón de Hamel** *(calles Aramburu y Hospital)* convoca todos los domingos, a partir de las 12 h, un genuino espectáculo de rumba y tambores batá, el vestigio más vivo del mestizaje entre África y Cuba. Una iniciativa del pintor Salvador, secundada por vecinos y músicos, ha convertido el callejón en destino obligado para quien quiera disfrutar de una música hecha por y para los cubanos.

Playa Santa María, Playas del Este

La fiesta campesina. En una finca próxima a La Habana llamada **Los Naranjos** se puede pasar una tarde de encuentro con las costumbres guajiras de Cuba, tal vez un tanto estereotipadas, con almuerzo campero, música y bailes.

A pesar de la prohibición oficial de las peleas de gallos, el fin de fiesta se cierra precisamente con el "tope de gallos", que es como se llaman en Cuba estas manifestaciones.

Fábrica de tabacos. Interesante visita a una fábrica de puros habanos durante la cual se contemplan las diferentes fases de la elaboración. Los interesados deben contratarla con el buró turístico de su respectivo hotel.

ALREDEDORES

Playas del Este*

A 30 km de La Habana, siguiendo la autopista Vía Blanca que arranca de la salida del túnel bajo la bahía, hay una serie de playas muy frecuentadas por los habaneros. Aunque cada una de ellas toma un nombre diferente –hasta siete–, podrían considerarse como una sola denominada **Circuito Azul.**

Las playas, por orden de cercanía a La Habana, son estas: **Bucaranao, Mégano, Santa María del Mar, Boca Ciega, Guanabo, Jibacoa** y **Trópico.** La más tranquila de todas es evidentemente la más alejada. Los fines de semana suelen estar llenas de gente, pero por sus hoteles y villas

Deportes náuticos

Cuba es un paraíso para los deportes acuáticos, no solo por la belleza y calidad de sus playas, sino también porque goza de un mar, en general, tranquilo, cálido y transparente. Y sobre todo, por la belleza de sus fondos marinos, cuya fauna y flora poseen una variedad y belleza excepcionales al alcance de cualquiera. En un par de días, con magníficos instructores, se puede aprender en una piscina a manejar todos los elementos que necesita un buzo. Y a partir de entonces, cualquiera se puede adentrar en un mundo mágico que cautivará desde el primer momento. Además del buceo, se puede practicar vela, esquí acuático, pesca de altura, windsurf, tenis, squash, voleibol, equitación, golf y otros deportes. Hay que recordar que está prohibido dañar la barrera coralina y llevarse trofeos como cobos, estrellas de mar u otros seres marinos protegidos.

Lugares para bucear

Bucaranao. En la playa del mismo nombre, con fondos de 6 a 7 m, con restos de un galeón del siglo XVIII, barcos de madera del siglo XIX, y uno de hierro, de los años 20, en el que se observan gran cantidad de corales, gorgonias, esponjas, langostas, tortugas (kawamas), roncos, civiles y loros.

Canal de Tarará. Frecuentado por grandes peces, como pargos, meros, aguajíes, chernas, etc. Profundidad: 5-8 m.

El Fraile. Con esponjas de copa, corales y peces de mediano y pequeño tamaño. Profundidad: 7-10 m.

Paragüitas. Con formaciones parecidas a paraguas, cubiertas de corales, pobladas de sábalos, roncos y catalinetas, y peces más grandes, como chernas, aguajíes y pargos. Profundidad: 13 m.

Pistas de Esquí. Llamada así por parecerse a las pistas alpinas, pero de arena. En sus bordes abundan los corales, gorgonias, esponjas, crustáceos y quelonios. Profundidad: 7-12 m.

Puerto Escondido. Es una zona de poca profundidad, de 3 a 5 m, ideal para iniciarse, con mogotes cubiertos de corales y gorgonias. Muy interesantes los corales "cuerno de ciervo", de "tejas" y "cerebro".

Camaroneo. Hay un barco hundido en 1979, en el primer escalón del canto del veril. Poblado de roncos, cabrillas, carajuelos blancos y colorados, agujones y loros. Corales "ramillete de novia" y "cerebro", así como moluscos y gorgonias. Profundidad: 20 m.

Estrella de Hollywood. Este lugar se halla muy cercano a la costa y de baja profundidad, entre 1 y 5 m. Prácticamente innecesario el acualón. Cuenta con una impresionante fauna y flora.

Lecho de Santa Ana. Es el lecho de un antiguo río sumergido, con sus riberas cubiertas de coral y gorgonias. Con peces de gran tamaño, como pargos, chernas, chopas y barracudas. Profundidad: 5-15 m.

Puntilla de Santa Fe. Conserva restos del galeón Santísima Trinidad, del que aún se pueden encontrar cantidad de piedras de lastre, botijos y otros restos. Profundidad: 5-15 m.

Río Mosquito. En su desembocadura hay una grieta de origen sísmico en la que se puede encontrar coral negro. Profundidad: 25 m.

Veril de Hollywood. A 200 m de la Estrella de Hollywood. Destaca por la belleza del canto del veril y la pared del primer escalón. Gran cantidad de corales, gorgonias, langostas y peces, como las chopas, cabrillas, roncos, carajuelos y agujones.

Vitriato. Lleno de mogotes, cubiertos de corales y gorgonias, con canjilones de roca, de hasta 1 m de profundidad y 3 m de ancho. Profundidad: 3-15 m.

de alquiler pueden ser una buena alternativa para todo aquel que quiera alojarse lejos del bullicio de la ciudad. Para localizar estos alojamientos hay que buscar las páginas de oferta en Internet, o bien recorrer las calles y visitar las casas que ostenten en la puerta la autorización legal para alquilar.

Las playas de Trópico y Jibacoa tienen hermosos fondos coralinos que harán las delicias de cualquier aficionado al buceo. Para llegar desde La Habana hay que atravesar Santa Cruz del Norte, pueblo de pescadores donde se fabrica el famoso ron *Havana Club*. Al oeste de La Habana hay también otras playas menos preparadas que las del este. Son muy frecuentadas las de Santa Fe, Barlovento y Jaimanitas.

Cojímar

En este pequeño pueblo de pescadores, al este de la capital, ambientó Hemingway su novela más famosa y poética, *El viejo y el mar*. El lugar es bastante pintoresco aunque la afluencia turística lo ha desvirtuado ligeramente. Destaca el restaurante *La Terraza*, donde solía comer el novelista con su amigo Gregorio, el capitan del yate Pilar, con el que salía de pesca.

En las proximidades se despliega un bellísimo paisaje de terrazas escalonadas, llamado las **Escaleras de Jaruco,** donde hay un motel y dos restaurantes y se alquilan caballos para observar mejor las bellezas sobre el terreno.

En los últimos años ha saltado a la fama por tratarse del lugar del que partían los balseros que salían en tropel del país hacia la cercana costa de los Estados Unidos.

Marina Hemingway

Situado a 23 km del centro, en dirección oeste, es un moderno y lujoso complejo turístico que dispone de todo tipo de comodidades. Tiene un magnífico puerto deportivo, con capacidad para más de cien yates, cuyos viajeros, incluso los que no disponen de visado, pueden permanecer hasta tres días en la isla. La idea surgió a partir de un torneo de pesca del espadón que organizó el novelista con varios amigos en 1950, y que, dadas las magníficas condiciones de la zona para la pesca de altura, se convirtió en uno de los torneos más conocidos del mundo. En la actualidad se celebran tres competiciones: el "Curricán", en abril; "el Marlín", en junio y el "Marlín Azul", en septiembre.

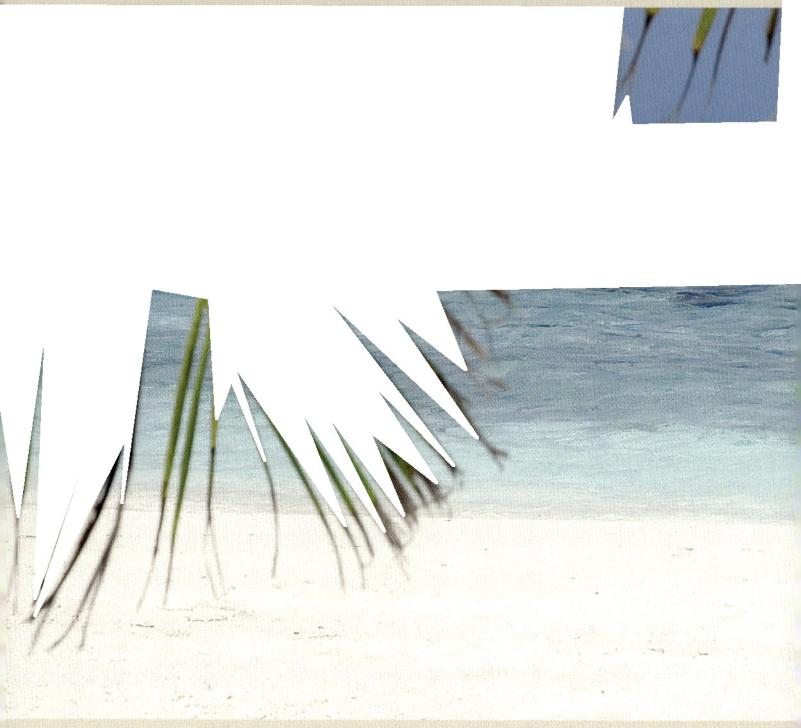

El resto de Cuba

PINAR DEL RÍO★

La provincia de Pinar del Río, que limita al este con la provincia de La Habana, es una de las más bellas de Cuba. Con 8.885 km^2 y 585.000 habitantes, ocupa toda la parte occidental de la isla, la "cola del caimán" se dice, y en su territorio se alzan las sierras del Rosario y de los Órganos y las mayores cavernas de América. Son dignas de visitar las de José Miguel y la del Indio, esta de 300 m de profundidad y surcada por ríos subterráneos que se pierden en el interior de las rocas calizas; la de Santo Tomás tiene 25 km de galerías subterráneas.

El amante de la naturaleza encuentra lugares como el **valle de Viñales★★**, con sus inmensos mogotes que semejan elefantes de piedra, en uno de los cuales el artista Leovigildo González pintó el inmenso **Mural de la Prehistoria**, que representa la evolución del hombre, los animales y las plantas de la región. La vegetación predominante en esta región está compuesta por la palmera y las plantaciones de tabaco; estas últimas ocupan una extensión de cerca de 40.000 ha. En esta provincia se encuentra situada la zona donde se cultiva el tabaco negro más codiciado por los fumadores de todo el mundo: **Vuelta Abajo★,** que se extiende desde los arrabales de la capital hacia los pueblos de San Luis y San Juan y Martínez.

LA CIUDAD DE PINAR DEL RÍO

La capital de la provincia es el centro tabaquero de Cuba. Con más de 190.000 habitantes está situada al pie de la sierra

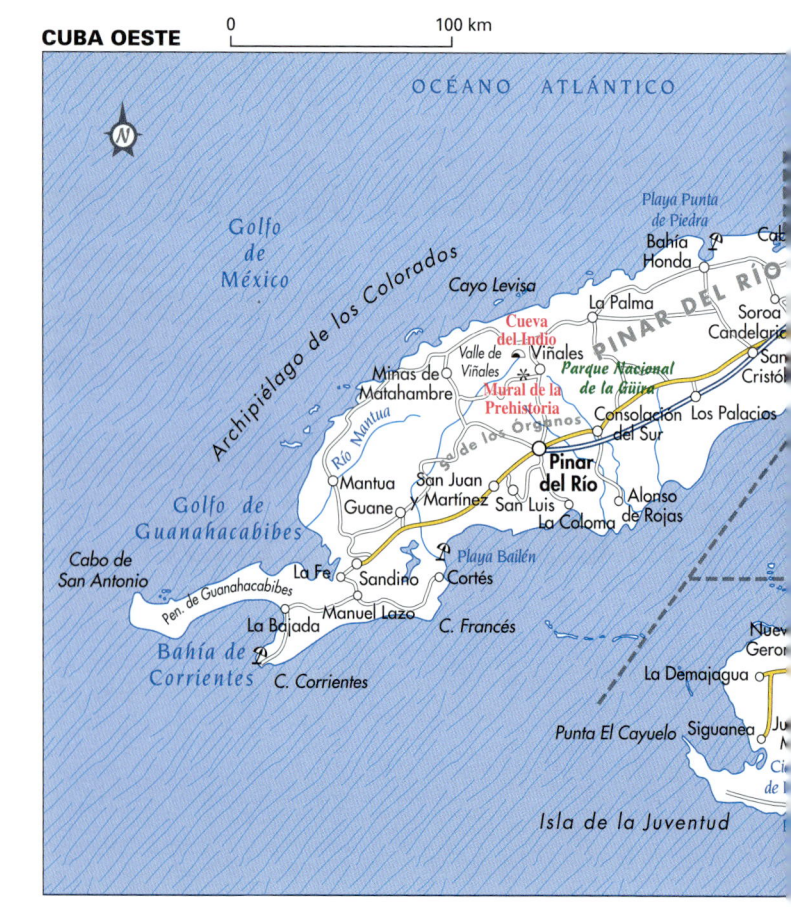

CUBA OESTE

de los Órganos y fue fundada en 1776 a la orilla del río Guamá. Precisamente su nombre se lo debe a los pinares que crecían en la vega del río. Su arquitectura no corresponde a un estilo determinado si no es por la profusión de soportales con columnas, como ocurre en cualquier pueblo manchego o en zonas de la Habana Vieja.

El edificio emblemático de la ciudad es el **teatro José Jacinto Milanés,** situado en la calle José Martí, construido en madera y teja viva española. Es de 1838 y conserva la sillería original.

La industria principal es la tabaquera. También cuenta con industria alimentaria, química, farmacéutica y de la construcción. Durante la guerra de la Independencia fue un importante centro de operaciones militares: Maceo, que se estableció en la provincia, fue cercado y acosado por el general Weyler hasta ser expulsado de la región. Es interesante visitar la **fábrica de tabaco*** de Francisco Donatien (Avda Rafael Ferro), donde se muestra el proceso de fabricación de los vegueros, y la **fábrica de Ceferino Fernández** (Isabel Rubio, 189), que elabora la *Guayabita del Pinar,* el licor local. En un edificio rococó se halla el **Museo de la Ciencia** (José Martí, 202), orgullo de los pinareños, aunque no tiene un gran interés.

PARAJES NATURALES

Soroa

La **cordillera de Guaniguanico,** el relieve montañoso más importante de la provincia, se extiende desde el límite de la provincia de La Habana hasta el extremo occidental de la isla, en la que destaca el **pico Pan de Guajaibón** (699 m).

Una de las características más sobresalientes es la gran cantidad de aves que habitan la zona, como el tocororo –el pájaro nacional– cuyos colores forman la bandera cubana, el zunzún –el colibrí más pequeño del mundo con solo 3 cm de longitud–, la cartacuba, el ruiseñor, el tomequín del pinar y otras especies autóctonas, a las que se unen en la época invernal las migratorias que vienen desde el norte buscando refugio y alimento. Una rareza zoológica de la zona es la jicotea, una especie de reptil acuático muy primitivo.

La cordillera se divide en varias **sierras,** como la del Rosario, **la de los Órganos,** separadas ambas por el río San Diego de los Baños, y la extrema de Guanahacabibes. En la **sierra del Rosario,** a solo 80 km de La Habana, se encuentra el paraje de Soroa, en medio de un bosque tropical mesofítico, cuyos árboles a veces alcanzan hasta los 35 m de altura. En este lugar está instalado un centro turístico, al que llaman *El Arco Iris de Cuba,* creado alrededor de una serie de cascadas del río Manantiales, como la del Arco Iris, más conocida como **Salto de Soroa.**

Se trata de una caída de agua de más de 20 m con una poza donde es posible bañarse. Se accede hasta ella mediante una empinada escalera de 279 escalones que se abre paso a través de una exuberante vegetación en la que abundan los mosquitos (no olvidar el repelente). Antes de emprender la subida conviene reconfortarse con un cóctel o un refresco de los que venden en el lugar.

De nuevo en el restaurante de la plataforma, los más andarines pueden iniciar la subida al mirador del **castillo de las Nubes.**

El recorrido comienza atravesando un puente, junto al que hay unos curiosos "baños romanos". El mirador se encuentra en la cima de una montaña a la que se llega siguiendo un camino y girando siempre a la derecha; la subida es bastante dura, sobre todo, los días calurosos. Aproximadamente a una hora del inicio, hay una escalera que lleva al mirador, desde el que se contempla una magnífica vista de la sierra del Rosario, cuyas suaves laderas aparecen cubiertas de algarrobos, ceibas y jagüeys. En los días claros se alcanza a ver la isla de la Juventud.

A escasa distancia de la base hay un **orquidiario,** con 700 especies diferentes (250 autóctonas), que florecen en invierno fundamentalmente. Fue creado por el abogado canario Tomás Felipe Camacho en recuerdo de su hija.

Valle de Viñales**

Este valle se encuentra situado a una distancia de 27 km de Pinar del Río siguiendo una estrecha y sinuosa carretera, por la que no es raro encontrarse con ciclistas que bajan las pendientes de una forma suicida; los cubanos la llaman la "carretera de los Borrachos".

El valle constituye el mayor atractivo de la provincia, por lo que llegan a él gran cantidad de curiosos, que en su mayoría vienen desde La Habana en excursiones de un día. Aunque se visite esta zona en un solo día, es una excursión recomendable, sobre todo, para los amantes de la naturaleza, que si lo desean pueden alojarse en los magníficos hoteles existentes y disfrutar de bucólicos paseos por las plantaciones de malanga y tabaco, oyendo los gritos de los boyeros

Plaza de José Martí y Casa de la Cultura en Viñales

que arrean sus yuntas perseguidos por garzas blancas.

El paisaje, llano en su mayor parte, solo aparece alterado por los mogotes cubiertos de vegetación. Es una delicia ver los bohíos multicolores, los curiosos carros sin ruedas llamados "rastras" y los carretones, que se balancean pausadamente a los gritos de los guajiros azuzando a los bueyes.

Los mogotes son unas formaciones de roca calcárea, del período jurásico, redondeadas y cubiertas de vegetación que surgen del suelo adoptando curiosas formas que a veces les dan nombre, como El Carey o El Elefante. Su naturaleza calcárea y la acción erosiva del agua han contribuido, a través del tiempo, a que se hallen horadadas por innumerables cuevas, algunas de las cuales están surcadas por ríos subterráneos.

Viñales es una de las zonas más fértiles de Cuba. Hay plantaciones de tabaco, plátano, yuca, boniato, café, piña, patata, fríjoles, malanga, cítricos y otros productos. Además del turismo rural, principal atractivo de Viñales, también acude hasta este lugar el llamado "turismo de salud", gracias a los manantiales de aguas medicinales, como los de San Diego de Los Baños –indicado para afecciones dermatológicas y osteo-musculares– y el de San Vicente.

El pueblo de **Viñales★★**, declarado monumento nacional, merece una detenida visita. Sus calles, con **casas** de vivos colores rodeadas de vegetación, son todas del siglo XIX. En los porches de la entrada se verán inevitablemente dos o más mecedoras en las que los lugareños pasan charlando las últimas horas del día.

La **calle** principal de Viñales, llamada **Salvador Cisneros,** aglutina los principales comercios y establecimientos del lugar. Merece destacarse la **plaza de la Iglesia★**, en la que se encuentra situada la **casa de la Cultura,** ubicada en un bonito **caserón★** colonial en el que se ha instalado una galería de arte.

Un poco más adelante se encuentra situado el **restaurante** *Casa de Don Tomás*, la mejor oferta del valle, instalado en una casa de madera precedida de un pequeño jardín con terraza. La especialidad de la casa es la denominada *Delicia de Don Tomás*, una especie de paella caldosa a base de arroz y cerdo. Hay que probar el cóctel *El Trapiche*, a base de ron blanco, zumo de piña, miel, una rodaja de toronja, guinda y un palito de caña de azúcar con el que se remueve la mezcla.

También se puede visitar un pequeño pero interesante **jardín botánico★**, en el que destaca la *Palma Corcho* –un fósil viviente–, la *Palmita de Sierra*, el *Roble Caimán* y el *Ceibón*, entre otros.

EXCURSIONES POR EL VALLE

Se pueden hacer a caballo, a pie o en vehículo, ya sea coche, moto o bicicleta, pues las distancias no son muy largas. Para mayor información consultar en los burós de los hoteles, en los que también se ofertan actividades de espeleología y escalada.

Entre los atractivos del valle se hallan: en primer lugar, el **Mural de la Prehistoria★**, situado en uno de los mogotes del valle de Dos Hermanas. En este inmenso mural (180 m de largo x 120 m de ancho) el pintor cubano Leovigildo González, discípulo del gran maestro muralista mexicano Diego Rivera, presenta la evolución

Valle de Viñales

geológica de la sierra de los Órganos, la flora y fauna del valle, con representaciones de fósiles, animales prehistóricos y plantas. Y por último, la **cueva del Indio**★, situada a unos 6 km por la carretera de Puerto Esperanza. Se trata de una estrecha cueva por la que, entre estalactitas y estalagmitas, discurre un río subterráneo, navegable mediante un pequeño bote de motor que realiza el recorrido. La visita comprende solo unos cientos de metros, aunque los espeleólogos han explorado bastantes kilómetros.

La cueva fue descubierta a principios del siglo XX por un tal Juan Díaz, que se ganó la vida durante años con un pequeño bote de remos con el que se la mostraba a los turistas. Tras la Revolución fue "donada" al Estado y, a cambio, se permitió abrir enfrente un pequeño restaurante llamado *La Casa del Marisco*.

Península de Guanahacabibes★

Situada en el extremo occidental de la provincia, esta península, de difícil acceso, está plagada de grutas y lagunas. Su costa es escarpada y llena de altos acantilados que se precipitan verticales al mar.

El **Parque Nacional**★ constituye la mayor reserva forestal del país y ha sido declarada por la UNESCO Reserva Mundial de la biosfera. Habitan en él numerosos ciervos, jabalíes y aves. Por su aislamiento, este fue el refugio de los últimos aborígenes de la isla y en ella se encuentran situados importantes yacimientos arqueológicos, como es el caso del de **Cayo Redondo.** El extremo de la península, el cabo San Antonio, es el punto más cercano de Cuba a la América continental, quedando a tiro de piedra Cancún, en pleno Yucatán.

Parque Nacional de la Güira★

Ocupa parte de la antigua Hacienda Cortina, expropiada por la Revolución a la riquísima familia Cortina. En la actualidad, los cubanos pueden disfrutar de estos bosques poblados de exóticas aves, como el curioso *Picacoco*, que, como su nombre indica, se alimenta del fruto del cocotero.

Este pequeñísimo pájaro ha desarrollado una enorme habilidad para romper la cáscara amarilla del fruto y extraer su delicioso zumo. Entre otros, puede verse también al *Aparecido de San Diego*, extraño pájaro de brillantes plumas de colores, y el *Ciervo Criollo*, del que el parque es una importante reserva.

La **Hacienda Cortina** es también un ejemplo de la opulencia de las familias terratenientes cubanas: una gran mansión, mitad cortijo mitad rancho criollo, rodeada de jardines, uno japonés, otro inglés y un tercero cubano, con fuentes, canales y esculturas propias de los diversos estilos.

Dos de los lugares más atractivos de la provincia de Pinar del Río: Mural de la Prehistoria y Salto de Soroa (foto inferior).

Partiendo de la mansión, hay una ruta turística que se adentra en la sierra del Rosario, donde la **Villa Rústica** ofrece cabañas encaramadas en las copas de los árboles para los que quieran pernoctar con auténtico pero incómodo espíritu bosquimano. Otro de los atractivos del parque son las **cuevas de Portales**★, excavadas por el río San Diego. Descubiertas en 1800, fueron utilizadas por el Che Guevara como sede de su Estado Mayor durante la amenaza de invasión estadounidense en 1962.

Playas y cayos

Playa Bailén. Situada a 45 km de Pinar del Río, se halla enclavada en la costa meridional caribeña. Es una playa de fina arena, de unos 2 km de longitud, que cuenta con un motel con modernas cabañas y habitaciones a un precio muy asequible. Dispone de restaurante, cafetería, galería comercial y cabaret.

Playa Punta de Piedra. Está enclavada en la bahía Honda, en la costa norte y a unos 85 km de La Habana. Cuenta con instalaciones deportivas y hoteleras. Tiene 19 cabañas dobles, restaurante, cafetería, discoteca, galería comercial, alquiler de caballos y botes. Interesante la visita a un cayo cercano, donde se puede degustar magníficos mariscos.

Playa de María la Gorda★**.** Tras dejar atrás la ciudad de Sandino y antes de adentrarse en la península de Guanahacabibes, prosiguiendo en dirección sur se atraviesa uno de los parajes menos poblados de la isla. A la altura de La Bajada sale una carretera costera por la que, unos 20 km más adelante, se llega al **Centro Internacional de Buceo de María La Gorda**. La **playa**, que está situada en el extremo meridional de la bahía de Corrientes, a escasa distancia de la península de Yucatán, es un lugar muy frecuentado por los aficionados al buceo, dada la transparencia de sus aguas y la proximidad de los arrecifes a la costa.

Cayo Levisa★**.** Constituye el paraíso de las langostas. Este pequeño cayo, cubierto de pinos y rodeado por playas vírgenes, es uno de los más extensos del archipiélago de Los Colorados, a 19 millas del mar. Se accede a él desde el embarcadero de Palma Rubia, del que salen unas lanchas en las que antes de embarcar es necesario identificarse con el pasaporte.

Cayo Levisa es un enclave privilegiado aún sin explotar, aunque ya cuenta con una pequeña instalación turística de lujo: 20 cabañas con aire acondicionado, televisión y un restaurante, donde la langosta es el plato fuerte (se pueden hacer reservas en los hoteles de Viñales). Es bastante caro, por lo que si se desea un lugar mas económico, es mejor alojarse en El Rosario, localidad cercana a Puerto Esperanza.

MATANZAS*

> La provincia de Matanzas (11.739 km² y unos 700.000 habitantes) está situada entre las de La Habana, al oeste, y las de Cienfuegos y Villa Clara, al este. Al norte la baña el Atlántico y al sur el Caribe.

Es llana, a excepción de la suave elevación del **Pan de Matanzas** (398 m). El sur, pantanoso, es conocido como **ciénaga de Zapata.** Es famosa por la caña de azúcar y, por los cítricos, de los que tiene la mayor producción de la isla. Pero, sobre todo, por dos playas: **Varadero,** al norte, y **Playa Girón,** en la bahía de Cochinos, al sur.

Los aficionados a las leyendas tienen en esta provincia, en el paraje llamado El Abra, enclavado en el valle del río Yumurí, la **cueva del Indio,** donde el cacique del lugar encerró a su hija Coalina porque, según la profecía, si ella se enamoraba, una catástrofe destruiría el pueblo. Naturalmente, como suele ocurrir en estos casos, el amor siempre triunfa y las profecías se cumplen, y ocurrió así que otro cacique, el de Camagüey, se enamoró de la bella Coalina, la raptó y ese mismo día un terremoto asoló el poblado.

LA CIUDAD DE MATANZAS*

La capital de la provincia, de nombre Matanzas igualmente, es una urbe de tamaño mediano pero muy interesante en varios sentidos. Está situada junto a una amplia bahía y en ella confluyen dos ríos: el Yumurí y el San Juan. Por esta circuns-

---

DEPORTES ACUÁTICOS EN LA PROVINCIA DE MATANZAS

Buceo. Varadero es el lugar más indicado para iniciarse en el buceo, haciendo un cursillo en la piscina del *Hotel Internacional,* dirigido por un monitor especializado. Una vez pasado el cursillo, no hay que dejar de descubrir las bellezas submarinas de la península de Hicacos.

Esquí acuático. Puede practicarse tanto en la Dársena como en el *Hotel Internacional.* Recomendable practicar con monitores.

Pesca. Se contrata en los burós de turismo o bien, directamente, en la Dársena. Se proporciona todo lo necesario incluida la asistencia de monitores.

Vela. Con botes grandes, en la Dársena. Con botes pequeños y el windsurf, en los hoteles Internacional, Barlovento y Kawama.

Lugares para bucear

Bajo Pala. Conserva un buque hundido en la Segunda Guerra Mundial, con abundancia de cobos, quincontes, tritones, morenas, chopas... En la proa suelen verse tiburones-gata. Profundidad: 3-17 m.

Carbonera. Con una cueva de más de 50 m de recorrido, en forma de "Y". Bien iluminada. Profundidad: 8 m.

Cayo Piedra del Norte. Rico en barracudas, roncos y pez cochino, corales variados, algunos tiburones inofensivos. Profundidad: 12 m.

Coral Negro. Elevaciones subacuáticas, cubiertas con corales de teja y coral negro. También esponjas y gorgonias. Profundidad: 30-38 m.

Cueva El Refugio de Saturno. En el interior de una magnífica cueva, sumergida en agua dulce. Tiene salas y pasajes, llenos de estalactitas y estalagmitas, situados bajo el agua. Buceo con linternas. Hasta unos 30 m de profundidad.

Delfines. Fondo de pequeñas elevaciones, cubiertas de corales, sobre todo, "cuerno de ciervo". Frecuentado por delfines. Profundidad: 17-25 m.

Falso Coral. Gran cantidad de coral negro y peces de gran tamaño, chernas, pargos, etc. Lo más atractivo, el bosque de antipatarias. Profundidad: 12-17 m.

Kilómetro 14. Con canalizos, mogotes y cavernas. Profundidad: 7-9 m. Más al fondo, a unos 30 m, hay coral negro.

Río Damují. Conserva los restos de un barco de hierro. Gran cantidad de roncos, isabelitas y chopas. Corales tipo "cerebro" y "cuerno de ciervo". Profundidad: 8-10 m.

tancia se le ha añadido el sobrenombre de "ciudad de los puentes", algunos de ellos muy notables, que le dan un carácter muy peculiar. Se trata de una ciudad fundada a finales del siglo XVII por familias de origen canario. No se conserva su primitiva formaleza, pero sí su Plaza de Armas (hoy, llamada de la Vigía). Pronto floreció económicamente, gracias al cultivo de las tierras para la caña de azúcar y el café; y en 1843 –antes que en España– se inauguró el primer ferrocarril de la isla y de América, que unía Matanzas con La Habana para transportar su producción azucarera.

Matanzas tiene otro sobrenombre: "la Atenas de Cuba". Es debido a su secularmente rica vida cultural y política. Fue cuna de personajes históricos, tanto héroes de la independencia como artistas e intelectuales. Aunque la importancia del centro turístico de Varadero la ha convertido prácticamente en ciudad de paso, quien se detenga unas horas para pasear por la ciudad encontrará un centro histórico con mucho encanto.

Entre sus monumentos destacan la **catedral de San Carlos,** de 1730, de estilo barroco español con mezcla de otros varios; el **teatro Sauto,** de 1860, que vio antiguas glorias escénicas cuando la ciudad era el centro cultural de Cuba y está decorado con pinturas al fresco; el **Museo Provincial,** otro dedicado a la **Farmacia** (*Parque de la Libertad. Visita, de 10 h a 17 h; domingos, de 10 h a 12 h*), que alberga una interesante colección de tarros e instrumentos médicos antiguos, y la **iglesia de Monserrate,** desde la que se contempla una bella **panorámica*.**

En el interior de la ciudad, en la **gruta de Bellamar*** (*visita, todos los días, de 9 h a 17 h*), que tiene 3 km de profundidad y está atravesada por ríos y lagos sobre los que penden estalactitas, se han instalado una discoteca y un restaurante.

A las afueras, sobre el puerto industrial, se alza el **castillo de San Severino,** levantado en 1745 para defender la entrada al puerto. Este edificio tiene un siniestro pasado: en la época esclavista era el lugar donde encerraban a los africanos secuestrados según bajaban de los barcos; durante las guerras de la Independencia, fue cárcel para los cubanos rebeldes. Hoy día, en compensación, es un museo dedicado a la Ruta de la Esclavitud.

VARADERO**

Muy cerca de la ciudad de Matanzas, a 36 km, en la costa norte de su provincia, una península estrecha y larga se adentra en el mar: es la Península de Hicacos. Su costa occidental es una larguísima playa cuya finísima arena es unas veces dorada y otras rosada, donde se agrupa el mayor complejo turístico de Cuba, y también el más conocido.

En realidad era una zona pantanosa que fue comprada por el millonario americano Irenée Dupont para instalar su gran mansión "Xanadú" –que aún se puede ver desde la carretera– con aeródromo y puerto deportivo, en los años 30 del siglo XX. Poco a poco, otras grandes fortunas americanas siguieron su ejemplo –entre ellos, el mafioso Al Capone, cuando tenía problemas con la justicia de su país– y el lugar se pobló de villas de veraneo.

Hoy día, además de la zona urbana donde viven mayoritariamente los cubanos que trabajan para las instalaciones turísticas, una larga fila de hoteles se extiende por toda la península, con toda clase de oferta vacacional y de diversión preparada para recibir una población turística de varios miles de personas en alojamientos, sin contar unos miles más que acuden a pasar solo un día de playa.

Sin embargo, los 20 km de mar azul y arena blanquísima jalonada de palmeras dan para mucho; aunque los hoteles pueden estar llenos, siempre es posible encontrar espacios idílicos de tranquilidad.

De la época americana se conserva la **Ciudad de Dupont de Nemours,** con campo de golf y aeropuerto privado, transformada hoy en una localidad turística popular. Toda la playa está plagada de grandes y pequeños hoteles con sus restaurantes, bungalows, barbacoas a pie de playa, clubes nocturnos y cabarets que no hacen echar de menos, en este sentido, las noches habaneras.

Muy bien comunicada con La Habana, Varadero es el lugar ideal para el viajero que quiera descansar unos días sin más complicaciones que el mar, el sol y el son. Por supuesto, si también se es aficionado al deporte, se tienen buenas instalaciones y la oportunidad de pescar y bucear.

Cerca de Varadero, en la carretera que va a Santiago, hacia Oriente, está la pequeña villa de **Cárdenas**,** cuya visita se recomienda fervientemente: provinciana y colonial, donde se respira el apacible ambiente guajiro.

Una gran **estatua** de 3 m en bronce del Almirante sobre un globo terráqueo, la primera levantada en América, se levanta ante la Iglesia Parroquial.

Para disfrutar de la ciudad hay que pasear por sus calles, primorosamente construidas y decoradas con arcos del siglo XIX, bien a pie o en un coche de caballos y oír del cochero que Cárdenas es la ciudad donde en 1850 desembarcaron 600 norteamericanos para invadir Cuba, siendo derrotados y rechazados en pocas horas por la escasa población y unos cuantos soldados españoles, motivo por el cual, por vez primera en la historia, se izó en esta ciudad la bandera nacional de Cuba.

Playa de Varadero

PARAJES NATURALES

Ciénaga de Zapata

Esta península, situada al sur de la provincia de Matanzas, es la mayor **Reserva Natural**** de la isla y constituye la más extensa zona de humedales del Caribe insular. Sus áreas pantanosas y manglares eran, hasta hace pocos años, una zona inhabitable dada su insalubridad. Sus aguas pantanosas, plagadas de mosquitos, producían el mayor foco de malaria del país. Esta circunstancia ha permitido que se conserven prácticamente vírgenes su fauna y su flora. Todavía hoy en día, el hombre es un animal extraño en esta zona, por lo que este área tiene la densidad de población más baja de la isla. Fue declarada por la UNESCO Reserva de la Biosfera.

Prácticamente, el 87 por ciento de las variedades de aves existentes en la isla pueblan esta región, donde son muy numerosas algunas especies, como el gavilán colilargo, el catey, la cotorra, la paloma-perdiz, el sinsonte, el carpintero verde, el tocororo y el sijú platanero, entre otras muchas. Otras especies, como la ferminia, el cabrerito de la ciénaga y la gallinuela de Santo Tomás, solo se encuentran en estos pantanales, y no pudieron ser clasificadas hasta 1926; esta última no fue vuelta a ver hasta el año 1995, cuando un grupo

Las aves, por cantidad y variedad, son los habitantes más característicos de esta zona (carpintero verde a la izquierda; pelícano, a la derecha), que también incluye el criadero de cocodrilos más grande del mundo.

de ornitólogos hispano-cubano volvió a localizar cinco ejemplares. También es de destacar la presencia de zunzún, el ejemplar de colibrí más pequeño del mundo, que tiene tan solo 3 cm de longitud, y que puede ser confundido fácilmente con un abejorro de colores verde y azul. Junto a estas aves cubanas, al calor del Caribe acuden multitud de aves migratorias que invernan es estos parajes.

Pero no solo las aves son una característica peculiar de esta zona, también hay otras especies curiosas, como el manatí, la jicotea –especie de tortuga de agua–, iguanas y jutías –una especie de roedor grande– en variedades tanto conga como enana (comestible: fricassé de jutía). Otro animal curioso es el cangrejo blanco, una variedad que vive en los bosques y que, de marzo a abril, acude hacia las playas para depositar sus huevos; recorrido que los cangrejitos hacen de vuelta unas semanas después (mayo-junio); en general, son unos animales huidizos, pero si llega el caso se defienden con sus pinzas. Son comestibles, pero su sabor es prácticamente insípido. Quizás el animal más raro de toda la reserva sea el manjuarí, un auténtico fósil viviente, que al parecer se quedó dormido en el período de la evolución entre los peces y los reptiles, de los cuales conserva ciertos rasgos en su casi 1 m de longitud. Pero al frente de esta verdadera "Arca de Noé" se halla el rey de esta selva pantanosa, el caimán o cocodrilo americano, símbolo y estrella de la Reserva.

Durante siglos esta zona permaneció deshabitada, por lo que son numerosas las leyendas que circulan en torno a ella. Según una de estas leyendas, fue el escenario de las últimas luchas entre los taínos y los conquistadores. Los primeros, viéndose acorralados, prefirieron arrojar sus tesoros a un lago, antes que dejarlos en manos de los ávidos enemigos; desde entonces, esta laguna, de la que se hablará posteriormente, se conoce como la laguna del Tesoro. Se afirma también que los piratas Francis Drake y Gilberto Girón escondieron sus maravillosos cofres en estos pantanos; por cierto, este último dio nombre a la famosa playa Girón del desembarco contrarrevolucionario de los sesenta. Otros visitantes ilustres de la Ciénaga fueron el naturalista Humboldt y los escritores Jean-Paul Sartre y Graham Green.

La ciénaga de Zapata debe su nombre a que la Corona española le concedió la propiedad de esta vasta extensión a un hacendado llamado Zapata, el cual, a pesar de la gran superficie que ocupaba, no llegó a sacarle mucho provecho, ya que durante años solo se explotaron la madera, la turba y el carbón vegetal, con un alto coste de vidas a causa de la insalubridad de los pantanos. Tras la Revolución, se dio comienzo a un proceso de desecación del área para dedicar las tierras al cultivo de cítricos. Proceso que se interrumpió tras la designación de la zona como Reserva Natural.

Esta es una de las excursiones mas fáciles de realizar partiendo de La Habana (157 km) o Varadero (140 km), ya sea en coche o bien en las numerosas excursiones que organizan los burós de los principales hoteles de ambas localidades.

Normalmente, se accede desde la autopista A 1, para llegar en primer lugar a una hacienda dedicada al turismo llamada *La Fiesta Campesina*, en la que se muestran los cultivos típicos de la zona: aguacate, plátano, chirimoya, piña, malanga, ñame, yuca, mamey, mango, guayaba, e incluso matas de café; también hay un zoológico con muestras de la fauna autóctona: venados, iguanas, jutías, manjuaríes, etc. Más adelante se llega al **Central Australia,** lugar de escaso interés, donde Fidel Castro instaló su cuartel general durante la invasión de bahía de Cochinos. En la cafetería de *Pío Cuá* se puede tomar una cerveza o bien una comida rápida.

La visita prosigue hasta la localidad turística de La Boca, donde se encuentra el segundo **criadero de cocodrilos*** más grande del mundo. Mas de 10.000 cocodrilos, clasificados por tamaños y edades, engordan, al parecer, para acabar en la parrilla de algún restaurante, como *El Ranchón de La Boca,* cuya especialidad es la cola de cocodrilo a la plancha con mojo criollo. Para los que no gusten de este plato hay otras posibilidades, como un delicioso pollo asado, aunque si no fuese por la anatomía podría confundirse con el caimán, dado que la carne de este recuerda a la del pollo. Por cierto, que los más entendidos afirman que la carne del reptil es afrodisíaca... Para enjuagarse la boca tras la comida, se recomiendan los deliciosos cócteles de Alberto López "El Chino", barman del bar *Bionda*.

Llegados a este punto, hay que abandonar los vehículos terrestres y embarcar en una gran lancha que, a través de canales bordeados de vegetación, llega hasta la **laguna del Tesoro★**. Esta tiene unos 10 m de profundidad y 92 km2 de superficie, y es el lugar favorito de las aves palustres y el más adecuado para los aficionados a la pesca. Tras 20 minutos de travesía, se desembarca en Guamá, una instalación turística de dudoso gusto que trata de reconstruir un poblado palafítico con los antiguos habitantes de la ciénaga. Las construcciones se comunican entre sí mediante pasarelas tendidas sobre el agua. Por todas partes, canto de las aves. En el restaurante *El Abey*, aparte de buena comida internacional, se pueden observar muchos pájaros, como el negrito o el cabrero de la ciénaga, que vienen a picotear los restos de las comidas.

Una vez de regreso a La Boca, la última parada es Playa Larga, quizás la mejor playa de la costa meridional de Cuba.

Durante el recorrido se recomienda preguntar por los **cenotes,** depresiones de la roca cuyas escarpadas paredes están cubiertas de vegetación. Al fondo, a modo de depósito natural, forman un lago cuyo caudal se comunica por vía subterránea con otros cenotes y finalmente con el mar. Se trata del mismo tipo de formación geológica en la que los mayas de Chitchen-Itzá y otros lugares de Yucatán (México)

El río Yurumí riega el valle de su mismo nombre, exuberante rincón de la geografía antillana.

aparecen unas figuras de barro y cemento que representan a los aborígenes en sus labores habituales, como si por hechizo hubiesen sido transformados en estatuas; pueden verse el pescador, el yuquero, el brujo y hasta el cacique; en total 25 figuras creadas por la escultora cubana Rita Longa. En un pequeño **museo** se exponen restos más auténticos de los antiguos pobladores de los pantanos.

Un paseo en barca por los canales que rodean la laguna del Tesoro permite adentrarse en un territorio virgen donde el único ruido que se oye será el de los remos y el celebraban sus ritos religiosos, en cuyos fondos se han encontrado multitud de tesoros.

Para los aficionados a las aventuras espeleológicas el lugar más recomendable es el llamado **Ojo de Agua Copey,** donde hay una cueva enorme con un lago poblado de peces, entre ellos la lucífuga, un pez ciego.

Playas y cayos

Playa Larga. Esta deliciosa playa de unos 4 km de longitud, con aguas de escasísima profundidad y completa transparencia, se halla bordeada de palmeras y una exuberante vegetación en el fondo de la bahía de Cochinos. No se trata solamente de un sitio de playa, ya que se ha instalado en ella un importante **Centro Internacional** para la observación de las aves.

A la derecha de la bahía se encuentra el paraje de **La Salina,** un importante refugio de aves migratorias que durante los períodos invernales ofrecen un espectáculo único. En esta zona se encuentra el **Refugio de Santo Tomás,** lugar donde se localizó la rarísima y mencionada gallinuela de Santo Tomás.

El espectáculo terrestre no desmerece el del sorprendente arrecife que bordea la bahía, donde a escasa profundidad se puede observar la vida de un arrecife coralino en su máximo esplendor. En estas aguas se puede tropezar con el pez dama o tiburón gata, un escuálido que, si no se conoce, puede confundirse con un terrible tiburón. No obstante, durante los períodos de letargo se deja tocar y acariciar entre las grietas de los arrecifes.

la fuerza, fracasando en el intento tras tres días de intensa lucha. En recuerdo de la efeméride hay varios monumentos y un pequeño **museo** (*visita, excepto lunes, de 8 h a 17 h*). Playa Girón se encuentra situada a 205 km de La Habana y a 88 km de Cienfuegos, y dispone de un gran complejo hotelero: **Villa Horizontes Playa Girón,** lugar elegido por numerosos cubanos para celebrar su luna de miel. En la piscina del hotel se imparten cursos para realizar inmersiones a baja profundidad y observar corales, gorgonias, esponjas y abundantes bancos de peces.

Los más preparados pueden disfrutar la inolvidable aventura de bucear en el interior de un cenote, donde, provistos de linternas y equipo adecuado, podrán

Playa Larga, idílico lugar de ocio donde además existe un centro para la observación de aves.

sumergirse. La playa es artificial, mide 1 km de longitud y está separada por un malecón del hotel, desde donde merece la pena contemplar una puesta de sol.

A unos 8 km está **Caleta Buena,** complejo recreativo donde se combinan los ambientes del campo y de la playa. Posee una excelente piscina natural, rodeada de manglares, cuyas aguas transparentes son ideales para el buceo. Su gestión es privada, cuesta unos 10 euros la entrada y cierra a las 17 h. Hay dos restaurantes y un mostrador de bar, tumbonas y otros recursos para pasar un día en el paraíso.

Playa Girón. Este nombre, junto con el de la bahía de Cochinos, evocan los históricos años del comienzo de la Revolución. Se trata del lugar donde aproximadamente unos 1.500 contrarrevolucionarios procedentes de Florida, armados y asesorados por la CIA, intentaron invadir la isla por

ARCHIPIÉLAGO DE LOS CANARREOS

Al sur de la isla de Cuba, el archipiélago de los Canarreos está formado por 350 islas e islotes, de las que destaca por su extensión (2.200 km²) la isla de la Juventud, llamada antes de la Revolución isla de Pinos y poblada por unos 80.000 habitantes.

Es una zona de mar bajo, con aguas claras y transparentes, cuajada de cayos y arrecifes. Antes del Descubrimiento, el archipiélago estuvo habitado por los indios siboneyes, y hoy algunas de las islas más pequeñas están pobladas por colonias de pescadores provenientes de las islas Caimán, de habla inglesa y poco comunicativos.

La langosta es la pesca principal de estas islas, pero también se obtiene de sus aguas una gran variedad de peces, esponjas, cangrejos, tortugas y coral negro.

ISLA DE LA JUVENTUD*

Esta isla es la mayor por su extensión después de la de Cuba. Su nombre se cambió oficialmente en 1975, pero antes tuvo otros: *Camargo, Camarico* o *Camaraco* la llamaban los indios siboneyes, que la abandonaron dos siglos antes de la llegada de Colón; los taínos la llamaban *Siguanea*, y Colón le puso el nombre de *Evangelista* cuando, en junio de 1494, desembarcó en ella durante su segundo viaje a América. También se la conoció informalmente como *isla de las Cotorras*, debido a la gran cantidad de estas aves que nidifican en la ciénaga de Lanier, y quedó universalmente bautizada para la literatura como la *Isla del Tesoro* porque Robert Louis Stevenson ubicó en ella el escenario de su famosa novela.

Del paso de los indios siboneyes quedaron una serie de interesantes pinturas en las cuevas del sureste de la isla, muy estropeadas por los visitantes en general, y en particular, por un carbonero que vivió en las **cuevas de Punta del Este** durante treinta años. Gracias a estas pinturas negras y rojas y a otros documentos descubiertos en las islas, además de las escasas noticias que dieron los españoles

Las playas del archipiélago de los Canarreos, despobladas, de arenas coralinas y aguas tranquilas, son ideales para el descanso o practicar variados deportes náuticos.

Deportes acuáticos

Buceo. Es el principal atractivo de la isla debido a que en la zona sur, en los aledaños del hotel Colony, a lo largo de unas 3 millas náuticas, se dan casi todos los tipos de fondos característicos: siriales, seibadales, de arena, de roca, de lajas, fangosos, etc. Además, la costa también ofrece gran variedad de manglares, acantilados, esteros, playas de arena, de lodo…

Toda esta variedad se enriquece, finalmente, con un gran arrecife coralino. Por ello, se puede encontrar toda la gama de flora y fauna submarina propias de estos hábitats en una zona relativamente pequeña.

A partir de los 15-18 m aparece una pared vertical completamente cubierta por esponjas de todo tipo, gorgonias, y corales duros, con profundas hendiduras y cuevas.

Dada la inexistencia de corrientes ni grandes ríos, la transparencia del agua es del 70 al 80 por ciento, por lo que resulta un lugar ideóneo para la fotografía submarina.

Toda esta zona de buceo está resguardada por el cabo Punta Francés, que la protege de los vientos dominantes en la zona (los del norte y nordeste), por lo que prácticamente no hay días de mal tiempo.

En el hotel Colony está la sede del **Centro Internacional de Buceo**, con todos los medios materiales y humanos (lancha rápida de auxilio, equipos de reanimación con oxígeno y, en Nueva Gerona, un equipo de recompresión y descompresión de doble cámara).

Lugares para bucear

Están señalizados más de 56 puntos, de los que los más interesantes son:

Ancla del Pirata. En el que a 28 m se encuentra un ancla del siglo XVIII –procedente probablemente de uno de los barcos piratas que surcaban la zona–, rodeada de formaciones coralinas de gran belleza.

Cueva de los Sábalos. Es un canal con entrada a los 17 m y salida a los 35 m poblado de corales, esponjas y gorgonias. Grandes cardúmenes de sábalos le dan su nombre.

Paraíso de las Levisas. Donde viven cientos de estos peces. Una amplia explanada de arena, rodeada de piedras y corales.

Pared de Coral Negro. Con gran abundancia del mismo a partir de los 30 m. Además, esponjas, gorgonias, gusanos de mar, etc.

Pecios. Al nor-noreste de Punta Francés, cerca de la cayería de los Indios, hay tres grupos de barcos hundidos llamados Río Jibacoa, Pecio Spartán y Pecio New Groove, abundantes en grandes peces, como roncos, caballerotes, rabirrubias, cuberas, pargos, barracudas y levisas.

de los siboneyes de la isla de Cuba, se sabe lo poco que la arqueología y la dudosa historia han descifrado de ellos: comían moluscos gigantescos aprovechando las conchas como utensilios. Eran pacíficos y muy distintos de los demás aborígenes de las Antillas; muy primitivos, habían sido reducidos por las invasiones de los pueblos arawak y caribes. Eran trogloditas todavía a la llegada de los conquistadores, vivían de la caza y la pesca y desconocían la agricultura, la cerámica y el tejido.

Los españoles no se interesaron mucho por la isla, a la que mantuvieron apartada de la colonización hasta que en 1830 decidieron fundar la primera ciudad, Nueva Gerona, y utilizaron su territorio como lugar de confinamiento de los opositores a la Corona. José Martí fue uno de los deportados a la isla de Pinos en 1870. Los Estados Unidos se establecieron en ella a principios del siglo XX y fundaron una colonia tras excluir a la isla, mediante el Tratado de París de 1898, de la independencia de Cuba, alegando que Cuba no era un archipiélago sino únicamente la isla conocida con ese nombre. La soberanía definitiva del Estado cubano sobre la isla de Pinos se obtuvo tras muchas presiones en 1925.

En el momento del triunfo de la Revolución, el año 1959, las condiciones de la isla eran miserables: con poco más de 10.000 habitantes no había sino una sola escuela, aunque abundaban las iglesias de sectas protestantes, se carecía de infraestructura viaria, sanitaria –seis médicos en total–, y había unos 200 teléfonos. Al sur, sin embargo, el capital norteamericano había levantado una exclusiva villa turística con hotel de lujo y aeropuerto privado, de la que poco pudieron disfrutar ya que había sido inaugurada solo unos días antes de la entrada de Fidel Castro en La Habana.

El gobierno de la revolución inició en isla de Pinos una experiencia única en la historia: para sacar a la isla del subdesarrollo envió a ella a miles de jóvenes cubanos voluntarios y otros de todo el mundo que, en forma de brigadas autogestionadas, establecieron una especie de comuna juvenil en la que el trabajo era voluntario, la vida colectivizada, la educación ascética y los estímulos únicamente morales. Esta experiencia solo duró unos pocos años pero sirvió como motivo de interés a la juventud cubana en los primeros momentos de la revolución. Hoy es un importante centro internacional de educación juvenil al que acuden, junto a los cubanos, jóvenes de América Latina y África, fundamentalmente.

La geografía de la isla es llana en general, con grandes lagos en la parte norte, la más poblada. El centro-norte es relativamente montañoso, con dos pequeñas serranías, Las Casas y Caballos, cuya mayor elevación está en la sierra de la Cañada (310 m). En el centro, separando ambas topografías, hay una zona pantanosa llamada la **ciénaga de Lanier,** segundo humedal de Cuba, tras la de Zapata. Cubierta de ciénaga y manglares, abundan en ella los cocodrilos.

El norte, como casi toda la isla antaño, está cubierto de pinos –de ahí su primer nombre– y tierras de cultivo, fundamentalmente cítricos, entre los que son famosas las grandes toronjas –en España se denominan con el nombre pomelo–, que motivan cada año, al final de su recolección, el **Festival de la Toronja,** con desfiles de carrozas y bailes al son del sucu-sucu (Véase *Cuba a vista de pájaro*). En el sur hay grandes bosques tropicales. La economía de la isla se basa también en las canteras de mármol y caolín, la cerámica y la ganadería.

NUEVA GERONA

Es la capital de la isla y cuenta con una población de unos 45.000 habitantes. Su ambiente es el propio de una ciudad tranquila y, por la juventud de su población, podría compararse a una típica ciudad universitaria española, si bien algo exótica dada la elevada proporción de estudiantes africanos y de otras latitudes que llenan sus calles. La arquitectura dominante es colonial, con algunas casas de soportales.

En su **Museo Municipal** *(visita, de martes a sábados de 9 h a 17 h, domingos solo por la mañana),* instalado en un antiguo templo protestante en el Parque Central, hay reproducciones de las pinturas indias descubiertas en la isla, documentos sobre los piratas –como los famosos John Hawkins, Francis Drake y Henry Morgan– que durante mucho tiempo tuvieron este archipiélago como cuartel general y lugar de refugio, animales disecados, fotografías y documentos gráficos de la Revolución.

En el **planetario** anexo pueden contemplarse proyecciones del cielo del Caribe, cuyo aspecto es excepcional, ya que la isla es uno de los pocos lugares del mundo donde se puede contemplar juntas la Osa Mayor y la Menor del hemisferio Norte y la Cruz del Sur, del Sur.

Presidio Modelo★. *Reparto Chacón, Nueva Gerona. Visita, excepto lunes, de 9 h a 17 h; domingos solo de 9 h a 13 h.* Se trata de una construcción levantada por el dictador Machado siguiendo el prototipo de las modernas prisiones norteamericanas. Si los españoles habían convertido la isla de Pinos en una gran prisión, Machado pensó que había que cercarla, y en su nueva cárcel encerró a sus opositores políticos a partir de 1930. A esta prisión fueron enviados Fidel Castro, con una condena de 15 años a trabajos forzados, y los que le acompañaron en el asalto al Cuartel Moncada. Fidel permaneció en ella solamente 19 meses, ya que Batista amnistió a los presos políticos en 1955 convencido de que había desaparecido la oposición en Cuba.

En la actualidad, el penal está desierto y se visitan los lugares históricos donde estuvieron Fidel y sus compañeros.

Hacienda El Abra★. *Carretera Siguanea, km 2. Reparto Chacón, Nueva Gerona. Visita, excepto lunes, de 9 h a 17 h.* Esta hacienda es la precursora, más humana, del presidio. Está situada a unos 3 km de Nueva Gerona y en ella estuvo confinado José Martí en 1870, época en la que escribió la obra *El presidio político en Cuba*.

Cuevas de Punta del Este y de la Caleta Grande. Situadas al suroeste de la isla, albergan las famosas **pinturas★** de los indios siboneyes. Contabilizadas hasta

Cayo Largo

RESTO DE CUBA

Embarcadero en Cayo Largo del Sur.

un número de 213 en tonos rojos y negros, se hallan en distinto grado de conservación y su motivo fundamental es el círculo.

El descubrimiento de estas cuevas en 1910 se debió a la casualidad, cuando, tras naufragar en la costa cercana, el profesor Freeman P. Lane se refugió en ellas. Las primeras investigaciones científicas corresponden al sabio cubano Fernando Ortiz, quien interpretó que uno de los dibujos representaba un calendario lunar, ya que contenía 28 círculos negros, que se corresponderían con las noches, y 28 círculos rojos, que representarían los días.

El recorrido hasta las cuevas es largo, por lo que se recomienda únicamente a los verdaderos aficionados a la práctica de la arqueología, que podrán apreciar en su justo valor el esfuerzo del viaje.

Punta del Este, Playa Roja y **Playa Larga** son las principales playas de la isla, junto a la de **Bibijagua,** de arenas negras debido a la erosión de las rocas de mármol.

CAYO LARGO*

Situado en el extremo oriental del archipiélago de los Canarreos, a 180 km de La Habana. Es una estrecha y larga franja de tierra bordeada de playas de blanca y finísima arena, que surge en mitad del azul turquesa del mar Caribe.

Deshabitado hasta hace pocas décadas, Cayo Largo sigue en gran parte permaneciendo virgen, aunque ya constituye un foco turístico importante, con seis establecimientos hoteleros, con una capacidad total que supera las 2.000 plazas.

Toda la costa sur está bordeada de **playas**★★ de más de 15 km de extensión, con arenas pardas y un mar algo agitado por tratarse de playas abiertas. En esta zona están ubicadas las instalaciones turísticas. Sus altas temperaturas, tanto en tierra como la del agua del mar, así como su escasa pluviosidad, la han convertido en el paraíso de los amantes del sol, las playas solitarias y la vida tranquila.

La naturaleza permanece virgen, por lo que los animales en general no desconfían del hombre, siendo posible acercarse a ellos para fotografiarlos. Hay fundamentalmente aves marinas y, sobre todo, pelícanos, que se han convertido en el símbolo de la isla; también hay cormoranes, gaviotas, fragatas y, en tierra, torcaces, colibríes, garzas, etc. En algunos de sus manglares se pueden encontrar cocodrilos y son muy abundantes las iguanas. En la zona más oriental de la isla, se encuentra **playa Tortuga,** a la que llegan a desovar tortugas de todos los tamaños. Durante el período de desove la playa es objeto de vigilancia para evitar que se moleste a las tortugas.

Lo peor de Cayo Largo es que carece absolutamente de personalidad, tanto puede ser Cuba como las islas Fidji o cualquier isla tropical, pues los únicos cubanos son

ARCHIPIÉLAGO DE LOS CANARREOS

os camareros y los empleados; todo está lleno de turistas. La mayor parte de los visitantes utilizan el sistema "todo incluido", aunque es más interesante el régimen de media pensión y así almorzar en las playas. Si se viene aquí, es recomendable no olvidarse del repelente de insectos, dada la abundancia de zancudos al atardecer, y entre dos luces. Hay que prestar especial atención a los horarios de salida de los autobuses que llevan a la marina desde donde se hacen las excursiones a los cayos, pesca y buceo.

Las actividades acuáticas ofertadas son variopintas. En los mismos barcos que se acercan al arrecife proveen a los viajeros de gafas y tubo para practicar *snorkeling*. Quien lo desee, también puede contratar aparte excursiones de pesca de altura o buceo con equipo. Como el cayo fue refugio y parada para piratas, existen pecios hundidos en sus cercanías; toda una aventura bucear en sus aledaños, recordando siempre no alejarse del barco ni cruzar la barrera coralina, que llega hasta la misma superficie del agua.

Playas y cayos

Playa Sirena. Situada en el extremo occidental, es sin duda la mejor de la isla. Se accede a ella mediante una guagua (autobús) gratuita que hace frecuentes servicios diarios hasta la dársena. En esta se embarca en un pequeño transbordador que se dirige hasta el extremo norte de la playa, donde está enclavado el **Ranchón de Playa Sirena,** centro de práctica de todos los deportes acuáticos.

La playa tiene varios kilómetros de extensión y está protegida de mareas y vientos, por lo que sus aguas son siempre tranquilas y transparentes. Lejos de las instalaciones turísticas, la soledad es completa, siendo un lugar idóneo para los nudistas y para personas que quieran perderse y disfrutar de la soledad.

Cayo Iguana. Pequeño cayo al norte de playa Sirena, poblado de iguanas, al que se accede en lanchas desde la playa. La excursión es gratuita, basta con apuntarse en el buró de turismo.

Cayo Pájaros. Al igual que el anterior, pero poblado de aves marinas que anidan en sus costas.

En otros pequeños cayos, llamados **Campos, Ávalos y Rosario,** abundan las iguanas; y al oeste, en los cayos de **San Felipe,** se detectan fenómenos evolutivos en la fauna que los convierten en unas pequeñas "islas Galápagos" del Caribe con ejemplares únicos, como la jutía enana de San Felipe, el carpintero jabado y el bobito chico.

Lindamar, Playa Blanca, playa de los Cocos y playa Tortuga son contiguas y ocupan en conjunto toda la costa meridional de la isla. Las arenas son más oscuras y el mar suele estar más agitado por tratarse de playas abiertas al océano. Por supuesto, en toda su longitud que sobrepasa los 10 km, hay suficiente sitio para perderse.

Playa Luna. Es llamada así por su forma de media luna y sus blancas arenas. Totalmente solitaria, no resulta de fácil acceso por tierra. Por mar se llega en lanchas.

DEPORTES ACUÁTICOS

Es lo más interesante de la isla. Se puede practicar la **vela,** pues sus tranquilas aguas son una delicia para los principiantes, o el **esquí acuático.** Se alquilan catamaranes, monocascos, tablas de windsurf, motoras, etc., y los monitores tienen tarifas muy asequibles.

Buceo. Como en el resto del archipiélago, los fondos de esta zona son de gran belleza, aunque en ningún caso comparables a los de la isla de la Juventud. Los puntos más famosos son Cayo Ballenatos, El Faro, el barco hundido del siglo XIX, etc. Su fauna es abudante, aunque escasean los grandes peces. La profundidad varía aunque raramente alcanza los 30 m. Existen dos centros en Cayo Largo y Playa Sirena.

CIENFUEGOS*

Por su extensión (4.177 km²), la provincia de Cienfuegos es la más pequeña de Cuba y tiene una población de más de 400.000 habitantes, de los que unos 165.000 viven en la capital. Su relieve es llano con algunas elevaciones pertenecientes a la sierra del Escambray, el sistema montañoso del centro de la isla.

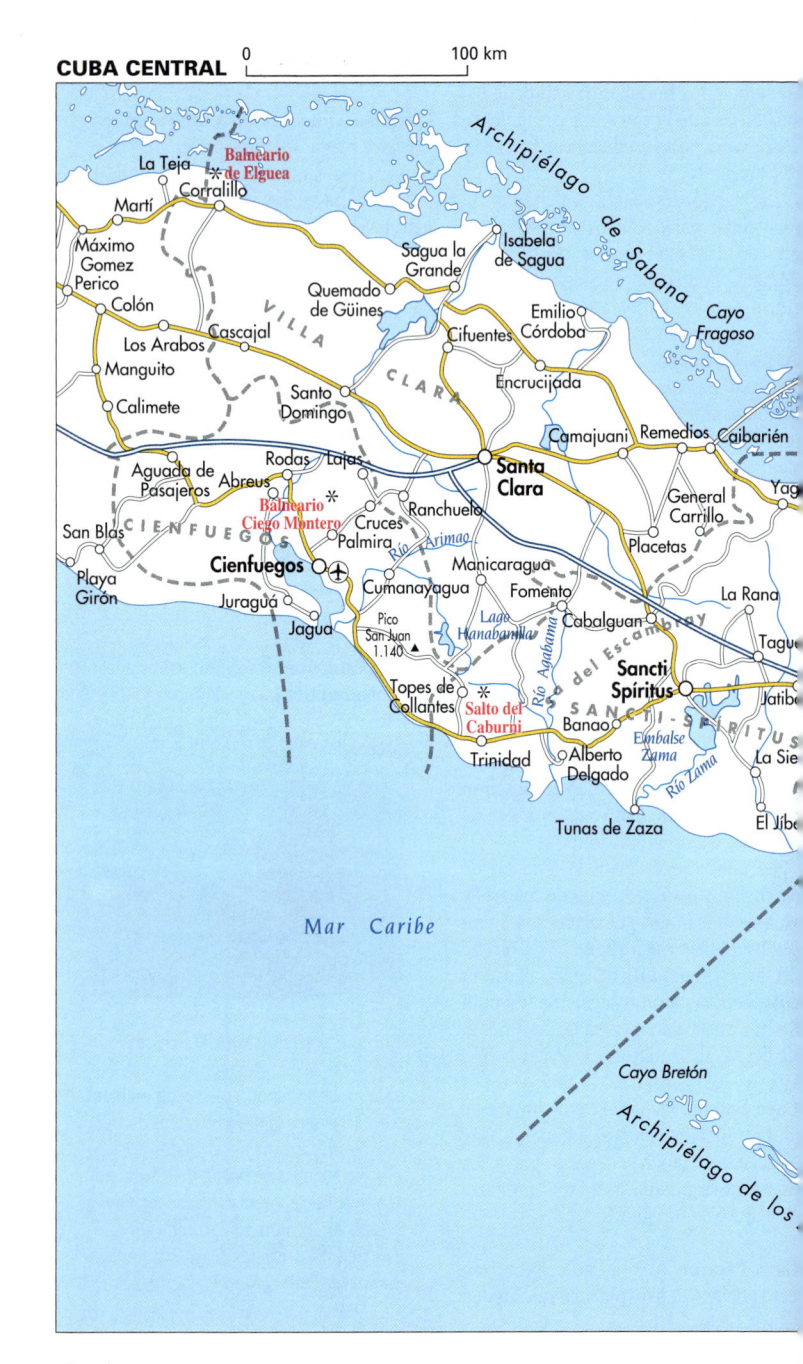

CIENFUEGOS

Tiene una buena cuenca fluvial con varios ríos que desembocan en la bahía de Cienfuegos, de 81 km² de superficie y muy rica en camarones (nombre con que los cubanos conocen al langostino).

La agricultura y la industria azucarera son la base de su economía, pero el puerto de la capital es el tercero de Cuba en importancia y extensión, y es el mayor en cuanto a la exportación de azúcar. Tiene la mayor fábrica de cemento de la isla, combinados de producción láctea donde se fabrican helados, fábricas de madera y papel y de maquinaria agrícola.

LA CIUDAD DE CIENFUEGOS*

Situada en el mar Caribe, al abrigo de la bahía homónima –que anteriormente se llamó de Jagua–, es conocida como La Perla del Sur y también, por los cienfuegueros, como la "linda ciudad del mar".

Su fundación formal es muy reciente: data de 1819, cuando el Capitán General de Cuba, el español José Cienfuegos, padre responsable que bautizó la ciudad con su propio apellido, se trajo de Luisiana, Haití y Burdeos a unas 50 familias francesas para "blanquear" el poblado original de familias negras. Antes de la colonización española, la región era parte del cacicazgo de Jagua y fue visitada por Colón durante su segundo viaje a América. Diego Velázquez había utilizado uno de los cayos de la bahía como lugar de residencia temporal, de la que partieron expediciones para fundar las ciudades de Sancti-Spiritus y Trinidad. Durante años fue refugio y nido de piratas y contrabandistas, hasta que en 1745 los españoles construyeron, en el ángulo que forma el canal que da entrada a la bahía, el fuerte de Nuestra Señora de los Ángeles, conocido como castillo de Jagua, que defendía la zona de los ataques y las incursiones de los filibusteros. Quizás por su tardía fundación conserva en buen estado sus edificios. El núcleo urbano fue declarado Patrimonio de la Humanidad por la UNESCO gracias a su belleza dieciochesca.

Cienfuegos ha tenido siempre un alto porcentaje de población negra y desde su fundación hubo una estricta separación de razas, tal vez debido a los colonos franceses llegados de Haití y Luisiana, unos porque venían escarmentados de la revolución de los esclavos y los otros porque la discriminación racial estaba muy arraigada en el sur de Estados Unidos. Durante mucho tiempo el Paseo del Prado, la avenida principal de Cienfuegos, tenía una acera reservada para los blancos y la otra para los negros, y en los bailes con orquesta que se celebraban en las plazas públicas una cuerda separaba a los bailarines.

Paseo del Prado. Construido en 1912, es un gran bulevar cuyo andén central es peatonal y está decorado con jardines y árboles, con bancos de estilo colonial y otros más modernos. Los cienfuegueros dicen que es el paseo más largo de Cuba, ya que tiene 1,5 km de extensión.

Casas y palacios. La ciudad no tiene grandes monumentos pero su urbanismo refleja el antiguo esplendor económico de la industria azucarera, con mansiones pretenciosas en las que el mal gusto de una burguesía adinerada ha quedado atenuado con el tiempo haciéndolas pintorescas.

Tres escenas de Cienfuegos: la catedral, el Ayuntamiento y una calle en Punta Gorda.

Un ejemplo de ello es el **palacio del Valle★,** suntuosa mansión en la que se mezclan infinidad de estilos al gusto del consumidor, que, en este caso, era un rico hacendado español de principios del siglo XX: lo barroco, morisco, neoclásico y algo de ese estilo modernista pasado por el trópico que impusieron durante un tiempo los maestros de obra catalanes, se mezclan en un lujo extravagante que contrasta con el paraje donde está ubicado. En la actualidad, en este palacio funciona un restaurante-cabaret.

Otra mansión típica de la época es el **palacio Ferrer,** construido en el estilo Art Nouveau que imperaba en Europa a principios del siglo XX. En la actualidad es la sede de la Casa de la Cultura y organiza diversos actos.

El **teatro Terry,** construido en 1889 en estilo ecléctico por los herederos de un multimillonario norteamericano, es con todo su lujo decimonónico, el exponente del período de mayor bonanza económica de la ciudad, cuando la burguesía cienfueguera se hacía traer las más importantes compañías líricas y de teatro de Europa, la de Enrico Caruso entre ellas.

Parque José Martí★. En el emplazamiento de lo que fuera la plaza de Armas, se encuentra hoy el parque José Martí, declarado monumento nacional, en el que tuvo lugar en 1957 el alzamiento popular contra Batista.

Cementerio Tomás Acea★. También está declarado monumento nacional este cementerio, que data del año 1926 y se halla ubicado al este de la ciudad, en la avenida 5 de Septiembre.

Es la prolongación al "más allá" del mal gusto en el "más acá" de los ricos de principios del siglo XX: tumbas y panteones en los que impera un dudoso estilo clásico se alzan en un extenso jardín, entre ellos una reproducción del Partenón de Atenas.

Catedral. En contraste con lo anterior, la Catedral, con su estilo sobrio, paredes encaladas y tejas rojas, es un ejemplo tardío –se edificó en 1819– de la arquitectura colonial, que demuestra que, al menos el clero de Cienfuegos, conservó la sencillez y el buen gusto de la antigua tradición. Son interesantes las vidrieras, que están consideradas las más artísticas de la isla.

Junto a la plaza, los interesados en las antigüedades y las artes decorativas pueden visitar el **Museo Histórico Provincial,** instalado en el antiguo casino español, otro símbolo de opulencia *(visita de 9 h a 19 h).* Un lugar igualmente imprescindible es el *Bodegón El Palatino.* Desde la plaza se enfila la peatonal **calle 54,** más conocida como el "bulevar". Es la arteria viva de la ciudad, donde proliferan las librerías, las cafeterías y algún que otro restaurante.

Está decorada con jardineras centrales y por un momento no parece una calle de la vieja Cuba.

Por último, no hay que dejar de recorrer la **calle 35** hasta donde terminan los confines terrestres, para admirar elegantes villas de madera construidas por los colonos de Lousiana. El estilo sureño de Norteamérica queda patente en las fachadas, en el encaje de madera de los balcones y en los colores que tan bien encajan en el paisaje cubano. Verde intenso, amarillo mostaza, azul, pastel... al final de todo, una improvisada playa donde se recrean los niños, las vistas sobre la bahía, y de noche... discoteca al aire libre.

I ALREDEDORES

Bahía de Jagua. La bahía mide 26 km de perímetro y está salpicada de cayos que hacen de ella un magnífico lugar para dedicarle un día de excursión. Para entrar en ella desde altamar es preciso navegar por un amplio canal en ángulo que desemboca en el seno circular al abrigo de vientos y tempestades.

Se puede tomar alguna de las pequeñas embarcaciones que realizan un recorrido tranquilo por sus aguas hasta el pueblo de pescadores de Perche, de viviendas palafíticas, situado frente al hotel *Pasacaballo*.

En la cima se encuentra el **castillo de Nuestra Señora de los Ángeles de Jagua★,** construido a partir del año 1742 por el ingeniero militar José Tantete. Es la tercera fortaleza en importancia de la isla después de las de Santiago y La Habana. Desde sus muros se contempla una hermosa vista de la bahía y el mar abierto, y hasta es posible distinguir el surco de los barcos que recorren el canal de acceso al puerto de Cienfuegos.

Jardín botánico★. Situado en la carretera que se dirige a Trinidad, junto al Central Azucarero Pepito Tey, antes Central Soledad, ocupa 92 ha y fue iniciado a principios del siglo XX por la Universidad de Harvard, que lo administró hasta 1961.

Se trata de un magnífico vivero de plantas tropicales y subtropicales con más de 2.000 especies catalogadas. Son muy interesantes las plantaciones de bambú, del que hay 23 especies distintas, desde los grandes y esbeltos "guaduales" al fino bambú negro. También contiene 200 variedades de cactus y una riquísima muestra de palmeras: 280 variedades, desde la autóctona palmera real a la extraña y milenaria palmera-alcornoque.

Balneario de Ciego Montero★. Es otro punto de interés de Cienfuegos, muy famoso por sus aguas minero-medicinales, que son mano de santo para afecciones de la piel, óseas y circulatorias. Existe una leyenda en torno a la fundación del balneario que cuenta cómo un esclavo negro, que padecía una enfermedad de la piel y que había sido expulsado por su dueño por temor al contagio, se refugió en el monte cerca de un pozo llamado de Ciego Montero, donde, gracias a sus aguas, se curó de la enfermedad.

CIENFUEGOS

El Nicho. Este paraje, situado a una altura de 500 m, se ha convertido en el símbolo ecológico de Cienfuegos, por sus cascadas de aguas cristalinas. Es posible darse un chapuzón en los remansos que crea la cascada y comer algo en el bar de las inmediaciones, a buen precio. La provincia de Cienfuegos es bastante llana en toda su extensión, salvo en esta parte oriental, la de la **sierra del Escambray** [ver pág. 85], uno de los sistemas montañosos más importantes de la isla. El lugar, todavía bastante desconocido por los turistas, resulta una maravilla. Se paga entrada y está abierto a las visitas hasta las 18 h. El acceso, pasando por el pueblo de Cumanayagua, es largo por las muchas curvas pero merece la pena. Conviene preguntar por las excursiones organizadas que son el único medio de llegar, en todoterrenos o en camiones que realizan el trayecto.

Coto Yarigua. Situado al noreste de la provincia, es una lugar ideal para la caza de aves y la pesca en la laguna, con aves palustres migratorias y faisanes, gallinas de Guinea, yaguasines y codornices.

Loma de Caguanes. Es una Reserva Natural formada por uno de los manglares más extensos y mejor preservados. Se organizan excursiones en bote a través de la exuberante vegetación. En el recinto de la Reserva se halla la **Cueva Grande*,** en cuyo interior hay una laguna con curiosísimas esponjas de agua dulce.

Río Jarabacoa a su paso por Cienfuegos.

VILLA CLARA

Con una población de menos de 800.000 habitantes, Villa Clara es una de las provincias más extensas del país. El paisaje, fundamentalmente llano, está salpicado de plantaciones de caña y tabaco. La capital, Santa Clara, sede de una de las universidades más prestigiosas de Cuba, es lugar de culto por albergar el mausoleo con los restos del comandante Che Guevara.

Villa Clara ocupa el quinto lugar entre las provincias de Cuba en cuanto a extensión (casi 8.500 km^2). Es en general, llana y muy apropiada para el cultivo de la caña de azúcar, de la que es la principal productora despues de Pinar del Río. En su geografía se alzan hasta 29 refinerías. Su costa, abierta al Atlántico, tiene casi 200 km y a todo lo largo de ella se extienden los numerosos cayos del Archipiélago de Sabana, siendo el más famoso el Cayo Esquivel. Tiene buenas playas en la costa septentrional, algunas vírgenes.

Son famosas sus canteras de mármol, con el que se decoran los los mausoleos de los cementerios cubanos. En la producción de tabaco compite con la provincia de Pinar del Río, aunque aquí el veguero más apreciado es el de Vuelta Arriba.

SANTA CLARA

Es la capital de la provincia y fue fundada en 1690 cuando los frecuentes ataques de los piratas a la ciudad de San Juan de los Remedios, la primera ciudad de la región, hicieron que los españoles buscaran mejor protección en el interior de la isla. Hoy tiene alrededor de 240.000 habitantes.

En 1958 tuvo lugar en la ciudad uno de los combates más decisivos para la derrota de Fulgencio Batista, cuando los guerrilleros del Che Guevara bajaron de la sierra del Escambray y por sorpresa atacaron a las tropas gubernamentales. Fue de vital importancia el asalto y descarrilamiento de un tren blindado, cargado de armamento para el ejército batistiano en la misma ciudad. Esto permitió al Che Guevara contactar con la columna de Camilo Cienfuegos y cortar así la isla en dos. El **monumento al tren blindado** que se alza en Santa Clara rememora estos hechos.

Mural decorativo de corte propagandístico en un edificio de Santa Clara. Esta localidad alberga los restos del Che.

VILLA CLARA

La enorme **Plaza de la Revolución,** localizada a la entrada de la ciudad, está presidida por la altiva figura del Che Guevara en su actitud más rebelde. En el monumento puede leerse, labrada en piedra, la carta de despedida, premonitoria de lo que le acontecería en Bolivia, que envió el guerrillero a Fidel Castro.

En el **Mausoleo de Ernesto Che Guevara** hay que descubrirse la cabeza y mantener el más absoluto de los silencios. Sobrecoge. Es un lugar de culto. Se siente en el ambiente. Una llama votiva custodia los cadáveres del mito y de sus compañeros caídos en Bolivia. Santa Clara fue la ciudad elegida para la "repatriación" de los restos mortales de Ernesto Guevara, encontrados en 1997 en Vallegrande (Bolivia).

En el contiguo **museo** *(visita de 9 h a 12 h y de 14 h a 17 h, domingos solo mañanas, entrada libre),* además de una síntesis histórica de toda la Revolución cubana, y de la vida del guerrillero asesinado en la selva boliviana en el año 1967, se muestran en diferentes vitrinas gran cantidad de recuerdos, armas, fotografías, objetos y todo tipo de efectos personales de un héroe que ha sido convertido en mito. Entre las cosas curiosas que aquí pueden verse, destacan sus calificaciones escolares, su gorra guerrillera, su cazadora... Y entre las más conocidas, la archifamosa fotografía que le tomara Alberto Korda.

La capital es la sede de la **Universidad Central de Villa Clara,** una de las más prestigiosas del país. Se puede visitar un **Museo de la Revolución** *(Ciudad Escolar "Abel Santamaría". Visita, excepto los lunes, de 13 h a 18 h; domingos, de 9 h a 13 h),* dedicado a los acontecimientos bélicos de los últimos días de la guerra contra Batista; en su interior se exponen fotografías y otros documentos.

El **Parque Arcoiris** es otro de los atractivos de la ciudad, de rica vegetación tropical y salpicado de bares y restaurantes para el descanso del visitante. Entre las numerosas **iglesias** con las que cuenta la ciudad, destacan **La Pastora, El Buenviaje, El Carmen** y la **catedral de Santa Clara de Asís.**

CAIBARIÉN

La ciudad pescadora de Caibarién, de unos 40.000 habitantes de población, está situada en el extremo oriental de la provincia, a orillas del Atlántico, en la bahía de Buena Vista.

Es, sin duda, la ciudad de Cuba con mayor vocación marinera y pescadora. Con un permiso de los guardacostas se puede compartir una jornada de pesca con sus habitantes, e incluso dedicarse a la pesca del atún en aguas profundas. Hablando en el puerto con los patrones de los barcos pesqueros es posible salir de noche y volver por la tarde.

LAS PARRANDAS

En la localidad de Remedios se celebran, del 16 al 24 de diciembre, las fiestas más originales de Cuba, las "parrandas", que tienen como principio la amistosa rivalidad de los dos barrios llamados El Carmen y San Salvador.

La fiesta se remonta al año 1820, cuando por Navidad, para que todo el mundo asistiera a las misas, se despertaba a la población con jubilosos ruidos que más tarde derivaron en una algarabía generalizada en la que se utilizan cencerros, tambores y cohetes. Los dos barrios compiten con los llamados "trabajos de plaza", que son una especie de fallas que se descubren en la plaza entre música, ron y fuegos de artificio.

Estas parrandas se extendieron, a finales del siglo XIX, a las poblaciones cercanas que, desde entonces, han adoptado la fiesta como propia. El baile tradicional de las parrandas es la polca, que arraigó en Remedios y entró a formar parte de la cultura popular, seguramente como consecuencia de que el origen de la fiesta se corresponde con la época en que la polca estaba de moda en Cuba.

Existe un **Museo de la Parrandas Remedianas** *(Máximo Gómez, 71. Abierto de martes a sábados, de 9 h a 12 h y de 13 h a 18 h; domingos de 9 h a 13 h; lunes cerrado),* en el que se exhiben maquetas, objetos y vestuario utilizados en las fiestas.

RESTO DE CUBA

La vida transcurre apacible en la provincia de Villa Clara.

Playas y cayos

Cayo Conuco. Se encuentra a unos 15 minutos en barco desde Caibarién, donde se ubica una atractiva base de campismo con **cabañas** rústicas, frente al mar, y lugar de acampada, con pista de baile, cine y alquiler de caballos. Hay también un pequeño **restaurante-hotel**, con seis habitaciones. En su superficie de 150 ha crecen más de 300 especies distintas de plantas y viven más de 70 especies animales diferentes.

Cayo Fragoso. Es el más grande del archipiélago de Sabana y se encuentra poblado totalmente de monte virgen. Para ir a los cayos hay que informarse antes en los burós de turismo de los hoteles de Villa Clara o bien en Caibarién. Otros cayos del archipiélago son **Cayo Enseñachos** y **Cayo Santa María**, que ya están comunicados con tierra por un pedraplén, al igual que el vecino **Cayo Coco**, sobre los que se han instalado sendos centros vacacionales y un buen número de hoteles.

REMEDIOS*

Remedios es la población más antigua de la provincia y fue prácticamente abandonada a causa de los ataques de los piratas cuando se fundó Santa Clara. Hoy tiene alrededor de 17.000 habitantes y es el resultado de la fusión en dos de los ocho barrios que existían a mediados del siglo XIX.

Como atractivos interesantes tiene el **Museo de la Música Alejandro García Cartula,** en el que puede verse una rica colección de raros y curiosos instrumentos, y las **iglesias del Buen Viaje** y **de San Juan Bautista,** en la que destaca el **altar mayor*,** de cedro y pan de oro. Otro museo interesante es el **Museo Histórico** *(calle Maceo, 56, visita de martes a sábado de 8.30 h a 12 h y de 13 h a 17 h, entrada libre).* Es el primer museo fundado en la provincia y el quinto de Cuba. Aun así, las guías suelen ignorarlo. En nueve salas organizadas cronológicamente se expone la historia de la provincia y de la ciudad de Remedios, desde los primeros hallazgos arqueológicos hasta hoy.

Son famosas en la villa las **Parrandas Remedianas,** que se celebran poco antes de Navidad, con desfiles de carrozas, música y baile [ver recuadro, pág. 79].

Balneario de Elguea

Se halla en la costa atlántica, en el extremo occidental de la provincia, muy próximo a la de Matanzas y cerca de la población de Corralillo. Posee manantiales de aguas sulfuroso-medicinales, indicadas para problemas de artrosis, reumatismo y piel.

Lago Hanabanilla*

Es el lago artificial más grande de Cuba, cerrado por la presa Los Alacranes. Se encuentra situado a unos 30 minutos de Santa Clara, en la sierra del Escambray, cerca de la población de Manicaragua. Por su gran riqueza en truchas, se celebra en él todos los años un torneo internacional, con capturas que llegan a pesar más de 5 kilos.

SANCTI-SPÍRITUS*

> La provincia de Sancti-Spíritus ocupa una franja central de la isla de 6.788 km^2 con costas que se asoman al mar Caribe y el océano Atlántico. Cuenta con una población que ronda los 460.000 habitantes.

La mayor parte del territorio spirituano está formado por llanuras y solo un 14 por ciento de su superficie es de relieve montañoso, con el pico Potrerillo y las lomas de Banao en la sierra del Escambray. Tres importantes ríos la cruzan –el Agabama, el Zaza y el Jatibonico del Sur/, aportándole riego y fertilidad. Estas condiciones orográficas han tenido como consecuencia su dedicación mayoritaria al cultivo de la caña de azúcar, del que conserva paisajes y haciendas del pasado, como el Valle de los Ingenios o la Hacienda Iznaga, que hoy día son muy visitados.

La costa atlántica es cenagosa y poblada de cayos y manglares, con poca población y sin ciudades de interés general. Al sur se sitúan las tierras más ricas: plantaciones de azúcar y explotaciones ganaderas, arroz, tabaco, café, etc. Y también las ciudades más importantes: la capital de la provincia, Sancti-Spíritus, y Trinidad están consideradas como verdaderas joyas de la época colonial.

LA CIUDAD DE SANCTI-SPÍRITUS*

La ciudad de Sancti-Spíritus, que da nombre a la provincia, se encuentra situada en la parte central y tiene alrededor de 135.000 habitantes. Es, con Trinidad, una de las siete primeras ciudades fundadas por los españoles durante los tres primeros años de la conquista. Diego Velázquez estableció la población a orillas del río Yayabo en 1514 y hoy se conservan numerosas casas coloniales con patios interiores, balcones y hermosas rejerías, calles empedradas con "chinas pelonas" (guijarros), al estilo de las antiguas poblaciones españolas, que conviven con zonas de expansión de un urbanismo moderno y arquitecturas recientes. La ciudad está cruzada de este a oeste por la autopista de Oriente.

La zona colonial. Conserva su aspecto original y sus calles empedradas son un encanto de tranquilidad que remite a una Cuba interior, pintoresca y bulliciosa, con interesantísimos edificios religiosos y civiles provenientes de su esplendor, debido al cultivo de la caña de azúcar. Toda la población ha sido declarada monumento nacional.

En el centro de la población, el **Parque Serafín Sánchez** (héroe independista) es un amplio lugar de encuentro del vecindario. Sus edificaciones más notables son el **Teatro Principal** (de 1876) y la **iglesia Parroquial Mayor****, levantada en madera en 1522, aunque reconstruida de piedra en 1680. Es una de las joyas de la arquitectura religiosa del siglo XVII, única en América.

Un poco más abajo, en la misma calle, se levanta el Palacio de Valle Iznaga, la primera casa de dos plantas que se edificó en la ciudad. En la actualidad alberga un curioso **Museo de Arte Colonial** *(visita de 9 h a 18.45 h)*. Reproduce una casa aristocrática cubana del siglo XVIII.

Al comienzo de la calle M. Gómez se localiza el **Museo de Historia Natural** *(de martes a viernes de 10.30 h a 17.30 h, sábados y domingos de 10.30 h a 17 h)*. Otro museo encantador para visitar es el **Provincial** *(calle Céspedes, 11)*.

Mención aparte merece el **puente de Yayabo**, con su rústica estructura, parece la estampa de un puente medieval y románico. Inaugurado en 1825; con sus cinco arcadas, es el mayor de Cuba.

▎ALREDEDORES

A unos 13 km de la ciudad se encuentra situado el **embalse de Zaza**, el mayor del país, con una capacidad de 1.000 millones de m3. Los aficionados a la pesca pueden pasar unas fructíferas jornadas dedicándose a la pesca de la tenca y la trucha, de la que el espécimen mayor capturado en este lugar alcanzó el peso de 16,5 libras, con lo que se situó entre las mejores capturas a nivel mundial.

Respecto de la caza, en el coto **Sur del Jíbaro** se encuentran patos migratorios, palomas, gallinas de Guinea, faisanes y codornices entre otras.

TRINIDAD**

La ciudad de Trinidad, habitada por unos 75.000 habitantes, no solo es el lugar de máximo interés de la provincia de Sancti-Spíritus, sino también la ciudad colonial mejor conservada de Cuba, y una de las más bellas de América, que por sí sola merece ya un viaje a la isla. La Unesco la declaró Patrimonio de la Humanidad en 1988. Recostada en las colinas de Guamuhaya, Trinidad sorprende al visitante por sus calles –empedradas con las piedras "chinas pelonas", que llegaban desde España como lastre de los barcos que iban casi vacíos para volver cargados de mercancías–, sus casas, iglesias, palacios y casonas, frescos patios cuajados de plantas y flores, rejas y balaustradas, tejados de teja española, ventanas irregulares, una extraordinaria cantidad de jaulas con canarios y sinsontes –una vieja costumbre de los habitantes de la ciudad–, la brisa lejana del Caribe...

Trinidad es como una síntesis de lo extremeño, canario y andaluz matizado con la personalidad, la exuberancia, languidez, dulce atmósfera y mestizaje del trópico caribeño. Por supuesto, es una ciudad para pasear y, llevando la contraria a la inmensa mayoría del turismo de "un solo día", es también una ciudad para conocer sin prisas y con muchas pausas con el fin de recrearse en la tranquila atmósfera de su ambiente antiguo y colonial. Fue fundada en 1514 y es la tercera ciudad más antigua de Cuba. Sus orígenes son agrícolas aunque, por su estratégica situación en el mar Caribe, un poco escondida tierra adentro, fue lugar idóneo para el comercio con las restantes colonias caribeñas inglesas y holandesas y, fundamentalmente, con Jamaica. El contrabando de tabaco era una de sus principales actividades durante la larga época de la prohibición del comercio con el exterior, amparada la ciudad por su aislamiento por tierra y las dificultades de las comunicaciones con La Habana.

A finales del siglo XVIII y coincidiendo con la liberación del comercio con las Indias, se produjo una época de bonanza azucarera, cuya industria adquirió un auge extraordinario: se levantaron más de cien ingenios y trapiches, lo que proporcionó a la ciudad grandes riquezas que se tradujeron en las mansiones y palacios que levantaron los ricos hacendados azucareros. La prosperidad duró hasta mediados del siglo XIX, período en el que se inició su decadencia económica, coyuntura que, si bien empobreció la ciudad, evitó sin embargo que se transformara y modernizara con los nuevos ricos de la república destruyendo su bella arquitectura colonial.

Hoy en día, Trinidad es una de las ciudades cubanas más visitadas por el turismo internacional y sus habitantes cuidan mucho el estado de conservación y las viejas costumbres, entre las que se encuentra la de seguir llamando a las calles por sus antiguos nombres, que por motivos políticos fueron cambiados: Desengaño (hoy Simón Bolívar), Calle del Cristo (hoy Hernández Echerri) o San José (hoy Ciro Redondo).

Plaza Mayor**. El centro del casco histórico es la Plaza Mayor o de Serrano, de la cual surgen calles estrechas que siguen fielmente la estructura urbanística trazada por los colonizadores españoles. En realidad, es una placita tranquila, con un jardín central plantado de palmeras y cerrado por alegres rejas blancas. Alrededor se alzan las viejas casonas y palacios de los notables de la antigua sociedad y la **iglesia** parroquial **de la Santísima Trinidad,** del siglo XVIII.

El **palacio de Brunet***, tal vez uno de los más interesantes, alberga el **Museo Romántico*** *(Fernando Hernández Echemendía, 52. Visita, excepto lunes, de 9 h a 12 h y de 14 h a 18 h; domingos, de 9 h a 13 h),* después de haber sido utilizado durante mucho tiempo como tienda de ultramarinos, hotel y pensión. En la parte dedicada a museo se ha recreado la distribución interior de una casa noble cubana del siglo XVIII: las estancias se hallan en torno a un espectacular patio, uno de los más bellos de Cuba; mobiliario y vajillas de la época, ropajes, espejos y cuadros expuestos con un amplio concepto de lo romántico. Entre las pinturas hay una buena colección de obras de Esteban Chartrand, artista del siglo XIX. Esta casa perteneció a Nicolás de la Cruz y Brunet, gran hacendado del azúcar y propietario de muchos esclavos, que fue nombrado conde por el rey de España en el año 1836.

Los otros edificios del siglo XVIII que rodean la plaza son: la **casa del Regidor Ortiz de Zúñiga***, que albergaba el **Mu-**

Trinidad

seo de **Arqueología Guamuhaya**★ *(Visita, excepto domingos, de 9 h a 17 h)*, dedicado casi exclusivamente a mostrar la vida de los primitivos pobladores de la isla –en los últimos años ha sido trasladado a la **casa de Padrón,** donde se encontraba el antiguo Museo de Ciencias Naturales, dedicado a Humboldt que hoy se halla en Sancti-Spíritus, la capital provincial–, y la **casa de los Sánchez-Iznaga,** que alberga el **Museo de Arquitectura Trinitaria** *(Desengaño, 83. Visita, excepto lunes, de 9 h a 17 h)*, dedicado a las técnicas de construcción y decoración.

Al recorrer las calles del casco viejo de la ciudad, que es el verdadero atractivo de la visita a Trinidad, se van descubriendo casas y casonas que llaman la atención con sus mil detalles pintorescos. Subiendo por la calle Desengaño se puede visitar la **ermita de Nuestra Señora de la Candelaria de la Popa,** en un deteriorado estilo barroco americano con una típica espadaña para tres campanas. Fue lugar también de emplazamiento de la fortaleza de Trinidad y en ella se pueden ver todavía hoy algunos cañones de la época, además de una hermosa vista de la ciudad.

Sin embargo, quien quiera contemplar una gran **panorámica**★★ de Trinidad debe pedir permiso para subir a la torre del campanario de la **iglesia de San Francisco,** convertida en **Museo de la Lucha contra los Bandidos** *(Calle del Cristo, esquina Boca. Visita, excepto lunes, de 9 h a 17 h)*, desde la que se divisa el abigarrado panorama de la ciudad antigua, con sus tejados de tejas –hechas a mano sobre el muslo del artesano, por lo cual en cada casa tienen un tamaño–, torres, calles estrechas y en sombra, vegetación, el mar Caribe al fondo y la sierra del Escambray, a cuyos pies se halla Trinidad.

▎ALREDEDORES

Playa Ancón★. A unos 12 km de la villa, cerca del poblado de Casilda. Ocupa la mayor parte de la península del mismo nombre, con casi 5 km de arenas de color crema y aguas tranquilas y poco profundas.

Cayo Blanco. Es una pequeña isla situada a 13 km de Punta Casilda, hacia el sureste, con una longitud de más de 1 km y una anchura de 200 m. Posee una pequeña playa bordeada de manglares. Es de origen coralino y sus fondos son de los más bellos de Cuba para la práctica del buceo; pueden verse gorgonias, abanicos de mar y pequeños peces tropicales de arrecife.

Valle de San Luis. Las primeras décadas del siglo XIX fueron las de mayor esplendor de Trinidad, debido al azúcar que procedía del valle de San Luis o de los Ingenios,

Trinidad conserva uno de los conjuntos arquitectónicos coloniales más amplios y mejor conservados de toda América.

nombre por el que también se le conoce. La subida del precio del azúcar tras la revolución haitiana, los adelantos técnicos procedentes de Jamaica y la inversión de capital, en su mayor parte procedente del contrabando, hicieron que la producción del azúcar se multiplicara por diez. Con la crisis económica que tuvo lugar en el año 1857 y la posterior guerra de Independencia de l868, la riqueza se diluyó como el azúcar y desde entonces la ciudad y el valle viven de recuerdos. En todo el valle hay restos de maquinarias de más de 43 ingenios. El más famoso es el de **Manacas-Iznaga,** con una torre de más de 45 m que servía para vigilar a los esclavos y para avisar de los incendios que se producían en los alrededores. También es interesante la **casa solariega de la Familia Borrel,** conocida como "Ingenio Guaimaro". Está en proyecto la construcción de un Museo del Azúcar y otro dedicado a la esclavitud. En 1988, el valle fue declarado por la UNESCO Patrimonio de la Humanidad.

PARAJES NATURALES

Sierra del Escambray*

Es el macizo montañoso que bordea la costa meridional de la parte central de la isla. Su máxima altura solo alcanza los 1.000 m, pero supone una importante barrera natural que mantuvo aislada a Trinidad y su costa durante siglos. Durante la última revolución el Che la utilizó como campo de operaciones en su ofensiva hacia el norte.

Topes de Collantes*

En plenas alturas de los montes de Guamuhaya, donde el aire y la brisa son más frescos, está enclavado el Centro de Descanso y Salud Topes de Collantes, un lugar para el descanso y las curas de salud. Instalado en el antiguo Sanatorio Antituberculoso, está dotado de librería, restaurante y varios **hoteles** y el *Kurhotel Escambray,* con todas las comodidades y hasta un jardín botánico. En sus alrededores crecen 46 variedades de helechos y viven 22 clases de mariposas. Es un lugar ideal para una cura de descanso o una convalecencia.

En las proximidades se encuentra el **salto de Caburni.** Desde la clínica, situada en la orilla del Hondón, sale un sendero de tierra roja bien señalizado. El salto está lejos pero merece la pena el esfuerzo, pues al poco se llega a una magnífica cascada de 75 m de altura rodeada por una exuberante naturaleza. Hacia el norte, en la localidad turística de San José del Lago, en Mayajigua hay otro **balneario,** famoso por sus aguas medicinales.

CIEGO DE ÁVILA

> La provincia de Ciego de Ávila, con sus cerca de 430.000 habitantes, es la menos poblada de Cuba. Su territorio (6.946 km^2) es llano y muy fértil, pero sus costas, tanto al norte como al sur, están cubiertas de pantanos, manglares y cayos. Su economía es agrícola y ganadera con industria para procesar los productos agropecuarios.

Esta zona es la gran cultivadora de piña de toda Cuba, de la que produce 300.000 quintales anuales que elabora en rodajas para conserva, zumos y néctar con destino al consumo interno y, fundamentalmente, a la exportación. En la carretera entre Morón y Ciego de Ávila se puede contemplar la plantación de piña más extensa del país. También en territorio avileño se encuentra la empresa cubana que mayor cantidad de plátano produce en la isla.

CIEGO DE ÁVILA

La capital de la provincia, Ciego de Ávila, no tiene ningún atractivo turístico, pero es nudo ferroviario con trenes que van a la costa norte recorriendo un bello y apacible paisaje en el que se puede apreciar la vida campesina cubana.

MORÓN*

A 39 km de la capital de la provincia se encuentra la ciudad de Morón, que como único atractivo histórico tiene las ruinas de **La Trocha,** muralla de 50 km, construida por los españoles desde Júcaro a Morón, para frenar el avance de las tropas del general Máximo Gómez durante la guerra de la Independencia.

Como curiosidad, la ciudad tiene el símbolo del gallo, al igual que su homónima de Sevilla, Morón de la Frontera, y para confirmarlo tiene plantada en la torre del Reloj una gran figura en bronce del cubano **Gallo de Morón** –"cacareando y sin plumas"– de 2 toneladas de peso.

La historia de este gallo es herencia española y se remonta al siglo XVIII. En 1955 se erigió una escultura que con el tiempo fue deteriorándose y se sustituyó en 1982 por la actual, que tiene un mecanismo electrónico que reproduce el canto del gallo dos veces al día.

La importancia de Morón, desde el punto de vista turístico, radica en que tiene muy cerca dos lugares de interés para los aficionados a la **caza** y la **pesca:** el coto de los Aguachales de Falla y el lago La Redonda. Además dispone de una serie de cayos sin igual que hacen las delicias de los aficionados a las playas o al buceo.

Los cazadores parten hacia los **Aguachales de Falla,** una serie de lagos, lagunas y canales rodeados de bosques que resultan ideales para cobrar piezas como patos, endémicos y migratorios, becasinas, faisanes y palomas rabiche y aliblancas, gallinas de Guinea y torcaces, que se resguardan en esta zona.

Los pescadores van hacia el lago **La Redonda,** a 11 km, principalmente en busca de truchas, aunque también abundan las bijacas, carpas, pataos, sábalos, róbalos y blubios. En sus aguas hay caimanes y cocodrilos, aunque solo en ciertas zonas y no son peligrosos. Se dice que esta laguna es la que posee mayor concentración de truchas por metro cuadrado, y sus aguas son tan claras que se puede disfrutar al mismo tiempo del espectáculo de la captura.

En la laguna empieza la isla de **Turiguanó** –gran centro de explotación ganadera del denominado ganado de Santa Gertrudis, de pelambre roja–, con un poblado de arquitectura holandesa. Esta pseudo-isla está unida a tierra por una carretera de 23 km que corta las lagunas. Es un centro de investigación puntera que utiliza como fuente de energía la producida por la fermentación de los excrementos de la ganadería: el biogas.

Además de La Redonda otras muchas lagunas rodean la zona, como **Manatí, Garita, Laguna Negra** y la **laguna de la Leche,** con aguas lechosas de carbonato cálcico, en cuyas orillas hay un cabaret y un restaurante que se adentran en el agua y una cafetería en el muelle, con botes para recorrer la laguna y sus canales bordeados de helechos de hasta 3 m de altura.

Playas y cayos
Cayo Guillermo**. Situado a 70 km por la carretera de Morón a Punta Alegre yunido a Cayo Coco por medio de pedraplenes. Es un pequeño cayo de 13 km^2 situado en el límite exterior del archipiélago. La

Cayo Coco

JARDINES DE LA REINA

Es posible iniciarse en la práctica del buceo en las aguas de este archipiélago, situado al sur de la provincia, en el golfo de Ana María, con fondos de gran irregularidad, extensas barreras coralinas y cuevas absolutamente vírgenes y con los corales a flor de agua; no se precisa bucear a gran profundidad para poder verlos, basta con unas gafas de agua y un respirador. La excursión parte de la base náutica de Júcaro, a 30 km al sur de la capital. De la misma dársena parten también los barcos a la pesca de la banana de mar, muy abundante en la zona y pieza codiciada por los pescadores deportivos por su difícil captura, dada su infatigable lucha contra el anzuelo.

Estos cayos albergan una variada fauna, con especies como pelícanos, iguanas, gaviotas, flamencos y tortugas, entre otros. [Ver también pág. 100].

zona posee gran interés para pescadores de fondo, pues la habitan grandes peces como chernas, rodaballos, pargos y agujas.

Cayo Coco**. Se trata de otra isla en la que hay instalaciones turísticas importantes que trata de competir a largo plazo con Cayo Largo. Un "pedraplén" –carretera de piedras y arena que ha ido rellenando las aguas hasta llegar a la superficie– de 17 km atraviesa el mar para unir el cayo con la costa.

Es el mayor cayo del archipiélago con 360 km^2 y 30 km de playas casi vírgenes, de las cuales hasta hace unos años solo se conocían dos simétricas llamadas las Coloradas. También son bonitas las playas de La Jaula y Los Flamencos. Aún hoy en día continúa poblado por caballos salvajes y jabalíes, así como flamencos rosados y gran cantidad e pájaros coco (garzas pardas y blancas).

Sus escasos habitantes se dedicaban a la pesca o a la fabricación carbón de un modo artesanal aprovechando las maderas de los mangles cercanos. Hoy en día se dedican mayoritariamente al turismo, pues se han construido numerosos complejos turísticos, administrados por cadenas hoteleras españolas. Hay un curioso restaurante-cabaré, que está enclavado en el interior de una cueva, donde se puede tomar un zumo o un refresco, *La Cueva del Jabalí*.

Toda la isla ha sido declarada Parque Natural con el fin de preservar sus extensiones boscosas de infinito valor ecológico y poder disfrutar de las aves que anidan en ellas, como los flamencos rosados, que forman enormes colonias. Los fondos marinos, prácticamente vírgenes, posee una belleza inigualable.

CAMAGÜEY*

Camagüey tiene una población de unos 780.000 habitantes y es la provincia más extensa de Cuba (15.414 km^2). En ella, el territorio cubano alcanza su máxima anchura, 191 km desde la playa de Tararaco a la punta de Camarón Grande.

Su economía se fundamenta principalmente en la producción agropecuaria, siendo la empresa ganadera Rectángulo, con 200.000 ha dedicadas a la cría de ganado vacuno, lo que la convierte en la mayor productora de carne de Cuba.

La tradición ganadera de Camagüey se remonta a la segunda mitad del siglo XVIII, época en la que el obispo español fray Juan de Cabezas Altamirano señalaba en una crónica las excelentes condiciones del lugar para la cría de rebaños vacunos. La producción azucarera también es importante y cobró gran fuerza a principios del presente siglo con la presencia de capitales norteamericanos. El desarrollo descontrolado del cultivo de la caña provocó la tala masiva de bosques, dañando gravemente el ecosistema, razón por la cual Camagüey es en la actualidad la provincia cubana con menos área selvícola.

Al norte de la provincia se encuentran los cayos Romano y Sabinal, los más grandes del archipiélago cubano, enmarcados en una de las mayores barreras coralinas del mundo. En la costa norte, a 75 km de la capital, se halla la ciudad industrial de Nuevitas, que posee fábricas de azúcar y químicas. Es un importante puerto y nudo ferroviario.

CIUDAD DE CAMAGÜEY*

La ciudad de Camagüey, capital de la provincia, tiene 330.000 habitantes y es la tercera ciudad de Cuba y un importante nudo de comunicaciones.

La parte más antigua presenta una distribución urbanística muy original: calles estrechas que forman un laberinto cuya razón de ser, según la tradición, se debe a la necesidad de defenderse de los frecuentes ataques de los piratas. La ciudad fue saqueada en 1668 por el famoso corsario inglés Henry Morgan.

Los cubanos llaman a Camagüey la "ciudad de los tinajones" por la cantidad de vasijas de barro de gran tamaño –algunas alcanzan casi 2 m de altura y 4 m de diámetro– que se construyeron para recoger el agua de lluvia y suplir de esta forma la carencia de agua subterránea.

La tradición de los tinajones se remonta al siglo XVI, cuando artesanos catalanes, llegados en 1514, tuvieron la idea de utilizar la tierra roja de la sierra de Cubitas para la fabricación de estas tinajas, cuya técnica se ha ido transmitiendo de padres a hijos durante siglos. En 1900 unos funcionarios norteamericanos que tenían la tarea de realizar un censo para combatir la fiebre amarilla descubrieron en Camagüey 16.000 tinajones; el más antiguo de ellos data de 1760. La ciudad es la patria chica del poeta nacional cubano Nicolás Guillén.

Lo más atractivo de Camagüey es su peculiaridad urbanística: el centro histórico fue declarado Patrimonio de la Humanidad por la UNESCO en 2008. Es inútil buscar en este lugar el abigarrado barroco de otras ciudades cubanas, en Camagüey todo es más discreto y sobrio. Esta diferencia es visible en sus edificios, incluso en los de más abolengo. No se advierte en ellos la presencia del gusto palaciego, sino más bien la tradición cómoda y confortable de una burguesía rural. Lo más significativo de estas casas está de puertas para adentro: sus patios, núcleo esencial de la estructura de la casa, sombreados por plantas aromáticas, con los tinajones que han dado fama a la ciudad.

La **avenida de la República** es casi el único trazado rectilíneo de Camagüey y por tanto registra un gran tráfico a todas horas. Las **plazas del Carmen** y **San Juan de Dios*** (Monumento Nacional), rodeadas de viejas casas coloniales, datan del siglo XVIII. Junto con la **plaza de Armas,** hoy llamada de Ignacio Agramonte, son lugares para pasear y disfruta de la vida provinciana de Camagüey. La **Iglesia Mayor** fue construida en el siglo XVIII, con originales tejados de estilo morisco. La **casa natal de Ignacio Agramonte** *(Av. Ignacio Agramonte, 59. Visita de martes a sábados, de 9 h a 17 h; domingos, de 8 h a 12 h),* héroe de la guerra de Independencia contra los españoles,

89

actualmente alberga una colección de jarras antiguas y documentos sobre la mencionada guerra.

En el Paseo de los Mártires se encuentra el **Museo Provincial de Ignacio Agramonte,** en un bello edificio de patio precioso, que antaño fue el cuartel de caballería del ejército español, y donde se pueden ver algunos de los más antiguos tinajones de la ciudad. Ha sido objeto de una profunda restauración. Cabe destacar la importante colección de pintura cubana de los siglos XVIII-XX, entre otras menos notorias sobre naturaleza y artes decorativas. Este paseo, que es en realidad un bulevar a la cubana, muestra toda una serie de construcciones soportadas por columnas, algunas de verdad impresionantes, como la **Casa de las Cariátides,** del número 53-55, absolutamente monumental. Al final de la avenida está la **iglesia de la Soledad,** de mediados del siglo XVIII, con un enorme campanario gótico. La **Galería de Julián Morales,** que expone una colec-

Camagüey, "la ciudad de los tinajones", usados para recoger el agua de lluvia.

ción de piedras talladas y objetos desde los tiempos prehistóricos hasta nuestros días, es otro de los lugares más interesantes en Camagüey. La **iglesia de Nuestra Señora de la Merced** guarda la mayor pieza de plata de todo el país, un *Santo Sepulcro* construido a partir de las donaciones de un devoto. Sus catacumbas son las mejor conservadas de Cuba.

Por último, en la calle Padre Valencia, está el **Teatro Principal,** de cristal y mármol, que data de 1850. Es la sede del *Ballet de Camagüey* –la segunda compañía tras el Ballet Nacional– y escenario del **Festival Nacional de Teatro.**

EXCURSIONES

Desde la ciudad se pueden hacer dos excursiones interesantes: la primera, a la **sierra de Cubitas,** plena de cañones escarpados y cuevas con pinturas aborígenes y yacimientos de maderas fósiles; alguna de sus formaciones recuerdan a los mogotes del Valle de Viñales. Y la segunda, a La Mina, un pequeño poblado dedicado a la música, donde se ha instalado una fábrica de violines.

Playas y cayos

Santa Lucía. Al este de Nuevitas se extiende la **playa★** de Santa Lucía, la de mayor extensión de Cuba, con 19 km de blancas arenas y agua de color turquesa, protegida y abrigada por un inmenso arrecife de coral, el segundo mayor del mundo. En sus zonas solitarias abundan los flamencos rosas, símbolo del lugar. La oferta deportiva es amplia: esquí acuático, pesca de altura y de roca, vela, caballos, motos, bicicletas y, fundamentalmente, buceo. En estas aguas, que destacan por su transparencia, la zona de buceo se extiende a lo largo de 7 millas entre **Tararaco** y **Playa Bonita,** con extensas barreras coralinas con más de 50 variedades de corales, gorgonias, crustáceos, gusanos de mar, moluscos y otras especies.

Otra característica es el canto del veril, de formación irregular con caídas impresionantes al abismo y donde habita una compleja y diversificada fauna. Hay incluso un barco hundido llamado *Mortera*, que naufragó a fines del XIX, siendo posible bucear por el interior de sus estructuras, y también otro pecio llamado *El Pizarro*.

Cayo Romano. Es la tercera isla en extensión, después de la de Cuba e isla de Pinos. Un pedraplén de 43 km comunica estos cayos con tierra firme.

Cayo Sabinal. Está cerca de la playa de Santa Lucía, desde donde se realizan excursiones para bucear y tomar el sol en la playa de los Pinos. Tiene 33 km de playas de finas arenas y aguas transparentes. Hay ranchones y cabañas donde se han instalado varios restaurantes que sirven mariscos, pescados o cocina criolla. Con frecuencia los delfines se dejan ver por estas playas a muy escasos metros de los bañistas.

LAS TUNAS

Con una superficie de 6.587 km^2 y cerca de 526.000 habitantes, es la última de las provincias centrales con costas al Atlántico y el Caribe. La abundancia de tunas –que en España se conocen como chumberas, una planta espinosa de tipo cactáceo– dio nombre a la región.

Su riqueza está basada fundamentalmente en el cultivo de caña y la producción de azúcar, ya que en esta provincia se encuentra el mayor complejo agro-industrial de Cuba, capaz de producir un millón de toneladas de azúcar por lustro, conformado por uno de los macizos cañeros más extensos del país y el central Antonio Guiteras.

Tiene también una abundante ganadería, así como fábricas de cerámica y artesanía del cuero especializada en bellas monturas para caballos.

Su relieve es predominantemente llano con formaciones coralinas al norte y la ciénaga litoral al sur. Desde un punto de vista turístico, es la auténtica "cenicienta" de la isla, a pesar de que su costa atlántica –bordeada de arrecifes coralinos y con dos estupendas bahías: la de Manatí y la de Puerto Padre– es una de las más bellas y menos explotadas.

VICTORIA DE LAS TUNAS

Es la capital de la provincia, y a uno de sus ilustres hijos le debe que hoy día el visitante tenga poco que admirar de su historia: el general Vicente García, héroe de la guerra de Independencia, que en 1876 incendió la ciudad, empezando por su casa, al tiempo que exclamaba: "Con dolor en el alma te prendo candela, pero prefiero verte quemada antes que esclava". Una frase para la historia que borró del mapa la antigua ciudad colonial; por si esto fuera poco, veinte años más tarde otro general, Calixto García, volvió a incendiar la ciudad.

Tal vez hoy, para mitigar en lo posible las consecuencias de estos hechos, Victoria de las Tunas se ha llenado de esculturas en calles, parques y plazas y posee un **Museo de Esculturas*** único en el país, que, junto con la **casa natal*** del poeta costumbrista Nápoles Fajardo, el *Cucalambé*, constituyen el único atractivo desde el punto de vista artístico e histórico.

Playas y cayos

Ninguna de las playas está explotada, por tanto son vírgenes y solitarias. Las más conocidas son **Chapaleta, La Boca** y **La Llanita.** En la costa norte se encuentra la pequeña población de Puerto Padre, en la hermosa bahía homónima. En su embocadura se hallan las playas de **La Herradura** y **Covarrubias,** donde se ha inaugurado recientemente un hotel de cuatro estrellas.

HOLGUÍN

La provincia de Holguín cuenta con 9.295 km² y más de un millón de habitantes, es una de las más ricas del país. Se la denomina "granero de Cuba" por la fertilidad de su suelo, surcado por numerosos ríos. Su superficie es llana en la parte occidental y montañosa en la oriental, donde se encuentra la máxima altura, el pico Cristal (1.231 m). La costa atlántica está festoneada de bahías, entre las que destaca la de Nipe, una de las mayores del mundo, dotada además de un profundo calado.

A la riqueza agrícola del este de la provincia, que posee grandes plantaciones de caña de azúcar, se suman las minas de cobalto y níquel en su parte montañosa. Cuba es el cuarto exportador mundial de este último mineral, después de Canadá, la CEI y Francia, y las minas más importantes –los yacimientos de Moa y Nicaro– se encuentran en territorio holguinero.

En el capítulo industrial, Holguín posee la primera fábrica de maquinaria para la recolección de la caña de azúcar. Las reservas forestales son también destacables.

Según el diario del Almirante Colón, el día 28 de octubre de 1492 se produjo el primer desembarco de los españoles en tierra cubana. La bahía de Bariay, enclavada en la costa norte de esta provincia, fue el lugar donde tomaron contacto con los indios de la cultura seboruco, que con más de 6.000 años es la civilización más antigua del Caribe. Este hecho determina que Holguín posea la mayor riqueza arqueológica de Cuba, como testimonia el Museo Indocubano Baní o el Chorro de Maíta. El territorio fue cedido como encomienda por Diego Velázquez al notario sevillano Rodrigo de las Bastidas, quien se lo entregó a uno de sus lugartenientes, llamado García Holguín, que acabó dando nombre a la provincia.

DEPORTES

Entre otros, en la provincia de Holguín se puede practicar esquí acuático, vela y tenis, pero los más importantes son: la pesca deportiva, con abundancia de agujas, dorados, picúas y otras especies; y el buceo, con un arrecife donde habitan más de 50 especies de coral y además esponjas, moluscos, crustáceos, peces grandes y pequeños. Están señalados hasta 12 puntos importantes de buceo, que oscilan entre los 18 y los 35 m de profundidad, entre los que destacan: el Salto, la Boca de las Esponjas o el Cañón de los Aguajíes. (Centro Internacional de Buceo Eagle Ray. Telefax 30 185, al final de la playa).

A la izquierda, jóvenes cubanas en la playa pública de Holguín. Al lado, músico tocando en un restaurante de la provincia.

LA CIUDAD DE HOLGUÍN

La ciudad de Holguín, capital de la provincia, tiene más de 340.000 habitantes. Es conocida como la ciudad de los **parques** por el elevado número que posee de los mismos –**Céspedes, las Flores, Calixto García**– en su término municipal. Junto al parque de Las Flores se alza la **Catedral de San Isidoro**, edificada en 1720, en estilo barroco, con arcadas de ladrillo sin estucar, lo que le proporciona un cierto aire mudéjar que se acentúa con los tejados de reminiscencias moriscas.

Alrededor del parque Calixto García se alinean los edificios con pórticos en los que se concentra la actividad de la ciudad: comercios, cine, librerías, galerías de arte, la biblioteca, la **Casa de la Trova** y la de la Cultura y la famosa "Periquera", denominada así por los colores de los uniformes que llevaban los soldados de la guardia cuando este palacio era sede del gobernador español. En la actualidad alberga el **Museo Provincial de Holguín★** *(Frexes, 198. Visita, excepto domingos, de 9 h a 17 h; los miércoles de 9 h a 13 h)*, que reúne restos arqueológicos –entre los que destaca un hacha de piedra, trabajada en forma de ídolo, que constituye el símbolo de la provincia–, armas y documentos relacionados con la guerra de Independencia. Todo el conjunto ha sido declarado Monumento Nacional.

Destaca también el **monumento al general Calixto García**, héroe de la guerra de Independencia, bajo el cual reposan sus restos en la plaza de la Revolución, que es el lugar de los acontecimientos oficiales y las celebraciones públicas de la ciudad. Sus restos fueron llevados a Holguín en 1980, cumpliéndose así los deseos de la madre del patriota, que no pudo hacerlo en 1899 al impedírselo los interventores norteamericanos.

En la calle Maceo se halla el **Museo de Historia Natural**, ubicado en un bello palacete soportado por elegantes columnas *(visita de domingo a jueves de 9 h a 17 h, sábados de 13 h a 17 h)*. La mejor pieza la constituye un fósil de pez hallado en Sierra Maestra.

Holguín es la ciudad más limpia de Cuba y un lugar perfecto para ser recorrido a pie, en coche de caballos o bien en unos curiosos bici-taxis con sidecar incorporado, que a veces llevan hasta tres pasajeros.

La ciudad se domina desde el mirador de la **Loma de la Cruz**, un lugar de peregrinación al que se accede por una larga escalinata de 468 escalones (o por la carretera). El día 3 de mayo se celebra una peregrinación a la que acuden numerosas personas, algunas de las cuales, en cumplimiento de sus promesas, tienen el valor de subir los escalones de rodillas. Ocupa lo más alto un estupendo restaurante.

▌ALREDEDORES

Gíbara. A 32 km de la capital y al oeste de la provincia se encuentra este pequeño pueblo marinero con astilleros, conocido como la Villa Blanca, que durante el pasado siglo fue el de mayor tráfico marítimo del Atlántico oriental. Su estado de decadencia lo ha convertido en un típico pueblo de pescadores de calles empinadas y angostas. Sin embargo puede visitarse el **Museo de Ambiente Cubano del Siglo** XIX, el **Museo de Historia Natural**, el malecón y un precioso **mirador** en la parte más alta. En la lontananza se divisa el bloque rocoso de la **Silla de Gíbara,** impresionante formación calcarea que recuerda a una silla de montar, y forma parte de las estribaciones de la Sierra Cristal.

Parque Nacional de Bariay. Este parque *(visita de 9 h a 17 h)*, que toma su nombre de la playa homónima donde desembarcó Colón en su primer viaje, se extiende desde la ciudad de Gíbara hasta la gran bahía de Nipe.

Mirador de Mayabe. Es un cerro cubierto de buganvillas moradas desde el que se disfruta de unas magníficas vistas sobre el valle de Mayabe, que rodea la ciudad de Holguín.

Playas

Guardalavaca★. Situado en la costa norte, a 57 km de Holguín, es el balneario más importante de la provincia. Cuenta con una playa cuya terraza marina asciende suavemente y se extiende a lo largo de 600 m de fina y limpia arena de color crema.

La vegetación de la playa es magnífica, con una gran cantidad de palmeras, guanos, uveros y flamboyanes que crecen prácticamente hasta el agua y que hacen las delicias de los turistas que se cobijan bajo su sombra.

Entre los mayores alicientes de la zona están sus arrecifes coralinos de extremada belleza, que forman una barrera a lo largo de toda la costa y que son de fácil acceso, ideales para el buceo.

Banes. En este pueblo se localiza el museo arqueológico más importante de la isla, el **Museo Indocubano Baní★** *(General Marrero, 305. Visita, excepto los lunes, de 9 h a 17 h; domingos, de 8 h a 12 h)*, situado en esta zona por tratarse del lugar donde se han encontrado más restos arqueológicos. El museo documenta la cultura de

Playa de Guardalavaca

los primeros pobladores de este territorio, los indios baní, pertenecientes a los taínos. La pieza más singular es una **estatuilla*** humana de oro puro –único ejemplo de este material–, que representa a una mujer con un tocado de plumas ofreciendo una vasija, confeccionada por los aborígenes de la zona. Además, se exponen distintas piezas de cerámica: una de ellas representa con gran realismo a una mujer en el momento del parto; otras realizadas en hueso, piedra, y concha, así como la reproducción de un enterramiento.

Uno de los eventos más celebrado es el **Carnaval de las Golondrinas,** que se celebra los primeros días de noviembre, coincidiendo con la llegada de las primeras golondrinas (turistas, principalmente canadienses, que vienen huyendo del frío invierno en su país). Durante estos días se instalan en las calles terrazas, improvisados restaurantes y puestos de feria con grupos de música y baile que duran toda la noche y se hace una elección de "Miss Golondrina" entre las turistas que lo desean, con paseo en carroza de caballos que incluye un desfile con música de conga, y gigantes y cabezudos.

❙ ALREDEDORES

Saliendo de Guardalavaca con dirección a Holguín se llega a la **bahía del Naranjo,** donde está instalado un complejo náutico que posee, entre otras cosas, un **acuario** edificado sobre pilotes en medio de la bahía, además de un delfinario, un león marino amaestrado, restaurante e instalaciones especializadas en pesca a vara y de fondo. La agencia Cubatur, presente en todos los hoteles, organiza estas visitas. También se pueden realizar **paseos en yate** con guías especializados y excursiones a los cayos de los alrededores y darse un baño de 15 minutos con los delfines.

Cayo Saetía. En este pequeño cayo de unos 40 km^2 de superficie se ha levantado un complejo turístico (5 cabañas dobles

95

y una suite de 4 estrellas) acondicionado en especial para los amantes de la caza y la pesca, ya que en esta parte de la isla se pueden encontrar antílopes, toros salvajes, cebras, jabalíes y venados.

Se puede llegar hasta el cayo en helicóptero desde el hotel *Atlántico*, en Guaradalavaca (máximo de 8 personas); en barco, con la posibilidad de pasar la noche en el cayo y regresar al día siguiente, o bien por la nueva carretera.

Playa Estero Ciego. Rebautizada con el nombre turístico de Playa Esmeralda, es una cala recoleta con tres hoteles de lujo.

Playa Don Lino. A unos 15 minutos de la de Guardalavaca se encuentra esta pequeñísima playa donde hay otra instalación turística.

Un desvío de la carretera principal señala hacia **Playa Pesquero,** una inmensa playa salvaje de arenas blancas con restos de caracoles y trozos de coral. Era un sitio solitario, idílico, donde poder pasear y perderse del resto del mundo; ahora se construyen los primeros hoteles que convertirán la playa en otro de los destinos turísticos de la provincia.

Chorro de Maita. A 7 km de Guardalavaca en dirección a Banes se halla el sitio arqueológico Chorro de Maita *(de martes a sábado de 9 h a 17 h, domingos hasta las 16 h)*. Es la necrópolis india más importante de las Antillas y el único recinto ceremonial precolombino descubierto hasta nuestros días en el Caribe. Cuenta con una gran sala de 2.000 m² donde se exponen 62 enterramientos. Los de los indios araucos muestran una posición fetal, de acuerdo con la costumbre aborigen de enterrar a los muertos. Los de los españoles, estirados y con los brazos cruzados sobre el pecho. Datan de 1490 a 1530. En las vitrinas contiguas se exponen otros objetos encontrados en las tumbas. Más de la tercera parte de todos los hallazgos arqueológicos de la isla han sido encontrados en esta zona de la región de Holguín. Muchos de ellos siguen estando sin clasificar y en fase de estudio.

Bayamo

GRANMA

La provincia de Granma fue constituida en el año 1976 y bautizada con el nombre del yate que llevó a Cuba, desde México, a los expedicionarios dirigidos por Fidel Castro para iniciar la revolución desde Sierra Maestra. En la playa de las Coloradas de esta provincia desembarcaron los guerrilleros del Granma el 2 de diciembre del año 1956.

Situada en la parte más meridional de Cuba y bañada por el mar Caribe, Granma tiene dos importantes accidentes geográficos: el río Cauto, el más grande y hasta hace poco también el más caudaloso, a cuyas orillas murió José Martí, y la Fosa de Oriente con 7.243 m de profundidad. Tiene una extensión de 8.362 km^2 y una población de más de 800.000 habitantes. Geográficamente, tiene zonas muy diferenciadas: el valle del Cauto, alejado de la costa norte y separado de la sur por Sierra Maestra, tiene características continentales y está dedicado a la ganadería; la ensenada de Manzanillo y la zona montañosa formada por parte de Sierra Maestra.

Sus recursos económicos proceden del cultivo del arroz, del que la provincia es la primera productora de Cuba; por supuesto también hay azúcar y ganadería. En las zonas de montaña se cultiva café y cacao, y en la costa hay empresas dedicadas a la pesca del camarón y el langostino.

BAYAMO

Bayamo, Monumento Nacional, no por sus valores artísticos, sino más bien por motivaciones patrióticas, es la pequeña capital de la provincia situada a orillas del río homónimo, afluente del Cauto. Su nombre original fue San Salvador de Bayamo. Es la segunda ciudad que fundaron los españoles en Cuba en 1513. También fue la primera capital de la República y cuna del primer presidente, Carlos Manuel de Céspedes, que nació el 18 de abril de 1819.

En los inicios del período colonial los reiterados ataques de los piratas a la entonces capital, Santiago, hicieron que la mayor parte de su población se trasladara a Bayamo, la cual al estar alejada de la costa era un refugio más seguro y permitía, a la vez, a través del río continuar con el comercio costero.

Después de que Santiago fuera fortificada, muchos de sus habitantes regresaron a la capital; los que se quedaron se dedicaron al contrabando con la vecina Jamaica.

En la actualidad, se conservan escasos restos de la época colonial, gracias también a un hecho patriótico de la guerra de Independencia: ocupada por los nacionalistas, al darse cuenta de que no podían defenderla de las tropas españolas cercanas, optaron por prenderle fuego para que no fuera ocupada nuevamente por el enemigo. No obstante, se conservan la **iglesia parroquial de San Salvador de Bayamo***, que es del siglo XVII y una de las más antiguas de Cuba, el **convento de Santo Domingo** y la **casa natal de Carlos Manuel de Céspedes,** convertida en **museo** *(Maceo, 57. Visita, excepto lunes, de 8 h a 17 h; domingos, de 9 h a 13 h),* además de la **farmacia** donde se

CUBA ESTE

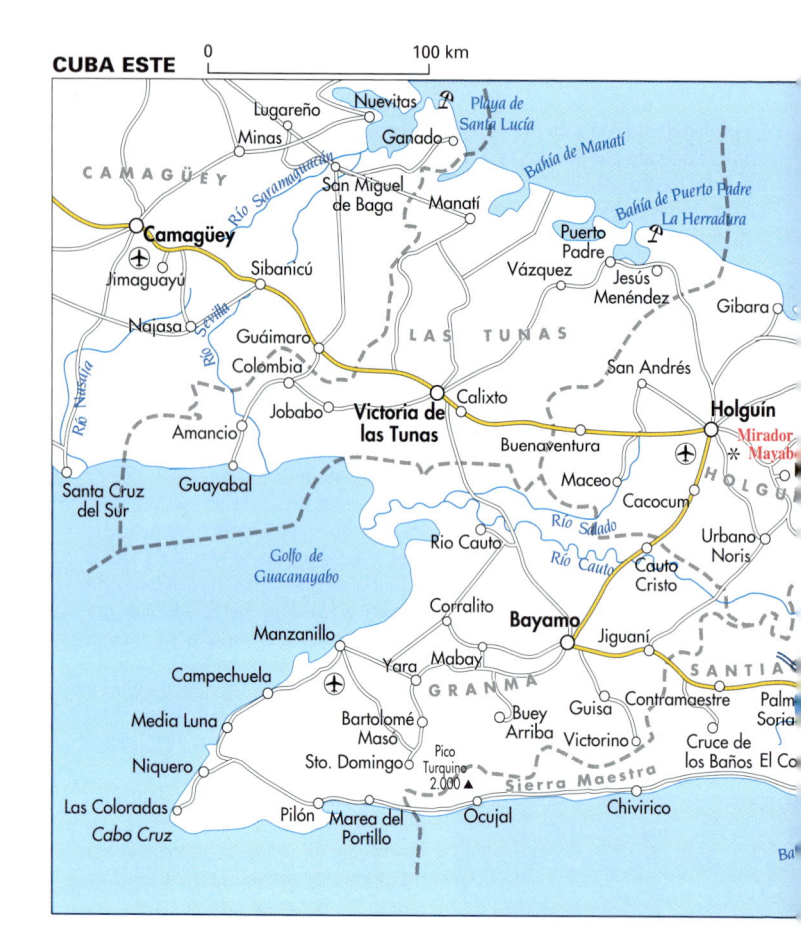

reunieron los independentistas mambises en enero de 1896 para decidir el incendio de la población.

Junto a la casa de Céspedes se ha instalado el **Museo Provincial de Granma** *(visita: de lunes a sábado de 8 h a 18 h , domingos de 10 h a 14 h)*, donde se realiza un repaso de los objetos arqueológicos y de los hechos más destacados de la historia de Bayamo, haciendo hincapié en la época colonial, en el modo de vida de los esclavos, y en la guerra de 1868. Es interesarte fijarse en el escrito original y la partitura del himno nacional. Cuenta además con una sala de ciencias naturales y numerosos objetos de arte, como vajillas y bordados. Por último, y con fines doctrinarios, se hace un repaso a las luchas revolucionarias y a los héroes cubanos.

La **plaza principal** está dedicada al *Himno Nacional* –conocido como *La Bayamesa*–, compuesto por Perucho Figueredo. No obstante, hay otra canción homónima en honor a la bella Luz Vázquez –estrenada por su compositor, Sindo Garay, el 27 de marzo de 1859 al cantarla frente a su ventana– que se ha convertido también en un símbolo de la cubanidad. La ventana se conserva como estaba y se visita como monumento histórico.

La **calle principal*** es la dedicada al General García, héroe de la independencia cubana, es quizás la más típica y provinciana de la isla: curiosos comercios en los que se venden jaulas, pájaros, peces de colores, etc., talleres de costura con máquinas de coser del siglo XIX, restaurantes, pensiones y una tienda –*Chopping*– cuya cola da la vuelta a la manzana.

La calle bulle de vendedores ambulantes que con sus pregones ofrecen churros, majaretes, refrescos, buñuelos y un sinfín de chucherías. El establecimiento más sorprendente es una librería que tiene el curioso nombre de *Espejo de Paciencia*.

Paseando por las calles centrales, seguramente, se verá algún gimnasio donde se practica el deporte provincial, la esgrima. Algunos campeones internacionales han salido de aquí. Es una delicia ver a muchachos y muchachas de todos los colores, armados de rudimentarias espadas de madera, practicando con apostura gallarda este deporte.

MANZANILLO

Es la segunda ciudad de la provincia, con casi 130.000 habitantes. Está situada al sur, en el golfo de Guacanayabo y es, según los manzanilleros, la patria chica del primer rebelde de Cuba, el cacique Hatuey, que se sublevó contra los españoles en 1512. Tiene el primer puerto de Oriente después del de Santiago de Cuba. Los lugares más animados son la glorieta del parque Céspedes y el parque Masó. Desde el punto de vista musical, destaca una de las orquesta más tradicionales de la isla, la "Original de Manzanillo", un clásico del que merece la pena traerse algún disco.

La hacienda **La Demajagua** *(todos los días de 8 h a 18 h)* se halla en las proximidades de Manzanillo, en el municipio de Yara, y es el lugar donde Carlos Manuel de Céspedes liberó a sus esclavos e inició la lucha de independencia contra los españoles el 10 de octubre de 1868. Al grito de "¡Viva Cuba libre!", el precursor de la nación llamó a sus esclavos a golpe de campana y los liberó formando con ellos el primer ejército mambí.

Playas y cayos

Playa Las Coloradas. Desde Niquero habrá unos 18 km hasta la playa de Las Coloradas (perfectamente indicada), donde llegaron a nado el 2 de diciembre de 1956 Castro, el Che y sus 81 compañeros, después de que el yate *Granma* embarrancara en una costa dominada por el cieno y el mangle. Como guinda a ese azaroso viaje que les traía de México en una embarcación para 20 personas, el ejército gubernamental dio buena cuenta de los guerrilleros, de los que apenas quedó una docena, que buscó refugio en Sierra Maestra. Hoy, un monumento recuerda esa peripecia histórica y aún se preserva el sendero por el que avanzaron los guerrilleros.

De nuevo en camino, 12 km, más adelante, daremos con la **reserva arqueológica El Guafe**, donde las entrañas de varias cuevas exhiben los restos de viviendas y pretroglifos precolombinos, entre los que destaca un ídolo del agua grabado en una estalagmita. Un sendero interpretativo se adentra en la naturaleza circundante. La carretera llega hasta el pueblo Cabo Cruz, donde gira a la derecha para seguir junto a la costa durante 1 km y concluir en el **Cabo Cruz,** que forma el extremo suroeste de la provincia. Allí se alza el viejo **faro de Santa Cruz,** con sus 32 m de altura y construido en 1871, que de continuo sobrevuelan cientos de gaviotas.

Parque Nacional Desembarco del Granma y Escaleras de los Gigantes. Volviendo de nuevo al pueblo de Cabo Cruz, los amantes del senderismo pueden seguir la costa (en sentido contrario al que nos llevó al cabo) para alcanzar la **Punta del Inglés,** el punto más meridional de Cuba. El paseo comprende en total 6 km fascinantes, al adentrarse entre las estribaciones montañosas que forman el Parque Nacional Desembarco del Granma y las Escaleras de los Gigantes, un impresionante sistema de terrazas marinas que se elevan desde el mar hasta 200 m, dando a la costa un aspecto abancalado. Por este valor natural, el Parque Nacional fue distinguido por la UNESCO en 1999 como Sitio Natural de la Humanidad. Este escalonamiento concluye en una planicie sembrada de oquedades y largos laberintos subterráneos entre los que destaca la **Cueva de Fustete,** con restos de pictografías precolombinas, y el **Hoyo de Morlotte,** con una amplia boca y una caída vertical de unos 80 m. Tanto para estos últimos, como para disfrutar de los senderos que se adentran en el parque, es necesario contar con la ayuda de guías.

Marea del Portillo. Saliendo de Manzanillo hacia el este, en dirección a Niquero por una carretera no muy recomendable para viajar de noche, se encuentra situado este centro turístico, uno de los más bellos y menos conocidos, salvo por los canadienses que lo han convertido casi en un centro exclusivo.

Situada en la costa suroriental de la provincia cerca del pueblo de Pilón, en las faldas de Sierra Maestra, se trata de una bahía muy cerrada y poco profunda, con pequeños cayos y fondos coralinos, un auténtico paraíso donde disfrutar de lujo y sol por poco precio.

PARAJES NATURALES

Parque Nacional Sierra Maestra
Desde el aeródromo de Pilón, si se cubre un mínimo de pasajeros de nueve plazas, se puede hacer una excursión al archipiélago de los **Jardines de la Reina*** [ver pág. 88], una serie de arrecifes de coral que surgen paralelos a la costa caribeña de Cuba, pertenecientes a Camagüey y Cielo de Ávila. Es una reserva marina natural de extraordinaria belleza a la que aún no ha llegado el turismo.

Posteriormente se llega a **Cayo Guamá,** en el que solo hay un pequeño chiringuito con cervezas y comida para recuperar el

---

RECOMENDACIONES

El Parque Nacional Turquino es una zona fuertemente custodiada por el ejército. Para no arriesgarse, lo mejor es apuntarse a un viaje organizado en el buró de turismo de hoteles como el Sierra Maestra, Farallón del Caribe y Marea del Portillo.
En Bayamo, se organizan escapadas en vehículos todoterreno y varias excursiones. Desde caminatas de unas horas por los alrededores de Santo Domingo hasta la que culmina en el Pico Turquino, siempre con guías experimentados. En la Villa Santo Domingo se puede conseguir un guía, condición obligatoria para adentrarse por los senderos. También hay taxis para poder acercarse, pero en cualquier caso se necesita un todoterreno para los últimos y más impresionantes kilómetros.

resuello después de bucear en los increíbles fondos marinos de la zona. No es necesario ni siquiera bajar con botellas y equipo, basta con unas gafas, aletas y respiradero para quedarse perplejo. Para mayor información, el buró de turismo del hotel *Farallón del Caribe*.

Por un camino de cabras, siguiendo la costa, se puede llegar a Ocujal de Turquino, en la provincia de Santiago. El camino es de tierra e incluso hay que vadear varios ríos, pero en el período seco y con algún lugareño se puede pasar hasta dicha localidad y desde allí hasta Santiago.

Santo Domingo (a dos horas de camino desde Bayamo), donde el hotel homónimo, puede utilizarse como campamento base para las excursiones por el **Parque Nacional Turquino.** La caminata más sencilla es un paseo de 5 km al mirador de los **Altos del Naranjo,** desde donde parten dos senderos. El primero, el más histórico, con 3 km hasta La Plata, la antigua Comandancia General del Ejército Rebelde, donde Fidel y sus seguidores tuvieron su campamento base. Hoy, un pequeño museo recuerda aquel episodio guerrillero. El segundo sendero es la aventura por antonomasia: alcanzar **pico Turquino,** que con sus 1.974 m de altura es el más alto de toda Cuba. Fue escalado por primera vez por los suecos Erik Leonard Ekman y Johann Nystrom, acompañados por Regino Verdecía y Joaquín Rodríguez. La excursión, de unos 15 km, discurre por una selva exuberante, con un rocío que resbala por las brillantes y anchas hojas en las que se busca refugio tras las cálida y brusca lluvia. En total serán dos días de caminata entre cafetales, pinos y orquídeas, haciendo noche en un refugio bajo las neblinas que rodean la cercana cima, desde la que en contadas ocasiones se puede ver el extraordinario panorama de la sierra y el mar. La cúspide está rematada por un busto de José Martí, llevado hasta allá en el centenario de su nacimiento, en 1953, por la revolucionaria Celia Sánchez.

Cabe la posibilidad de endurecer la jornada variando el itinerario de regreso, al efectuar el descenso (9 km) por la ladera sur en dirección a la costa, para llegar hasta la aldea de Las Cuevas, en la costa oeste de la provincia de Santiago.

Dos vistas del Parque Nacional Sierra Maestra.

GUANTÁNAMO

Con una extensión de 6.184 km^2 y más de 500.000 habitantes, es la más oriental de las provincias cubanas, con el Atlántico al norte, el Caribe al sur y el estrecho o Paso de los Vientos, que separa Cuba de Haití por solo 77 km, al este.

Guantánamo es la provincia de relieve más montañoso de la isla y en ella se distinguen cuatro regiones diferentes: Sagua-Baracoa, Sierra Maestra (entre ambas ocupan el 75 por ciento del territorio con el Pico Cristal de 1.231 m de altitud), cuenca de Guantánamo, Sierra Maestra y Valle Central.

La bahía de Guantánamo es por su extensión la tercera del mundo –con una anchura de 3.072 m desde la entrada al extremo norte– después de la del Hudson en Canadá y la ya citada de Nipe en la provincia cubana de Holguín. En ella está enclavada, desde el 16 de febrero de 1903, la base militar norteamericana de Guantánamo en virtud de la llamada "Enmienda Platt" (véase *Cuba a vista de pájaro*) y hoy día en virtud de la fuerza. A ambos lados de la bahía se hallan los puertos de Caimanera y Boquerón.

En esta provincia se encuentran: la zona más seca de Cuba, en la costa sur de Maisí, en el extremo oriental; la más húmeda, en el macizo montañoso de Sagua-Baracoa, regada por los ríos Toa, Duaba, Miel y Yumurí, que desembocan en el Atlántico; y también la que experimenta el proceso más acelerado de salinización del suelo, en el valle de Guantánamo.

También se localizan en esta provincia las mayores áreas forestales de toda la isla, como en la reserva de Cuchillas del Toa, donde sobreviven más de cien especies autóctonas, además de ser el último reducto de, entre otros, el carpintero real, el gavilán o el murciélago mariposa.

La economía provincial se basa en la producción de café, cacao (hay que probar el delicioso dulce de cocoa), algodón y plátanos, además de maderas finas y sal, de la que es la primera productora del país y posee las mayores salinas de Cuba. La industria posee plantas de fundición de hierro maleable y un complejo alimentario.

LA CIUDAD DE GUANTÁNAMO

La capital de la provincia es la ciudad de Guantánamo, situada al sur, en el interior, cerca de la bahía y del lugar donde estuvo la ciudad de Cumberland, fundada por los ingleses en el año 1741, de corta duración en la historia de la isla. La ciudad no tiene gran interés turístico aunque es mundialmente conocida por la canción *Guantanamera* de Joseíto Fernández, quien la compuso en los años treinta.

La ciudad adquirió importancia y comenzó a desarrollarse a principios del

GUANTÁNAMO

siglo XIX, cuando se pobló de emigrantes franco-haitianos que huían de la revolución de Haití. De esa época se conservan algunas casas coloniales en el centro de la ciudad y los cultivos de café, algodón y cacao.

Guantánamo es también conocida por su base militar estadounidense. El paso a la base está totalmente prohibido, pero se puede llegar hasta el mirador de la Altura de Malones, desde donde se ven las instalaciones militares. Se puede contratar una excursión desde cualquier hotel del mirador de Malones.

En las proximidades, en la carretera de Puerto Boquerón a Yaretas, dentro de la bahía, se puede visitar un curioso **zoológico de animales de piedra,** esculpidos por el artista Ángel Íñigo, campesino y escultor aficionado que ha representado hasta animales que nunca han existido en Cuba.

En la actualidad, Guantánamo presenta un cierto aspecto moderno, con bloques de viviendas y jardines, fundamentalmente habitados por militares cubanos acantonados en las proximidades de la base militar norteamericana.

Columnas y soportales embellecen las calles de Guantánamo.

RUTA A BARACOA

Saliendo de Guantánamo por la carretera de la bahía, hay un primer tramo de la misma cercano a la base estadounidense en el que el coche no se puede estacionar, pues todo el área está controlada. Una vez rebasado este primer tramo, se llega a la costa a través de una zona de llanura casi desértica por la que la carretera transcurre entre el mar y una serie de farallones marinos de terrazas ganadas al mar.

La zona es rocosa aunque se van sucediendo pequeñas playas de aguas cálidas y transparentes, donde se entrevén los arrecifes de coral, como la de **Yateritas, Tortuguilla, San Antonio** e **Imías.** Unos kilómetros más adelante se halla **Cajobabo,** lugar histórico por ser donde desembarcaron Máximo Gómez y José Martí para luchar contra el colonialismo español en 1895; hay un monumento conmemorativo.

Prosiguiendo por la misma ruta de la costa, se llega a **Punta Maisí,** el extremo más oriental de toda la isla, donde la naturaleza se conserva prácticamente virgen y los paisajes de bosques de pluvisilva con helechos arborescentes son impresionantes. Una segunda posibilidad es seguir el "Viaducto de la Farola" hasta Baracoa, final del trayecto. La ciudad, casi escondida en el fondo de la bahía, en la desembocadura del río Macaguanigua, estuvo siempre aislada por tierra y solo era accesible por mar hasta que hace unas décadas se construyó este impresionante viaducto de 30 km que la comunica con Guantánamo y el resto del país. La construción del viaducto es una gran obra de ingeniería, pues en la mayoría del trayecto la carretera ha sido ganada a la ladera con columnas o vidas voladas sobre el acantilado; las grandes curvas y lo empinado de muchos tramos hacen que pueda ser peligrosa, sobre todo, con el firme mojado, lo cual es lo habitual dada la fuerte pluviosidad de la zona. El paisaje va cambiando a medida que se asciende: de la aridez de la costa se llega la zona más húmeda de la provincia, para volver a los fértiles valles situados junto a la ciudad.

BARACOA*

En esta ciudad tuvo lugar el 27 de noviembre de 1492 uno de los primeros desembarcos de los descubridores en la isla. El Almirante Cristóbal Colón divisó en la lontananza una montaña cuadrada –que aparece descrita en su diario; conocida como el *Yunque de Baracoa*– y desembarcó en la cercana bahía de Porto Santo (nombre con el que denominó el lugar) llevando consigo la Cruz de la Parra. También se produjo en ella el primer asentamiento de los españoles en Cuba. La ciudad fue fundada por Diego Velázquez el 4 de di-

Dos ejemplos de arquitectura religiosa en la provincia: Catedral de Baracoa (izquierda) e iglesia de Santa Catalina en la ciudad de Guantánamo (derecha).

ciembre de 1512 con el nombre de Nuestra Señora de la Asunción de Baracoa y fue la capital de la isla hasta 1515, en que pasó a serlo Santiago. Es la primera de las "Siete Villas" de Diego Velázquez, y tras la pérdida de la capitalidad, pasó a un segundo plano, como demuestra una estadística de 1533: "Vecinos, 13; españoles a soldada, 25; indios en repartimiento, 212, contando niños y mujeres; negros 4". Hoy cuenta con más de 80.000 habitantes.

La frecuencia de los ataques de los piratas, que llegaron a conquistarla en varias ocasiones, tuvo como consecuencia que se construyeran en el siglo XVIII varias fortificaciones, haciendo de Baracoa la segunda ciudad mejor protegida de Cuba, después de La Habana. Hoy día las fortalezas han pasado a mejor uso, así el fuerte Matachín, construido en 1762, es sede del **Museo Municipal★** *(visita, excepto los 1 lunes, de 8 h a 12 h y de 14 h a 18 h);* en él se puede localizar al historiador de la ciudad, un personaje con el que merece la pena tener una charla; el **castillo de Seboruco** de 1741, transformado en hotel, ofrece la mejor panorámica de **El Yunque** (Monumento Nacional) y la bahía, un auténtico puerto natural, y el **castillo de La Punta,** que data de 1803, alberga un restaurante criollo.

Por la dificultad del acceso a la ciudad, que tenía que ser obligatoriamente por mar, Baracoa permaneció durante siglos encerrada en sí misma, lo que la ha mantenido en muchos aspectos detenida en el tiempo, así los únicos descendientes directos de aborígenes en Cuba pueden localizarse allí, y la naturaleza está intacta en su mayor parte.

Baracoa significa en taíno "presencia de agua" y esta es constante en todo el territorio: el Toa (el río más caudaloso de Cuba), el Miel, que tiene color ambarino; el Yumurí, que forma en su desembocadura un profundo cañón y donde aparecen unos caracolillos de color amarillo y rojo llamados polymitas, que son de los caracoles terrestres más bellos del mundo; el río Duaba y un largo etcétera. Todavía quedan en la ciudad edificios que datan del siglo XVI engarzadas en un laberinto de estrechas calles que desembocan de vez en cuando en recoletas placitas de inspiración colonial. Merece destacarse la **Catedral★,** que fue construida en el siglo XIX sobre el lugar que ocupaba la primera iglesia parroquial y que guarda la *Cruz de la Parra,* la primera cruz traída por Colón al Nuevo Mundo, que se conserva encastrada en latón plateado para evitar que se continúen arrancando astillas como recuerdo. Resulta interesante pasear por el **malecón,** que está considerado el tercero más largo de Cuba, y se extiende por el litoral de la ciudad. En uno de los jardines se alza el **monumento al Indio Hatuey,** quien levanta amenazador su hacha de piedra.

Como en casi todas las ciudades de Cuba, por las tardes y las noches es una delicia acudir a la **Casa de la Trova** a escuchar a los músicos mientras cantan sus sones y letras cargadas de poesía. En Baracoa aún se pueden oír el *nengón* y el *kiribá,* dos formas guajiras muy primitivas. En las paredes de la Casa de la Trova se lee el poema de Sindo Garay, *La Baracoesa:*

"*La cacique más pura
que le queda a mi Cuba
la de las verdes montañas
de Baracoa
lleva en su sangre
la eterna pureza*".

▌ALREDEDORES

Yunque de Baracoa★. Formación rocosa de 575 m de alto que Colón describió como: "montaña alta y cuadrada que parece isla", y hoy es Monumento Nacional. Su ascensión no es fácil, pero merece la pena.

Punta Maisí. Hacia el este y hasta llegar a la punta más oriental de la isla se sucede una serie de **playas** vírgenes de arenas grises, valles fluviales y terrazas marinas. Destacan la de **Maguana★** y la de **Yumurí★,** por sus caracoles de colores *(Polymita Picta),* un lugar ideal para pasar la tarde y bastante accesible después de restaurado el puente. Hacia el norte se encuentra la playa de **Duaba** y la desembocadura del Toa, el río más caudaloso de Cuba, en el que es posible navegar en bote, canoa, kayak, y practicar la pesca deportiva.

Continuando por esta ruta se llega a la población de **Moa**. La carretera tiene tramos sin asfalto y se necesita un todoterreno si no se quiere quedar embarrancado; no obstante, es una zona muy fértil y digna de ser recorrida si se quiere tener una visión de la Cuba rural, con los bohíos y los guajiros transportando sus mercancías.

SANTIAGO DE CUBA**

Es la provincia más relevante de la región oriental. Situada en el extremo suroriental de la isla, es la segunda más poblada del país, con más de un millón de habitantes distribuidos en 6.235 km². La Sierra Maestra la atraviesa de este a oeste, y su máxima altura, el Pico Real de Turquino (1.974 m), es el más alto de Cuba. La parte norte es más llana y está ocupada por el valle del río Cauto, el más largo del país (343 km).

Su principal riqueza es la caña de azúcar, aunque presenta un desarrollo económico muy diversificado: cría de chivos y ovejas, ganado vacuno y caballos; cultivos de café, tabaco, cítricos y frutas en el valle del Caney, entre las que son famosas los mangos de bizcochelo. En cuanto a la industria, posee la mayor fábrica textil de América Latina, con capacidad para producir 80 millones de m² de tejido de algodón y poliéster, y una plantilla que supera las 5.000 personas. La fabricación de calzado, cemento, industrias químicas y refinería de petróleo, fábricas de cerveza y ron y diversas instalaciones para la transformación de productos agropecuarios, conforman su producción industrial. Hay que destacar sus minas de cobre, hierro y manganeso.

En su población hay un alto porcentaje de descendientes de los emigrantes franco-haitianos que llegaron a la isla –Cuba solo dista 77 km de Haití– tras la revolución de los esclavos a finales del siglo XVIII y principios del siglo XIX, época en la que obtuvieron la independencia de Francia.

De Santiago de Cuba se puede decir con respecto a Cuba, lo que de Salvador de Bahía y Cartagena de Indias con respecto a Brasil y Colombia; esta ciudad es el compendio de lo más auténtico y de los mayores tópicos cubanos: ritmos, bailes, música, carnaval, hospitalidad, negritud, humor, café, mambises, y un larguísimo etcétera que nos hará disfrutar quizás más que en otros lugares de la isla.

Plaza Parque de Céspedes en Santiago, con el edificio del Ayuntamiento al frente

LA CIUDAD DE SANTIAGO DE CUBA**

Historia

Con más de 500.000 habitantes, es la segunda ciudad de la isla, después de La Habana, y durante los primeros cuarenta años fue la capital de la colonia. En origen, fue fundada en 1514 en la desembocadura del río Paradas, trasladándose un año después a su emplazamiento actual, más al este, a consecuencia de la abundancia de los mosquitos y de los problemas de insalubridad. Quedó situada entonces a 25 m sobre el nivel del mar. El 25 de julio, festividad de Santiago Apóstol, se considera la fecha de fundación de la ciudad.

Fue la última de las siete villas establecidas por Diego Velázquez, quien se trajo de Baracoa a varios de sus amigos y parientes, como Gonzalo de Guzmán, Hernán Cortés, Pánfilo de Narváez, Amador de Lara, Bernardino Velázquez y otros, que iniciaron desde Santiago la colonización de la isla, y los viajes expedicionarios para el descubrimiento, conquista y colonización de muchos lugares del continente americano.

La ciudad está situada en una bahía de 9 km de longitud, sobre terrazas marinas, con la protección a su espalda de Sierra Maestra.

Su primer Ayuntamiento, el primero también de América, se constituyó en 1516, y Hernán Cortés fue designado su primer alcalde, aunque solo ejerció su cargo dos años, ya que en noviembre de 1518 partiría del puerto santiaguero para conquistar México con diez buques, 400 hombres y 16 caballos.

La bahía de Santiago es también la puerta por la que entró en Cuba el primer contingente importante de esclavos negros africanos: unos 300 traídos desde Haití en 1521 –aunque Fray Bartolomé de las Casas, que residía en esa época en Cuba, sea contrario a esta afirmación–.

Carlos I concedió a Santiago la categoría de ciudad en 1522. En ese mismo año se erigió la primitiva Catedral, sede del Obispado desde entonces. De este período data el primer fortín, situado en el llamado Mirador de Velázquez, desde el que hoy día se contempla una bella vista del puerto y la bahía.

Dos años después, su fundador Diego Velázquez murió en la casa que ocupaba, en la calle de San Fernando, esquina a Heredia; fue enterrado en la Catedral.

En 1544 se comenzó la explotación a cielo abierto de unas minas de cobre en el poblado de Santiago del Prado, hoy llamado popularmente El Cobre, donde se ubica la basílica de Nuestra Señora del Cobre, patrona de Cuba. En estas minas, a causa de la crueldad y la dureza de los trabajos, se produjeron varias y violentas rebeliones de esclavos, que fueron duramente reprimidas con gran derramamiento de sangre, aunque muchos esclavos consiguieron escapar, refugiándose en las sierras de Sagua-Baracoa y Sierra Maestra, y fundando poblados de cimarrones en lugares aislados y, por tanto, seguros.

Durante años, la ciudad fue frecuentemente atacada por corsarios y piratas que llegaron casi a destruirla, como ocurrió a mediados del siglo XVI con el saqueo, incendio y gran destrucción que ocasionó el pirata francés Jacques de Sores. También la ciudad fue víctima de terremotos y huracanes, ya que Santiago es muy propicia a estos fenómenos de la Naturaleza por encontrarse en la zona de influencia de los ciclones atlánticos y sobre el desnivel que forman el monte Turquino en Sierra Maestra y la fosa de Bartlett. Además de

La música y la fiesta del Carnaval: señas de identidad en Santiago de Cuba.

ello, el traslado de la capitalidad a La Habana, provocó que la ciudad quedase prácticamente despoblada y que sus moradores huyeran hacia la ciudad interior de Bayamo, mucho más protegida de piratas y corsarios y comunicada con el mar por el río, a través del cual se comerciaba con más seguridad. Un ejemplo de este período es el hecho de que en 1612 la ciudad no contaba con ningún médico, sirviendo como tal la curandera Mariana Nava, a la que se prohibió salir de la ciudad.

El gobernador de la ciudad Don Pedro de la Roca y Borges comenzó en 1640 la construcción del castillo de San Pedro de la Roca –más conocido como el Morro–, situado en el estrecho entrante de la bahía, sobre una impresionante roca desde la que se domina a cualquiera que pretenda entrar en la misma. A pesar de esto en 1662, una flota de 18 buques de la Armada Inglesa atacó el Morro destruyéndolo; posteriormente, el pirata Henry Morgan arrasó la ciudad, incendiando la Catedral y robando sus campanas. Tras este incidente, se construyeron las baterías de La Punta, la Estrella y Santa Catalina, que proporcionaron una mayor seguridad a la ciudad, lo que permitió el regreso de la población y la reanudación del comercio con La Española.

A partir del siglo XVIII, la ciudad se conformó como asentamiento para vivir y no solo defensivo; así, se acatan las Leyes de Indias sobre urbanismo, con la construcción de calles en retícula, empedradas, parques públicos y plazas, aunque la propia orografía del terreno le da un aspecto particular, con callejas y callejones que no existen en otras ciudades coloniales. Esta estructura, a pesar del paso del tiempo, se conserva casi intacta en la zona histórica. Se trata de calles perpendiculares y paralelas que descienden hacia el puerto, entre las que se van intercalando de arriba a abajo la plaza de Marte, La Dolores, la de Armas, la del Mercado y finalmente la Alameda frente al propio puerto.

La citada revolución de los esclavos en la vecina isla de Haití y la llegada masiva de colonizadores franceses a Cuba, en muchos casos acompañados de sus esclavos y servidores, dio un fuerte impulso a la economía de la zona, debido a la subida internacional del precio del azúcar, y a la introducción de los cultivos del café y el cacao. Su influencia no solo se dejó notar en la economía, en esta ciudad provinciana y olvidada aquella remesa de adinerados y refinados franceses dejó una gran influencia cultural; sus costumbres más cosmopolitas pronto comenzaron a cambiar las de los santiagueros. La colonia francesa creó la zona recreativa de Tivolí, a la que se le llamaba el "templo del placer en la tierra", con cafés-conciertos, teatros y casas de *mademoiselles* que alegraron la vida nocturna de la época; la calle de El Gallo se convirtió en el centro de la elegancia de la isla, poblándose de sastrerías y casas de modas con modelos recién llegados de París.

Durante la invasión napoleónica en España, ante las amenazas de las autoridades coloniales, muchos de estos franceses se nacionalizaron, afincándose definitivamente en la isla tanto ellos como su servidumbre de color; algunos prefirieron mantener su nacionalidad y fueron expulsados de la isla, malvendiendo sus propiedades a criollos, que sin experiencia en ese tipo de cultivos, los dejaron perder. Sus pequeñas haciendas cafeteras en las montañas de Santiago y Baracoa, con sus deliciosos bohíos multicolores, son una referencia en el paisaje oriental.

Durante el siglo XIX, Santiago se convirtió en la zona del país con mayor fuerza liberal y librepensadora, quizás por la influencia enciclopedista que ejercieron los franceses. Dice mucho del carácter de los santiagueros que la Constitución Española de 1812 fuera puesta en vigor en la ciudad por el gobernador Manuel Lorenzo, en contra de la opinión del conservador Gobernador General de Cuba, el aborrecido Miguel Tacón.

Santiago es la cuna del primer poeta romántico de América, José-María Heredia y Heredia (1803), al que la ciudad le ha dedicado no solo su calle más importante, sino también el principal teatro de la ciudad. Las luchas contra la metrópoli se desencadenaron fundamentalmente en estas tierras montañosas, más propicias para una guerra de guerrillas, difícilmente defendibles, dada su gran distancia de La Habana, capital y centro militar más importante. A partir de 1868, la efervescencia independentista progresó en Santiago no solo hasta provocar la caída de los españoles, sino aún más allá, con la

SANTIAGO DE CUBA

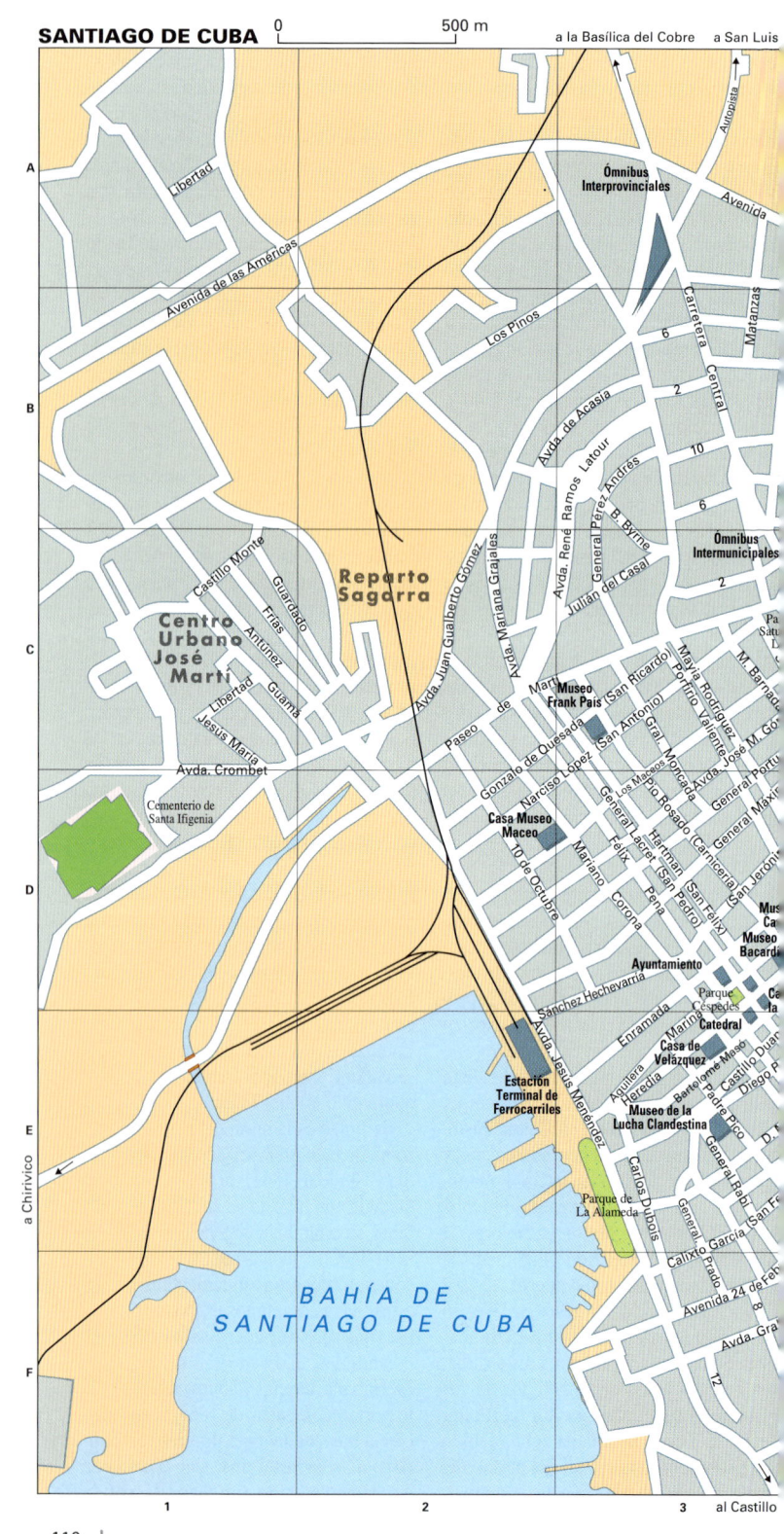

0 — 500 m

a la Basílica del Cobre — a San Luis

- Libertad
- Ómnibus Interprovinciales
- Avenida
- Avenida de las Américas
- Los Pinos
- Carretera Central
- Matanzas
- Avda. de Acasia
- Avda. René Ramos Latour
- General Pérez Andrés
- B. Byrne
- Ómnibus Intermunicipales
- Castillo Monte
- Guardado
- Frías
- Antúnez
- Centro Urbano José Martí
- Reparto Sagarra
- Julián del Casal
- Libertad
- Guama
- Jesús María
- Avda. Juan Gualberto Gómez
- Avda. Mariana Grajales
- Martí
- Museo Frank País
- Mayía Rodríguez
- Porfirio Valiente
- M. Barnada
- Avda. Crombet
- Paseo de
- Gonzalo de Quesada
- (San Antonio)
- Gral. Moncada
- Avda. José M. Gó...
- General Porti...
- Cementerio de Santa Ifigenia
- Narciso López
- Los Maceos
- Casa Museo Maceo
- General Rosado (Carnicería)
- General Maxi...
- Hartman (San Félix)
- 10 de Octubre
- Mariano Corona
- Félix Peña
- General Lacret (San Pedro)
- General Jerón...
- Mus... Ca...
- Museo Bacardí
- Ayuntamiento
- Sánchez Hechevarría
- Parque Céspedes
- Ca... la...
- Enramada
- Marín
- Catedral
- Casa de Velázquez
- Avda. Jesús Menéndez
- Aguilera
- Heredia
- Bartolomé Masó
- Padre Pico
- Castillo Duan...
- Diego P...
- Estación Terminal de Ferrocarriles
- Museo de la Lucha Clandestina
- General Rab...
- a Chirivico
- Carlos Dubois
- Parque de La Alameda
- General Prado
- Calixto García
- San Fe...
- D...
- Avenida 24 de Feb...
- Avda. Gra...
- Avda...
- 12

BAHÍA DE SANTIAGO DE CUBA

al Castillo

Map: Santiago de Cuba

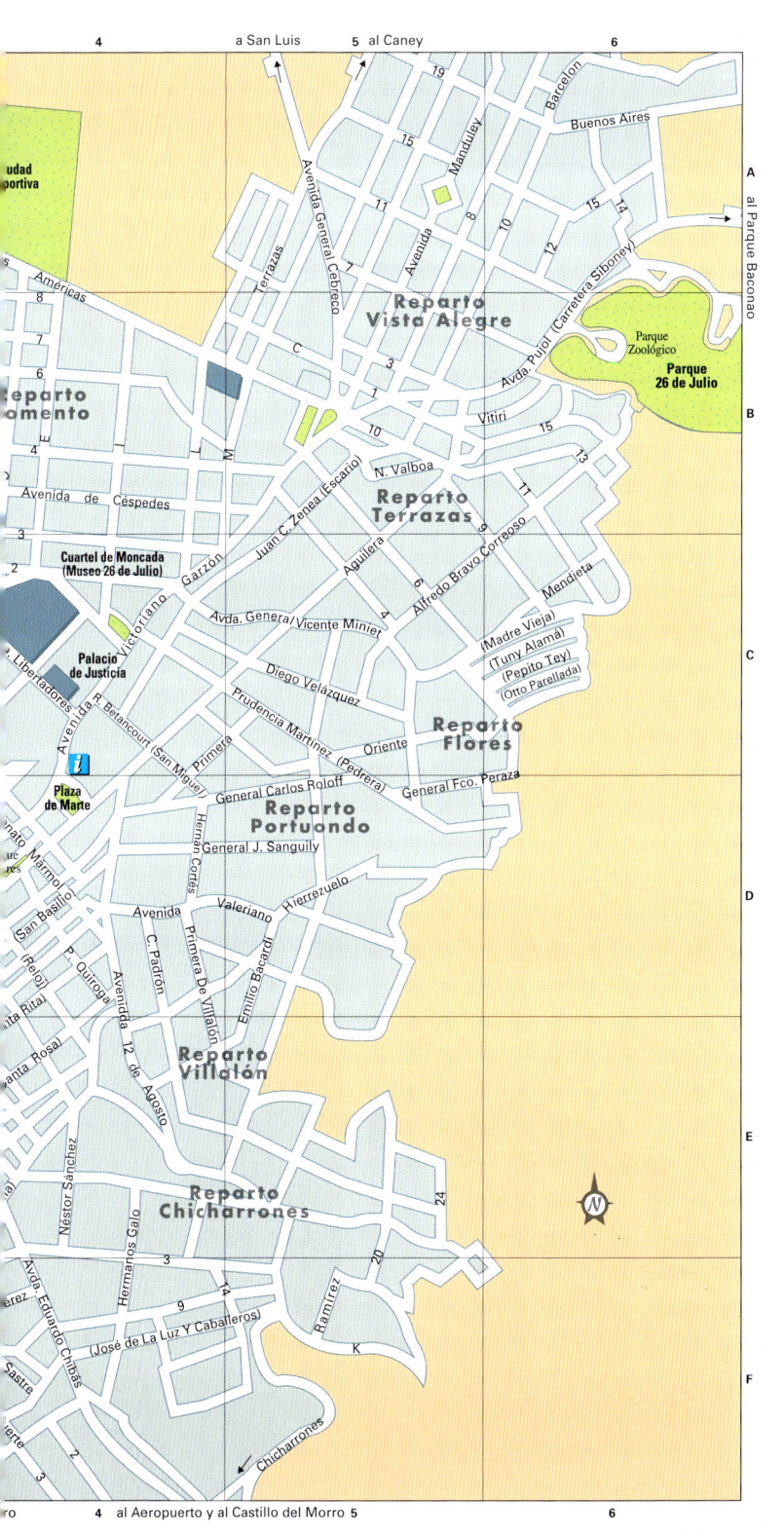

a San Luis — **al Caney** — **al Parque Baconao**

Streets and Landmarks

- Buenos Aires
- Barcelon
- Manduley
- Avenida General Cebreco
- Terrazas
- Américas
- Avenida Pujol (Carretera Siboney)
- Parque Zoológico
- **Parque 26 de Julio**
- Vitiri
- N. Valboa
- Juan C. Zenea (Escario)
- Garzón
- Aguilera
- Alfredo Bravo Corroso
- Mendieta
- (Madre Vieja)
- (Tuny Alamá)
- (Pepito Tey)
- (Otto Parellada)
- **Cuartel de Moncada (Museo 26 de Julio)**
- Victoriano
- Avda. General Vicente Miniet
- **Palacio de Justicia**
- Libertadores
- R. Betancourt (San Miguel)
- Diego Velázquez
- Prudencia Martínez (Pedrera)
- Oriente
- General Fco. Peraza
- **Plaza de Marte**
- Primera
- General Carlos Roloff
- Hernán Cortés
- General J. Sanguily
- Marmol
- San Basilio
- Avenida
- Valeriano
- Hierrezuelo
- (Reloj)
- C. Padrón
- P. Quiroga
- Primera De Villalón
- Emilio Bacardí
- (Santa Rita)
- (Santa Rosa)
- Avenida 12 de Agosto
- Néstor Sánchez
- Hermanos Galo
- Ramírez
- Avda. Eduardo Chibás
- (José de La Luz Y Caballeros)
- Sastre
- Chicharrones

Repartos

- **Reparto Vista Alegre**
- **Reparto Terrazas**
- **Reparto Flores**
- **Reparto Portuondo**
- **Reparto Villalón**
- **Reparto Chicharrones**
- Reparto Fomento

al Aeropuerto y al Castillo del Morro

111

resistencia pasiva contra los estadounidenses y prolongándose hasta el triunfo de la Revolución, que constituyó la auténtica independencia de la isla al salir por fin de la tutoría de los Estados Unidos.

Santiago es la cuna de Maceo y la tumba de Martí, los dos héroes de la independencia más importantes: Maceo, el general mulato más querido, llamado popularmente *el Titán*, y Martí, el poeta e intelectual de la independencia, llamado *el Apóstol*. La decisiva lucha de la loma de San Juan y el último combate naval entre la pobre Armada Española y la poderosa armada estadounidense acabaron con el Imperio Español en América. Los patriotas mambises, tras la rendición de los españoles, tuvieron que permanecer fuera de la ciudad, siendo usurpado su triunfo por los estadounidenses, que se declararon los reales vencedores, por lo que hasta 1903 no se pudo izar la bandera cubana.

Por supuesto, la ciudad fue escenario de hechos importantes de la guerra revolucionaria contra Batista, empezando por el asalto al Cuartel Moncada (que debe su nombre a un héroe de la guerra de la Independencia llamado Guillermo Moncada) el 26 de julio de 1953, llevado a cabo por un grupo guerrillero al mando de Fidel Castro. Esta fue la primera acción importante de su lucha revolucionaria. Otro de los personajes revolucionarios más queridos de la ciudad fue el luchador clandestino contra la dictadura de Batista Frank País, que fue ejecutado por la policía en el Callejón del Moro.

Todas estas acciones han supuesto para la ciudad la obtención del título de "Ciudad Héroe de la República de Cuba", concedido en 1984. Santiago, y en general Oriente, es la zona más fidelista del país, hecho fácilmente comprobable en cualquier conversación que se tenga con sus habitantes.

I VISITA

"Muy noble y muy leal" fue su primera distinción, después tuvo la divisa de "Rebelde ayer, heroica hoy, hospitalaria siempre". Como se ve, son dos conceptos distintos de Santiago de Cuba y entre los dos resumen el carácter antiguo y moderno de la ciudad. Porque visitar Santiago es partir de su fundación en el siglo XVI, de la que se conservan importantes vestigios, y terminar con los museos y lugares históricos de la Revolución. Sin embargo, a parte de estos interesantes atractivos turísticos, la ciudad de Santiago de Cuba tiene el encanto de una vieja ciudad de provincias, con antiguas casas pintadas de vivos colores, muchas veces ajados por el tiempo y la atmósfera caliente y salina que llega de la bahía, entre marinera y serrana, donde el uso constante de la madera en la construcción le imprime un carácter artesano y pintoresco.

Los santiagueros son gente abierta y alegre, son los sureños –aquí, orientales– que se comen las eses finales de las palabras en su hablar pausado y musical. Un alto porcentaje de raza negra le da carácter caribeño y tropical a sus calles y la música, sobre todo la música, es la permanente referencia de sus manifestaciones. Porque aquí, en Santiago nacieron el son, el danzón y el bolero. Es cuna de muchos de los grandes músicos de Cuba, y la trova, antigua y nueva, tiene en la ciudad múltiples centros y santuarios.

Calles Heredia* y **Enramada (E3).** Con este ambiente y en esta atmósfera, se puede pasear por las calles de Heredia y Enramada, alma y corazón de Santiago. Son el centro popular de la ciudad, sobre todo los sábados y domingos durante los que se hace música y fiesta al atardecer.

En la calle Heredia tienen lugar las "Noches Culturales", que empiezan con actuaciones para los niños, payasos, guiñol, teatro y terminan con verbena al ritmo del son. Hasta 1898, se llamó calle de la Catedral y fue la primera que se abrió en el viejo Santiago desde la Plaza de Armas (hoy Parque Céspedes). Después se le cambió el nombre en homenaje al poeta José Heredia, considerado como el precursor del romanticismo español y el más notable de esta escuela en la literatura hispanoamericana. Los interesados en conocer más cosas sobre la vida y obra (tanto literaria como independentista) de este poeta, pueden visitar el **Museo Casa Natal de Heredia** (D3; entre Hartman y Pío Rosado).

En las seis cuadras, o manzanas, que hay entre Calvario y Padre Pico, se aglutina el mayor número de atractivos históricos que ofrece la ciudad al paseante. Interesantes muestras de la arquitectura colonial, tanto de índole doméstica como pública, abarrotan esta calle. El color que muestran sus casas, en las que el estilo mudéjar andaluz se enseñorea de buena manera, la animación a cualquier hora del día o de la noche, los puestos de artesanía, los tendidos eléctricos que parecen ponerle dibujos al cielo, y la agitada vida cultural (especialmente la musical) compilan en esta estrecha calle casi todo el universo y espíritu santiaguero.

El **Museo del Carnaval** (D3), entre Pío Rosado y Calvario, es otro de los principales y más entretenidos de Santiago. También en esta calle se ubican la Casa de los

Tres lugares emblemáticos de Santiago: Soportales del Ayuntamiento, Catedral y escalinatas del Padre Pico.

Hermanos Tejada, el Archivo de Historia Municipal, la Casa del Jurista, la Casa de la UNEAC, la biblioteca provincial, la Casa del Estudiante y la **Casa de la Trova (D3)**, esta última mostrando un ejemplar único de balconada esquinera. En todos estos lugares, las tertulias, las representaciones culturales de toda índole y la música están presentes entre sus viejas paredes.

La calle Enramada, que dio título a un famoso son de Pedro Gómez, es la de los comercios, restaurantes callejeros, los libros, la venta de pájaros y jaulas, dulces criollos, perfumerías, lechón asado o, dicho en santiaguero "pielna e puelco", fruta, ropa, artesanía...

Parque Dolores (D4; oficialmente Parque Aguilera). Es una tranquila plazoleta donde se ubica la mayor concentración de restaurantes y terrazas de la ciudad, así como una de las más destacadas construcciones de la época colonial, la **Taberna de Dolores**, inaugurada en el siglo XVIII, y que sirvió de antigua residencia al gobernador colonial a principios del siglo XIX y al héroe independentista Francisco Vicente Aguilera, quien le dio nombre a la calle.

La **iglesia de Nuestra Señora de los Dolores**, del siglo XVIII, no destaca por su valor artístico sino porque tiene la mejor acústica de todo el país. Convertida en sala de conciertos, es actualmente la sede de la Orquesta Sinfónica de Oriente.

Calle del Pico (E3). También llamada, más ortodoxamente, del Padre Pico, es empinada y tiene una larga escalinata en su parte final. A través de ella se llega a un pintoresco barrio. Desde su altura se divisa el puerto con su abigarrado mundo de barcos, grúas y chimeneas. En el mismo se encuentra la antigua **casa de la Policía,** una de las construcciones más bellas de la ciudad; hoy día es el llamado **Museo de la Lucha Clandestina** (E3), con evocaciones y recuerdos de la época revolucionaria, entre los que destacan los de Frank País, justo en el lugar donde fue torturado por la policía de Batista.

En las cercanías de la parte baja de la escalinata, y subiendo la cuesta se halla el **balcón de Velázquez,** lugar donde se ubicaron las primeras fortificaciones de los españoles. Es un mirador desde el que se contemplan buenas vistas de la bahía. Los fines de semana se reune allí la *Peña del Tango,* como indica una placa en la entrada.

Plaza-Parque de Céspedes★ (D3). Es el centro de esparcimiento de niños y ancianos en la que durante las calurosas noches es fácil encontrarse con una orquesta de viejos músicos que tocan danzones, esa música genuinamente cubana, hija de las piezas de salón traídas por los franceses de Haití y amulatada por el ritmo cubano.

A un lado de la plaza se halla la **Catedral** (E3) –donde se puede visitar un **museo** religioso–, que fue construida ocho años después de la fundación de la ciudad, en 1522. Posteriormente, fue destruida por un terremoto, y más tarde incendiada por los piratas, y varias veces más destruida. El edificio que se contempla actualmente es una reconstrucción de 1932.

Casa del Adelantado (E3). En las cercanías de la Catedral se encuentra la Casa Grande o Casa del Adelantado y también **casa de Diego Velázquez,** que según parece es la casa más antigua de América Latina, tras la de Diego Colón en Santo Domingo.

Es una mansión de estilo plateresco, construida por Hernán Cortés poco antes de su partida hacia México, en la que las maderas finas de Sierra Maestra confieren al estilo del siglo XVI un carácter muy cubano. Pilares de maderas con más de cuatro siglos, hermosas celosías al estilo de las mansiones limeñas, combinan perfectamente el espíritu colonial español con el mundo tropical.

Fue casa de Diego Velázquez, quien habitó la primera planta mientras que la baja cumplía las funciones de Casa de Contratación, y en ella estuvo instalado el horno de fundir el oro, como puede verse en un hueco interior. Tras una moderna restauración se ha instalado en este edificio histórico el **Museo de Ambiente Histórico Cubano** (*Félix Pena, 612. Visita, de lunes a sábado, de 9 h a 17 h; domingos, de 9 h a 13 h),* una magnífica colección museística de muebles, porcelanas y otros elementos decorativos de la época colonial. La mayor parte de los fondos del museo se encuentran en una casa del siglo XVIII adosada a la original, que le ha servido de ampliación.

Al norte de la plaza de Céspedes se halla el **Ayuntamiento** (D3), un gran edificio moderno de estilo colonial, todo pintado de blanco y azul, con un amplio patio y galerías de madera.

Castillo del Morro* *(visita, excepto lunes, de 9 h a 18 h)*. Como todas las ciudades costeras importantes de Cuba, Santiago estuvo muy fortificada por culpa de los piratas ávidos del tráfico de naves que llegaban del continente a las aguas cubanas. La fortaleza más importante de Santiago es el castillo del Morro, construido sobre un acantilado en 1643 para defender la entrada del puerto y que originariamente se llamó fortaleza de San Pedro de la Roca. Fue destruido en gran parte por los ingleses el 15 de octubre de 1662, cuando atacaron la ciudad con 18 naves. En el mes que fueron dueños de Santiago, los británicos causaron graves daños a la catedral y otras iglesias. Un año después de estos acontecimientos fue reedificado el castillo por orden del gobernador Pedro Bayona Villanueva y hoy puede verse en él, además de los cañones de la época, el **Museo de la Piratería,** muy completo y curioso, en el que se puede conocer, en el ambiente más apropiado, la importancia que tuvo la lucha contra los corsarios y piratas en la historia de Cuba.

Para regresar de nuevo a la ciudad se recomienda seguir la carretera turística del Morro y Punta Gorda, que va bordeando la bahía y atraviesa zonas de exuberante vegetación. A unos 5 km se encuentra el **parque Frank País,** lugar raramente visitado por los extranjeros, a pesar de los cuidados jardines que posee sobre una loma. Desde el **mirador** se domina la bahía.

A poca distancia de la costa está el **Cayo Granma,** al que se accede con unas pequeñas barcas. Pasear por la isla es una delicia

EL FESTIVAL DEL FUEGO Y EL CARNAVAL

El Festival del Fuego es una de las más importantes tradiciones culturales de todo el Caribe, que hace de Cuba anfitriona de una hermandad entre todos los países bañados por el mismo mar. Bajo el pretexto de un encuentro entre diversas culturas con rasgos comunes, las calles de Santiago se llenan durante el mes de julio de un desenfrenado colorido, en el que la música y las danzas de las diferentes etnias y países caribeños suponen una explosión racial, folclórica y cultural que no dejará impasible a nadie. Tambores que no paran durante días, eufórica devoción, desfiles grandiosos, sentimientos mágicos que llenan cada rincón y cada alma de la ciudad... Todo es color y música en estos días. El punto final lo pone la quema de un muñeco, que, según el rito medieval haitiano, representa al diablo: muere con el fuego y se regenera en esa lucha eterna del hombre entre el bien y el mal. Es Santiago, por unos días, además de todo un símbolo cultural, la auténtica capital del Caribe.

Por si la fiesta hubiese sido poca, los Carnavales llegan a los pocos días de haber concluido el Festival del Fuego, lo que asegura en Santiago una bacanal veraniega de fiestas y eventos. Los orígenes de esta fiesta están en el día de asueto que se les daba a los esclavos el Día de Reyes. Con el paso del tiempo, el sincretismo y la transculturación con las celebraciones del día de Santiago, patrón de la ciudad (25 de julio), hizo que lo que fue un día libre en el que los negros invocaban a sus dioses africanos a través de sus tambores, arrastrara a hombres y mujeres de todos los matices raciales, convicciones religiosas y clases sociales. Por estos días, los santiagueros de los diferentes repartos (barrios) compiten en divertidos desfiles con charangas, bailes y coreografías que suplen con creces la sencillez de vestuarios que caracterizan a estos carnavales cubanos. La conga, de ritmo arrollador, con música de tambores y repicado por las modestas chancletas, es el nexo vivo de la génesis del carnaval. Cuando la conga del barrio de Los Hoyos suena a cinco cuadras, todo el mundo baila porque se sabe que viene.

Es, sencillamente, un espectáculo inolvidable. La alegría de vivir, el espíritu festivo del cubano y su sensualidad se dan cita en esta mágica, caribeña y colorista celebración veraniega.

que se puede concluir con una buena comida en el restaurante *El Cayo*, instalado en una casa flotante y especializado en pescados y mariscos.

Museos

Santiago de Cuba es una ciudad que alberga numerosos museos, algunos muy interesantes como el ya citado de la Piratería. El **Museo Provincial Emilio Bacardí**★ (D3; *Pío Rosado, esquina Aguilera; visita de martes a sábado, de 9 h a 21 h)* está instalado en un edificio de finales del siglo XIX y lleva el nombre del cronista e historiador de la ciudad y famoso fabricante del ron cubano que dio al tipo de ron blanco gran prestigio y difusión. El museo alberga una buena colección de recuerdos históricos –entre los que destacan dos momias peruanas de la civilización de Paracas y una momia egipcia–, una de las mejores colecciones de pintura colonial de Cuba y objetos relacionados con la guerra de Independencia.

Otro museo más pequeño es la **casa natal de Antonio Maceo** *(Los Maceos, 207. Visita, excepto domingos, de 9 h a 17 h)*, general de la independencia cubana.

Destacan también el dedicado a **Frank País** (C3), héroe de la revolución castrista; el **Museo de la Lucha Clandestina** *(General Jesús Rabí, 1; visita de martes a sábado de 9 h a 17 h, domingos solo hasta la 13 h)*, con interesantes documentos sobre la lucha urbana contra Batista y la historia revolucionaria de la Cuba actual; el **Museo del Carnaval**★ (D3; *visita de martes a sábado de 9 h a 17 h, domingos solo hasta la 13 h)*, curioso recorrido por la evolución de esta fiesta típicamente santiaguera, con muestras de disfraces, instrumentos y fotografías de la misma. Los sábados por la noche se organiza un baile de conga de los más animados, donde se puede "arrollar" al estilo carnavalesco.

Cuartel Moncada (C4). El Cuartel Moncada, que hoy es una escuela pública, alberga el **Museo Histórico 26 de Julio** *(General Portuondo y Moncada. Visita, de 8 h a 18 h; domingos, de 8 h a 12 h)*, en el que de una forma didáctica se muestra, por medio de fotos, planos, documentos y vídeos en varios idiomas, los hechos del asalto al cuartel de Batista por 135 subversivos al mando de Fidel Castro.

Castillo del Morro

También interesante es el **Museo del Ron** (*calle Batolomé Masó, esquina Pío Rosado; visita todos los días de 9 h a 21 h*). En un precioso edificio neoclásico, este museo no solo informa acerca de la historia de la elaboración del ron, sino sobre su tecnología y técnicas de elaboración actual. Parte imprescindible de la visita es **La Taberna del Ron**, donde se degusta y se compra el preciado licor.

Por último, el **Museo de Historia Natural Tomás Romay** (*Enramadas, esquina Cuartel de Pardo; visita de martes a sábado de 8.30 h a 17.30 h, domingos de 9 h a 12 h*) tiene salas dedicadas a la botánica, mineralogía y zoología de la zona oriental, y un espacio dedicado a la arqueología y a la antropología de la zona. Las pieza más destacada son el ejemplar de manatí, que los conquistadores confundieron con sirenas, y el alquimí.

ALREDEDORES

Basílica del Cobre*. A unos 19 km de Santiago se encuentra esta basílica, construida en 1927 en el pueblo minero de El Cobre y dedicada a la patrona de Cuba Nuestra Señora de la Caridad del Cobre, cuya imagen aparece rodeada de una gran cantidad de exvotos dejados por los fieles. Algunos de ellos son muy curiosos: bolas y bates de base-ball, balones de fútbol e incluso un kimono japones bordado, regalo de la última cubana campeona del mundo de Yudo. Es un importante lugar de peregrinaciones, sobre todo el 8 de septiembre, fecha en que se celebra la fiesta de la Virgen.

Según la tradición, la imagen de la Virgen fue encontrada por tres pescadores a punto de naufragar en la bahía de Nipe, en la provincia de Holguín, que fueron salvados por ella. La leyenda los recuerda como los "Tres Juanes", aunque solo dos de ellos se llamaban así. El compositor Bienvenido Julián Gutiérrez les dedicó un delicioso son, que interpreta maravillosamente el maestro Miguelito Cuní.

La imagen fue instalada en la iglesia de Santiago del Prado, pero la Virgen logró escaparse de sus muros en dos o tres ocasiones, apareciendo siempre en la cima de la colina, en la que dado su "expreso" deseo, se acabó construyendo la basílica. A la puerta de la misma una horda de vendedores atacan literalmente a los turistas, ofreciéndoles estampas, figurillas de la Virgen o trozos de mineral de cobre de la cercana mina.

Basílica del Cobre, dedicada a la patrona de Cuba.

Los fieles no solo son los católicos, dado que la Virgen de la Caridad del Cobre sincretiza en la santería con la diosa Ochún, que rige los ríos y las aguas dulces, representada por una mulata sensual y voluptuosa que danza desnuda: representa la cara feliz de los acontecimientos.

Parque Baconao*. Declarado parcialmente Reserva de la Biosfera por la UNESCO, es el más extenso de Cuba, con una superficie de 80.000 ha, entre el mar Caribe y Sierra Maestra. En él se ha construido un ambicioso complejo turístico, que cuenta con muchas instalaciones y que tiene en proyecto un jardín botánico, un funicular, varios hoteles y moteles, así como restaurantes, rodeos, anfiteatros, museos, un planetarium, un zoológico, cabañas flotantes y otras muchas atracciones.

Se inicia el recorrido cerca de la ciudad, en la **loma de San Juan,** lugar donde se libró la última batalla de la guerra de la Independencia, con una exposición de armamentos de la época. Junto a esta se halla el **Parque de Atracciones Veintiséis de Julio** y un zoológico y, más allá, los cafetales y el pueblo de Sevilla, donde fue detenido Fidel Castro tras el asalto al Cuartel Moncada.

Un poco más adelante, aparece la **Gran Piedra,** enorme y maciza roca de 51 m de longitud, 25 de altura y 6.340 toneladas de peso, que se cree de origen volcánico. Está situada en la cumbre de una montaña de 1.226 m, a unos 30 km de la capital, con un **mirador** en su cumbre al que se accede por una escalera y desde el que los días claros se alcanza a ver Haití y Jamaica. Toda la zona está rodeada de una espesa vegetación y poblada de pájaros, gracias a su microclima especial.

Esta zona fue colonizada por franceses procedentes de Haití, tras la revolución de este país en 1791, con haciendas cafetaleras como *La Idalia* y *La Isabelica,* cuyos cafés se expenden en la cafetería del mismo nombre de la capital.

La hacienda *La Isabelica* ha sido convertida en un **museo** *(Carretera de la Gran Piedra, km 14. Visita, excepto lunes, de 9 h a 17 h; domingos, de 9 h a 13 h)* que documenta la historia de los asentamientos franceses en las montañas de Oriente y conserva muebles, aperos e instrumentos de labranza.

Otra visita interesante es el **Prado de las Esculturas** *(visita de 8 h a 16 h),* que es exactamente eso, una verde loma donde las piedras del lugar han sido talladas y torneadas por diferentes artistas para lograr sugerentes figuras. Más adelante se halla la **Granjita Siboney** *(Carretera de Siboney, km 13,5. Visita, excepto lunes, de 9 h a 17 h)*, monumento nacional y museo histórico, en un lugar que sirvió de cuartel general a los asaltantes del Moncada. Muy cerca se halla la **cueva del Muerto***, lugar con valores históricos, arqueológicos y paleontológicos, y la comunidad artística El Oasis. Después, la **playa Arroyo La Costa** y la **playa Jaraguá**, con ruinas de un fuerte español y un gran hotel, con restaurante y cafetería. Un poco hacia el interior está el **valle de la Prehistoria**, con reproducciones a tamaño natural de animales prehistóricos, el **Museo de Ciencias Naturales** *(cierra los lunes)* y el **del Transporte.**

Cerca de Daiquirí está la **playa Bacajagua**, en la que, según los entendidos, nació el famoso cóctel del mismo nombre, cuando la hija del presidente estadounidense Teodoro Roosevelt, visitó la isla durante su viaje de novios, y al llegar a esta playa un compatriota de una mina cercana ofreció a la ilustre pareja un refresco a base de limón y ron, y dado el calor que hacía, le añadió hielo. Contigua. la comunidad artística El Verraco y la playa del mismo nombre, con una villa de turismo, y **Playa Larga.**

Sigua cuenta con varios atractivos: el **Jardín de Cactus**, con más de 300 variedades de cactáceas, y el **Parque de Atracciones El Mundo de la Fantasía**, y un **acuario** con un tiburonario –donde observar a los escualos–, un túnel acrílico bajo el mar –desde donde puede verse a las diferentes especies nadando en libertad–, así como peceras, estanques y un delfinario con entretenidos espectáculos.

Los amantes del buceo pueden ir a **playa Sigua**, en la que se encuentra el **Jardín Submarino**, con esculturas de bronce sumergidas a poca profundidad. Para los más expertos, a unos 40 m de profundidad está el paraje subacuático llamado el *Triángulo de las Bermudas*, con varios barcos hundidos.

Si lo que se desea es una buena playa, la de **Cazonal**, casi al final del recorrido por el parque, se ofrece como la mejor solución. Esta playa, considerada la mejor y más grande del parque, está rodeada de árboles de uva caleta, que crecen junto a la fina y blanca arena bañada por el mar Caribe. Frente a la playa hay un pequeño parque con esculturas que representan ídolos precolombinos.

Desde aquí se puede emprender una visita a la **laguna de Baconao**, que presta su nombre al parque. Es una de las más grandes del país y se nutre tanto del agua dulce procedente de un canal del río con mismo nombre como del agua salada cuando la corriente del río, en el punto donde desemboca, no puede contener la marea. En las inmediaciones de la laguna hay un criadero de cocodrilos, los antiguos pobladores de la laguna, pero hoy apenas quedan unos pocos ejemplares en libertad y el criadero se ha convertido en un mero recurso turístico para hacerse fotografías. Un restaurante, alquiler de botes y transporte en lancha hasta el bar flotante instalado en mitad de la laguna, donde también se puede almorzar, completan las instalaciones.

RUTA DE SANTIAGO A GUANTÁNAMO

Para iniciar este recorrido hay que seguir la autopista hasta llegar a un punto llamado **El Cristo**, en el que se separa la carretera que va a Guantánamo. A escasa distancia hay un cruce, en el que, si se lleva prisa, es preferible girar a la derecha, aunque si verdaderamente se va de excursión, lo mejor es dirigirse a la izquierda: ambas conducen al mismo punto, solo que la de la izquierda atraviesa por dos deliciosos pueblos, **Alto Songo** y **La Maya**, en los que se tomará contacto con la vida rural del Oriente cubano.

La carretera discurre paralela a la cordillera de La Gran Piedra, donde resalta por sus cultivos la altiplanicie de Santa María de Loreto. Al entrar en la provincia de Guantánamo, la carretera confluye con la Autopista Central, que viene de La Habana. A pesar de que casi no tiene tráfico, se recomienda no ir a mucha velocidad, ya que existe peligro de topar con algún animal.

Más al norte está el valle de **El Caney**, famoso en toda Cuba por sus frutas, sobre todo el mango, que ha dado origen a muchos sones, entre los que se destacan *Frutas del Caney*, del Trío Matamoros y *Mango Mangué*, de Gilberto Valdés, del que hace una magnífica recreación "afro" Merceditas Valdés.

DE SANTIAGO HACIA EL OESTE POR LA COSTA

Es una excursión bonita, fácil de hacer en un día si se alquila un coche y se sale temprano. En su recorrido se disfruta de bellísimos paisajes marinos y de montaña, en los cuales a veces la Sierra Maestra se precipita sobre el mar en fuertes pendientes y en otras se remansa en llanuras muy fértiles.

La vegetación es de tipo sub-páramo, con acacias, matorrales y cactus, llegando en algunas partes hasta el bosque lluvioso, donde hay helechos arborescentes y orquídeas. El litoral aparece poblado de uveros y manglares, y de vez en cuando, hay pequeñas playas, bordeadas de arrecifes de coral, de aguas transparentes muy aptas para el buceo. La fauna es, en gran medida, endémica, habiéndose encontrado diez especies de anfibios y un reptil endémico llamado *Anolis guazuma*.

Los pobladores de la zona se dedican a la agricultura, cultivando el plátano, los cítricos y la caña en las zonas bajas y el café en las laderas altas; la ganadería, fundamentalmente, de chivos y ovejas, algunas vacas y caballos, el vehículo más importante para los lugareños. El paisaje está salpicado constantemente por pequeños bohíos multicolores, rodeados de árboles y jardines.

Desde Santiago hay que dirigirse al puerto y al llegar al parque de la Alameda, para girar a la derecha hasta cruzar las vías del tren. A la izquierda sale la carretera de Chivirico, que inicialmente transcurre por la zona industrial. A causa de los transportes pesados está en muy mal estado.

Un poco más adelante, a la altura de **Mar Verde,** la carretera comienza a bordear la costa, dejando la sierra a la derecha, con paisajes de tierra seca, salvo por los numerosos arroyos y ramblas en los que la vegetación es abundante en palmas y matorrales. A la izquieda el litoral es en general abrupto, con terrazas coralinas que emergen del mar y pequeñas calas en las que a veces el mar bate con fuerza. En esta zona hay varias playas frecuentadas por los santiagueros, como las de **Mar Verde, Caletón Blanco** y **El Francés;** en esta última se está construyendo una gran instalación turística, que aún no se sabe si se dedicará a hotel o a balneario.

Volviendo a la carretera, se atraviesa el pequeño pueblo de Chivirico y más adelante se encuentra el *Hotel Guamá*, situado en un promontorio que domina el mar, carece de otras actividades y está dedicado al turismo nacional. (a veces tienen cerveza). En la siguiente cala se halla el pequeño **Cayo Dama,** en una bonita ensenada con un cayo enfrente y un merendero.

Finalmente, a unos 109 km de distancia, se halla Ocujal de Turquino, pueblo sito en las faldas del Pico Turquino, desde donde se pueden iniciar excursiones a la cumbre de los principales picos. El único lugar donde se pueden reponer fuerzas es el restaurante *El Mirador del Turquino.*

EXCURSIÓN AL PICO TURQUINO

Para alcanzar la cima de la montaña más alta de Cuba, hay que pernoctar en Ocujal y salir a las cuatro de la madrugada a causa del calor. La caminata dura unas seis horas pasando por el pico Cuba (1.872 m), desde el cual se accede a la cima. Hay que ir provisto de linternas, alimentos y agua. Para este recorrido es necesario contar con un guía (se puede contactar en la base de campismo o en los hoteles de la zona).

Otra posibilidad es seguir la carretera de Santiago a Bayamo, hasta llegar al municipio de Contramaestre, desde donde sale una carretera que lleva hasta **Filé,** dentro del **Parque Nacional Turquino,** que se extiende por más de 250 km^2 en las provincias de Santiago y Granma. Para ascender al Turquino se necesitan dos días con acampadas intermedias, pero hay otras excursiones tanto a pie como a caballo, como el **Sendero del Campesino** o el **Alto de Joaquín,** que se resuelven en unas horas. En el propio Lodge se contacta con el guía llamado Richard.

De regreso a Ocujal, más adelante la carretera se adentra en la provincia de Granma, en dirección a **Marea del Portillo;** lo de carretera es un decir, más bien se trata de un camino de cabras, sin señalización, solo apto para vehículos todoterreno y pilotos muy aventureros. Desde hace años se está intentando concluir una carretera por esta zona, para lo cual se construyeron varios túneles.

Bahía de Santiago, enmarcada por los perfiles suaves de sierra

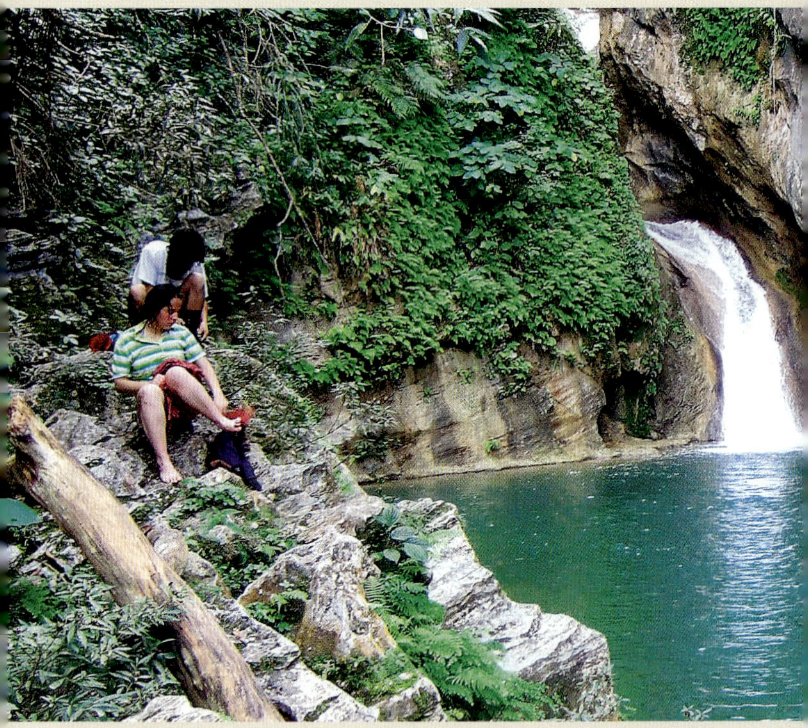

Cuba a vista de pájaro

■ EL MEDIO NATURAL

Cristóbal Colón estaba casi convencido que había llegado a Cipango (el actual Japón) cuando el 27 de octubre de 1492 avistó la isla que conocemos por Cuba. Y no le faltó argumento para el equívoco ya que escuchó de los indios que aquella tierra se llamaba Coiba, palabra aborigen que viene de ciba y que significa "piedra, montaña, cueva". Y aunque sospechaba que era una isla la tomó por continente y fue tan deslumbrante la visión de su costa que exclamó: "Esta es la tierra mas hermosa que ojos humanos vieron". En su segundo viaje, en 1494, cuando recorre la costa sur y descubre la isla de Pinos, se reitera en el error de situación y dicta un documento en el que certifica que aquella tierra a la que llama Juana en honor del príncipe Juan, hijo de los Reyes Católicos, forma parte del continente asiático. Y como continente sigue nombrándose hasta 1509 en que el explorador Sebastián de Ocampo, con dos carabelas, hace un bojeo que dura siete meses llegando a la conclusión de que es una isla.

El caimán y los cayos

Cuba, la isla mayor de las Antillas, tiene forma de cocodrilo, un enorme caimán de 106.757 km². A esta extensión hay que

Valle de los Ingenios

EL MEDIO NATURAL

añadir los 3.126 km² de 1.600 cayos e islas que completan el territorio de la República. Cuba se extiende entre los 74°, 7' y 52" y los 84°, 57' y 54" de longitud oeste, y los 19°, 49' y 36" y los 23°, 19' y 13" de latitud norte.

La costa norte mide 3.209 km y es rocosa y escarpada excepto en la parte central que está cubierta de manglares y largas playas. La costa sur mide 2.537 km y es baja y pantanosa en su parte oriental. El punto más occidental de la isla de Cuba es el cabo de San Antonio con el arbolado de Guanahacabides y el más oriental la Punta del Quemado con el ángulo rocalloso y escarpado de Maisí, entre ellos hay 1.250 km. La parte más ancha de la isla es de 191 km, en la provincia de Camagüey y la más estrecha de 31 km entre la Ensenada del Río y la Ensenada de Majana.

Los españoles llamaron a Cuba "la llave del golfo" porque está situada a la entrada del Golfo de México, a una distancia de 77 km de Haití, 140 de Jamaica, 144 de Estados Unidos y 210 de México. El primer mapa de Cuba es el de Juan de la Cosa y data del año 1500, aunque no fue descubierto hasta tres siglos después por el sabio alemán Alejandro Von Humboldt.

Ríos, montes y llanuras

El pico más alto de Cuba es el Turquino, con 1.974 m, que corona la Sierra Maestra y fue escalado por vez primera por los suecos Erik Leonard Ekman y Johann August

Nystrom con los prácticos cubanos Regino Verdecía y Joaquín Rodríguez. Casi a los pies del Turquino, a 60 km de la costa, se abre la Fosa de Oriente, una de las grandes fosas del planeta, que llega a 7.243 m bajo el nivel del mar. Sierra Maestra es el macizo montañoso más alto y también más famoso de Cuba con 240 km entre Cabo Cruz y Guantánamo, a lo largo de Santiago, la tierra de oriente. Otros picos de esta sierra son el Cuba y el Suecia, de cerca de 1.900 m. Al este de Santiago de Cuba hay un monte que tiene en su cima un enorme bloque de piedra de más de 60.000 toneladas al que llaman, naturalmente, la Gran Piedra. Al norte de la sierra se extiende el valle del Cauto que es el río más largo del país.

Al norte de la provincia oriental la sierra Cristal se prolonga en la de Sagua Baracoa con su pico Cristal de 1.231 m de altura.

La sierra del Escambray se extiende a lo largo de 80 km al norte de Trinidad y está dividida por el río Agabama. El macizo oriental se llama Alturas de Sancti-Spíritus y el occidental Sierra de Trinidad con el pico más alto de este sistema, el San Juan, también llamado La Cuca que tiene 1.156 m.

En la provincia de Pinar del Río, al occidente del país, se alza la cordillera de Guaniguanico con cerca de 160 km de longitud, cuyo punto más alto es el Pan de Guajaibón de 728 m. Esta cordillera se divide en dos sierras, la de los Órganos, llamada así por las formas de sus elevaciones y la sierra del Rosario, declarada por la UNESCO Reserva de la Biosfera por la riqueza de su flora y fauna. La cadena montañosa bordea las grandes planicies del occidente de la isla sembradas de tabaco y arroz. El valle de Viñales es de gran belleza, con sus mogotes calizos que asemejan a elefantes dormidos al sol tropical. Para los amantes de la espeleología, esta cordillera guarda la caverna de Santo Tomás que forma el río del mismo nombre y que con sus 15 km de subterráneos es la de mayor extensión de Latinoamérica.

En el centro-norte de la isla, rodeando la ciudad de Santa Clara, se extienden las alturas de Cubanacán. Al norte de Camagüey está la sierra de Cubitas y al sur las lomas de Najasa. Entre La Habana y Matanzas, paralelas a la costa, las alturas de Guanabo, Sibarimar, Jaruco, Santa Cruz del Norte, Puerto Escondido etc., y más al sur, las Escaleras de Jaruco, Los Arcos de Canasí, las alturas de Bejucal, Madrugal y Limonar.

Todas estas elevaciones ocupan, aproximadamente, un tercio de la extensión de Cuba y los otros dos tercios lo forman planicies y sabanas en las que la palma es la constante del paisaje. Lo recortado de su costa dibuja muchas caletas y bahías, la más famosa de estas es por supuesto la de Cochinos, donde los cubanos de la Revolución rechazaron la invasión armada de Estados Unidos en 1961 o también la de Guantánamo, donde se encuentra la base militar norteamericana. Otras bahías importantes, por su tamaño, son las de Santiago, Nipe, Nuevitas, Matanzas o Cienfuegos. Al sur de la provincia de Matanzas, la península de Zapata es una gran extensión de tierra pantanosa en vías de desecación donde se ha iniciado con éxito la producción de cítricos.

Por su forma estrecha y alargada, la disposición de sus macizos montañosos en dirección este-oeste y el clima, Cuba no tiene grandes ríos, ni por su longitud ni por el caudal de sus aguas. El más largo es el Cauto que desemboca en el golfo de Guacanayabo y es parcialmente navegable y que, con los demás ríos y arroyos, que suman más de doscientos, tienen una longitud media de unos 40 km. Muchos ríos son subterráneos, como el Cuzco, Mola o Cuyaguateje, este en la sierra de los Órganos. El río de Matanzas es el Hatiguanico, el de Villa Clara es el Sagua la Grande, el Zaza está en Sancti-Spíritus y el Manatí o Agabama nace en el mismo centro de la isla. El más caudaloso es el Toa que además es el que tiene mayor número de afluentes; el Máximo, en Camagüey, es conocido por sus numerosos cangilones; y el más bello si atendemos a sus cascadas que se escalonan a lo largo de todo su recorrido, es el Hanabanilla, en la provincia de Sancti-Spíritus.

En Cuba no hay lagos pero sí muchas lagunas, sobre todo en la parte occidental, en el istmo de Guanahacabibes donde pasan del centenar. La más profunda está en el valle de San Juan con 25 m bajo el nivel de sus aguas y las de mayor extensión son La Leche (68 km^2), Barbacoas (19 km^2) y Ariguanabo (10 km^2).

CUBA SITUACIÓN

Los arrecifes

Un zócalo antiguo, sobre el que se han depositado por sedimentación terrenos calizos de los períodos secundario y terciario, es el cimiento sobre el que se constituye la isla que extiende su plataforma continental hasta unos 200 m de profundidad a su alrededor. La superficie total de la plataforma es de 70.000 km^2 y en los lugares donde se forman los *cayos* emerge a flor de agua con profundidades que no sobrepasan los 20 m. Esta particularidad hace que en estas zonas las aguas sean de una transparencia prístina. Son abundantes los arrecifes coralinos con sus típicas formaciones en barrera, producto de la acumulación secular de animales marinos de esqueleto calcáreo, sobre todo madréporas y milésporas que rasgan la superficie del mar tranquilo en un hermoso hervidero de espuma. A lo largo de la provincia de Camagüey se extiende durante 400 km la que es segunda barrera coralina del mundo, tras la australiana. Estas barreras que cuajan de inciertos arrecifes la altamar de Cuba, vistos desde el aire, producen bellísimas policromías en las aguas que rodean la isla con infinitas tonalidades de verdes y azules, desde el profundo prusia al blanquecino fulgor que se diluye en esmeralda de las aguas menos profundas.

Cerca de la costa hay también numerosas barreras de arrecifes en franjas que forman las albuferas de aguas tranquilas y transparentes en las que el manglar es la planta reina.

La flora y la fauna

La mariposa, el tocororo y la palma real, son la flor, el ave y el árbol nacionales de Cuba. Naturalmente estas distinciones ganadas por estos tres seres vivos de la geografía cubana fueron concedidas a lo largo de la historia por lo que tienen de presencia simbólica: la mariposa, de origen asiático, es flor nacional a partir del 13 de octubre de 1936 en reconocimiento de su presencia constante en las reuniones patrióticas desde los albores de las luchas por la independencia, cuando adornaban el busto de las mujeres cubanas y la solapa de los hombres como señal de rebeldía. Desde entonces, la mariposa representa "la pureza de los ideales y el amor por la paz en sus pétalos blancos. La unidad en la que reside la fuerza, al nacer varias flores juntas de una misma espiga. La cortesía y el respeto de los cubanos por sus mujeres, porque la parte masculina de la flor (el androceo) guarda y protege en un surco tubiforme el gineceo de la planta." Aún hoy día, se venden ramitos de mariposas en los mercados populares.

El tocororo es el ave enseña nacional por razones de colorido: ostenta plumas de colores azul, blanco y rojo, como la bandera cubana. Vive en los bosques y solo existe en Cuba, hace su nido en agujeros de las palmas y árboles, se alimenta de insectos que caza al vuelo y es símbolo de libertad porque no puede vivir en cautiverio.

Finalmente, la palma real es el árbol nacional porque está en todos los paisajes y en el escudo de la patria, con los añadidos de esbeltez, elegancia natural y la flexible fortaleza de su constitución que la hace inabatible frente a los huracanes. Además es un árbol muy útil para la vida en el campo: de su tronco se obtienen tablas, las hojas sirven para techar los bohíos y galpones del tabaco; con su peciolo, que se llama yagua, se hacen embalajes para el tabaco en rama; su palmito sirve para ensaladas; su fruto, el palmiche, da de comer a los cerdos y las gallinas además de convertirse en aceite, la inflorescencia se usa para fabricar escobas, sus raíces tienen propiedades medicinales y, finalmente, es un excelente pararrayos natural.

Aparte de estos tres elementos de la biosfera cubana (que tienen escritos sus nombres en la emblemática nacional), otros miles de animales y plantas más modestos, pero no menos característicos, pueblan la geografía de la isla. Porque el endemismo de la flora cubana es el más alto de las Antillas tal vez porque Cuba se separó de las otras regiones caribeñas en épocas muy tempranas y también porque en diversos períodos de su formación estuvo en parte sumergida. Una característica que puede avalar estas razones de inmersiones geológicas, es que el endemismo se observa en los dos extremos oriental y occidental de la isla. Esto se demuestra con las alrededor de 3.000 especies de fanerógamas (plantas con flor) únicas en el mundo. Sin embargo, al margen de exclusividades florales, el resto de la vegetación cubana de la parte oriental tiene afinidad con la de la isla La Española (República Dominicana-Haití) y Jamaica y la de Pinar del Río con la de Florida y Yucatán.

Los bosques más densos y los que guardan las maderas preciosas, como la caoba, el cedro, la quiebra hacha, el dagame, la majagua azul, etc. forman reservas forestales sujetas a control de explotación maderera. Estos bosques crecen sobre terrenos calizos, los más abundantes del país. En los terrenos de formación coralina

EL MEDIO NATURAL

De izquierda a derecha una muestra de la riqueza faunística de la isla: flamenco rosa, cangrejo, mariposa y cocodrilo.

crecen los seborucales o breñales. En la parte más occidental de Guaniguanico, abrupta y salvaje hay una flora en la que el ceibón y la palma barrigona son ejemplares peculiares. La palma blanca crece en los bosques húmedos orientales que se denominan mancales. Los ceibos y las palmas reales dibujan las lindes de los campos de cultivo de las llanuras, la palma yuraguena y la jata pueblan los cuabales del occidente o los charrascales que es el nombre que se le da en oriente. Algunos bosques de pinos y encinas surgen en las partes más abruptas de las sierras. Otras especies de coníferas crecen también junto a las costas, conteniendo las dunas de las playas. En las sabanas pobres que ocupan grandes extensiones de tierra, crecen profusamente el peralejo y el vacabuey. Finalmente, no hay que olvidar el manglar que forma bosques casi impenetrables en las albuferas de la costa. Los mangles son plantas que resisten la fuerte salinidad de estas aguas albufereñas con raíces aéreas en las que se "agarran" las ostras y hacen sus nidos los ibis y cormoranes. En los últimos años se han plantado en Cuba numerosos eucaliptos para paliar las antiguas talas salvajes de la epoca colonial.

No hay que olvidar, sin embargo, aquello que más suele estar a la vista del turista: las largas hileras de cocoteros que festonean las playas de la isla, con sus troncos flexibles que se inclinan hacia el mar ofreciendo la clásica imagen del paraíso antillano. Los árboles frutales también suelen crecer en estado salvaje: aguacates, mangos, plátanos... Tampoco hay que olvidar un matiz idiomático: la papaya se llama en gran parte de Cuba fruta-bomba y así se debe nombrar porque lo de papaya sería en algunos lugares, cuando menos, indelicado. La planta más antigua de Cuba es la palma corcho *(Microcycas colocoma)* que se encuentra solamente en la parte occidental de la isla, una de las especies vegetales vivas más antiguas del planeta ya que se trata de un superviviente de la era carbonífera.

En Cuba vive la rana más pequeña del mundo, el sapito *(Sminthillus limbatus)*, difícil de apreciar a simple vista y que suele alcanzar un centímetro de altura. También tiene el ave más pequeña del mundo: el zumzúm o pájaro mosca *(Melligusa helenae)*.

Por encima de estos tamaños hay alrededor de 13.000 especies de animales terrestres entre mamíferos, anfibios, aves, reptiles... muchos de ellos exclusivos de la isla, es decir, endémicos. Esta cualidad es extrema en los anfibios y moluscos: el 90 por ciento y entre los reptiles: el 85 por ciento. De estos últimos hay alrededor de cien especies, serpientes, lagartijas, saurios... ningún reptil de Cuba es venenoso, aunque se puede encontrar con alguno de

Sobre estas líneas, imágenes del litoral, lo más turístico de Cuba: los Cayos y buceo en un arrecife. Abajo, vistas del paisaje interior: el valle de Viñales y palmeral.

hasta 3 m. Sí hay muchos cocodrilos y caimanes en la península de Zapata donde está una de las más importantes reservas del mundo de estos terroríficos animales. Los mosquitos no suelen ser molestos en las ciudades, pero en zonas de la costa pueden hacer insoportable la contemplación del atardecer o los baños a la luz de la luna.

Hay 1.700 especies de moluscos que junto a las de peces, erizos de mar, esponjas, camarones, etc. llegan a 4.000. Uno de los más interesantes es la langosta que suele "pescarse" con cierta facilidad en los mejores restaurantes de la isla.

En la zona de Pinar del Río hay jabalíes y ciervos y en el norte cebras salvajes. 300 especies de aves constituyen el número más elevado de vertebrados, de ellas solo el 7 por ciento es endémico, y hay unas 38 especies de mamíferos siendo el más raro de todos ellos el almiquí que está casi extinguido y solo vive en las montañas de Guantánamo. Hay una variedad más pequeña en Haití de hábitos parecidos.

El almiquí es un mamífero, insectívoro fundamentalmente, aunque también se alimenta de pequeños animales. Mide unos 60 cm, de color ocre, con lomo y cola negruzcos, de hocico largo y puntiagudo y de hábitos nocturnos. Otro singular mamífero endémico de Cuba es la jutía, en tres especies diferentes del género *Capromyinae*. Son grandes roedores fitófagos (solo comen vegetales) arborícolas muy apreciados por su sabrosa carne. Se parecen mucho a las nutrias por aspecto y tamaño.En el mar, tiburones, aunque no aparecen por las playas pero son muy frecuentes en las aguas de la zona oriental.

El clima

La temperatura máxima absoluta registrada en Cuba fue de 38,6 °C el día 7 de agosto de 1969, en el aeropuerto de Guantánamo. La más baja fue de 1,0 °C, registrada el 21 de octubre de 1971, en el central Puerto Rico Libre de Matanzas. Estos dos extremos están sin embargo alejados de la realidad climática cubana: un clima tropical y húmedo producto de los vientos alisios del nordeste en invierno y del este-nordeste en verano, además de la influencia cálida de la Corriente del Golfo. La temperatura media anual es de 24 °C (27 °C, en verano, y 21 °C, en invierno).

Los meses más frescos son diciembre, enero y febrero y los más cálidos, julio y agosto. Sin embargo, las noches cubanas suelen ser frescas, por lo que es aconsejable salir a cenar con alguna prenda contra el relente porque, si a pesar de todo la noche es calurosa, no hay que olvidar lo que Cabrera Infante denominaba "la temperatura de La Habana" que es el gélido ambiente del aire acondicionado de algunos locales.

En el agua de mar hay una notable diferencia con lo que se acostumbra por las playas europeas: en invierno la temperatura del mar es tibia y en verano decididamente calentita. Sin embargo, aquí, invierno y verano tienen otras apreciaciones climáticas distintas a las nuestras: la estación llamada seca corresponde al invierno y se extiende desde mediados de noviembre hasta la segunda quincena de mayo. Por el contrario, la temporada de las lluvias o húmeda corresponde al verano. En esta época suele haber temporadas en que llueve todos los días a una misma hora casi exacta: el cielo está despejado, pero en pocos minutos se cubre de negros nubarrones que descargan rápidamente un torrente de agua como vertido a cántaros. A los pocos minutos, el cielo vuelve a estar despejado y azul. El promedio anual de lluvia es de 1.515 mm, de los que el 70 por ciento cae en la estación húmeda.

Las zonas más cálidas de Cuba son las de Trinidad y Sancti Spiritus, Florida (Camagüey), Manzanillo y la desembocadura del Cauto, en Granma.

También tienen temperaturas por encima de la media, la costa entre Santiago de Cuba y Guantánamo y la Isla de la Juventud (de Pinos). Las zonas más frescas –es decir, por debajo de la media anual– están en el interior de Pinar del Río, algunos puntos de la provincia de la Habana y Matanzas, las alturas de Trinidad y Sancti Spiritus y puntos interiores de las provincias de Santiago de Cuba, Holguín y Guantánamo.

Ciclones y terremotos

Oficialmente, la temporada ciclónica se extiende en Cuba desde julio a noviembre. Esto es porque la isla se encuentra muy cerca del trópico de Cáncer, en el límite boreal de la zona de los huracanes. Esta zona está expuesta a la influencia del anticiclón del Atlántico cuyo borde sur es recorrido por los huracanes procedentes del océano durante los meses de julio, agosto y septiembre. Algunas veces, gracias a las fluctuaciones del anticiclón, los huracanes cruzan este territorio.

Esta actividad comienza débilmente en junio y julio para alcanzar su apogeo en agosto y primeros días de septiembre, declinando la actividad a finales de este mes. En los primeros días de octubre crece otra vez y vuelve a declinar en noviembre. De toda esta actividad se saca la experiencia de que el mes más activo en la formación de huracanes es septiembre y el mes más peligroso para Cuba es octubre.

El primer ciclón del que se tienen noticias en Cuba pasó entre el 19 y el 21 de mayo de 1494, reportado en el cuaderno de bitácora de Cristóbal Colón. En 1963 hubo un huracán que ocasionó 4.000 muertos y destruyó las casas de 170.000 cubanos. En 1985 el *Kate* causó también grandes estragos en la isla y se cuenta que el huracán que cruzó cuba en el año de 1926, lanzó a 10 km de la costa un barco de 100 toneladas. El término medio de duración de un huracán es de ocho días, con vientos que alcanzan los 300 km por hora y remolinos de 8.000 m de altura y cientos de kilómetros de diámetro. Hay que señalar que la protección civil, a cargo del ejército cubano, está muy bien organizada en Cuba. Los turistas son trasladados con tiempo a lugares seguros, la población es resguardada colectivamente y rara vez se producen fallecimientos, como es frecuente en otros países de la zona. Lo único bueno que puede decirse de los huracanes es que avisan con días de margen.

Los terremotos también visitan Cuba con cierta frecuencia ya que, como todas las Antillas, se encuentra en una faja propicia a este tipo de actividad telúrica. Sin embargo no son muy numerosos y generalmente de poca intensidad. La zona más expuesta es la sudoriental porque allí se localiza uno de los desniveles mayores del mundo entre el monte Turquino, en Sierra Maestra y la fosa de Bartlett que alcanza casi los 8.000 m.

Los terremotos más fuertes registrados en Cuba se produjeron todos en el extremo oriental: en Bayamo los años 1551, 1624 y 1766. Este último se extendió también a Santiago de Cuba donde tuvieron lugar terremotos de importancia los años de 1852, 1932 (este muy violento con una duración de 14 segundos) y 1947.

■ HISTORIA

Época prehispánica

Los primeros establecimientos humanos en el archipiélago cubano se sitúan 8.000 años a. C. aproximadamente. Provenientes del continente americano, llegan tribus de cazadores en diversas oleadas: de México y Florida la primera; de Venezuela y otros puntos las posteriores. Cohabitan varias comunidades tribales durante milenios: guanajuatabeyes, siboneyes, arawaks, caribes... Y los taínos, el grupo de mayor desarrollo social y cultural. Recolectores y alfareros, conocen el fuego y viven en pacíficas comunidades dirigidas por un cacique. De su cultura se conocen y subsisten algunas costumbres –los cantos ceremoniales llamados areítos, la yuca cocinada en casabe, las construcciones de los bohíos...– y restos arqueológicos en los pictogramas hallados en diversos lugares de Cuba.

Se calcula en 100.000 habitantes la población de Cuba cuando tuvo lugar la arribada de Cristóbal Colón.

Descubrimiento y conquista

Cristóbal Colón desembarca en Cuba el día 28 de octubre de 1492. En este primer viaje el almirante se limita a levantar acta de su llegada y hay que esperar dos años hasta que en su segundo viaje se dedique a navegar la costa sur, descubra la isla de los Pinos y dé nombre a las tierras descubiertas: La Juana, es el feo topónimico que Colón escribe en el documento que certifica que lo descubierto es parte integrante del continente asiático. Poco más tarde recuperaría el más apropiado y bello apelativo de Cuba que era el sonido que los españoles oían de los labios indígenas.

Sin embargo, la conquista efectiva de Cuba se inició en 1511, cuando se dejó de buscar oro en Santo Domingo y el hijo de Cristóbal Colón nombró a uno de los mayores beneficiarios de La Española, Diego Velázquez, gobernador de la isla con la misión de conquistar las tierras descubiertas por el Almirante de la Mar Océana. En el grupo de 300 hombres que desembarcaron a las órdenes de Velázquez, iban Hernán Cortés, Bernal Díaz del Castillo, Pedro de Alvarado y el padre Bartolomé de las Casas. Según cuenta él, es un forastero, el indio Hatuey, oriundo de lo que sería Haití y que entonces se llamaba La Ispaniola, con experiencia de rebeldía contra los españoles, quien capitaneó la más fuerte resistencia a la invasión hasta el punto de que los conquistadores deben construir un fuerte para protegerse. Hatuey asedia el fuerte español durante tres meses, pero es capturado para más tarde ser quemado vivo en la hoguera. Parece ser que Hatuey, además de tenaz caudillo, era un sutil observador porque cuando el sacerdote le ofrecía la Gloria al pie mismo de la pira justiciera a cambio de su arrepentimiento y profesión de fe católica, dijo: "Si los cristianos van al cielo, entonces no quiero ir allí". Hoy, el héroe Hatuey da nombre en Cuba a una de las mejores cervezas de la isla, cuya variedad Super Hatuey tiene la embriagadora fuerza de 18 grados.

HISTORIA

A los pocos años de estas primeras escaramuzas fueron llegando a Cuba numerosos colonos en busca de oro con la fiebre suficiente para levantar varias ciudades y masacrar a la población indígena. Las primeras ciudades fueron, tras Baracoa, Bayamo, Trinidad, Sancti-Spíritus, Puerto Príncipe, La Habana y Santiago de Cuba. Los indios fueron "repartidos" entre los colonos para utilizarlos como trabajadores en las minas de oro, escasas por cierto, por el sistema de "encomiendas" que era el reparto de los indios y las tierras entre los colonos con el compromiso de proteger y catequizar la familia o el poblado "encomendado".

El poco oro que había en Cuba se agotó muy pronto y los colonizadores trasladaron su fiebre al continente, a México y Perú, dando la razón a Hernán Cortés quien diría en 1504, en México, que "los españoles querían oro, no cavar la tierra como campesinos". Los indios no. No estaban acostumbrados al trabajo forzado a que los sometían los españoles y esto, unido a las epidemias de enfermedades europeas (las plagas de 1517 y 1528 fueron especialmente dramáticas) para las que no tenían defensas y el hambre, consecuencia de la destrucción de sus instituciones y sistema de vida, fueron exterminándolos con rapidez. El trato dado a los indios y sus condiciones de existencia en Cuba indignaron terriblemente al padre Bartolomé de las Casas, quien hizo una denuncia ante los Reyes Católicos; al principio con poca suerte, ya que los soberanos le acusaron de hacer peligrar los intereses de España.

En el año 1519 Hernán Cortés descubre las inmensas posibilidades del continente americano con su expedición a México y Cuba se ve abandonada por la mayoría de los colonos. Poco a poco la isla se va despoblando de españoles hasta el punto de

Estatua de Cristóbal Colón en un parque de Baracoa.

Arriba, litografía que representa a Fray Bartolomé de las Casas bautizando indígenas en la Cuba española de 1521. A la izquierda, puerto de La Habana durante el siglo XVIII, cuando, por el impulso británico, la isla se convirtió en un centro de comercio importante.

que la corona se ve obligada a implantar una administración local que amenaza con la pena de muerte a todo español que se expatríe sin autorización. A pesar de ello entre 1520 y 1570 los poblados se reducen a 9, los jefes de familia no pasan de 270, Santiago de Cuba que ha llegado a 1.000 familias en la década de los 20, no tenía más que 30 al principio de los 70. El este de la isla se despobló y el centro fue invadido otra vez por la selva. La actividad minera, agotada, dio paso lentamente a una nueva actividad económica, la ganadería y alrededor de La Habana, entonces un poblado de escasa importancia, comienzan a surgir formas de renovación. A partir de 1660, La Habana fue instituida como centro de reunión de las flotas españolas que venían del continente camino de la metrópoli. Este hecho hizo que Cuba iniciara de nuevo una lenta recuperación de su población.

Años de esclavitud

En el siglo XVII, La Habana se convirtió en un centro importante de construcciones navales, el segundo de América, y abastecedora de la flota española. La industria ganadera adquirió importancia ya que aprovisionaba a los barcos de tasajo –el típico alimento de los viajes por mar– y cueros que, con el azúcar y el tabaco, se convirtieron en productos de exportación. La municipalidad de La Habana y la de Sancti Spíritu iniciaron una política de repartimientos de tierras por el sistema de propiedades circulares, es decir, a partir de un punto, se describía un círculo de radio variable según la importancia del concesionario. Con el tiempo, este sistema generó un caos tremendo en la isla, ya que los límites de las propiedades eran tan imprecisos que en muchas ocasiones se invadían, e incluso llegaban a superponerse.

En la bahía de Matanzas y en las cercanías de La Habana aparecieron los primeros ingenios azucareros. La demanda europea de azúcar fue aumentando a grandes pasos lo que hizo necesario aumentar la producción a un ritmo acelerado. Fue esta la causa de las importaciones masivas de esclavos negros.

Aunque en 1524 habían llegado a Cuba los primeros 300 esclavos procedentes de África, este comercio no tuvo gran importancia durante los setenta años siguientes. El esclavismo era una institución poco más que doméstica muy suavizada por el sentido familiar-patriarcal de las costumbres españolas. Sin embargo, a partir de 1595 en que llegan a La Habana las primeras importaciones masivas (este año arribaron

HISTORIA

cerca de 5.000 esclavos negros), el comercio se intensifica al ritmo que la industria del azúcar lo va exigiendo, con devorador apetito de mano de obra.

Es en este siglo XVII cuando se extiende por Europa el vicio de fumar y Cuba se convierte en el centro de producción de tabaco más famoso del mundo y el cultivo y elaboración de cigarros en un buen negocio. La bonanza del tabaco hace que la Corona española trate de imponer su monopolio lo que causa el descontento de los productores, los vegueros, quienes se sublevan contra la metrópoli en varias ocasiones –las más importantes en 1717 y 1723– llegando a amenazar incluso La Habana. España nunca pudo hacer cumplir las leyes del monopolio con efectividad ya que el contrabando con los filibusteros ingleses, franceses y neerlandeses, y el comercio intercolonial, también prohibido, se veía favorecido por la extensión de las costas cubanas y las dificultades de la comunicación con las autoridades que daba a los criollos una amplia autonomía.

La Habana británica

La guerra europea de los Siete Años había enfrentado a Francia con Gran Bretaña. Inglaterra había conquistado Canadá y la India a Francia y esta solicitado la ayuda de España por lo cual el 4 de enero del año 1762 los ingleses declararon la guerra a la Corona española. El 5 de marzo salía de Portsmouth una expedición secreta de la armada británica con la misión de conquistar La Habana. La capital de la colonia española de Cuba había dejado de ser el punto central de las flotas españolas que transportaban los tesoros procedentes de América pero seguía siendo el puerto militar más importante del Nuevo Mundo. Los ingleses ya habían intentado sin éxito conquistarla veintiún años antes y excepto el saqueo sufrido a manos de piratas franceses en el siglo XVI, siempre se había mantenido inexpugnable.

La Habana era la tercera ciudad del Nuevo Mundo después de México y Lima y, con sus cerca de cuarenta mil habitantes, superaba a Nueva York. El objetivo inglés era minar la moral francesa, interrumpir las comunicaciones y el comercio del imperio español y evitar el transporte de oro y plata a España y Francia.

Desde 1697, en que fuera firmado el tratado de Ryswick por el que las naciones europeas ponían fin a la piratería, Cuba se había convertido en una colonia pujante y La Habana en una ciudad cosmopolita a pesar de la lentitud en que se desarrollaba el imperio español. Tal vez uno de los aspectos que diferenciaba la colonia española del resto de las colonias británicas de América es que en Cuba había una importante comunidad de negros y mulatos libres que en La Habana era de alrededor de 10.000 entre los 30.000 habitantes de raza negra que la habitaban. Otro hecho diferencial era el número elevado de mulatos –el mejor invento de los españoles, si recordamos el dicho cubano– con respecto a las colonias inglesas donde estaba severamente prohibida por ley la mezcla de razas. Los pocos indios supervivientes que habían sido también absorbidos por los españoles y que desde hacía mucho tiempo eran considerados criollos, como lo demuestra el censo llevado a cabo en los años 1770 en el que los indios eran registrados como blancos.

Por lo demás, La Habana era un puerto típico de las Antillas, "uno de los más alegres y pintorescos de las costas de la América equinoccial" como diría Humboldt. Protegida por fortalezas, amurallada y construida como era habitual en las ciudades coloniales españolas, alrededor de la plaza de Armas, albergaba una población variopinta de militares, marinos, comerciantes, familias criollas de terratenientes, cultivadores de tabaco, hacendados de la caña, funcionarios, eclesiásticos y también de fulleros, ladrones, criminales, prostitutas y aventureros que la convertían en una ciudad peligrosa a la caída del sol.

Los ingleses conquistaron La Habana el mes de agosto de 1762 y en ella permanecieron durante once meses. En este tiempo la administración británica abrió el puerto al comercio mundial e implantó la libertad de culto ademas de fundar las primeras logias masónicas que tan importante papel tendrían en las luchas por la independencia. Al ser recuperada por los españoles, la Corona reconoció su importancia estratégica y la dotó con la mejor fortaleza de la América española convirtiéndola en uno de los mayores centros comerciales de las colonias. Se firmó con los británicos, por medio del conde de Ricla, un contrato para la importación de 10.000 esclavos y dos años después, en 1765, se proclamó la libertad de comercio entre Cuba y el resto de los puertos de la América hispana.

Prosperidad y revolución

La guerra de independencia de los Estados Unidos de América fue una ocasión extraordinaria para el comercio cubano ya que la isla fue autorizada por la metrópoli a comerciar directamente con los Estados Unidos. Además las revueltas negras de la cercana Haití arruinaron las plantaciones francesas de la zona con lo que los productos cubanos –azúcar, café, tabaco, etc.– se encontraron prácticamente sin competencia en el mercado continental y europeo. Esta bonanza económica atrajo a Cuba muchos inmigrantes por lo que la población creció muy rápidamente. Entre 1775 y 1790, la población blanca aumentó en un 75 por ciento y la negra se triplicó llegando ambas razas a casi igualarse en el número de habitantes. El aumento de negros libres y el de pobres blancos multiplicó el desempleo en un sistema económico en el que 5.000 familias ostentaban la práctica totalidad de la riqueza agrícola y la actividad comercial.

Los movimientos revolucionarios que habían recorrido las colonias americanas en las últimas décadas de siglo XVIII con el triunfo de los nacionalismos independentistas en los primeros años del XIX, no llegaron a tener éxito en Cuba. Bien es verdad que a la isla arribaron las ideas liberales de la Revolución Francesa y el ejemplo de la independencia de Estados Unidos, pero la prosperidad en Cuba era lo suficientemente real como para que los dirigentes quisieran complicarse la vida. Además, las revueltas haitianas que arruinaron a los terratenientes franceses atemorizaron a los cubanos que optaron por colaborar con la metrópoli.

La riqueza en Cuba tenía, a grandes rasgos, dos pilares fundamentales: los criollos eran terratenientes, los comerciantes eran españoles. En 1810, Cuba envió dos diputados a las Cortes de Cádiz que consiguieron arrancar a la metrópoli cinco de las seis reivindicaciones tradicionales de la oligarquía cubana como la libre importación de maquinaria para la industria del azúcar, libre comercio de esclavos, libertad de refinar el azúcar en plaza, anulación de los derechos para la exportación del ron... El punto más conflictivo, esto es, la libertad de comercio exterior, no les fue concedido. La discusión de las Cortes sobre el comercio de esclavos poniendo en tela de juicio su legitimidad, hizo que los terratenientes cubanos se inclinaran por el bando absolutista, con lo que Cuba siguió ligada a la Corona española mientras las demás colonias americanas se iban independizando. Además, en 1818 España concedió a Cuba la libertad de comercio que hizo más rica aún a la aristocracia criolla, con lo que el interés independentista quedó disminuido.

Las ideas liberales en Cuba fueron difundidas por uno de los diputados a las Cortes Españolas, el padre Félix Varela, quien con sus seguidores encendió las primeras mechas de la insurrección. Mucho tenían que ver en las organizaciones independentistas las logias masónicas que habían entrado en la isla con los ingleses. Sociedades secretas, como *Soles y Rayos* o *La legión del águila negra*, conspiraron sin mucho éxito ya que los diferentes complots de los años 1822-1830 fueron un fracaso y sus dirigentes reprimidos con dureza. Los aires abolicionistas de la esclavitud comenzaron a inquietar a la oligarquía cubana, necesitada de esta mano de obra para su industria. El mantenimiento del esclavismo era uno de los vínculos que ataban a los terratenientes con la autoridad española pero, cuando esta comenzó a cuestionárselo, importantes grupos de terratenientes pensaron en la unión con Estados Unidos, animados por los estados sureños norteamericanos que también eran esclavistas.

Por otra parte, una de las fuerzas más sólidas entre la oligarquía cubana eran los reformistas, que coincidían con algunos intelectuales en la idea de unión con España pero con ciertas reformas de autonomía y mayor representación en las Cortes. Los gobernadores españoles reprimieron con igual dureza a independentistas y reformistas lo que hizo que las luchas por la independencia en Cuba contaran más tarde con el concurso de las clases más acomodadas.

Las guerras de independencia

Si las clases más poderosas económicamente eran las de los grandes terratenientes y comerciantes del noroeste de Cuba, de ideas fundamentalmente reformistas, los pequeños propietarios agrícolas, con ingenios azucareros anticuados y técnicamente precarios del este de la isla eran absolutamente independentistas. Los primeros, además, mantenían a ultranza la esclavitud como base de la mano de obra; los segundos, con poco poder adquisitivo para comprar esclavos, veían en la contrata de jornaleros liberados mejores perspectivas. Muchos de ellos habían ya emancipado a sus esclavos.

Los rebeldes de oriente se reunieron en 1868 en la finca San Miguel de Rompe que Carlos Manuel de Céspedes, pequeño propietario agrícola, tenía en Las Tunas. De cincuenta años de edad, había pasado la mayor parte de su juventud en España interviniendo en actividades revolucionarias. Su familia tenía una pequeña plantación de azúcar llamada *La Demajagua*, cerca de Yara, al sur de Manzanillo. Era masón y había sido detenido en 1851 por recitar un poema pidiendo la libertad en un banquete al que asistía el gobernador. Carlos Manuel de Céspedes liberó a sus treinta esclavos y los enroló en un pequeño ejército de 147 hombres. Además, el 10 de octubre de 1868, lanzó una soflama en la que decía: "Solo queremos ser libres e iguales, como quiso el Creador que fuera la humanidad..." Sin embargo, estas palabras rigurosamente antiesclavistas venían matizadas más tarde al decir: "Deseamos la emancipación gradual e indemnizada de los esclavos". Este grito, llamado "de Yara", con el que se proclamaba la República, hizo que se unieran a la rebelión muchos hombres. Al final del mismo mes de octubre, Céspedes tenía bajo su mando a 12.000 y había tomado Bayamo y Holguín.

La guerra de independencia duraría diez años y con este nombre sería conocida en la historia de Cuba. En su transcurso se declara abolida la esclavitud en el congreso constituyente de Camagüey celebrado en febrero de 1869 y se vota una constitución provisional en Guáimaro. Los negros, esclavos y emancipados, y los campesinos apoyaron la lucha. Estados Unidos también ayudó a los insurrectos a partir de 1872, lo que no pudo hacer antes ya que estaba inmerso en su propia guerra civil. En esta etapa España, que hacía frente a la tercera guerra carlista, tuvo grandes dificultades para seguir la guerra en Cuba pero al finalizar aquella pudo mandar a la isla un contingente de 20.000 hombres al mando del general Martínez Campos. Este, tras algunas victorias, llevó el conflicto a la negociación firmándose la Paz de Zanjón el 10 de febrero de 1878 que ponía fin a la guerra. Cuatro años antes, Carlos Manuel de Céspedes había muerto en la Batalla de San Lorenzo privando así a la rebelión cubana del primero de sus caudillos.

Sigue un período de paz turbulenta hasta agosto de 1879 en que estalla en Oriente una revuelta encabezada por

José Maceo, Calixto García y Guillermo Moncada. La revuelta no prospera y es aplastada por las tropas españolas. A este conflicto se le conoce como Guerra Chiquita.

El 24 de febrero de 1895 se lanza el llamado "Grito de Baire" con el que se inicia la definitiva Guerra de la Independencia. En esta ocasión es José Martí el dirigente absoluto. Nacido en La Habana había vivido la mayor parte de su vida en el exilio. Hijo de un sargento de artillería español, periodista, patriota por igual a la hora de combatir a España y a Los Estados Unidos, había fundado en 1891 el Partido Revolucionario Cubano. Con José Martí estaban Máximo Gómez, general dominicano, que fue designado como general en jefe, Antonio y José Maceo que tenían a su cargo las fuerzas de Oriente y Santiago de Cuba y otros patriotas supervivientes de la Guerra de los Diez Años.

José Martí muere el 19 de mayo, dos semanas después de formarse la dirección revolucionaria, en el transcurso de la batalla de Dos Ríos. Esta muerte inesperada deja a los patriotas cubanos sin la figura más señera, aglutinador de todas las voluntades y el único civil con grandeza de pensamiento y capacidad de acción. El 11 de septiembre, una asamblea constituyente reunida en Jimaguayu, nombra presidente a Salvador Cisneros Betancourt votándose una constitución democrática. Un año más tarde, muere también el general Antonio Maceo en la batalla de San Pedro. En esta ocasión la pérdida es también significativa porque Maceo, al igual que Martí, desconfiaba con razón de las verdaderas intenciones norteamericanas en su apoyo a la independencia cubana.

Al comienzo de esta nueva guerra, España había enviado a Cuba al general Martínez Campos quien fracasó en esta ocasión, siendo sustituido por el general Weyler que condujo la contienda con despiadada crueldad. Los métodos de Weyler favorecieron a los insurrectos que fueron sumando adeptos a la causa independentista.

En España, la muerte de Cánovas y la formación del gobierno de Sagasta dieron un giro a la política de la metrópoli en Cuba. Se destituye a Weyler cambiándolo por el general Blanco, al tiempo que se concede al gobierno colonial una amplia autonomía. Sin embargo, estas medidas llegan tarde.

Los Estados Unidos, que esperaban la ocasión para intervenir en la guerra, aprovechan ciertos sucesos ocurridos en La Habana para enviar el crucero *Maine* con el fin de "proteger, en caso de necesidad, la vida y los bienes de los ciudadanos norteamericanos". Una misteriosa explosión en el *Maine,* termina con la vida de 266 marineros americanos lo que provoca una oleada de indignación en la opinión pública de los Estados Unidos hábilmente manipulada por los intereses capitalistas que dominan la prensa del país. El 18 de abril, la Cámara de Representantes y el Senado votan una resolución pidiendo la retirada de España de Cuba y reconociendo el derecho de los cubanos a la independencia. Se inicia así la Guerra Hispano-Norteamericana que duraría solo tres meses: el 10 de diciembre de 1898, España y Estados Unidos firman en París un tratado por el cual se consagra la independencia de Cuba y se cede a Estados Unidos las colonias de Puerto Rico, Filipinas y la isla de Guam.

A estas alturas de la historia, nadie duda de que la explosión del *Maine* fue provocada por los mismos norteamericanos para conseguir sus verdaderas intenciones: intervenir en la guerra y asegurarse el dominio comercial de Cuba. Así, los cubanos solo consiguieron cambiar el caduco imperio español por el naciente imperio norteamericano. El gesto que pone fin efectivo a la guerra, es bien significativo: el 1 de enero de 1899, el capitán general español de Cuba transmite sus poderes, no a los patriotas cubanos, sino a John Brode, primer gobernador norteamericano de la isla. El apoyo interior a la dominación americana proviene de aquella parte de la oligarquía cubana partidaria de la anexión de Cuba a Estados Unidos. Los patriotas luchadores por la independencia, ni siquiera son invitados a la firma del tratado de paz. El general Máximo Gómez, héroe indiscutible de la guerra al frente de la milicias mambís, general en jefe de los patriotas cubanos se retira amargado de la vida política al ver que Estados Unidos no reconoce la asamblea popular y se niega a transferirle los poderes. Máximo Gómez, desilusionado, muere en 1905 confirmando la desconfianza que José Martí siempre tuvo hacia los noteamericanos.

La república mediatizada

Norteamérica mantiene en Cuba una fuerza de ocupación de 6.000 hombres para apoyar sus derechos en la isla. El presidente norteamericano McKinley decide que Cuba deberá permanecer unida por estrechos lazos a los Estados Unidos y, para asegurarlo, el gobernador Leonard Wood dicta un decreto por el que una asamblea constituyente de treinta miembros deberá reunirse para redactar una Constitución para un nuevo Estado. La comisión cubana de cinco miembros es advertida de que deberá admitir una serie de puntos ineludibles: Cuba no po-

El hundimiento del acorazado Maine fue la causa que justificó EE.UU. para declarar la guerra a España y que derivó en la pérdida de la colonia (1898). En España se llamó "el desastre del 98" y la prensa ilustró los acontecimientos con multitud de grabados.

Carteles alusivos de la Revolución castrista se ven por todo el país.

drá conceder ningún derecho a cualquier potencia extranjera sin el acuerdo de Estados Unidos. Estos se reservan el derecho a intervenir en Cuba para preservar su independencia y la estabilidad de sus gobiernos. Los decretos firmados por la autoridad americana se mantendrán en vigor después de la independencia. Estados Unidos podrán adquirir bases militares en territorio cubano.

La comisión rechaza estos puntos por vejatorios pero no puede evitar –bajo presiones y amenazas– una enmienda presentada al Congreso por el senador Orvill Platt que reconoce a Estados Unidos el derecho a intervenir en Cuba cada vez que la paz social y la seguridad de los ciudadanos sea amenazada. Se suceden a partir de este momento una serie de gobiernos corruptos y fraudulentos al servicio de los intereses norteamericanos: Tomás Estrada, primer presidente, el general José Miguel Gómez, Mario García Menocal, Alfredo Zayas, ... Dictaduras y golpes de Estado apoyados por los marines, que intervienen en repetidas ocasiones cuando sus intereses se ven amenazados.

En 1923 estalla una revuelta de veteranos y patriotas que reclaman en un manifiesto una serie de reformas, pero son aplastados por el ejército. El 20 de mayo de 1925 es elegido presidente el general Antonio Machado quien inicia una larga etapa de dictadura represiva y paternalista. Reelegido en 1928, debe hacer frente a sublevaciones de la oposición armada que culminan con una huelga general organizada por el partido comunista que le obliga a exiliarse. Hay un gobierno provisional presidido por Carlos Manuel de Céspedes (hijo del héroe de la Demajagua) que solo dura dos meses: el sargento Fulgencio Batista encabeza un golpe militar que pone en la presidencia a Grau San Martín. Batista se convierte en el hombre fuerte de una etapa en la que pone y retira a presidentes en medio de constantes revueltas y

HISTORIA

juzgados y condenados a prisión en la isla de los Pinos. El jefe de los asaltantes, que se defendería en el juicio con un manifiesto titulado *La historia me absolverá*, se llama Fidel Castro Ruiz.

La Revolución

Castro es amnistiado en 1955 y se exilia a México donde funda el Movimiento 26 de Julio con el argentino Ernesto "Che" Guevara. El 2 de diciembre del año siguiente 80 hombres comandados por Castro y el Che desembarcan en el yate llamado *Granma* en la costa oriental de Cuba. Se internan en Sierra Maestra e inician una guerra armada contra la dictadura de Batista.

A los dos años, el 31 de diciembre de 1958, Fulgencio Batista huye de Cuba y Fidel Castro, que entra triunfador en La Habana, anuncia la disolución del ejército profesional, el establecimiento de una república democrática y reformas sociales. El primer presidente es Manuel Urrutia y el jefe del Gobierno Miró Cardona. Se abre un periodo de juicios sumarísimos y ejecuciones para los colaboradores de Batista que provocan las primeras disensiones entre los revolucionarios. Miró Cardona dimite. Fidel Castro se hace nombrar primer ministro. Se nacionalizan los latifundios y se reduce la propiedad agrícola. Las reformas sociales inquietan a las clases medias y las nacionalizaciones de intereses norteamericanos provocan el deterioro de las relaciones del nuevo régimen cubano con los Estados Unidos. Estos se niegan a comprar el resto del cupo azucarero a Cuba y la antigua URSS se ofrece como comprador además de venderle una importante partida de petróleo a precio reducido. Las compañías norteamericanas que monopolizan la industria refinera en Cuba se niegan a admitir petróleo soviético por lo que Castro nacionaliza las compañías americanas. La revolución se radicaliza y Fidel Castro, ante un millón de cubanos en La Habana, lanza un duro ataque a la influencia de Estados Unidos en Latinoamérica. El 3 de enero de 1961, Washington rompe relaciones diplomáticas con Cuba. En abril Fidel Castro anuncia el carácter socialista de la revolución tras un ataque aéreo al aeropuerto de La Habana en el que mueren siete personas. Al día siguiente, un grupo expedicionario de cubanos exiliados, organizado por la CIA, desembarca en la

enfrentamientos armados antes de ser elegido para la jefatura del Estado en las elecciones de 1940.

En 1944 llega a la presidencia Ramón Grau San Martín al que sucede Carlos Prío Socarrás quien combatió al partido comunista, fundó el Banco Nacional e instituyó los tribunales laborales. El 10 de marzo de 1952, fue derribado por un golpe militar capitaneado por Batista quien instauró una dictadura. La corrupción del gobierno Batista hace que el capital norteamericano controle el 90 por ciento de las minas de níquel, de la industria azucarera y las haciendas, el 80 por ciento de los servicios públicos, los ferrocarriles, el petróleo... La nueva oligarquía cubana, amparada por la corrupción del Estado y aliada con los capitalistas norteamericanos, amasa fortunas mientras aumenta la pobreza en amplias capas de la sociedad. Surgen movimientos estudiantiles contra la dictadura que son perseguidos con dureza. El 26 de julio de 1953, 135 jóvenes asaltan el cuartel de Moncada en Santiago de Cuba. El ataque fracasa y los supervivientes son playa de Girón de la bahía de Cochinos. Tras los combates, que duran tres días, 1.200 invasores son hechos prisioneros y Castro puede mostrar al mundo las pruebas palpables del intervencionismo norteamericano. El presidente Kennedy decreta más tarde el bloqueo económico de Cuba.

Este hecho hace que Fidel Castro se aproxime más a la antigua URSS e inicie una serie de actividades guerrilleras y revolucionarias en países de América Latina lo que, bajo las presiones norteamericanas, provoca la expulsión de Cuba de la Organización de Estados Americanos con un único voto en contra de México. En octubre del año 1962, el gobierno norteamericano denuncia la existencia de misiles nucleares soviéticos en territorio cubano amenazando con la invasión militar de la isla. La crisis se resuelve con las negociaciones directas entre Washington y Moscú: Jruschov ordena el desmantelamiento de los misiles y Kennedy se compromete a no invadir Cuba.

Entre 1962 y 1965 las diferentes organizaciones políticas que forman la base de la revolución se fusionan, en diferentes etapas para dar paso definitivamente al partido único que es el Partido Comunista Cubano que se declara marxista leninista. En 1967 muere Che Guevara en Bolivia y con él fracasa la teoría del "foco revolu-

CUBANOS FAMOSOS

José Martí (1853-1895)

Hijo de españoles, este gran poeta y pensador, apóstol de la independencia cubana, es el personaje más venerado en Cuba: sus bustos jalonan cientos de pequeños jardines y sus poemas se aprenden en las escuelas. Masón y librepensador, supo combinar sus ideales políticos de libertad respecto a la metrópoli con una total ausencia de odio por lo español. Murió heroicamente en el primer año de la guerra contra España.

Fidel (1926) y Raúl Castro (1931)

Nacidos ambos en Birán –provincia de Holguín– de padre español y madre cubana, estudiaron en colegios católicos de Santiago de Cuba. Fidel, hermano mayor, ingresó en la Universidad de La Habana para cursar Derecho y allí se unió a los movimientos estudiantiles, activos luchadores contra la dictadura batistiana.

Ambos compartieron todo el proceso de la revolución cubana, desde el asalto al Cuartel de Moncada en 1953 y la consiguiente cárcel hasta el exilio mexicano, el desembarco del Granma, la lucha armada y la responsabilidad del poder político desde 1959.

Fidel Castro, de carismático verbo, ha sido durante décadas líder y cabeza visible de la revolución. Raúl Castro, que siempre se ha mantenido a un paso de su hermano, tras la enfermedad de este en 2006 asumió en su lugar la Presidencia del Consejo de la Revolución y el puesto de Primer Ministro del país.

Ernesto Che Guevara (1928-1967)

Este médico argentino, de temprana vocación internacionalista, recorrió Latinoamérica para observar la realidad social en toda su crudeza. En México conoció a los hermanos Castro y se sumó a su lucha revolucionaria, en la que cumplió un decisivo papel de estratega y líder. Formó parte del gobierno revolucionario como Ministro de Economía de Hacienda, director del Banco Nacional y embajador en la ONU.

Pocos años después, tomó la decisión de regresar a la lucha armada y participó en movimientos revolucionarios en África (Congo) y Bolivia. En este último país fue capturado y muerto en 1967, lo que acabó por convertirle en un icono universal, no solo en Cuba, donde se le considera héroe nacional. Desde 1997, su cuerpo, así como el de sus compañeros de guerrilla en Bolivia, descansan en el monumental mausoleo situado a las afueras de Santa Clara, ciudad que le nombró hijo adoptivo.

cionario" que pretendía llevar a los países oprimidos de Latinoamérica el ejemplo de la revolución cubana. Los años setenta ven la consolidación del régimen mediante la institucionalización de sus organizaciones políticas: se establecen las primeras experiencias de la Asamblea del Poder Popular, se aprueba por referéndum una nueva constitución que consagra el carácter socialista del Estado, se ponen en práctica planes quinquenales siguiendo el modelo de economía planificada y centralizada y se intensifican la industrialización y el comercio con los países socialistas y algunos occidentales (España, Canadá, Japón, Francia, Venezuela...). Cuba desempeña un papel importante en la Organización de Países no Alineados e inicia el internacionalismo, con el envío de profesionales, técnicos, maestros, médicos y militares a países socialistas africanos.

En el año 1980 se reorganizan los altos órganos del Estado: Fidel Castro es presidente del Consejo de Estado y del Comité Ejecutivo del Consejo de Ministros. A partir de 1985 se inició un proceso de renovación de los cuadros dirigentes del régimen propiciando el acceso a ellos de mandos más jóvenes. En el mismo 1980 tiene lugar el llamado conflicto del Mariel, el primer éxodo masivo de la isla: se produce una invasión de la embajada de Perú por parte de varios miles de cubanos que desean exiliarse por diversos motivos: desencantados, disidentes, homosexuales, etc. El gobierno, tras varios meses, permite el exilio de estas personas en un barco desde el puerto de Mariel hacia los EE.UU. Entre ellos se camuflan presidiarios, una parte de los cuales son devueltos a la isla poco después; Fidel Castro se hará cargo de ellos a cambio de alimentos y medicinas. Excepto durante el mandato de Carter en la presidencia de los Estados Unidos, que propició un acercamiento entre los dos países, las relaciones cubano-norteamericanas se han basado fundamentalmente en el bloqueo impuesto por Kennedy y no levantado jamás. Con Reagan y su política intervencionista en Latinoamérica y especialmente en Centroamérica, la radicalización fue más aguda, máxime cuando Cuba también prestó ayuda a las luchas armadas de las guerrillas en Nicaragua y El Salvador y otros países latinoamericanos.

La caída de la Unión Soviética, el fracaso del sistema socialista en el Este europeo y la instauración en el mundo del llamado "nuevo orden" internacional con la definitiva hegemonía en solitario de los Estados Unidos, dio un duro golpe a Cuba, dependiente en su política y su economía del bloque socialista. La consecuencia fue una terrible crisis energética y de abastecimiento para la subsistencia que fue llamado "el periodo especial". Las serias dificultades económicas y comerciales que se derivaron de ello produjeron graves conflictos sociales en la isla.

El éxodo de los llamados "balseros", miles de cubanos (30.000 en el verano de 1994) que trataban de alcanzar las costas de Estados Unidos en improvisados artilugios de navegación, obligó al gobierno a acelerar un proceso de reformas iniciado en el año 1993. Algunas medidas liberalizadoras han hecho proliferar establecimientos privados dedicados al turismo como las "paladares".

El embargo norteamericano a Cuba se endureció muy sensiblemente actuando como un importante elemento más de presión sobre la política y la sociedad cubanas. En el verano de 1995, el presidente republicano de la Comisión de Asuntos Exteriores, Jesse Helms presentaba un proyecto de ley que, en esencia, permitía al gobierno norteamericano aplicar represalias contra las empresas extranjeras que comerciasen con Cuba. La llamada desde entonces Ley Helms-Burton, ha sido rechazada por la mayoría de los países y de forma muy tajante por la Unión Europea, pero hasta el momento está dejando sentir sus efectos negativos en la isla caribeña.

El 31 de julio de 2006 Castro, después de haber sufrido una operación intestinal, delega sus cargos políticos en su hermano Raúl. En los últimos años, Cuba establece una estrecha relación política con la vecina Venezuela, que le surte de recursos energéticos a cambio de asistencia médica y alfabetizadora de profesionales cubanos. Para aliviar la carga del estado, este ha reducido drásticamente los empleos públicos y, en compensación, a partir de 2010 se amplían las posibilidades del trabajo por cuenta propia en una tímida liberalización económica. También en lo político se observan ciertos cambios, como es la supresión, en enero de 2013, del antes preceptivo permiso de salida que obstaculizaba la emigración de los cubanos al exterior.

CRONOLOGÍA HISTÓRICA

3.500 a.C. De entonces consta la existencia en la isla de dos tribus que vivían de la caza, la pesca y la recolección –siboneyes y guanahatabeyes–, provenientes de América Central y genuinos descubridores de Cuba.

1.500 a.C. Del Caribe próximo se incorporó a la isla de Cuba otra tribu más desarrollada –los taínos–, de tradición agrícola y alfarera. Llegaría a ser la tribu más numerosa y dominante.

1492 Cristóbal Colón arriba a la costa norte de Cuba. Unos 100.000 habitantes residían pacíficamente en la isla repartiéndose su territorio.

1511-1514 El adelantado Diego de Velázquez funda las "siete villas", en este orden: Baracoa, Santiago de Cuba, Bayamo, Camagüey, Sancti Spiritus, Trinidad y La Habana.

1515 Tras un primer contacto idílico entre colonizadores y colonizados, comienza una fiera resistencia contra la dominación. Entre sus héroes destacarán Hatuey y Guamá. Se libran cruentas batallas. Hatuey es apresado y condenado a la hoguera por negarse a abrazar la religión de los conquistadores.

1522 Diezmados los aborígenes por luchas y enfermedades, se inicia la criminal "importación" masiva de esclavos africanos.

1586 Las ciudades de Cuba son repetidamente asaltadas por corsarios y piratas a causa de su situación estratégica. En este año, el mismísimo Francis Drake acosa y saquea La Habana.

1607 Como otras ciudades (por ejemplo, Trinidad), La Habana modifica su enclave para lograr una mejor defensa. Es declarada tercera y definitiva capital de la isla.

1700 El siglo XVIII marca el gran auge de la industria azucarera. En los "ingenios" laboran decenas de miles de africanos esclavizados. Paralelo al bienestar de una clase propietaria cada vez más rica, se produce un importante florecimiento cultural.

1728 Se funda la Universidad de La Habana: primera de toda América Latina.

1762 Los ingleses conquistan La Habana y se adueñan de la isla, que será devuelta a España un año después a cambio de la península de Florida.

1812 Se proclama la abolición de la esclavitud, pero tal medida no será efectiva en Cuba hasta el año 1880.

1868 Comienza la "guerra de los diez años" o "Demajagua", impulsada por el terrateniente liberal Carlos Manuel de Céspedes. Este levantamiento lleva el nombre de su hacienda. La rebelión, aunque fracasada, curtió a los que serían posteriormente los héroes de la independencia cubana.

1895 La segunda y definitiva guerra de independencia duró tres años. Su ideólogo más influyente fue el poeta José Martí, y los generales mambises Máximo Gómez y Antonio Maceo, que fueron sus estrategas principales.

1898 Los Estados Unidos de América, que ya tenían importantes intereses territoriales y económicos en la isla, aprovechan un oscuro incidente (el hundimiento de *El Maine*, un barco estadounidense fondeado en La Habana) para intervenir en la guerra. El ejército español es derrotado. Seguirán cuatro años de tutela del "amigo del Norte".

1902 Tomás Estrada Palma fue el primer presidente electo.

1903 Los EEUU pactan con Cuba el establecimiento de una base militar emplazada en Guantánamo (provincia oriental de la isla), que aún pervive.

1952 Se suceden conflictos y cambios políticos, siempre con el beneplácito del poderoso vecino del Norte, dueño de buena parte del país. Fulgencio Batista perpetra un golpe de estado imponiendo una nueva y despótica dictadura política.

1953 Fidel Castro, con un pequeño grupo de rebeldes, ataca el cuartel militar de Moncada. La revuelta fracasa y los supervivientes son muertos o encarcelados. Fidel Castro y otros serán amnistiados y exiliados a México dos años más tarde.

1956 De México parte una expedición de ochenta hombres, entre los que se encuentran los hermanos Castro y el argentino Ernesto Che Guevara. El desembarco del *Granma* es repelido por el ejército. Muchos de los rebeldes mueren, pero los tres citados y un puñado más se internan en la Sierra Maestra, desde donde organizarán la lucha armada.

HISTORIA

1958 Se adhieren a la rebelión campesinos y revolucionarios de las grandes ciudades. La batalla de Santa Clara, en este año, es definitiva. El 31 de diciembre huirá Batista del país.

1959 El 8 de enero entra en La Habana Fidel Castro. Se implanta el primer gobierno revolucionario. Las nacionalizaciones de empresas (muchas de ellas norteamericanas) y expropiaciones de latifundios provocaron la enemistad de los EE.UU., quienes imponen un bloqueo económico a la isla.

1961 Una invasión organizada por cubanos exiliados y auspiciada desde los EE.UU. desembarca en Bahía Cochinos, con apoyo aéreo, y es repelida por la población. Los prisioneros norteamericanos son canjeados por alimentos y medicinas.

1962 Necesitado de apoyo económico, el gobierno revolucionario ha vuelto sus ojos al bloque socialista y permite que la URRSS instale misiles en la isla. La crisis de los misiles dispara la tensión durante dos semanas en plena guerra fría. Con cesiones por parte de ambos bloques, los misiles se van de Cuba y los barcos norteamericanos no se acercan a la URRSS por el Atlántico Norte.

1980 Tiene lugar una salida masiva de cubanos hacia los EE.UU. desde el puerto de Mariel, pactada con el gobierno de los EE UU. El Estado cubano permite salir, de paso, a los que considera elementos insociales.

1990 La desmembración del bloque socialista acaba con la bonanza financiada desde la URRSS, y Cuba se encuentra con una escasez de recursos. Esta repentina escasez marcó una época de dificultades que se llamó "período especial", y que se trata de paliar con la apertura al turismo y cierta permisividad económica. Se produce otra masiva salida de cubanos en balsas –balseros–, tolerada por las autoridades.

2002 El apoyo del presidente venezolano Hugo Chávez proporciona a Cuba un balón de oxígeno energético en forma de barriles de petróleo, a cambio de ayuda profesional y humanitaria: básicamente, médicos y profesores.

2006 Fidel Castro contrae una grave enfermedad y cede parte de sus responsabilidades a su hermano Raúl, Ministro de las Fuerzas Armadas. Un año más tarde, Raúl Castro asume también el cargo de Ministro del Consejo de Estado de la nación.

2012 El presidente venezolano Hugo Chávez recibe tratamientos médicos en Cuba. No obstante, fallece en Caracas el 5 de marzo de 2013.

Mayo 2012 Muere el disidente cubano Oswaldo Payá en un accidente de tráfico en Granma, en el que también está implicado el político español Ángel Carromero que es procesado y encarcelado.

CUBA A VISTA DE PÁJARO

■ CUBA EN LA ACTUALIDAD

La población

Seguro que durante su estancia en Cuba alguien, cualquier día, le preguntará si sabe cual es el mejor invento de los españoles. Es una broma que los cubanos suelen gastar al español turista y que, completa, es así: Son tres los inventos "que son, pero no son": la alpargata, que ni es sandalia ni zapato; la boina, que ni es gorra ni sombrero; y la mulata, que ni es blanca ni negra... El cuento dice mucho de la ironía cubana, pero también de la leyenda de esplendor humano que rodea al tipo mulato de las Antillas, hombre o mujer, porque estas líneas son para todos.

La verdad es que los mulatos, considerados bajo el epígrafe oficial de mestizos, son el 51 por ciento, aproximadamente, de la población de Cuba y presentan una amplia gama de matices en los que, de vez en cuando, se adivina alguna gota de sangre oriental. Los blancos suman el 37 por ciento, aproximadamente el 11 por ciento es de raza negra y el 0,1 por ciento los que tienen origen asiático. Según las estadísticas oficiales de enero de 2013, Cuba cuenta con 1.163.934 habitantes, el 75 por ciento de los cuales vive en los centros urbanos; la quinta parte habita en La Habana.

De las diferentes razas que han forjado al cubano de hoy, solo una, la autóctona de la isla, los amerindios, faltan en su genealogía ya que poco más de cien años después del descubrimiento, los indígenas caribes se habían extinguido. Algunos antropólogos dicen que ciertos pueblos de Sierra Maestra o de las montañas de Baracoa tienen rasgos que los emparentan con los primitivos habitantes de Cuba, pero si se considera que hacia la mitad del siglo XVI solo quedaban en la isla alrededor de 3.000 indios resulta muy difícil creer que una sola gota de sangre puramente caribe haya llegado hasta nuestros días.

No eran muchos los indios que Cristóbal Colón encontró en Cuba a su llegada en 1492. Los más avaros dicen que poco más de cien mil y los optimistas –o pesimistas, según se mire por lo que aconteció más tarde– opinan que medio millón. Estos indios se dividían en tres grupos étnicos: los guanajatabeys que vivían al oeste de la isla y eran muy primitivos y nómadas. En el siglo XVII ya no quedaba ninguno. En el centro habitaban los ceboneyos, ciboneys o siboneys, que de las tres formas se dice, de cultura neolítica, agricultores y pescadores. Al este se asentaban los taínos, un pueblo más moderno en cuanto a su llegada a la isla, los más desarrollados y civilizados que habían dominado a los ciboneys pero sin someterles a la esclavitud ni a la servidumbre. Estos tres pueblos procedían, con toda seguridad, del continente americano desde donde habían emigrado en diferentes épocas sin que hasta hoy conozcamos las razones.

En el año de 1540, esto es, cuarenta y ocho años después de la llegada de Colón, solo quedaban en Cuba alrededor de 5.000 indios y otros treinta años más tarde no eran más de mil. Para entonces, la mano de obra esclava había pasado a ser de raza negra, importada masivamente a partir de 1513 como solución a la desaparición vertiginosa de los indios y a la tardía y ya ineficaz abolición de la esclavitud para los indígenas de la isla.

Es de sobra conocida la historia del comercio de esclavos negros, uno de los mayores genocidios perpetrados por la humanidad, de cuya práctica no se salva ningún país civilizado de la época. La historia particular de Cuba da a los reyes de España el monopolio del comercio de esclavos que tiene su apogeo durante los cien años que van desde 1715 a 1815. Para lo que nos interesa en este capítulo, que es la población cubana, diremos que los negros llegados a la isla en todo el tiempo que duró su importación, provenían fundamentalmente del África occidental: Senegal, Guinea, Costa de Marfil, Nigeria, Camerún y el Congo. Los negreros, sobre todo en los últimos tiempos de la trata, se internaron más en el África profunda o se proveían de los traficantes árabes que capturaban los esclavos hasta lo que hoy son Kenia, Uganda o Sudán. Pero los negros llegados a Cuba eran principalmente oriundos de las naciones occidentales de África, por ello fueron muy definidos los grupos étnicos y culturales que dieron origen a la población negra actual: los *yorubas* (también llamados *lucumis*), los *congos*, los *carabalis* y los *araras*.

Cuando los españoles llegaron a Cuba eran sensiblemente inferiores en número a la población india, treinta años después eran muchos más y a principios del siglo XIX blancos y negros se repartían la población casi al cincuenta por ciento. Si los negros llegaron de las regiones occidentales de África, los españoles venían fundamentalmente de las regiones pobres de la península, por eso los cubanos blancos de hoy tienen sus antepasados mayoritariamente en Galicia, Asturias, Extremadura y Canarias. Otros cubanos los tienen en el resto de los países europeos, pero su proporción con respecto a la aportación emigratoria española es insignificante.

Finalmente, no hay que olvidarse de los asiáticos que llegaron masivamente a finales del siglo XIX de China, la mayoría de Cantón, en número que ronda los 150.000 y que durante la guerra de la Independencia contra España se pusieron en bloque al lado de los nacionalistas, hecho que conmemora desde 1931 un monolito de La Habana en honor de los chinos combatientes.

Tras la afluencia de esclavos negros a Cuba que cambió radicalmente la composición étnica de sus habitantes, el segundo cambio importante en este sentido ocurrió a partir de 1900: en esta fecha el país tenía un millón de habitantes y en los decenios siguientes entraron en Cuba un millón de españoles y un cuarto de antillanos procedentes de las otras islas que transformaron drásticamente los porcentajes raciales del país: en dos décadas, desde 1900, se dobló la población y en cuarenta años más, esto es, en el momento del triunfo de la revolución castrista, se había doblado otra vez llegando casi a los siete millones de habitantes.

El día 28 de agosto de 1984 nacieron en Cuba 464 niños que es una cifra absolutamente normal. Pero este día fue singular porque uno de estos niños hacía el número 10 millones de habitantes. Entre 1959 y 1986 la población cubana creció en casi cuatro millones pero esta euforia

DIVISIÓN ADMINISTRATIVA Y ORDENAMIENTO POLÍTICO

La isla está dividida en 15 provincias, 169 municipios y el Municipio Especial de Isla de la Juventud, administrado directamente por el Gobierno central. Sin embargo, en los mapas orientados al turismo no es raro poder observar eufemísticos nombres para las regiones. Cada una de las provincias dispone de un órgano de gobierno provincial que "orienta" a los órganos municipales, que son algo así como nuestras alcaldías.

Las instituciones y competencias administrativas están regidas en Cuba por la Constitución del 24 de febrero de 1976. Fidel Castro es el Primer Secretario del Comité Central del PCC, partido que es definido en la Constitución como "la fuerza dirigente de la sociedad y del Estado".

También califica el sistema de gobierno como socialista. La constitución recoge los siguientes órganos de gobierno:

Asamblea Nacional. Detenta el poder legislativo. Desde 1993, y cada cinco años, se elige por sufragio libre y directo a los diputados que lo conforman (aunque en candidatura única).

Consejo de Estado. Está formado por 30 miembros, es elegido por la Asamblea Nacional y responsable ante ella. Su presidente, Raúl Castro, es a la vez jefe de Estado y de Gobierno.

Consejo de Ministros. Es elegido por la Asamblea. Detenta el poder ejecutivo.

Entre las numerosas organizaciones de masas que hay en Cuba, todas bajo el control del Partido Comunista, una de las más importantes son los CDR, los **Comités de Defensa de la Revolución,** cuyo papel fue primordial en los primeros años de la Revolución para la prevención antiterrorista; continúan existiendo, uno al menos en cada cuadra o manzana. Conservan su vocación de vigilancia, a pesar del paso del tiempo.

Fueron creados en 1960 con el objetivo de movilizar a la población contra cualquier agresión contra Cuba. En la actualidad, y dado el desencanto de los últimos tiempos, parecen estar perdiendo importancia.

Otros organismos populares de base son las UJC (Unión de Juventudes Comunistas), FMC (Federación de Mujeres Cubanas), MTT (Milicias de tropas territoriales) y los CTC (Central de Trabajadores Cubanos).

Mujeres cubanas ataviadas con sus trajes típicos.

la más baja de todo América Latina). La esperanza de vida, una de las más altas del continente y que coloca a Cuba entre los 15 primeros países del mundo, es de 75 años.

La economía

La disgregación del bloque soviético dejó a Cuba sin su proveedor, a precios políticos y a cambio de su azúcar, lo que dio lugar al ya citado "periodo especial". Los años noventa fueron, pues, un esfuerzo de reconstrucción de la economía, lastrada además por el bloqueo de los EE.UU. Algunos tímidos intentos de liberalización económica permitieron iniciativas particulares, inversiones extranjeras (sobre todo en construcciones turísticas) e incluso la compra de inmuebles por parte de extranjeros, aunque esta última posibilidad duró muy poco.

En julio de 1993 el Gobierno legalizó la posesión de dólares e incrementó la iniciativa privada de una manera limitada. En octubre de 1994 se permitieron los mercadillos campesinos, que estaban prohibidos desde 1986, y se fomentó la creación de pequeñas y medianas empresas (inexistentes hasta este momento) para compensar la desaparición o reducción de servicios estatales. Sin embargo, estas principal cultivo del país, está muy ligada a estos dos condicionantes que han dictado las oscilaciones entre las intenciones oficiales de dependencia e independencia del cultivo azucarero. Efectivamente, a raíz del triunfo revolucionario se trató de diversificar la producción agrícola cubana para escapar de la servidumbre del monocultivo del azúcar, sobre todo tras el bloqueo americano, con el fin de autoabastecerse de otros productos. En un principio la idea fue buena pero el deterioro de la economía nacional, a consecuencia del bloqueo, obligó a Cuba a dar prioridad a la producción azucarera para poder hacer frente al pago de las importaciones vitales. Esto ocurrió entre 1963 y 1970. Desde entonces la producción de otras especies agrícolas y un esfuerzo en el desarrollo industrial hizo posible un salto cualitativo y cuantitativo en la diversificación sin olvidar el azúcar que siempre ha estado en la base de la economía.

Este salto productor hizo que Cuba fuese autosuficiente en varios productos agrarios como el arroz, y exportadora de otros, principalmente cítricos, tomates, ananás... sin olvidar, por supuesto, el tabaco. La ganadería tuvo también un gran desarrollo, especialmente la dedicada a la producción de leche con una serie de programas de mejora de especies bovinas para adaptarlas a la climatología cubana. Así, con investigaciones genéticas, los expertos cubanos lograron un ejemplar "combinado" de vaca lechera canadiense con cebú isleño que poseía la virtud de una alta producción lechera y la resistencia al trópico del cebú autóctono. El primer ejemplar fue uno de los grandes logros de la revolución bautizado con el nombre de *Ubre Blanca*, tal vez en recuerdo y homenaje a otro gran campeón cubano nacido cerca del lugar donde la productora vacuna vino al mundo de la industria lechera. Hablamos del legendario ajedrecista Capablanca, oriundo del valle de Pitaluga.

La industria es muy diversificada pero la producción, en la actualidad, transcurre con serios problemas ya que la energía eléctrica es de origen térmico con lo cual es absolutamente necesaria para Cuba la importación de petróleo. La producción propia es poco relevante y la dependencia en este terreno de los antiguos países socialistas ha hecho que la obtención de petróleo sea un problema dramático para la economía cubana. En los últimos años Venezuela ha pasado a ser su principal proveedor de crudo, a cambio del envío de misiones sanitarias y alfabetizadoras. Hay fábricas de tractores y maquinaria agrícola, construcciones navales, industria química y farmacéutica, fabricas de textiles, etc. Sin embargo, Cuba tiene varios productos emblemáticos que inmediatamente se asocian a la isla y que forman parte de su paisaje y, por lo tanto, del interés para el viajero. Son estos productos el azúcar, el tabaco, el ron... y también, aunque menos conocidos, el níquel y los cítricos y hoy, puesto que de economía hablamos, el sector turístico.

El azúcar
Durante siglos, el azúcar ha sido el principal motor de la economía cubana y en los laboratorios del Instituto Cubano de Investigaciones de los derivados de la Caña de Azúcar, se han desarrollado técnicas para sacar a este vegetal aplicaciones diversas y distintas del producto principal, el azúcar. Así, desde hace algunos años, se utilizan las mieles finales de la caña para producir levadura con destino a la alimentación animal. El bagacillo predigerido sustituye a la miel como fuente energética en la alimentación del ganado. El bagazo se aprovecha para la fabricación de madera artificial. Se obtiene alcohol etílico y dextrana. También se han hecho serios intentos para convertir en papel el bagazo residual. La pérdida de los clientes del este, la bajada de los precios internacionales y algunos sonados fracasos (como el de la tan nombrada zafra de los 10 millones de toneladas, de 1970), han diezmado los campos de caña cubanos, antaño los primeros productores del mundo. Hoy surten el mercado nacional, la fabricación de ron y poco más. En la zafra de 2012, y según medios oficiales, la cosecha ha producido 1,5 millones de toneladas.

Productos básicos de la economía cubana: tabaco, azúcar, café y banana.

El tabaco

Aunque a Colón le regalaron los indios hojas de la planta en su primera estancia en la isla, el tabaco lo descubrieron en Cuba dos españoles a los que Colón envió a explorar el interior durante su segundo viaje. Fue en la región de Baracoa donde el judío murciano Luis Torres y el andaluz Rodrigo de Jerez, que hacían de intérpretes del almirante, vieron a unos indios que inhalaban un humo aromático de un mosquete de hojas enrolladas. Naturalmente, para los europeos de aquellos tiempos, fumar era cosa de brujería y hasta la Inquisición llegó a llamarlo "un mal del Diablo". Sin embargo, desde aquel mismo año de 1492 hasta la actualidad en que el tabaco empieza a retroceder por su influencia en las enfermedades pulmonares y del corazón, el humo conquistó el mundo. Y si Cuba dejó que el cigarrillo se hiciera genuino sabor de casi todos los países, ninguno logró nunca superar al cigarro puro cubano, y en la región de Vuelta Abajo, en la provincia de Pinar del Río, está la cuna de la mejor hoja. La palabra *tabaco* es de origen indio, como *habana* que parece viene de *sabana* y significa llanura sin árboles. Pero el de *cigarro* es genuinamente castellano y dicen que la palabra fue empleada por primera vez por los toledanos que cultivaban la planta del tabaco en sus huertas de los cigarrales.

Los españoles aprendieron los métodos del cultivo y elaboración del tabaco de los indios y, tras el desarrollo de la moda de fumar en Europa, dieron un gran impulso a la industria en la isla. De hecho, en el siglo XVIII muchos de los vegueros (cultivadores, reguladores de la vega) eran seguramente medio indios o indios puros y los demás dedicados al arte del cigarro eran la mayoría procedentes de Canarias.

Hoy, en Vuelta Abajo, se cultiva la variedad *Corojo*, destinada a la capa externa del puro habano y también la *Criollo* que es la que forma los capotes y las tripas del cigarro. Pero estas y otras variedades se cultivan en ocho de las catorce provincias cubanas. Su siembra, cosecha y maduración la realizan en Cuba alrededor de 40.000 familias que tradicionalmente se han dedicado a ello. Campesinos integrados en cooperativas o de forma individual atienden las casi 50.000 ha que representan las tres cuartas partes del área tabaquera. La otra cuarta parte está atendida por catorce empresas estatales.

El cultivo y elaboración del tabaco es un proceso muy cuidadoso y pintoresco que los turistas interesados pueden seguir si manifiestan esta intención a las autoridades turísticas cubanas: tras su recolección, las hojas se someten a un proceso de curación en grandes naves o galpones en los que la temperatura y la humedad son controlados. Posteriormente, en talleres adecuados, se seleccionan las hojas, se clasifican y posteriormente se fermentan. Este proceso de fermentación es fundamental pues el tabaco, como el vino, tiene un envejecimiento que, controlado

151

adecuadamente por catadores especializados, produce sus óptimas cualidades para cada destino final. La elaboración del puro se llama" torcido" y, así, las "fábricas de torcido" es el lugar donde llegan las pacas de hojas en sus típicos envases hechos con yaguas (el peciolo de la palma real, la parte más ancha de la hoja) que se llaman "tercios". Aquí, las hojas son sometidas a diferentes procesos físico-químicos para terminar en los pupitres de los torcedores y torcedoras quienes, con una habilidad secular, modelan el cuerpo del puro habano con las hojas de Criollo y lo envuelven en la capa final de Corojo con las solas herramientas de sus manos y la chaveta, la cuchilla que da el certero corte a la hoja dejando el cilindro elegante listo para la vitola. En las naves de torcido hay una figura interesante que es el lector: hombre o mujer que ameniza desde su tarima, en la cabecera de la nave, con lecturas de obras literarias y/o revolucionarias el trabajo de los torcedores. Se dice, pero esto es ya patrimonio de la leyenda, que los mejores puros son aquellos "torcidos" y encapotados, con su hábil mano y sobre su muslo, por una bella mulata.

El ron

Un fabricante de la época del capitalismo, fijó en su fábrica una placa que rezaba: *"En verdad, no hubo ni podrá haber en ningún momento de la historia, ni en país alguno, ron como el nuestro. Ni semejante siquiera. Los que fabriquen fuera de Cuba no disponen de la mejor materia prima que existe: que son las mieles de caña cubana, precisamente."*

El ron en Cuba se remonta a los primeros años de la colonización cuando de la caña de azúcar traída por los españoles comenzó a fabricarse un guarapo (bebida fermentada del jugo) para reponer las fuerzas de los macheteros, fundamentalmente negros esclavos. Más tarde, las mieles de caña fueron convertidas en aguardiente por destilación que, envejecido en barriles de roble, dieron el ron en sus diferentes variedades que van desde el transparente "carta blanca" al más oscuro de los centenarios.

Las bondades del ron cubano provienen de la variedad de la caña, el clima, la luz solar, la humedad, la experiencia y hasta de la Corriente del Golfo que acaricia las costas donde se alza la *Ronera Santa Cruz*, la mayor del mundo –dicen–, que elabora el famoso *Havana Club*. Hay otras muchas marcas de ron en Cuba que abarcan una amplia gama de graduaciones, colores, edad, etc. Los rones más comunes, con sus diferencias de años de envejecimiento pueden ser estos:

Aguardiente: destilación de las melazas fermentadas. Un alcohol de 45° sin envejecer, bebido fundamentalmente en el campo.

Carta blanca: transparente y seco, apropiado para cócteles. Base, por supuesto, de los famosos mojitos y daiquirís.

Carta oro: de color ámbar, producto de un somero envejecimiento en barricas, de sabor sutil a melaza.

Extra-seco: difícil de encontrar por su corta producción; es ligeramente dorado y muy buscado por los cubanos.

Añejo: Esta variedad es producto de un largo envejecimiento en barricas. Su

Con playas de ensueño y cada día mejores infraestructuras hoteleras y de servicios, Cuba cuenta con un enorme potencial turístico aún en desarrollo.

Mojito, un cóctel clásico cubano a base de ron, azúcar, lima y menta.

color es oscuro, con tonalidades de jerez "cream". Se toma seco, sin hielo ni combinantes. Sabor largo y olor a melaza.

El níquel

Cuba posee las más importantes reservas conocidas de níquel ocupando el quinto lugar del mundo en su producción. Este "diablillo de las montañas" –significado de la palabra checoslovaca *nickel*– fue descubierto por los españoles en los extremos oriental y occidental de la isla en los lejanos tiempos de la colonización, pero no se explotó hasta épocas recientes. A principios del siglo XX monopolizaron su extracción compañías norteamericanas que jugaron con el negocio según los intereses nacionales: en épocas de guerra, aumentaba la producción, en la paz, bajaba. Hasta que el metal pasó a ocupar un valor imprescindible en la industria metalúrgica con lo que su producción fue masiva en las minas cubanas. Para llegar a la explotación actual, el gobierno revolucionario cubano tuvo que nacionalizar las minas de Moa y Nicaro, en la parte nororiental de la isla, minas que los norteamericanos cerraron previamente como medida de hostigamiento al régimen de Fidel Castro. Con ayuda de técnicos soviéticos, estas y otras explotaciones posteriores, se pusieron en marcha. Entre 1986-1990 se llevó a cabo un plan de crecimiento para la industria del níquel que supuso un incremento medio anual del 14 por ciento.

El turismo

El turismo es uno de los pilares de la economía cubana. En los últimos años se han desarrollado los recursos para atraer al viajero, fundamentalmente de Europa, y en este desarrollo, el gobierno español y la iniciativa privada de España, han tenido y continúan teniendo un papel decisivo.

La construcción de nuevos hoteles, muchos de ellos con capital extranjero aunque con gestión cubana, unida a una mayor explotación de las playas y la recuperación y restauración del patrimonio monumental y artístico han tenido en Cuba un impulso destacado, por la necesidad acuciante de divisas que tiene el gobierno.

Los cítricos

La producción de cítricos ha sido una de las preocupaciones del régimen cubano y en verdad ha alcanzado cotas interesantes para la exportación. La zona más importante es la Isla de la Juventud que con otras de Pinar del Río y el aprovechamiento de microclimas adecuados en la isla, han permitido a Cuba exportar cantidades significativas a la Europa del Este, a través del CAME (Consejo de Ayuda Mutua Económica). La situación de cambio producida por la caída de los regímenes socialistas europeos, ha sido sin embargo un duro golpe para este aspecto del mercado cubano.

La pesca

Las empresas pesqueras cubanas son de propiedad estatal, y capturan una buena cantidad de toneladas anuales (55 en 2010) en pargos, pez espada, cherna, langosta, etc. Para los cubanos de a pie, la cosa no es tan fácil puesto que la pesca por cuenta propia no está permitida. No obstante, en los malecones y playas siempre se ven pescadores que echan sus artes al mar para aumentar las proteínas en la casa, o para vender en el mercado negro.

LITERATURA

No se puede hablar de una literatura propiamente cubana hasta José Martí cuyos escritos suponen lo más solido de la literatura comprometida con la esencia de la cubanidad inmediatamente anterior a la independencia. De su pasado precolombino no quedan vestigios literarios; los pueblos que habitaban la isla desconocían el lenguaje escrito, y si había tradiciones orales -como es de suponer-, no se han conservado.

El hecho de que Cuba, con Puerto Rico, siguiera siendo colonia de España durante un siglo después de la independencia de sus demás posesiones americanas, influyó en que la literatura que se "hacía" en la isla estuviera muy ligada a los movimientos culturales de la metrópoli. Sin embargo hay que señalar que, con *Cecilia Valdés o la loma del ángel*, de Cirilo Villaverde, la novela realista cubana se adelanta a la española a pesar de que el escritor tardó en terminarla cuarenta y tres años, de 1839 a 1882.

Hubo una etapa interesante y muy viva en la actividad literaria de Cuba en la última década del siglo XVIII alrededor de las publicaciones *El papel periódico* y *El aviso de La Habana*. Luego, ya en los años 1800, poetas como Rubalcaba o Pérez y Ramírez tenían un cierto gusto de cubanidad, aunque el más sólido de los poetas de esta época fue José María Heredia, tanto por su formación humanista –a los ocho años ya traducía a Horacio– como por ser el iniciador del romanticismo poético hispanoamericano con su poema *En el Teocalli de Cholula*. El romanticismo cubano tiene matices de un tropicalismo que lo caracteriza en poetas como G. de la Concepción Valdés o pasión y misticismo en Gertrudis Gómez de Avellaneda, la más prolífica e insigne de las mujeres literatas nacidas en Cuba, autora dramática de grandes obras, entre ellas y como pieza maestra del teatro romántico, *Baltasar*.

José Martí solo publicó tres libros mientras vivió, pero la revolución castrista ha paliado con creces aquella modesta actividad editora del padre de la patria cubana con una dedicación exhaustiva a sus escritos. Como poeta, José Julián Martí es uno de los grandes de la literatura en lengua española. Hijo de valenciano, estudió derecho y filosofía en Madrid estrenando su primera obra teatral, el drama *Adúltera*, en Zaragoza. Fue ensayista, periodista y escritor político con una prosa sencilla pero vigorosa y uno de los primeros pensadores hispanoamericanos en concebir el continente como unidad contra el predominio español, europeo y norteamericano.

Los primeros años de la república se caracterizan por una crisis en la creación literaria. En 1927 se produce una reacción renovadora e inconformista, que trata de conectar con los grandes movimientos literarios universales del momento, con José Z. Tallet y Rubén Martínez Villena en la poesía de vanguardia, Navarro Luna y Regino Pedroso en la poesía social, o Dulce María Loynaz (Premio Cervantes, 1992) con el intimismo. En la poesía pura son figuras señeras Mariano Brull y Eugenio Florit, pero el más grande poeta de todos es sin duda Nicolás Guillén. Nacido en Camagüey en 1902, Guillén, mulato descendiente de esclava, conjuga en soberbio mestizaje las raíces folclóricas afrocubanas con el clásico verso octosílabo español. Poeta social es también un lírico tradicional de gran musicalidad. Fue presidente de la Unión de Escritores tras el triunfo de la revolución que le considera como el poeta nacional de Cuba.

Entre los escritores de los tiempos anteriores al castrismo –algunos de los cuales continúan su actividad literaria con él– destacan, en la poesía, Ángel Gaztelu, Eliseo Diego, Fina García Marruz, Virgilio Piñera o Gastón Baquero; novelistas, como Emilio Bacardí, Raimundo Cabrera o Álvaro de la Iglesia, en la novela histórica; nacionalistas, como Jesús Castellano, Hernández Catá o Miguel Marcos; y cuentistas, como Arístides Fernández, Félix Pita, Dora Alonso, Carballido Rey, Onésimo J. Cardoso o Ramón Ferreira, siendo los más universales de todos José Lezama Lima y Alejo Carpentier.

Nacido en 1910 y muerto en 1976, José Lezama Lima es fundamentalmente barroco, por su formación y su creatividad: estudioso de los neoplatónicos y los

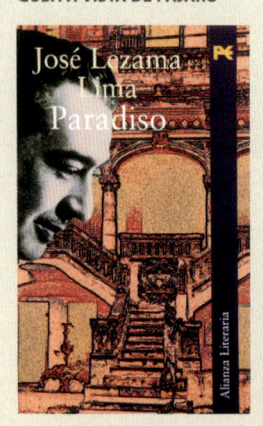

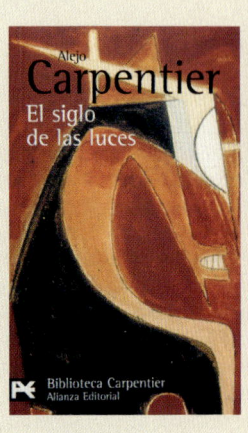

Obras de tres grandes nombres de la literatura cubana: José Lezama Lima (1910-1976), José Martí (1853-1895) y Alejo Carpentier (1904-1980).

poetas órficos, del barroco y Góngora ha mantenido que es el barroco el estilo de América. Su obra más universal es *Paradiso*, una novela circular, muy poética, profundamente metafórica, exuberante y sensual. Considerado por muchos como uno de los más grandes escritores del siglo, Lezama Lima dejó un obra póstuma e inconclusa, *Oppiano Licario*, seguramente parte de un proyecto mucho más ambicioso.

Alejo Carpentier es también un escritor barroco pero con un estilo suntuoso y sin el hermetismo de Lezama Lima. Sus maestros son los escritores españoles del Siglo de Oro. Hijo de francés y rusa, gran musicólogo, Carpentier también comprendió –en justicia fue el primero– que la realidad cultural de Latinoamérica es barroca. Los personajes de sus novelas son arquetipos: el héroe, el dictador, la víctima, el revolucionario, el megalómano. Sus novelas discurren en períodos históricos a los que se ajustan vital y culturalmente los personajes. Residió en Francia la mayor parte de su vida, primero como exiliado y al final como embajador de la revolución. Murió en París en 1980. Sus obras más destacadas son: *Ecué-Yamba-O!*, *El reino de este mundo*, *Los pasos perdidos*, *El siglo de las luces*, *El recurso del método*, etc.

Tras el triunfo de la revolución en 1959, la literatura cubana inicia una etapa de crítica y renovación en busca de temas eminentemente cubanos y latinoamericanos. Los poetas Roberto Fernández Retamar, Fayad Jamís y Pablo Armando Fernández, se caracterizan como figuras destacadas de este momento de compromiso revolucionario. Otros, como Heberto Padilla, fueron más reticentes y abandonaron Cuba.

En la narrativa, la revolución ha producido una larga lista de magníficos escritores que conoce bien el lector español ya que han sido muy difundidos en España: Guillermo Cabrera Infante, Edmundo Desnoes, Severo Sarduy, Luis Agüero, Miguel Barnet, Ana María Simó, Lisandro Otero o Reynaldo Arenas. Cabrera Infante, Sarduy y Arenas se enfrentaron a la revolución en diversos momentos y optaron por el exilio.

De ellos, Guillermo Cabrera Infante es tal vez el más difundido: su novela *Tres tristes tigres*, fue una de las "descubiertas" durante el llamado "boom latinoamericano". Algunas obras de Miguel Barnet, de carácter antropológico, han sido llevadas así mismo al cine en coproducciones hispanocubanas.

La década de los 90 del pasado siglo, supuso el reconocimiento internacional de una generación más joven de narradores cubanos que, sin dejar de estar enraizados en la realidad de la isla, han sabido dotar a sus historias de la suficiente dimensión literaria como para ser leídos y admirados por lectores de todo el mundo. Tal es el caso de Zoe Valdés, Jesús Díaz, Abilio Estévez o, más recientemente, el caso de Pedro Juan Gutiérrez, quien, aplicando los resortes del llamado "realismo sucio" norteamericano a la problemática realidad cubana, logra en su *Trilogía sucia de La Habana* una radiografía feroz a través de viñetas que destilan humor negro y acidez. Entre los escritores contemporáneos más internacionales hay que citar a Leonardo Padura, cuya principal novela, *La novela de mi vida*, ilustra acerca de las luchas políticas en varios momentos históricos de la isla.

El teatro

Tal vez el más destacado autor teatral cubano del siglo XIX sea Joaquín Lorenzo Luaces (1826 - 1867). Influido por Molière y Bretón de los Herreros, Luaces escribe un teatro de género muy realista y también muy cubano y sin duda el mejor teatro escrito en la colonia. El teatro de los primeros años de la república mediatizada y, sobre todo en los años de ocupación norteamericana, es muy pobre y la escena está dominada por el sainete o el género bufo en un ambiente cultural de desencanto tras las ilusiones de treinta años de guerra. Sobresale sin embargo José Antonio Ramos con un teatro preocupado por temas sociales.

A principios del siglo XX, la escena cubana está dominada por el teatro lírico con figuras como Ernesto Lecuona o Anckerman que dan a la zarzuela títulos importantes. Más tarde, autores como Marcelo Salinas, José Montes y Francisco "Paco" Alfonso dan a la escena cubana un gran desarrollo no exento de dificultades. Virgilio Piñera y Carlos Felipe son autores que engarzan la época difícil de la república con la Cuba de la revolución. Esta da un gran impulso a la creación teatral en todos sus matices y destacan figuras veteranas como Antón Arrufat o José Triana y una pléyade de autores preocupados por recobrar las raíces cubanas más profundas y especialmente empeñados en recrear el folclore y los mitos afrocubanos junto a otros con una visión más universal de los temas: Albio Paz, Roberto Orihuela, Roberto Blanco, Abelardo Estornino o Eugenio Hernández Espinosa, entre otros.

LECTURAS RECOMENDADAS

De los más de doscientos títulos que bajo el epígrafe "Cuba" tiene registrados el Instituto Nacional del Libro en España, la mayoría están dedicados a temas políticos y económicos y gran parte de las ediciones se encuentran agotadas. Hay pocos libros sobre aspectos turísticos y viajeros. Muchos son tesis sobre temas históricos o sociológicos. Algunos, pocos, tienen a Cuba como ámbito de creación literaria.

Una de las preocupaciones de la Revolución castrista fue la educación y con ellas la edición de libros baratos en tiradas millonarias. Hoy, con la crisis económica, la producción de libros se ha mermado drásticamente pero aún se pueden encontrar en Cuba libros para adquirir. Y si no se encuentra en las librerías lo que se busca, de intentarse entre los particulares, muchos estarán dispuestos a hacer el favor de vender un libro.

A continuación, se relacionan algunos títulos indicativos de libros españoles y cubanos. De todas formas, quien desee obtener obras editadas en Cuba antes de salir de viaje, puede dirigirse a la librería Casa de América en Madrid.

Ediciones españolas

Miguel Barnet: *La canción de Rachel*, Laia B, 1970; y otras posteriores. Miguel Barnet es un novelista-sociólogo cubano que ha publicado en España una trilogía de arquetipos cubanos: *Biografía de un Cimarrón*, tiene a un negro esclavo como protagonista; *Gallego* (Alfaguara), a un emigrante español y *La canción de Rachel*, a una corista del teatro Alhambra de la Cuba republicana.

Estas tres obras de Miguel Barnet responden a un estilo de novela-testimonio en el que la investigación científica sirve a la creación literaria. Son por ello obras muy interesantes para conocer la sociología y el ambiente de unas épocas concretas de la historia de Cuba.

Guillermo Cabrera Infante: *La Habana para un infante difunto*, Seix Barral, 1979 y otras ediciones. Novela del escritor cubano exiliado, nostálgica de su niñez y juventud en La Habana, la ciudad perdida se adentra en el laberinto de la memoria hacia sensaciones carnales, juegos de palabras, juegos literarios y juegos de amor que se mezclan y combinan en un definitivo juego barroco en el que el sexo y la nostalgia recorren la memoria de una ciudad familiar.

Ernesto Cardenal: *En Cuba*, Editorial Pomaire, S.A. 1977. Recuerdos de un viaje a Cuba del ex ministro sandinista nicaragüense en los que toma contacto vivo con la sociedad cubana de la revolución, sus artistas e intelectuales. Libro de militante comprometido, evocador y poético dentro de la identificación ideológica.

Alejo Carpentier: *La ciudad de las columnas,* Bruguera, 1982. Un librito poco extenso en el texto e ilustrado con fotografías de La Habana Vieja, en el que Alejo Carpentier hace una semblanza de la ciudad poética y la ciudad práctica: la belleza de la penumbra, refugio de sus soportales, el barroquismo del trazado y el barroquismo de la palabra del escritor para mostrarnos la topografía de una ciudad que se adelantó en su trazado a los tiempos con una concepción revolucionaria del urbanismo.

Alfonso Grosso: *Inés just coming,* Editorial Planeta. Novela intimista que se desarrolla en Cuba durante los días en que amenaza el huracán Inés. Alfonso Grosso utiliza el monólogo interior de tres personajes para aproximarse a la realidad sociológica de la revolución, el contraste entre modos de vida diferentes de personajes provenientes de distintos mundos culturales. El ambiente de Cuba actúa como resonancia presente a lo largo de los monólogos con gran riqueza de ambientación.

Hugh Thomas: *Cuba, la lucha por la libertad.* Ediciones Grijalbo, 1973. Historia de Cuba, en tres tomos, desde el descubrimiento hasta 1970 escrita por el famoso historiador e hispanista británico. La obra es minuciosa y cubre no solo los hechos históricos sino también los aspectos económicos, antropológicos y culturales. Thomas escribió una continuación que abarca desde la época de Batista hasta los años ochenta y está editada en 1982 también por Grijalbo. Esta historia de Cuba ha sido muy discutida por los historiadores cubanos actuales. Hay un libro editado en España por Catoblepas titulado *¿Es historia el libro que Hugh Thomas escribió sobre Cuba?* cuyo autor, Ángel Aparicio Laurencio profundiza precisamente en esta polémica.

Román Orozco. *Cuba Roja.* Editorial Información y revistas, Cambio 16. Revisada en 1996. El subtítulo del libro explica su contenido de una forma evidente: "Cómo viven los cubanos con Fidel Castro". Román Orozco, corresponsal durante muchos años en Latinoamérica para el Grupo 16, ha desarrollado en este denso libro todos los aspectos políticos, económicos y sobre todo sociales de Cuba en la actualidad con una visión muy equilibrada y nada partidista de la realidad cubana.

Andres Oppenheimer. *La hora final de Castro.* Javier Vergara, 1992 y otras ediciones. El libro, ganador del premio Pulitzer, narra en clave de investigación periodística y desde una óptica muy norteamericana, los hechos cubanos desde 1989 a 1992, que el autor describe como las "entretelas de cómo la revolución socialista de Castro se autodestruyó después de la caída del comunismo mundial".

Ediciones cubanas

Natalia Bolívar: *Los orishas en Cuba,* Ediciones Unión, 1990. Es un libro sobre el olimpo de la santería en Cuba. Los Orishas (orichas) que lo forman, con sus atributos, personalidades, procedencias, etc. Los ritos, la música, el complejo mundo de relaciones entre africanismo y catolicismo expuestos en el libro hacen de este una introducción muy interesante a la santería cubana.

Argeliers León: *Del canto y el tiempo,* Ed. Letras Cubanas, 1984. Un libro interesante para el que quiera ahondar en los orígenes de la música cubana. Trata de las características de las músicas venidas de África y su transformación en Cuba para pasar después al continente americano. Habla del son, la rumba, el bolero, etc. y de la música actual, corrientes innovadoras e influencias extranjeras.

Fernando Ortiz: *Entre cubanos,* Editorial Ciencias Sociales. 1987. Fernando Ortiz es tal vez el más destacado polígrafo cubano, hombre de vasta cultura, historiador, antropólogo, lingüista, jurista, ha dedicado su vida a investigar las raíces de lo cubano en los más amplios campos del saber. Obras como *Los negros esclavos, Las cuatro culturas indias de Cuba, El engaño de las razas, Catauro de cubanismos,* etc. profundizan en la historia, la música, el folclore y la lengua cubanas. *Entre cubanos* es un ameno estudio de la psicología del pueblo de Cuba en el tránsito de la independencia a la república. Un estudio tipológico, sociológico y también político en busca de la propia identidad. La obra completa de Fernando Ortiz, imprescindible para quien desee conocer la raíz de lo cubano, está disponible en las librerías cubanas.

■ ARTES PLÁSTICAS

Arquitectura

Alejo Carpentier, con el exquisito respeto que caracteriza a todo humanista, discrepa del barón von Humboldt cuando este se refiere a La Habana con estas palabras: *"Aquí, como en nuestras más antiguas ciudades de Europa, solo con suma lentitud se logra enmendar el mal trazado de las calles."* Porque lo que Humboldt ve de mal trazado no es más que un sabio urbanismo al servicio del hombre bajo la luz del sol tropical y que se ve sorprendido de repente por la lluvia torrencial del equinoccio. Esto lo cuenta Carpentier en su libro *La ciudad de las columnas*, y lo que dice de La Habana, bien vale para las demás ciudades cubanas urbanizadas durante la colonia.

Columnas y soportales y el recuerdo de los ocres, azules, sepias, marrones y rojos tierras, hoy desvaídos por el tiempo es la arquitectura primera que el viajero admira en la isla. Pero es esta la arquitectura anónima, popular y cotidiana que se mezcla en las más populosas ciudades de Cuba con una sucesión de estilos –La Habana es el mayor y más completo ejemplo– que hacen que la arquitectura cubana tenga el estilo de la acumulación. Alejo Carpentier lo define mucho mejor: "...ese estilo sin estilo" que a la larga, por proceso de simbiosis, de amalgama, se erige en un barroquismo

Capitolio y Gran Teatro de La Habana, obras de principios del siglo xx

peculiar que hace las veces de estilo inscribiéndose en la historia de los comportamientos urbanísticos".

En los capítulos dedicados a la monumentalidad de Cuba, se da cuenta fiel de la arquitectura mayor pero, a modo de generalización, cabe señalar que Cuba tiene varios momentos históricos que definen sus edificios señeros.

En el principio de la colonización, las viviendas se fabricaban con madera y techos de paja, que son los bohíos que hoy se pueden ver en el ámbito rural. Las fortalezas pertenecen a los siglos XVI-XVIII y siguen el estilo de la arquitectura militar de la época. La influencia mudéjar es notoria en muchas construcciones de esta época, dada la riqueza de maderas de la isla. Este material se usa profusamente en los siglos posteriores tanto en iglesias, palacios y edificios civiles en los que el barroco es el estilo generalizado.

En el siglo XIX se prodiga una arquitectura sin personalidad y moderna, muy ecléctica en su concepto. El siglo XX ve cómo La Habana se llena de grandes avenidas y barrios residenciales con viviendas a gusto de los propietarios que no siempre fue bueno.

Ya en la revolución, la arquitectura dominante es la oficial, un tanto heterogénea, en la que conviven edificios expresionistas con otros adecuados al medio ambiente en los que se mezcla la aparatosidad característica de la arquitectura socialista con espacios de gusto tropical en los cuales los elementos vegetales armonizan con la madera y la piedra.

Pintura y escultura

La época colonial en Cuba es muy pobre en pintura y escultura. Aquí no ocurrió lo que en México, Bolivia o Perú donde los artistas supieron crear estilos genuinamente americanos partiendo de los movimientos europeos –fundamentalmente, el barroco– en extraordinaria simbiosis con el espíritu indígena. Hay que esperar a 1910 para tener en Cuba una *Asociación de pintores y escultores* y la creación de un ambiente artístico impulsado por el grupo de la *Revista de avance* (1927) que reciben las

Pintura cubana, de líneas sencillas y muy colorista.

influencias de la escuela de París así como la de los muralistas mexicanos que provocaron una amplia oleada de indigenismo en toda la pintura de Latinoamérica.

Eduardo Abela y Marcelo Pogolotti son los más destacados representantes de esta etapa de principios de siglo, el primero con sus pinturas de temas rurales, guajiros vestidos de fiesta y escenas de labor, y el segundo, pintor de la ciudad. Amelia Peláez que introduce el cubismo en la isla fue alumna del pintor ruso Alexandre Exter, estudió en París y Nueva York y ha sido maestra de muchos artistas cubanos. El arte abstracto tiene los nombres señeros de Luis Martínez Pedro, Mario Carreño, Cundo Bermúdez, Gina Pellón y Joaquín Ferrer.

Los más universales de los pintores cubanos son sin duda René Portocarrero y Wifredo Lam. Este último, nacido en Sagua la Grande en 1902, de sangre china, negra y española. Tras estudiar en la Escuela de Bellas Artes de La Habana viaja a España donde asiste a los cursos de la Escuela de San Fernando, en Madrid. Sus primeras obras son de estilo realista y académico, bodegones y paisajes en los que destacan sus grandes dotes de cuidadoso dibujante. En España vive los momentos de la República de la que es un ferviente defensor por lo que, en 1937 debe exiliarse en Francia. Aquí conoce a Picasso que admira con entusiasmo su pintura, le apoya artísticamente y arrastra a todo su mundo parisino a la primera exposición de Lam en Pierre Loeb en 1938. Forma parte del grupo surrealista de André Breton y Paul Elouard y vuelve a emigrar con Breton, Marx Ernst y el antropólogo Lévi-Strauss al estallar la segunda guerra mundial. Hasta este momento su pintura se acerca al cubismo, con motivos afrocubanos, figuras sin volumen y tonos apagados, en una paleta cromática voluntariamente limitada.

Al volver a Cuba, tras 18 años de ausencia, se reencuentra con las raíces de su tierra y se entusiasma con la brillantez de la luz y el clima tropical que le dicta una de sus obras maestras, *La selva*, hoy en el

Museo de Arte Moderno de Nueva York. Generalmente suele encuadrarse a Wifredo Lam entre los surrealistas, aunque el suyo es un surrealismo solamente "ambiental" ya que su pintura es hija de mundos muy dispares: el rigorismo formal del arte europeo contemporáneo y la inspiración de lo afrocubano. Porque de Lam se ha dicho que buscaba su mundo en las máscaras y ritos de África, o que recibió un gran impulso temático cuando visitó Haití con Breton en 1946. Pero Lam no necesitaba ni de África ni de Haití porque lo que pinta está en Cuba, en la santería, en el olimpo ñáñigo, en sus ritos, orichas, símbolos, bestiarios, vegetalidades... Muchos de sus cuadros son traslaciones intelectualizadas de la iconografía santera en la que lo divino y lo humano toman formas simbióticas en escenas que suelen calificarse de oníricas –y por ello, surrealistas– cuando son puro rito animista cribado por una estética europea y culta.

René Portocarrero es un artista vitalmente opuesto a Lam. Porque si este hizo su arte desde unos postulados internacionales, Portocarrero dedicó todo su genio y todo su esfuerzo a Cuba y lo cubano. Nacido en La Habana en 1912 y fallecido en su ciudad en 1985, su formación académica se limita a unos cursos en las academias de Villate y San Alejandro para dedicarse a la enseñanza del dibujo siendo profesor en la cárcel de La Habana. Obtuvo en 1963 el premio *Sambra* de la Bienal de São Paulo tras darse a conocer en Nueva York. En 1966 fue el único representante de Cuba en la Bienal de Venecia. Se dedica a actividades tan variadas como ilustrador de libros, muralista, grabador, pintor de vidrieras y ceramista.

Alejo Carpentier lo califica, más que como pintor barroco, como "dibujante de tatuajes que no sabe donde detenerse en su *perpetuum mobile*" y es esta una buena definición de Portocarrero porque, tras sus primeras obras de carácter ingenuista, se lanza a plasmar en pinturas, dibujos, grabados, murales y cuanto las artes plásticas ponen a su disposición, la vida de Cuba, sus costumbres, sus personajes, fiestas, paisajes, pueblos, símbolos, etc. siempre dentro de la figuración de concepto expresionista en la que el dibujo se va haciendo cada vez menos descriptivo para sumirse en lo poético. Los novísimos pintores cubanos siguen las tendencias actuales del arte sin mayores problemas ya que la revolución, al contrario de lo ocurrido en el mundo socialista europeo, no ha mediatizado ni impuesto tendencias plásticas a sus artistas. Si el viajero quisiera conocer más en profundidad la pintura cubana actual tendrá la oportunidad de hacerlo en los museos de la isla o en la Casa de las Américas de La Habana que realiza una labor divulgativa muy importante.

En cuanto a la escultura, Cuba no se ha caracterizado por dar grandes figuras en este arte siguiendo, por otra parte, una constante continental durante muchas décadas. Tal vez el escultor más nombrado de los pocos cubanos sea Agustín Cárdenas, nacido en el año 1927, que ha tratado de elevar las formas ancestrales de lo afrocubano a categoría de modernidad con el empleo de materiales propios de la escultórica contemporánea.

En cuanto a los nuevos valores surgidos tras la revolución, en la que la escultura se ha puesto al servicio de la monumentalidad oficial, podemos nombrar a Rita Longa, autora de una serie de figuras indias que está colocadas en el Parque de Guamá. Otros artistas que exponen con regularidad en Cuba son Díaz Peláez, Fowler, Haití, Osneldo, Antigua, Lecour, así como Sergio Martínez.

LA MÚSICA

Entre los muchos aventureros que habían llegado a Cuba con Diego Velázquez a principios del siglo XVI, se encontraban unos cuantos músicos de poca importancia. Alejo Carpentier, en su magnífica obra *La música en Cuba*, da cuenta de un tal Porras, otro tal Alonso Morón y la más clara personalidad histórica de un notable tañedor de viola y vihuela llamado Ortiz del que se afirma enseñaba danza en la recién fundada ciudad de Bayamo. Este Ortiz se fue con Hernán Cortés a la conquista de México porque era ambicioso y tenía también un caballo, de nombre *Arriero*, muy rijoso y "musical" al que recurriría Cortés cuando quería amedrentar a los indios con sus relinchos y danzas piafantes.

Pero el primer músico culto de que se tiene noticia en Cuba es Miguel Velázquez, hijo de india y español, de la familia del gobernador Velázquez, nacido en la isla y por lo tanto perteneciente a la primera generación de cubanos mestizos. Fue enviado a estudiar la carrera eclesiástica a Sevilla y Alcalá de Henares y, a su vuelta a Cuba, actuó de corregidor en el ayuntamiento. En 1544 era canónigo de la catedral de Santiago, tañía el órgano y conocía a fondo las reglas del canto llano, enseñaba gramática y, por lo que de él se dice en las crónicas, era "mozo en edad y anciano en doctrina y ejemplo". Como mestizo que era, sentía un gran amor por su tierra pero no ha dejado una sola anotación por la que se pueda saber cómo era la música de los indios de la isla, tal vez porque su educación española y su rango social le hicieran ignorar los valores musicales de su mitad indígena. Este es un hecho que se repite en toda la América de la conquista: el desprecio por la cultura musical de los pueblos descubiertos. Parece ser que los indios de Cuba tenían unos cantos y danzas de los que solo nos ha llegado el nombre, *areitos*, y algunas descripciones de cómo los bailaban los indios.

En el siglo XVII, ya asentada la colonización en la isla, la música alcanza mayor importancia aunque circunscrita a los oficios de la catedral de Santiago y la parroquia mayor de La Habana. Se sabe que en fiestas religiosas solemnes, como la Cruz de Mayo o el Corpus Christi, la música tenía una función destacada.

En 1682 el obispo Juan García de Palacios funda la primera Capilla de Música en la catedral de Santiago, siendo su maestro

La música está presente por doquier. A la izquierda, músico acarreando su instrumento por las calles de La Habana. Bajo estas líneas, banda en Trinidad.

Domingo Flores. Para entonces, Santiago había ido dejando paso a La Habana en importancia política, económica y cultural languideciendo en una decadencia pueblerina en la que la música corría una suerte pareja. Sin embargo, treinta años más tarde nacía en La Habana Esteban Salas que estudiaría música, filosofía, teología y derecho canónico trasladándose a Santiago a la edad de cuarenta años para desarrollar en la ciudad de oriente una labor compositora importantísima no solo para Cuba sino también para la música de todo el continente.

Esteban Salas ha sido un músico olvidado durante siglos y en la casi totalidad de los estudios sobre la música en Cuba no hay referencias serias a su obra. Ha sido precisamente Alejo Carpentier quien, en el transcurso de sus investigaciones dio con una importante colección de partituras compuestas por Salas que denotaban su extraordinaria calidad creadora. Hasta él, la música que se interpretaba en Cuba era la de composiciones llegadas de la metrópoli y en muy escasas ocasiones creadas por los maestros cubanos. Salas se comportó como un verdadero *maese de capella*, convirtiendo la catedral de Santiago en un auténtico conservatorio de música, formando intérpretes y discípulos, creando una disciplina, haciendo del templo una rica sala de conciertos y enriqueciendo sus archivos con espléndidas obras propias: Misas solemnes, una Misa en fa monumental, villancicos, etc., son obras suyas compuestas en un estilo que abarca dos grandes etapas; Salas vive en el período del tránsito del barroco al naturalismo y su obra sigue estas dos corrientes participando de ambos mundos. Téngase en cuenta, para situarlo mejor en el tiempo, que Esteban Salas nace cuatro años antes de que Juan Sebastián Bach escribiera la *Pasión según San Mateo* y muere un año después de que Beethoven compusiera su *Segunda sinfonía*, es decir, Salas participa del barroco y del clasicismo. De la mano de Salas, los cubanos conocieron a Haydn y Pergolesi y a los grandes compositores europeos de su época.

Al final de siglo XVIII llega la ópera a Cuba de la mano de los inmigrantes franceses que huían de las revueltas negras de Haití, también la contradanza y algunos instrumentos musicales desconocidos en la isla como la flauta o el contrabajo. También llegó la costumbre de las veladas musicales a la usanza europea.

Con el siglo XIX llega el nacionalismo: los compositores cubanos toman conciencia de su patriotismo que se va a reflejar en sus músicas. Por supuesto que desde 1550 hasta aproximadamente 1850, la música cubana seguía los dictados de la música española, pero desde la llegada de los esclavos fue introduciéndose el elemento musical africano de forma constante. En este tiempo Francisco José Hierrezuelo sustituye, como maestro de la capilla de Santiago, a Salas que fallece en 1803; a Hierrezuelo le sustituye el catalán Juan París.

Paralelamente, en La Habana estaban Manuel Lazo de la Vega, al que suceden Miguel García, Juan Nepomuceno Goetz, José Francisco Rensoli y Cayetano Pagueras ya en el siglo XIX. La música española sigue siendo la influencia casi absoluta hasta que a mediados del siglo penetra con fuerza la ópera italiana que invade a intérpretes y compositores: Manuel Saumell, Nicolás Ruiz o Ignacio Cervantes son nombres de esta época con los "operistas" José White y Gaspar Villate. Saumell, Cervantes y Pedro Manuel Fuentes, se distinguirían como compositores de danzas y contradanzas. Fuentes, Boudet y White, además de compositores eran excelentes violinistas.

La revolución industrial trajo a Cuba la aplicación de la máquina de vapor a la industria azucarera, y con ello una prosperidad extraordinaria a la burguesía de la isla que se tradujo en el enriquecimiento de la vida musical. Se fundan instituciones musicales: sociedades, liceos, teatros y salas de conciertos. Todo esto se prolonga hasta bien entrado el siglo XX, aunque la profusión de intérpretes, compositores y orquestas no evita una general mediocridad por la influencia operística italiana. La intervención norteamericana en Cuba terminó con la capilla de música de la catedral de Santiago, barrida de un plumazo por el gobernador militar John Brocke.

Los primeros años de la república mediatizada, fueron pobres para la música en Cuba. De este período es la meritoria labor de músicos como Guillermo Tomás y Rafael Salcedo quienes dan a conocer en la isla a Wagner, Berlioz, Debussy y la novena sinfonía de Beethoven. Eduardo Sánchez Fuentes dio gran impulso al teatro lírico cubano. En 1922 Gonzalo Roig funda la Orquesta Sinfónica y en 1924, bajo la dirección del español Pedro Sanjuán, inicia su vida la Orquesta Filarmónica que pronto alcanzaría gloria con uno de los más importantes compositores cubanos, Amadeo Roldán. Este, violín concertino de la filarmónica desde su fundación, junto a Alejandro García Caturla buscó un lenguaje musical nacionalista cubano y contemporáneo que basaron en su educación europea y su entusiasmo por las raíces africanas del folclore incorporando a sus músicas ritmos e instrumentos de la negritud. Ernesto Lecuona es otro compositor de renombre universal que siguió estos postulados de llevar a la gran música los elementos más hondamente cubanos de la tradición española y las raíces africanas.

Muertos prematuramente estos dos importantes músicos, les sigue el español afincado en Cuba, José Ardévol, que continúa con el interés de proyectar la música cubana a la contemporaneidad. Formador de músicos, Ardévol influye en Gramatges, Edgardo Martín, Argeliers León, Cámara, Gisela Hernández, etc. La vanguardia llega con la generación siguiente: Juan Blanco lleva a Cuba la música concreta y las exploraciones electroacústicas y Aurelio de la Vega es el primero que introduce en La Habana el dodecafonismo, el serialismo y la música aleatoria.

Tras la revolución se funda la Brigada de música que se encarga de impulsar la actividad musical de los nuevos tiempos. Héctor Angulo, Calixto Álvarez y Roberto Valera son los nombres más importantes de esta etapa, encargados de insuflar a los músicos jóvenes el interés investigador de los elementos musicales más genuinamente cubanos sin olvidar la búsqueda de nuevas y contemporáneas formas expresivas.

La música popular

El viajero, en Cuba, si no lleva una somera información previa, se verá agradablemente sorprendido –y a veces con entusiasmo– al comprobar que la música está presente en cada momento del día o la noche en cualquier lugar en que se encuentre. Paseando por las calles de La Habana Vieja o las familiares calles de Santiago, irá acompañado de los ritmos que surgen tras las puertas y ventanas siempre abiertas a la espera de la brisa. En el restaurante estará amenizado el almuerzo o cena por un conjunto musical, trío, cuarteto o solista. En los cabarets, no digamos: desde la "catedral bajo las estrellas" que es el *Tropicana* hasta el más escondido subterráneo de un pequeño hotel, la música y la danza populares estallarán en el más exhuberante de los espectáculos. Y el bolero o el *swing* le rondará los sentidos en el oscuro bar de copas o la terraza junto al mar. Toda esta música será "música en vivo". Porque en Cuba hay pocos discos pero los músicos, intérpretes y compositores populares, son legión.

La música popular cubana es sin lugar a dudas la más rica del continente americano y en su formación han intervenido, a lo largo de los siglos, dos mundos musicales fundamentales: el español de la época colonizadora y el africano de los negros llegados como esclavos.

Por supuesto, otras influencias se sumaron a estos dos mundos, como la francesa o la italiana, más la primera que la segunda en lo popular, pero no dejan de ser influencias ya que lo español y lo africano están en las raíces de lo que aconteció.

Para dar una idea, lo más sintética posible del complejo mundo de la música popular cubana, diremos que esta tiene tres ámbitos fundamentales de creación: uno es el de las fuentes más originales, los antecedentes español y africano, que residen en la música y canción campesina y la música ritual afroide. Otro es el de la música popular elaborada que se inscribe en el medio urbano y que es la más conocida y universal como "música popular cubana". El tercero es el de la música circunscrita al medio infraurbano que se manifiesta de forma muy variada y que utiliza como instrumentos cualquier cosa capaz de producir sonido. De estos tres ámbitos, el más conocido es el de la música elaborada, urbana y popular que es el que de forma más común, masiva y cotidiana llega al visitante de Cuba y se proyecta al

Músicos tocando en la playa.

espectáculo internacional. De este ámbito nacen los más conocidos géneros antiguos y modernos: la contradanza, valses tropicales, habaneras, romanzas, canciones, guajiras, criollas, claves, boleros, danzones, guarachas, sones, pregones, punto, rumbas, congas, comparsas, mambos, guá-pa-chás, mozambique, pilón, pa-cá, simalé, mongolés, cha-cha-chá, etc.

En la zona infraurbana se dan formas musicales como el yambú, guaguancó, columbia, chambelona, cantos de comparsas, changüis, etc. Sin embargo, estos ámbitos no son cerrados ni excluyentes. Por el contrario, los géneros y los intérpretes, deambulan por todo el espectro musical con naturalidad y encontraremos a músicos de unos ámbitos formando parte de conjuntos de otros desarrollando una continua ósmosis musical que ha enriquecido de forma infinita toda la música de la isla.

Las canciones populares de la época de la colonia están en la base de muchos géneros musicales cubanos actuales. Igualmente los romances castellanos, o la música andaluza más antigua, los generos "de salón", de la aristocracia, primero, y de la burguesía, más tarde, con las contradanzas traídas por los emigrados franceses de Haití contribuyeron a formar los cimientos de la música popular que fueron impregnándose con las aportaciones genéricas, estilísticas e interpretativas que los negros traían del continente africano. De todo este rico bagaje musical han surgido los géneros actuales sin que ello signifique que ya estén delimitados y definidos, porque tanta riqueza musical es un cuerpo vivo en continua transformación que permanentemente está dando a la música cubana nuevas formas estilísticas.

Sin embargo, a manera de orientación, con el deseo de que el aficionado se sumerja en la gran variedad de tratados musicales cubanos que puede encontrar en las librerías de la isla, si es que desea profundizar en el tema, damos una somera descripción de los géneros musicales que va a encontrar más frecuentemente en la actualidad, unos muy vivos en la calle o los espectáculos musicales y otros antiguos, rescatados para el folclore, con el fin de que el viajero pueda disfrutar de ellos con mejor conocimiento.

Punto

Es el género musical más extendido en las zonas rurales de Cuba. Cada región, cada zona, tiene su "punto" característico aunque hay dos grandes "familias": el punto de oriente y el de occidente. Así el punto camagüeyano, sanjuanero, pinareño, spirituano (de Sancti Spíritu), etc. El texto es siempre una composición en décimas, aprendida o improvisada, y la música que acompaña es la *tonada*. El punto ha sido muy común en las luchas ideológicas de los campesinos cubanos, en sus crónicas e historias rurales, en los temas de amor y trabajo, en alabanzas

Grupo de rumba en un concierto del callejón de Hamel, en La Habana.

a la Virgen y los santos, etc. El punto es hermano de muchos géneros en décimas de los pueblos latinoamericanos, como las payadas de los gauchos argentinos. La décima aparece en América entre los siglos XVII y XVIII y es clara su ascendencia hispana ya citada por Cervantes en *El Quijote*. Hoy en Cuba es frecuente escuchar muchas tonadas que comienzan con interjecciones como "¡Oye hey!", "¡Bueno, bueno!", o "¡Hey, hey!", ya que las tonadas se hacen a veces competitivas. El acompañamiento musical se suele hacer con instrumentos de púa (de ahí su nombre, que viene de "punteado"): guitarra, tiple, tres...

Son

Es un género musical que participa de canto y baile y se caracteriza por la alternancia de copla y estribillo –montuno– y la concurrencia de instrumentos musicales que se han ido incorporando a lo largo del tiempo. Es un género claramente mestizo ya que en su base está la copla con estribillo de origen español –hay referencias de ello desde el siglo XVIII– mezclada con la constante alternancia de "solo-coro" de la música africana, de instrumentos del negro con la guitarra, bandurria, tiple, etc. del blanco. Así, el son primitivo se hace con guitarra, tiple y bandurria, la guitarra pronto sustituida por el tres, con la suma de la botija o la marímbula. La botija era una vasija de barro usada para transportar el aceite a la que se le practicaba un agujero por el que el músico soplaba emitiendo una sílaba y tapando o destapando con la mano la boca del cántaro. Después se fueron sumando otros intrumentos, como el bongó o las maracas, etc. hasta alcanzar hoy el uso de toda clase de instrumentos musicales modernos: guitarra eléctrica, sintetizador y batería, entre otros. Odilio Urfé definía el son como "la síntesis más decantada y original realizada por nuestro pueblo y sus músicos más representativos, sobre la base del caudaloso fondo integrado por las transculturaciones españolas y africanas".

El gran poeta Nicolás Guillén se basó en el son para edificar toda una estilística poética: su obra *Motivos de son* fue la adopción del ritmo musical más genuinamente cubano por la palabra culta. El mismo Guillén definía así, en 1930, la raíz de su creación: "He tratado de incorporar a la literatura cubana –no como un simple motivo musical, sino como un elemento de verdadera poesía– lo que pudiera llamarse poema-son, basado en la técnica de esta clase de baile, tan popular en nuestro país... Mis poemas-sones me sirven además para reivindicar lo único que nos va quedando que sea verdaderamente nuestro, sacándolo a la luz y utilizándolo como un elemento poético de fuerza. Ello acaso me permita hacer en Cuba *poesía negra*". Sin embargo Guillén, con este último calificativo se equivocaba porque el son no es *negro* solamente y por ello no era *poesía negra* lo que hacía, sino *poesía cubana*.

Por otra parte, el son es una cultura musical que abarca un área muy extensa en el Caribe. Así se puede considerar como hermanos del son (por su creación en procesos semejantes y paralelos al son cubano) el *tamborito* de Panamá, el *merengue* de Santo Domingo o la *plena* de Puerto Rico, por no hablar del *sucu-sucu* de la Isla de Pinos o el *changüí* en la provincia de Oriente, en Cuba.

El danzón

Se suele dar como bueno que el primer danzón fue compuesto por el músico matancero Miguel Fraílde quién escribió unas danzas que se denominaron así, *danzones*, porque se introducían variaciones de inspiración cubana. El danzón se titulaba *Las Alturas de Simpson* que era el nombre de un barrio de Matanzas. Este género musical viene de la contradanza traída a Cuba por los emigrados haitianos y de otros bailes de salón, como el rigodón, gavotas, minuetos, etc. Era un baile de cuadros en el que las parejas ejecutaban diversos pasos atendiendo a diferentes partes, las dos primeras lentas y las últimas más picantes. En las orquestas de contradanzas fueron entrando músicos negros que poco a poco introdujeron variaciones rítmicas haciéndolas más variadas, enriqueciendo las partes, alargándolas, dedicando a cada tiempo instrumentos específicos: parte del violín, parte de la flauta, parte del clarinete, … El danzón, cuando lo ejecutaban estos músicos negros gustaba más. La decadencia del danzón pasó por el danzonete y su evolución llegó hasta el cha-cha-chá y el mambo. Hoy en Cuba se tocan danzones por orquestas especializadas en interpretaciones que introducen elementos del son o del montuno con una riqueza melódica extraordinaria.

El bolero

La palabra bolero dicen las enciclopedias que es de "origen incierto". Hay un bolero español que, a parte el nombre, nada tiene

Músicos en coche por Trinidad, y por La Habana (derecha).

que ver con el que nos ocupa, aunque algún musicólogo lo coloque entre sus antepasados. En la fórmula tradicional se compone de frases de cuatro compases binarios separando los 32 compases de la canción tradicional en dos secciones de 16 compases cada una, pasando de la primera a la segunda con cambio de tono.

Este género musical tan proteico, lamentablemente definido por uno de nuestros premios Nobel de literatura como "la expresión más cursi de Latinoamérica", parece ser que nace del danzón a finales del siglo XIX en Santiago de Cuba. En el primer bolero tradicional hay, como es habitual en la música popular cubana, elementos españoles y afrocubanos para ir enriqueciéndose a lo largo del siglo XX con aportaciones de otros géneros musicales: son, mambo, beguine, etc. para, más o menos porque el bolero está dispuesto siempre a "contagiarse" de toda melodía sentimental) distinguirse en dos grandes estilos: el bolero-canción y el bolero-ritmo.

Iris M. Zabala, en su extraordinario librito *El Bolero: historia de un amor*, escribe lo que creemos es la esencia de su popularidad: "El bolero tiene la doble función de comunicar y persuadir/seducir, con promesas eternas, acto performativo por excelencia: "Júrame", "te juro", "quiéreme", "ódiame", "espérame en el cielo", "no me abandones".

mada, ya mestiza pero conservando aún muy viejas resonancias, fue fácil: "Dos gardenias", de la mulata Isolina Carrillo, el bolero que más corazones ha enamorado durante varias generaciones en la voz de Antonio Machín, está aún entre nosotros para demostrar que la historia de este género es en verdad la "historia de un amor".

La rumba

Si el punto, el son, el danzón y el bolero tienen su raíz en la música española, europea y blanca y la fronda vivificada por la negritud, con la rumba ocurre todo lo contrario. Su raíz es puramente africana: ya en el siglo XVII, los esclavos negros

En el proceso de transmisión del mensaje, todas las capacidades emotivas (en las cuales el género sexual no es de las menores), se despliegan, se disponen sin lugar real en lugares privilegiados de la imaginación. La naturaleza del mensaje cambia según el oído que escucha".

Si el bolero es cubano por nacimiento, desde muy temprano tiene voluntad de expansión. Parece ser que el padre de la canción portorriqueña, Rafael Hernández, se llevó a su país el bolero donde pronto tomó carta de naturaleza. Después se extendió a México para alcanzar allí la nacionalidad que le diera las mayores glorias internacionales. El salto a España, en un viaje "de vuelta a casa" de la antigua canción hace siglos emigrada, transfor-

bailaban una danza que llamaban calinda (o calenda, o caringa) de movimientos y gestos considerados lascivos por los puritanos blancos porque las negras lo bailaban moviendo las caderas y la parte inferior de la espalda "como sólamente ellas lo saben hacer" mientras el resto del cuerpo permanece inmóvil. De la calinda parece ser que deriva otro baile similar llamado *yuca* que describe una danza amorosa entre hombre y mujer terminando con el *vacunao* que es la ejecución por el hombre de un golpe frontal a la mujer a la altura de los sexos que recuerda el acto amoroso.

En Brasil, el vacunao se llama *ombligada* y entre los negros cubanos del Congo se denomina *nkúmba* que significa precisamente ombligo. La yuca es naturalmente la parte profana de la danza de Ochún con Changó, orichas de la santería cubana de la que se habla más adelante.

A medida que el baile de la yuca se va amulatando, acriollando, blanqueando, los gestos "lascivos" se estilizan convirtiéndose en ademanes simbólicos para dar nacimiento a la rumba brava, primero, después a la rumba simplemente y, más tarde, a la rumba de salón que, como es de suponer, se trata ya de la rumba de sociedad, blanca, por supuesto.

Ya en el siglo XVI, los españoles llamaban a la *calinda*, fandango, nombre que fue adoptado en España y hoy forma parte del más antiguo acervo andaluz; al decir de algunos tratadistas, el fandango es padre de la malagueña, la rondeña, el bolero y la seguidilla, con lo cual, fandango español y rumba cubana tendrían el mismo origen africano de la calinda que se metamorfoseó por dos caminos diferentes.

La rumba está en la base de muchos géneros musicales cubanos de hoy y también en muchos otros internacionales –*foxtrot*, *charleston*, *black botton*...–, muchos de los cuales se bailan decentemente "agarrado", con lo cual el vacunao africano que simplemente era la culminación de una danza, se ha convertido a los ojos de la ortodoxia africana en un acto con connotaciones crudamente sexuales.

Y muchos más... Estos géneros musicales cubanos son como las soleras de una infinidad de géneros que por uno u otro camino, combinándose, influyéndose, mezclándose... han enriquecido y siguen enriqueciendo la música popular cubana y también la del resto de Latinoamérica y muchas del mundo.

Se han apuntado aquí algunas músicas descendientes de esas soleras: mambo, bolero, guaguancó, cha-chachá... pero igual se podría decir del montuno que también impregna con su personalidad otros géneros: son-montuno por ejemplo, las criollas, guajiras, descargas, pregones, lamentos, feeling... Porque la música cubana está tan viva como la imaginación de los cubanos, para los que cualquier cosa, desde la gran orquesta a una caja de bacalao, sirve para sonar.

La Nueva Trova

Si hasta ahora toda la música popular de la que se ha hablado ha nacido, evolucionado y combinado de una manera espontánea a lo largo de la historia, la Nueva Trova surge en Cuba, no como un género musical sino como un movimiento musical. Porque la Nueva Trova, al contrario de las otras músicas, tiene padres conocidos y fecha de nacimiento: la Unión de Jóvenes Comunistas le dio a luz el año 1971 y como Nueva Trova fue bautizada.

Bien es verdad que antes había unos jóvenes músicos que pueden considerarse como pioneros del movimiento y que son los muy conocidos Silvio Rodríguez, Pablo Milanés y Noel Nicola que saltaron a la fama en el Festival de la Canción Protesta de La Habana del año 1967. Bajo la dirección de Leo Brouwer, con otros jóvenes músicos, formaron el Grupo de Experimentación Sonora del ICAIC donde integraron la música beat y aportaron composiciones para bandas sonoras de películas. La Nueva Trova es la consecuencia de todo esto: una música comprometida con la revolución que se inspira en los géneros tradicionales cubanos y que adopta aportaciones de la nueva canción latinoamericana, de sus raíces indígenas, del pop y de la canción de otros países: Serrat y los cantautores españoles, por ejemplo.

En realidad, la Nueva Trova es la versión cubana de ese amplio movimiento musical latino que se caracterizó por el inconformismo, actitudes políticas de izquierda, búsqueda en la poesía de los grandes poetas nacionales, la creación personal o la inspiración folclórica. Pedro Luis Ferrer, Augusto Blanca y Chispa (Fredy Laborí) o los grupos Moncada, Mayohuacán o Manguaré son un ejemplo de ello. Por supuesto con cien músicos o grupos más que extienden por toda Cuba este movimiento mientras la difusión internacional corre a cargo, casi exclusivamente, de Silvio Rodríguez y Pablo Milanés.

Hoy han empezado a surgir otros cantantes y grupos que pueden ser considerados como el contrapunto a la Nueva Trova: si esta nació del compromiso político, estos grupos beben en las fuentes del rock, con todo lo que esto supone de actitud inconformista en la sociedad cubana. Y también de amenaza –el rock es contaminante– a la tradición.

Discos

En los comercios especializados de España, se encuentran muy buenas grabaciones de música popular cubana. En los últimos tiempos, con la moda de la llamada "salsa" (vocablo que se usa para cocinar cualquier producto con aire caribeño) han surgido estudios que lanzan al mercado grabaciones antiguas y modernas de autores e intérpretes cubanos. Así, lo más seguro es que se pueda elegir entre una variedad suficiente de grabaciones de Celia Cruz de la firma Palladium Latin Jazz & Danzing Record, como *La incomparable Celia, Celia Cruz con la Sonora Matancera* o *La Divina Celia Cruz*, entre otras. La firma Nuevos Medios ha sacado una colección de música tradicional cubana que es una gloria para los aficionados al son: Benny Moré, el bárbaro del ritmo, es uno de ellos y la joya El Trío Matamoros, *Sangre conga* es una proeza que contiene 17 canciones de Miguel Matamoros, uno de los más grandes pioneros del son, entre ellas, cómo no, *Lágrimas negras* y *Son de la Loma. Semilla del son* es otro disco disponible en España, imprescindible para el aficionado y más aún para el que pretenda iniciarse. Está editado por Animal Tour con grabaciones de RCA y SMG Ariola y contiene nada menos que los legendarios Septeto Nacional de Ignacio Piñero, padre del son lírico; Arsenio Rodríguez, el "cieguito Maravilloso" de los años 40; Trío Matamoros; Benny Moré; Celeste Mendoza... En total, 19 maestros del antiguo son que inician con este disco una colección primordial dirigida por el joven español Santiago Auserón, que ha ido a Cuba, a "la semilla" misma de la canción, en busca de música. Otra leyenda a disposición de todos es el disco del Cuarteto Caney creado por Fernando Storch hacia 1938 y editado por Tumbao Cuban Classics de Suiza que tiene en su lista músicos que triunfaron en Estados Unidos, como la Orquesta Casino de la Playa, Machito, Pérez Prado y su "Kuba Mambo" o Pupi Campo. En fin, que hay bastante son en España y todo parece indicar que habrá más.

En Cuba, por supuesto también hay, aunque es arriesgado predecir qué discos se van a encontrar porque aparecen y desaparecen de las tiendas de forma casi mágica. De todas formas, entre los más persistentes en mis viajes de los últimos años están los que siguen, que creo indicados para una buena base inicial de musicología cubana: *Cancionero Hispanocubano*, editado por Areito, *Cuba*, con varios volúmenes que recogen músicas y canciones desde tonadas españolas, hasta sones, pasando por danzones, contradanzas, rumbas, etc. Un buen disco muy didáctico. Otro disco interesante es el dedicado a la tumba francesa por la agrupación La Pompadour de Guantánamo.

Chucho Valdés y Compay Segundo, dos grandes representantes de la música cubana.

Se recomienda buscar la Orquesta Maravillas de Florida, también Son 14, la Orquesta Aragón, Pacho Alonso, Los Rítmicos de Palma, Gloria Matancera, Orquesta Sensación, Benny Moré (compre todo lo que encuentre), Harry Lewis, Fellove, Carlos Puebla (claro), Ela Calvo, Los Papines, el grupo femenino Anacaona, entre otros.

En los últimos diez años, sin embargo, estamos viviendo un intenso auge en el intercambio de músicos entre Cuba y España, y la popularización en nuestro país de artistas cubanos de la isla y también de la diáspora. Dos ejemplos: La Vieja Trova Santiaguera y Gloria Estefan. Unos, representantes de lo más genuino de la música popular cubana; ella, cultivadora de la tradición cubana trasplantada a Miami y Nueva York. Con estos dos ejemplos, un número muy largo de músicos que el turista puede buscar en Cuba o esperar en España y cuyos discos son fáciles de encontrar: los viejos boleros en las voces de Olga Guillot y Elena Burke, la tremenda personalidad de Celia Cruz siempre con grabaciones de última hora, las recopilaciones de temas tradicionales en la voz de Gloria y la producción de su marido Emilio Estefan *(Mi tierra, Oye mi canto)*, nuevas ediciones y recopilaciones de viejos discos de Bola de Nieve, María Teresa Vera, Peruchín, Abelardo Barroso, la citada Celeste Mendoza o el genial Israel López *Cachao*... Cabe buscar también, aquí o allí, la música de Bebo Valdés, Rolando La Serie y su legendario éxito *El Guapachoso*, a la gran Omara Portuondo, Compay Segundo, Albita y su gran personalidad...

Fruto de este rescate de talentos producido en estos últimos años, cabe citar la recuperación del veterano pianista Rubén González (quien, en palabras del músico norteamericano Ry Cooder, es "el mejor solista de piano que he escuchado en mi vida... como una mezcla entre Thelonius Monk y el Gato Félix"), a través de dos intensos discos: *Introducing Rubén González* y *Buena Vista Social Club* (ambos en Arpa Folk), dos recopilaciones que, pese a su cercanía en el tiempo, se han convertido ya en dos títulos míticos para todos los aficionados a la música latina.

■ EL CINE

El mes de enero del año 1897, un francés llamado Beyre llevó a Cuba el cine de los hermanos Lumière con varios cortometrajes que exhibió en La Habana y otras capitales. También rodó la que es considerada como primera película cubana: *La extinción de un incendio*.

Esto entusiasmó a los cubanos, pero no hizo que naciera en Cuba la industria del cine aunque en 1910 ya existían en Cuba 200 salas de proyección. De hecho el cine cubano no fue importante hasta después del triunfo de la revolución cuando, en 1959, se fundó el Instituto Cubano de Arte e Industria Cinematográfica (ICAIC) que fue además la primera ley dictada en la Cuba revolucionaria en materia de cultura.

Hacia 1910 surgen también los primeros productores: los empresarios Santos y Artigas que hicieron posible algunas de las películas de Enrique Díaz Quesada, quien puede ser considerado como el pionero del cine cubano al rodar numerosas películas con gran audacia técnica y temas populares: *El capitán mambí, Sangre y azúcar* o *La manigua*, son algunos títulos de su filmografía hoy legendaria. Al final de la segunda década del siglo comienzan a penetrar en Cuba las películas norteamericanas lo que produce el declive de la incipiente industria cubana. Con el cine sonoro las producciones mexicanas entran masivamente en la isla. Ramón Peón es un cineasta prolífico que emigra a México y hace su obra, de escasa calidad, en la década de 1920 a 1930. En 1937 se filma la primera cinta sonora cubana: *La serpiente roja*, de Ernesto Caparrós. El gobierno de Pío Socarrás crea un Banco del Cine por el cual se construyen los Estudios Nacionales bajo el control de la industria mexicana.

Hay que esperar a los años cincuenta para que se produzca un cine de verdadero interés con productores independientes que rodaron sobre todo en 16 mm: Gutiérrez Alea y Néstor Almendros con Cabrera Infante en la Cinemateca son nombres destacados del nuevo cine. La película *El Mégano* con tema de denuncia social y rodada en la ciénaga de Zapata por García Espinosa y Gutiérrez Alea, es ya una obra interesante que anunciaba un cine propiamente cubano. El ICAIC, tras el triunfo de la revolución, dio un gran impulso a la industria cubana del cine con producciones muy variadas: noticieros, documentales, animación, etc. la gran mayoría enfocados a la educación ideológica de los cubanos y a la propaganda exterior. Lo que caracteriza la labor del instituto es la importancia que se le da a la creación en equipo más que a la individual y un sentido didáctico que ha hecho extensivo a cineastas de otros países de Latinoamérica. Desde 1985 existe en Cuba la Fundación Cine Latinoamericano que tiene como objetivo promover la creación cinematográfica en el continente. Uno de los asiduos maestros de esta fundación es el Premio Nobel colombiano Gabriel García Márquez. Desde 1979 tiene lugar en La Habana el Festival Internacional de Nuevo Cine Latinoamericano.

Si el viajero tiene interés en conocer de una forma práctica el cine cubano de los últimos tiempos, puede buscar en cineclubes o en su estancia en Cuba un buen número de películas representativas. Le damos ahora una selección somera de ellas: *Historias de la revolución* (1960), *Muerte de un burócrata* (1966), *Memorias del subdesarrollo* (1968) y *Una pelea cubana contra los demonios* (1971), todas ellas de Gutiérrez Alea, tal vez el cineasta más conocido fuera de Cuba. De Santiago Álvarez, *71 primaveras* (1969), *La estampida* (1975) o *El Primer delegado* (1975). *Viva la república* (1972) y *La quinta frontera* (1975), de Pastor Vega. *Cuba baila* (1959) y *Juan Quinquín* (1967) de Julio García Espinosa. *Cecilia* (1983) de Humberto Solás, *Lejanía* (1985) de Jesús Díaz. De estos últimos son también *Cantata de Chile* y *Puerto Rico*, dos películas que son ejemplo del aspecto internacionalista del cine cubano actual. La generación de cineastas nacida en los años cuarenta ha dado nombres como Luis Felipe Bernanza *(De tal palo tal astilla)*, Juan Carlos Tavío *(Se permuta)*, Rolando Díaz *(Los pájaros tirándole a la escopeta)*, Daniel Díaz Torres *(Jíbaro)*... El Festival de La Habana ha dado también nombres nuevos junto a películas de otros ya consagrados: Orlando Rojas con *Una novia para David*, Sergio Giral con *Plácido* y Humberto Solás con *Un hombre de éxito*, entre otros.

El novísimo cine cubano y las coproducciones hispano-cubanas de los últimos tiempos están dando muy buenas películas y consiguiendo importantes éxitos en la crítica y las taquillas de los cines españoles. Películas como *Fresa y Chocolate* y *Guantanamera*, del fallecido Gutiérrez Alea, así como *Cosas que dejé en La Habana*, del español Gutiérrez Aragón, son los ejemplos más significativos de este diálogo. Si los problemas económicos dificultan la proliferación de rodajes en la isla, no ha sucedido así con la afición al cine de los cubanos, que sigue siendo entusiástica.

■ RITOS Y CREENCIAS

La santería

Tras décadas de restricciones, la vuelta a la libertad religiosa ha supuesto una nueva relación de los cubanos con el catolicismo, e incluso con otras religiones de raíz cristiana que proliferan en la isla. Las estadísticas son, hoy por hoy, de difícil constatación. El Estado cubano ha tratado a las iglesias con diferentes actitudes según las épocas y de acuerdo con circunstancias coyunturales. Sin embargo, el bajo índice de cubanos practicantes no quiere decir que la población sea agnóstica. Siglos de tradición ininterrumpida hacen que el cubano tenga en sus raíces más profundas una formación cultural y espiritual católica que se manifiesta en sus costumbres, en sus actitudes cotidianas y en los giros del lenguaje. Algo parecido ocurre con los cubanos descendientes de los negros llegados de África que trajeron sus creencias animistas y con ellas evolucionaron desde la esclavitud hasta la actualidad. Hay que tener en cuenta que las religiones africanas no son excluyentes, y de hecho muchos cubanos se sientes cristianos, en cualquiera de sus ramas eclesiales, y a la vez devotos de tal o cual rito afrocubano. La santería o "regla de Ocha" es una de las tres religiones de origen africano que subsisten en Cuba; las otras dos, más minoritarias, son la "regla Conga" (palo) y la "Hermandad secreta Abakuá" de los ñáñigos. El régimen revolucionario ha procurado desterrar la santería de la práctica religiosa de los negros y durante años se ha tratado de reciclarla hacia el folclore. Sin embargo, la santería está muy arraigada en diversos estratos de la sociedad negra cubana que a través de los siglos ha elaborado con ella unos ritos y una cultura de gran riqueza popular y espiritual.

La santería tiene, como todo en Cuba, elementos africanos y elementos hispano-católicos. Las creencias religiosas, los ritos traídos de África por los esclavos fueron en unas épocas tolerados por los blancos y en otras perseguidos aunque el clero y las autoridades españolas fueron más tolerantes con las costumbres y ritos negros que los protestantes en sus colonias. Los negros esclavos, en los momentos de persecución y acoso de las jerarquías católicas, identificaron sus "santos" con los santos católicos. Ello no resultaba muy difícil ya que coincidía el culto a sus santos ancestrales con la cultura del culto a los santos, en cierto modo excesiva, del catolicismo español. Así se produjo un sincretismo y una identificación entre los ritos africanos y los ritos católicos.

La mayoría de los esclavos importados a Cuba provenían del país yoruba y en la isla se les conocía por *locumí* o *nago*. Los yorubas, pueblo guineano del oeste y sur de Nigeria, poseían una de las culturas más antiguas y ricas de África, además de un sistema religioso que algunos autores, Frobenius por ejemplo, comparan con el sistema de la antigüedad clásica, con la diferencia de que la religión yoruba se ha conservado viva hasta nuestros días. Este sistema religioso yoruba se sustenta en la existencia de los *orichas* que son deidades, santos, potencias, poderes vitales... Dios, el Buen Dios, entre los yorubas y también en Cuba se llama *Olorum*, pero este Dios por ser absoluto no cabe en la comprensión humana y por lo tanto no se le construyen templos, ni se le reza, ni se le hacen ofrendas pero está presente en todo, es la potencia vital de todo, y en especial es la potencia vital de los orichas que originalmente habían sido los humanos, personalidades elegidas, de los que desciende el pueblo yoruba. Estos orichas, santos, tienen sus propias cualidades y quien les venere recibirá el principio vital de los orichas y estos a su vez saldrán también reforzados. Este es el principio fundamental de la santería: un "olimpo" de orichas, "santos", principios vitales o como se quiera llamarles, que todo eso y mucho más son, a los que se invoca e invita a materializarse en los creyentes por medio de la música, la danza y fundamentalmente los tambores que, con sus inflexiones, sirven para llamar a tal o cual oricha. Cada oricha tiene su correspondiente santo católico identificándose la "personalidad" del oricha con la del santo cristiano, su patronazgo, atributos, etc.

Las primeras menciones de cabildos negros (sociedades, reuniones, congregaciones) en Cuba son del siglo XVI. Estas asociaciones de esclavos estaban integradas por negros de una misma etnia o tribu y tenían un carácter religioso-mutualista, solidario. Eran asociaciones de socorro mutuo, escuelas de lengua, conservatorio de su música y costumbres africanas y congregaciones de culto a los orichas.

Las prácticas religiosas de los negros fueron reconocidas en Cuba y legalizadas en 1870 y la historia habla de numerosos santeros famosos por su influencia y autoridad en la cultura negra de la isla. A finales del siglo XIX se conoce a un negro *babalosha* llamado Lorenzo Samá, de Matanzas, que se trasladó al distrito de Regla, en La Habana y que tuvo un papel decisivo en la unificación de los diferentes cultos yorubas ayudado por la negra Latuán, llegada de África hacia 1887. A la unificación de estos ritos diferentes en un único cuerpo litúrgico llamaron Regla de Ocha.

También de esta época es el negro Eulogio Gutiérrez, esclavo que al ser liberado viajó a África donde fue reconocido como noble descendiente de reyes y vivió muy respetado. Volvió a Cuba e instauró en Regla el culto de los *babalawos,* llamado Regla de Ifá, en una casa santa que abrió a la población de este distrito marinero de La Habana. Sus primeros ahijados en la Regla de Ifá fueron Bernabé Menocal, Bernardo Rojas y Taíta Gaytán. Otro negro llegado a Cuba en 1860, también babalawo como Gutiérrez, dio origen a una rama independiente de la Regla de Ifá. Este negro, apellidado Villalonga, trajo de África su Olofi –los

La santería mezcla elementos católicos y africanos. En la imagen superior, danzantes durante un festival en Santiago de Cuba. Abajo, detalle de dos santeros.

atributos sagrados– que enterró por miedo a las persecuciones y que fue sacado a la luz ciento veinte años después, siendo hoy un fundamento vital muy venerado. Estos fueron los primeros santeros importantes de Cuba y los que hicieron posible la unidad del rito, le dieron sus matices diferenciadores según el origen étnico de los fieles e impulsaron la santería hacia el futuro. Del rico olimpo de orichas es necesario, por la brevedad de este trabajo, hacer una selección de aquellos más significativos, los que tienen mayor antigüedad y los que son más venerados por los fieles.

Echú

Al principio de toda ceremonia santera se invoca a Echú que en Cuba es identificado con el Diablo. Sus símbolos son trocitos de hierro, clavos, cadenas, llaves, cerrojos... Tiene los sobrenombres de Elegguá o Elebara que significa "el poderoso". Representa el mal, pero no el mal absoluto, porque entre los yorubas no existe el concepto dualista de división del mundo en el bien y el mal, la luz y las tinieblas, Dios y Diablo; todos los poderes, buenos y malos tienen algo de su contrario, por eso el sentido de la santería es hacer que en los orichas haya una relación constructiva entre sus poderes.

Una vez que Echú "ha montado" al que lo invocó es cuando el coro y la música invocan a los demás orichas que se van presentando en la escena según sus atributos. En la santería la invocación a los orichas es predeterminada, es decir, previamente el "hermano" al que un oricha va a "montar" se ha vestido con los atributos preceptivos del santo.

En el vudú es diferente ya que un oricha puede montar a cualquiera de los invocantes. "Montar" no es poseer, porque el invocante no pierde noción de su personalidad, tampoco es hipnosis, ni el trance supone pérdida de la conciencia. Tampoco es teatro o pantomima.

Ogún

Es el oricha de la guerra, de los minerales, de las montañas. Sus símbolos son los machetes, cuchillos, martillos, herramientas y, como el progreso también llega a la santería, en Cuba es el oricha de los automóviles, los trenes, los tanques, los aviones o cualquier tipo de vehículo. Su identificación católica es San Pedro porque Ogun es cerrajero y San Pedro tiene las llaves del Paraíso.

Procesión de la Virgen del Cobre (Ochún) en la capital.

Yemayá

Se la identifica con la Virgen de Regla que es la patrona en Cuba de los marineros y pescadores y que tiene su santuario en la bahía de La Habana, frente al puerto. Es decir, Yemayá es la oricha del mar, de los barcos, los peces y demás seres marinos. Oricha también de la fertilidad, de la maternidad.

Changó

Hijo segundo de Yemayá. Es un oricha fuerte, guerrero, poderoso, magnánimo pero también puede ser cruel y tiránico. Fue rey en Oyo, antigua capital del país yoruba. En Cuba, Changó es el señor del rayo, la virilidad y la guerra, por ello se asocia a Santa Bárbara, santa de las tempestades y patrona de la artillería y los mineros. Su esposa se llama Ochún y es la diosa del amor, con una personalidad cercana a Afrodita porque es diosa de la belleza, sensual y caprichosa. Es oricha de los ríos, torrentes y lagunas. De la danza de Changó y Ochún –véase apartado dedicado a la música popular– provienen muchos bailes y músicas profanas en Cuba, Haití y Brasil pero no en África, donde la danza sería imposible ya que los orichas se materializan uno tras otro sin coincidir nunca en la ceremonia.

Obatalá
Es el oricha creador. Hizo al hombre de barro pero también hizo a los tullidos, ciegos y albinos un día que estaba borracho. Es hermafrodita y en las representaciones es bailado por un hombre y una mujer. Cada uno de estos orichas tiene su vestimenta propia y con ella se visten los fieles a los que van a montar. También sus bailes y gestos son propios y personales por eso hay tantas danzas como orichas, cada una con su ritmo diferente y específico. Las ceremonias santeras se suelen celebrar en una casa a modo de templo que se llama *güemilere* o *ileocha* que se traduce por "casa de las imágenes" y "casa de los orichas". El sacerdote se llama *babalao* (de babalavo, sacerdote oráculo del culto Ifa en el país yoruba), finalmente, los ritmos con que se invoca a los orichas para que "se suban" o "monten" en sus creyentes se llaman *oru*.

Los ñáñigos
En Cuba tiene una antigua tradición el *ñañiguismo* o Hermandad Abakuá que muchas veces se confunde con la santería e incluso con una religión negra diferente a ella. El ñañiguismo es una sociedad secreta de la cultura negra cubana, una orden caballeresca, una sociedad de ayuda mutua

Calendario de fiestas

Nacionales
1 de enero. Día de la Liberación. Aniversario del triunfo de la Revolución.
1 de mayo. Día Internacional de los Trabajadores. Cuba y Argentina fueron los primeros países latinoamericanos en instaurar esta fiesta mundial.
26 de julio. Día de la Rebeldía Nacional. Aniversario del asalto al cuartel Moncada.
10 de octubre. Inicio de la Guerra de Independencia. Conmemora el grito de Yara con el que Carlos Manuel de Céspedes se lanzó a la lucha contra España.

Oficiales
28 de enero. Nacimiento de José Martí, en el año de 1853. Padre de la Patria Cubana.
24 de febrero. Grito de Baire. Con él, José Martí, en el poblado oriental de Baire, reinicia la guerra de independencia contra España.
8 de marzo. Día Internacional de la Mujer. Celebrado en Cuba por vez primera en 1931.
13 de marzo. Ataque al palacio presidencial de Batista por los estudiantes del Directorio Revolucionario.
16 de abril. Día del Miliciano. Fidel Castro proclamó el carácter socialista de la Revolución.
19 de abril. Victoria de Playa Girón. En 1961 es derrotada la invasión en la Bahía de Cochinos.
17 de mayo. Día de la Reforma Agraria y del Campesinado.
30 de julio. Día de los Mártires de la Revolución. Caída de Frank País, héroe de la lucha contra Batista.
12 de agosto. Victoria popular contra la dictadura machadista. Este día de 1933 terminó el gobierno del dictador Gerardo Machado por una huelga general.
8 de octubre. Día del Guerrillero Heroico. Muerte de Ernesto Che Guevara.
28 de octubre. Muerte del comandante Camilo Cienfuegos.
27 de noviembre. Duelo Estudiantil. Fusilamiento de ocho estudiantes de medicina por las tropas españolas en 1871 acusados de haber profanado la tumba de un periodista.
2 de diciembre. Día de las Fuerzas Armadas Revolucionarias. Desembarco del Granma con Fidel Castro y 82 expedicionarios, en este día de 1956 en la costa sur de Oriente.
7 de diciembre. Día de los Caídos en las Guerras de Independencia. Derrocamiento del general Antonio Maceo en el año 1896.

---

a la que solo pueden pertenecer los iniciados que únicamente son hombres, nunca mujeres. Estos iniciados o juramentados se llaman *ekobios* y sus ceremonias son representaciones y no verdaderas posesiones como en la santería. Su función es establecer un vínculo entre la vida y la muerte.

En la santería nunca está presente la muerte. El ñañiguismo no procede de los yorubas sino de la sociedad secreta *ekué* de los *efik* de Calabar, en el sur de Nigeria. Las ceremonias ñáñigas se hacen en torno a Ekué que es el gran misterio, la muerte y que siempre permanece oculto escuchándose únicamente su cavernosa voz de leopardo. Ekué, la muerte se identifica con Jesucristo.

Sin embargo, los ñáñigos tienen también una presencia abierta en ciertos días señalados: en la fiesta de Reyes o en Carnaval, por ejemplo, cuando salen grupos de ñáñigos que recorren las calles bailando. Hoy, la revolución cubana ha incorporado las danzas practicadas en los ritos de estas religiones al folklore de Cuba y al Ballet Nacional y sus músicas y bailes impregnan muchas de las danzas populares.

■ FIESTAS

Del catolicismo y la santería

Virgen de la Caridad del Cobre (Ochún). El 10 de mayo de 1916, el papa Benedicto XV declaró a la Virgen de la Caridad del Cobre patrona de Cuba que se sincretiza con el oricha Ochún. La leyenda católica dice que dos indios, Juan de Hoyos y Juan Moreno junto a un negrito criollo, fueron a buscar sal a la bahía de Nipe donde vieron algo que flotaba en el mar: era una tabla sobre la que había una imagen de la Virgen tallada en madera que llevaba en el brazo izquierdo al niño Jesús y, en la mano derecha, una cruz de oro. La tabla tenía una inscripción que decía: "Yo soy la Virgen de la Caridad".

Los indios llevaron la imagen al administrador de la mina de cobre de Varajagua quien ordenó se le hiciera una ermita. Los yorubas identificaron la Virgen con Ochún porque esta oricha es la dueña del cobre y tenía fama de caritativa y misericordiosa. La Iglesia católica utilizó la imagen en cintas de raso para proteger a las parturientas en los embarazos. Ochún es también protectora de las parturientas.

La Virgen de la Regla (Yemayá). Fue proclamada patrona de la bahía y el caserío de Regla el 23 de diciembre de 1714. En el año 1660 se erigió un bohío en el ingenio de Guaicamar que cobijaba una imagen de la Virgen de Regla de San Agustín. La leyenda dice que este San Agustín, llamado el africano, vivió en África entre los años 360 y 436 y que había tenido una revelación de un ángel quien le mandó tallar una imagen de la Virgen. La imagen fue llevada a España por su discípulo Cipriano que desembarcó en Chipiona, Cádiz, donde se venera una Virgen de Regla, después de sortear una feroz tormenta en el estrecho de Gibraltar. Por este hecho, y con el tiempo, se hizo patrona de los hombres de la mar.

El bohío cubano se destruyó por una tormenta en 1662 y el piadoso cubano Juan Martín de Coyendo edificó en su lugar una ermita de mampostería en la que se entronizó otra imagen de la Virgen de Regla traída de España por esas fechas por el sargento mayor Don Pedro de Aranda siendo objeto de mucha devoción desde entonces. El sincretismo con Yemayá fue fácil: La Virgen es la madre de Dios, Yemayá la de todos los orichas; La Virgen está junto al mar, patrona de los marineros, Yemayá es la reina del mar en el que tiene su morada.

San Cristóbal (Aggayú Solá). Es el patrón de La Habana, o mejor dicho, ambos, el católico y el oricha lo son. La identificación es otra vez evidente: San Cristóbal era un gigante que cruzaba el río a la gente y eso hizo con el Niño Jesús. Aggayú también es un gigante y sus leyendas están vinculadas a un río. Se celebra el 25 de julio.

Santa Bárbara (Changó). Su día es el 4 de diciembre. Santa Bárbara fue entregada por su padre a la justicia porque no quiso casarse con un pagano ni renunciar a su fe cristiana. La degollaron y al padre lo mató un rayo. Su imagen se representa con una espada, símbolo del valor. Changó usa armas, aunque no simbólicas; una vez se disfrazó de mujer y es el oricha del trueno y el rayo.

San Lázaro (Babalú Ayé). Es uno de los santos más populares de Cuba y su fiesta se celebra el 17 de diciembre. La historia de Lázaro es bien conocida: hermano de Marta y María Magdalena fue resucitado por Jesucristo con la frase "Lázaro, levántate y anda". Emigrado a Marsella llegó a obispo en el imperio de Domiciano para ser hecho prisionero y ejecutado, esta vez definitivamente muerto. Lázaro es representado envuelto en las vendas del sudario y Babalú Ayé es un enfermo harapiento, asquerosamente envuelto en vendas y se le asocia con la curación y la medicina.

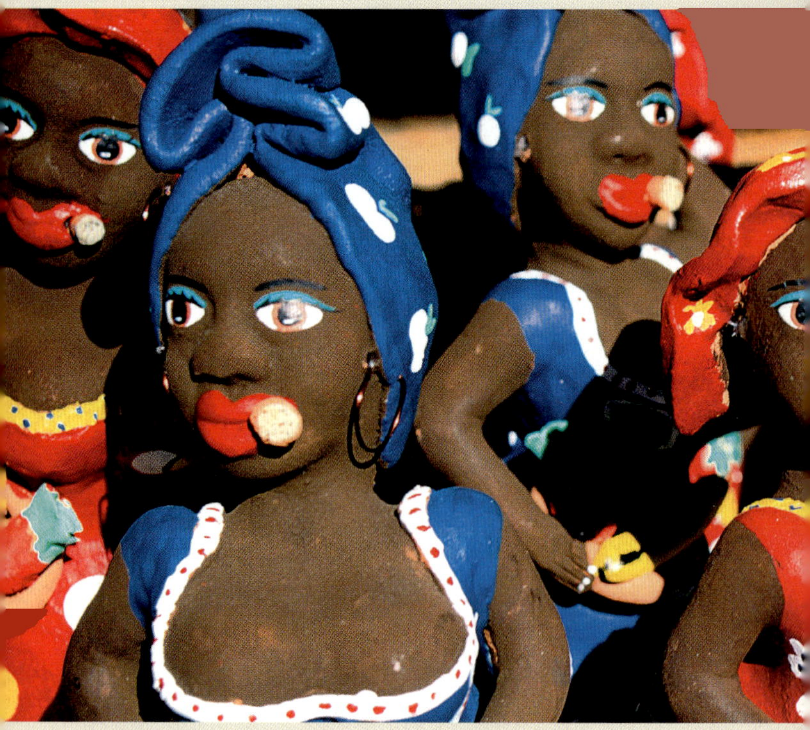

Informaciones prácticas

*Playa de Guardalavaca,
en la provincia de Holguín*

PARA VIAJAR POR CUBA

Introducción

El viajero que decide ir a Cuba puede hacerlo por infinidad de razones pero la más común es su condición caribeña: playas, sol, palmeras, sensualidad..., es decir, el mito. Otra razón muy frecuente es la de vivir la "Cuba de Fidel", es decir, otro mito. Una tercera es la búsqueda de un recuerdo colectivo de los españoles: la última colonia, la de los "indianos" que volvían enriquecidos, la de aquella guerra que perdimos españoles y cubanos frente al tercero en discordia, la isla del bolero y la salsa, la de la gente que más se nos parece..., en fin, un mito más. Estas actitudes previas al viaje, tan diferentes a las que motivan otros destinos turísticos, hacen que Cuba ejerza una especial y singular atracción para los españoles. El viajero descubrirá que estos mitos, y otros que sin duda le asaltarán en el camino, están vivos y son reales y que, además, se conjugan para depararle un sinfín de emociones contradictorias.

La imagen de Cuba, sin duda, se corresponderá fielmente con la evocada por el mito caribeño y tropical: playas, sol y palmeras caracterizarán su paisaje, pero el visitante descubrirá que no es lo único que puede hallar en la isla. Encontrará sensualidad porque el cubano es sensual y tiene a mano ron, tabaco y son, sin olvidar que también dispone de "tilo, manzanilla y té" para los excesos. Y verá que sus hombres y mujeres, amables, hospitalarios y alegres, también son serios, responsables y orgullosos a la hora de una relación formal o cuando se produzca la inevitable situación que delimita los derechos del turista y los del cubano: el viajero deberá valorar con objetividad su privilegiada posición porque el turismo es para Cuba un capítulo importantísimo de su economía, y si hay playas, hoteles, restaurantes o parajes de uso casi exclusivo para los extranjeros que están vedados a los cubanos, se debe a que constituyen una imprescindible fuente de divisas.

La "Cuba de Fidel" saldrá al paso en cada esquina porque Cuba es un país tremendamente politizado y en continua efervescencia. Hoy en día sufre las consecuencias de su aislamiento ideológico y comercial, situación asumida por el gobierno y aceptada por los ciudadanos en una medida que el propio viajero comprobará por sí mismo. Pero, para juzgar el país es necesario conocer la trayectoria seguida por los cubanos desde la llamada Revolución Castrista hasta la caída del comunismo en Europa, así como tener en cuenta el bloqueo al que está siendo sometida la isla –situación que se ha endurecido con las leyes Torricelli y Helms-Burton, promulgadas por Estados Unidos– o los tímidos intentos de apertura política y económica llevados a cabo por el gobierno en los últimos años, como el permiso para trabajar por cuenta propia, la posibilidad de comprar y vender la vivienda o la eliminación de la "carta blanca" que se exigía para viajar al exterior.

Finalmente, el viajero español comprobará que todos los cubanos son paisanos suyos: Cuba es española no solo por un idioma y una historia comunes desde hace siglos, sino también porque ha sido el país latinoamericano que ha mantenido durante más tiempo un contacto con nosotros: el último en emanciparse y, a lo largo del siglo XX, el destino de una intensa emigración española. Cuba es asimismo africana y negra y, por lo tanto, también mulata. Lo que se comprueba no solo en la pigmentación de la piel del cubano, su religiosidad, su música, su lengua plagada de africanismos, las artes o la literatura, sino también en su ritmo vital, en cómo se mueve y gesticula, cómo camina y en un cierto sentimiento fatalista que combina el goce de la vida con el hedonismo de su condición isleña y tropical.

Dónde ir

Por lo general, todo aquel que viaja a la isla combina varios días de playa –principalmente, Varadero– con otros de estancia en La Habana. Aun siendo ambos destinos lo que podríamos llamar "recurrentes", sin embargo en Cuba hay lugares de muy variado interés. Por supuesto, **La Habana** es imprescindible porque es el centro vital de Cuba, por sus museos, cabarets, restaurantes y por la Habana Vieja –declarada por la UNESCO Patrimonio de la Humanidad–, que simboliza la historia costumbrista de Cuba y constituye el crisol de la cubanidad. **Varadero,** en Matanzas, es la playa más

Direcciones de interés

En España

Embajada de Cuba. Paseo de La Habana, 194; telf. 91 359 25 00. Madrid.
Consulado de Cuba en Madrid. Conde de Peñalver, 38, 6º; telf. 91 401 05 79.
Consulado de Cuba en Sevilla. Avda. Blas Infante, 6; telf. 95 441 77 06.
Consulado de Cuba en Barcelona. Passeig de Gràcia, 34, 2º izda; telf. 93 487 86 61 y 93 488 06 07.
Consulado de Cuba en Las Palmas. León y Castillo, 247; telf. 928 24 46 42.
Consulado de Cuba en Santiago de Compostela. Cuesta de Santa Isabel, 19; telf. 981 93 42 51.
Oficina de Turismo de Cuba. Paseo de La Habana, 54, 1º izda; telf. 91 411 30 97 y 411 32 45; fax 91 564 58 04. Madrid. otcuba@otcubaesp.com

En La Habana

Embajada de España. Calle Cárcel, 51, esquina Zulueta. telf. 866 80 25 y 866 80 26. Horario, de lunes a viernes, de 9 h a 14 h.
Consulado de España. Calle Zulueta, 2, esquina Cárcel, telf. 868 68 68, con el mismo horario que la embajada.
ASISTUR, Asistencia turística. Paso del Prado, 208, entre Trocadero y Colón. Habana Vieja. Telf. (7) 866 44 99.

(Nota: el prefijo telefónico de Cuba es el **53**, al que hay que añadir el de la ciudad; en el caso de La Habana, el **7**)

---

conocida y dispone de los complejos vacacionales más avanzados para el turismo internacional.

No obstante, hay otras zonas costeras no menos atractivas para unas vacaciones al sol: **Cayo Largo,** cerca de la isla de la Juventud; los exclusivos hoteles de la cayería del norte como Cayo Guillermo, Cayo Santa María o Cayo Ensenachos; **Cayo Levisa,** en Pinar del Río; **Santa Lucía,** en Camagüey; **Baracoa,** en Guantánamo, o las playas de **Baconao,** en Santiago de Cuba. Esta última, **Santiago,** es la capital de Oriente, la ciudad más caribeña y la segunda en importancia. Fue la primera capital de Cuba y estuvo muy vinculada a España. Tiene interesantes museos y es la patria chica del son y el bolero. En su *Casa de la Trova* se puede escuchar la música más popular de Cuba. **Trinidad** es otro de los destinos recomendables: constituye una reliquia colonial donde la arquitectura, el ambiente de sus calles irregulares, las costumbres de sus habitantes, la ausencia de coches y anuncios transportan a otra época. Si se buscan paisajes y naturaleza, se debe ir al **valle de Viñales,** en Pinar del Río; el **valle de los Ingenios,** cerca de Trinidad; la **Gran Piedra,** en los alrededores de Santiago de Cuba; la **sierra del Escambray** o la reserva natural de la **península de Zapata,** con su granja de cocodrilos, la Laguna del Tesoro y Guamá, donde se ha recreado un poblado taíno. Para los aficionados a la **pesca submarina** hay centros en la isla de la Juventud, en María la Gorda de Pinar del Río o Playa Girón en Matanzas. Y si se busca la diversión de las fiestas populares, hay que ir a los **carnavales** de Santiago de Cuba o de La Habana en julio o el de Varadero a primeros de año sin olvidar las famosas "parrandas" de Remedios y Bejucal en diciembre.

Cuándo ir

Cuba disfruta durante todo el año de un clima cálido y húmedo, con escasas variaciones de temperatura, como corresponde a su condición subtropical. No obstante, hay que tener en cuenta dos datos importantes: la temperatura del mar es muy agradable durante todo el año y la temporada de lluvias más intensas se produce durante los meses de septiembre y octubre, aunque desde mayo hay chaparrones ocasionales. Por lo tanto, de noviembre hasta finales de abril casi se puede tener la seguridad de no mojarse.

Con estos datos es evidente que el invierno, con sol, calor y un cielo despejado, es la época ideal para viajar a la isla. Sin embargo, y por esta misma causa, es también la época de mayor afluencia turística, sobre todo de europeos, y en consecuencia la de precios más elevados. Julio y agosto son también meses-punta en número de turistas, porque esta época coincide con las vacaciones europeas y las lluvias no son todavía excesivas. Cuando hablamos de clima cálido, queremos decir que el calor puede llegar a ser sofocante en ciertas horas del día, por lo que es muy recomendable llevar ropa ligera de algodón, calzado cómodo y ligero, no olvidar los bañadores y alguna prenda ligera de abrigo si se pretende viajar a las montañas. Un dato fundamental: la refrigeración de los locales públicos, hoteles, restaurantes, bares, etc., es muy intensa, llegando en ocasiones a ser excesiva. Es la "temperatura de La Habana"; por tanto, no está de más una chaqueta para las noches.

El viaje

Para llegar a Cuba desde España el único medio accesible es el avión, aunque hoy día los tradicionales cruceros por el Caribe han vuelto a recalar en la isla, salvo lógicamente los estadounidenses. No obstante, estos últimos no se resisten a "echar una ojeada" a La Habana, quedándose al pairo frente a la ciudad, a la que arriban al amanecer, y contemplando el Malecón y el castillo del Morro mientras se sirve el desayuno a los pasajeros.

La Habana, a través del **aeropuerto de José Martí,** está comunicada internacionalmente por línea regular con Madrid, Francfort, Lisboa, Luxemburgo, Moscú, Colonia, Londres, Roma, Berlín, París, Praga y Bruselas, en Europa. México, Lima, Guayaquil, Quito, Bogotá, Caracas, Santiago de Chile, Buenos Aires, Managua, Montreal, Toronto, Panamá, San José de Costa Rica, Santo Domingo, São Paulo, Río de Janeiro, Jamaica, Barbados, Trinidad-Tobago y Guyana, en América. Angola, Libia y Marruecos, en África, y Bagdad, en Asia.

Asimismo, hay vuelos desde México, Santo Domingo, Cancún, Toronto, Miami y otros puntos más pequeños del Caribe, como Pointe-à-Pitre, Gran Caimán, Nassau, Montego Bay, Kingston y Fort-de-France. Todas estas líneas están cubiertas por varias compañías, como *Cubana de Aviación, Air Europa, Iberia, Air France, KLM, Aeroméxico, Avianca,* entre otras.

Documentación y visados

Para entra en Cuba es necesario llevar el pasaporte válido y vigente, así como visado o bien la tarjeta de turista que proporcionan las autoridades consulares o las

Cuba es un excelente lugar para conjugar el disfrute de una exuberante naturaleza y un rico patrimonio histórico. Bajo estas líneas, tres destinos costeros: Cayo Coco, Playa Larga y Cayo Largo.

INFORMACIONES PRÁCTICAS

agencias de viaje además de un seguro obligatorio desde 2010. Aunque se viaje independientemente, hay que reservar hotel para la primera noche y tener confirmado el billete de salida del país.

Los trámites aduaneros son rigurosos y con un ritmo más tranquilo de lo habitual en Europa. Con el pasaporte hay que rellenar una tarjeta de entrada al país y la declaración de divisas y objetos personales de valor.

En la aduana se permite introducir en el país, además de los objetos personales, 200 cigarrillos, tres litros de bebidas alcohólicas, cámaras de fotos, radiocasette, televisor, ordenador portátil, etc. Aunque estos últimos productos pueden ser controlados a la entrada y salida del país. También se permite introducir toda clase de medicamentos de uso personal (hasta 10 kg). Están prohibidas las armas de fuego, salvo las de caza con un permiso especial, las drogas, la pornografía y la moneda cubana.

No es necesario ningún certificado de vacunación. En caso de viajar acompañado de animales domésticos, lo que no es muy recomendable, se exigen los certificados internacionales de vacunación, aunque los pobres perros cubanos están en unas condiciones terribles tanto alimenticias como sanitarias.

Para alquilar coches y motos es necesario el permiso de conducir del país de origen o el internacional.

Clima. Qué llevar

Como corresponde a la situación geográfica de la isla, enclavada en la proximidad del Trópico de Cáncer, el clima de Cuba es subtropical. Se distinguen claramente tres estaciones: el invierno, de diciembre

Algunos objetos made in Cuba: cigarros y artesanía (collares, muñecas, instrumentos musicales de percusión...).

hasta abril, en general seco y con temperaturas moderadas; el verano, de mayo hasta agosto, con altas temperaturas y fuertes e irregulares lluvias, que hacen necesarios el paraguas, el aire acondicionado y los ventiladores; y por último, los meses de septiembre a noviembre, época durante la que se suavizan las temperaturas y se producen los huracanes del golfo de México –de todos conocidos–, con vientos que a veces alcanzan los 200 km por hora y que inevitablemente todos los años arrasan alguna parte del Caribe, Centroamérica o sur de Estados Unidos.

La temperatura media anual está en torno a los 25 °C; la del mes más frío, enero, es de 21 °C; y la del mes más cálido, julio, de 30 °C. En cuanto a las precipitaciones, la media anual es de 1.515 mm, siendo diciembre y agosto los meses más secos.

En cuanto a qué llevar, lo mejor son tejidos ligeros y naturales, como lino y algodón, vestidos de verano, así como útiles para la playa. No hay que olvidar las cremas solares protectoras, pues en la isla son caras y, sin duda, resultan imprescindibles; buena prueba de ello es el hecho de que los cubanos denominan al almácigo un árbol muy abundante en Cuba, el "árbol turista", pues tiene la corteza muy fina, roja y se descascarilla con facilidad, al igual que este si no se toman las precauciones necesarias. Es recomendable ir provisto de un chubasquero o de un paraguas en todas las estaciones, pero sobre todo durante la de las lluvias. Otro adminículo importante es el repelente de mosquitos y las pastillas antihistamínicas, pues los zancudos en algunas partes atacan con voracidad.

El idioma

La lengua oficial es el castellano y, dado el alto nivel de educación de la población, su utilización es muy correcta y con un amplio vocabulario, que brilla especialmente por la capacidad retórica de los cubanos. En cuanto a los acentos, son distintos en la parte oriental que en La Habana y la occidental, incluso al oído del visitante. Los cubanos estudiaron ruso en la escuela hasta los noventa del siglo pasado, pero la realidad -la relación con el turismo- les ha vuelto al inglés en poco tiempo, especialmente a todos aquellos que tienen relación con extranjeros. Más minoritario es el uso del francés y el italiano, aunque va creciendo por la misma razón.

Hay palabras que tienen un significado diferente al habitual en España y otros países del Caribe; algunas de ellas tienen significados imprevisibles que conviene conocer y evitar, como por ejemplo "papaya" (en Cuba esta fruta se denomina "fruta bomba"), "bollo" o "pepa", que designan los genitales femeninos.

A pesar de su casi inmediata desaparición, el idioma de los indios taínos, que habitaron la isla antes de la llegada de los españoles, enriqueció la lengua castellana con nuevas palabras, como "batea", "barbacoa", "bohío", "canoa", "carey", "hamaca", "huracán", "tabaco", etc.

Precios, moneda y bancos

En este momento (año 2013) circulan en Cuba dos monedas distintas, ambas legales pero sin cambio en los mercados internacionales: conviene recordarlo y apurar los gastos en el día de la marcha para no regresar con dinero que no es posible cambiar en nuestro país.

El **peso cubano** o moneda nacional es la moneda en la que la mayoría de los cubanos compran, cobran su salario, etc. Su valor, en comparación con el euro, es de 26 por cada euro. Existen billetes de 1, 3, 5, 10, 20 y 50 pesos, y monedas de 1 y 3 pesos, así como fraccionarias de 1, 2, 5, 10, 20 y 40 centavos. En el lenguaje de la calle los billetes reciben curiosas denominaciones: el de 5 pesos se llama "monja", el de 10 "pescao", el de 50 "tabla" y los centavos "kilos". Recordemos que este cambio solo es efectivo en Cuba.

El **peso convertible.** Su nombre oficial es CUC, popularmente llamado "chavito". Sustituyó al dólar y es la moneda con la que se paga en todos los centros turísticos, la gran mayoría de los restaurantes y muchos comercios; incluso los cubanos tienen que usarlo para adquirir algunos artículos. Su valor es de 1,3 pesos por euro, pero esta cotización puede variar. En algunas zonas turísticas, es posible usar **euros** en los hoteles, pero no es frecuente.

Tanto en los hoteles como en los centros comerciales y en la misma calle, se encuentran oficinas estatales en las que realizar cambios de moneda al cambio oficial: las llamadas CADECAS. Además,

INFORMACIONES PRÁCTICAS

se puede cambiar moneda en los burós de los hoteles y en los cajeros bancarios (no muy abundantes, por cierto); pero estas vías resultan más caras por las comisiones bancarias.

De ningún modo es aconsejable aceptar las ofertas del mercado negro de moneda cubana: la posibilidad de ahorrar un pequeño porcentaje no compensa el peligro de la ilegalidad e incluso el posible fraude.

Las **tarjetas de crédito** son útiles para los pagos en hoteles, restaurantes y agencias de viaje de los grandes centros turísticos, así como en los centros comerciales y para alquilar coches. Hay que tener en cuenta que no se aceptan la tarjeta *American Express* o cualquier otra expedida por bancos estadounidenses. Con tarjeta de crédito se puede obtener **dinero en efectivo** en cajeros automáticos de varios bancos (en las ciudades grandes, claro está), y muchos de los grandes hoteles cuentan con cajeros también.

En caso de pérdida, extravío o robo de la tarjeta de crédito, hay que acudir al *Centro de Tarjetas FINCIMEX*, en la 3ª Avenida nº 408, esquina con la 6ª, en Miramar; telf. (7) 204 92 52. Esta oficina funciona las 24 horas, y si es posible, conviene pasar por ella para firmar la denuncia y recoger un recibo de la misma. En caso de tratarse de un robo, se exigirá la presentación de la correspondiente denuncia. En Santiago la sede de FINCIMEX está en la calle Enramada; telf. (2) 268 72 93. En el resto de las ciudades también hay algunas otras sedes.

En hoteles y bancos también se aceptan los **cheques de viaje,** salvo los expedidos por los bancos estadounidenses y los de *American Express*. Excepcionalmente, en algunos hoteles de sistema "todo incluido" de las cadenas canadienses se aceptan bajo cuerda. El mayor inconveniente que presenta cambiarlos en efectivo son las elevadas comisiones que se cobran. Aun así son un medio seguro de llevar dinero.

A través del *Banco Financiero Internacional S.A.* en la 5ª Avenida nº 9009, esquina con 92; telf. (7) 267 50 00, y en *Asistur*, en el Paseo del Prado nº 208 entre Trocadero y Colón; telf. (7) 866 44 99, se puede recibir dinero desde España en caso de emergencia, pero las comisiones son elevadas. En general, los bancos son poco útiles para el turista, pero, en caso de necesidad, el horario de atención al público es de 9 a 15 horas.

El mercado negro

Hoy día subsiste el mercado negro para obtener productos como el tabaco, el ron, o comestibles que no aparecen en los comercios (langosta, pescados, quesos caseros, café...), ni siquiera en los de venta en CUC's. En cuanto al dinero, el muy desventajoso cambio con el dólar ha hecho desaparecer casi por completo esta moneda del mercado ilegal, y tampoco con euros se mercadea.

Hay que repetir la recomendación de abstenerse de estas aventuras prohibidas que, con mucha frecuencia, acaban en timos o, como poco, en la adquisición de productos de muy baja calidad y nula garantía. Hay que apuntar una salvedad: los que se ofrecen por las carreteras (quesos, dulce de guayaba, frutas) son en general muy buenos. Y en las ciudades, si se cuenta con un proveedor "de confianza" (avalado por alguna amistad), se consiguen langostas, pez espada y pargos estupendos a muy buen precio.

Información y mapas

En Cuba este capítulo se resuelve en los burós de turismo y en las oficinas de Infotur de La Habana. En principio, un alto porcentaje del turismo que accede a la isla lo hace mediante viajes organizados, en los que todo viene previsto y reservado de antemano y con un guía para el grupo. El resto de los viajeros es atendido por los burós de turismo.

En el vestíbulo de todos los hoteles hay un buró en el que amablemente se atienden todas las necesidades que se puedan plantear: excursiones, visitas a museos, reservas de hoteles y pasajes, entradas para conciertos y teatro, reservas para restaurantes, cabarets, visitas organizadas a zonas coloniales o playas y todo lo que se pueda desear. Los pagos se efectúan en divisas, por adelantado en el propio buró, y el transporte para la actividad elegida recoge al viajero en el propio hotel a la hora convenida. Para los más independientes, la **Oficina de Turismo de Cuba** en Madrid (véase *Guía de servicios*) proporciona información y folletos que incluyen mapas y planos de los principales dezstinos turísticos en Cuba.

Como Cuba es un país bastante seguro, una buena guía de viajes, sentido común y cierta dosis de paciencia y bonhomía son suficientes para realizar recorridos por libre a lo largo del país. Si se cuenta con contactos personales en la isla, mucho mejor.

GLOSARIO DE TÉRMINOS CUBANOS

Carro: coche, automóvil.
Coche: es lo que nosotros llamamos carro.
Máquina: los coches americanos de los años 50.
Manejar: conducir.
Guagua/Ómnibus: autobús.
Chófer: todo el que conduce, incluso si se lleva el propio coche.
Hacer botella: hacer dedo o autoestop. Es muy frecuente.
Pomo: botella.
Ochovías: la autopista central, que muchas veces tiene solo seis y casi siempre, cuatro.
Entronque: cruce.
Piquera: parada terminal de autobuses o taxis.
Parqueo: aparcamiento, párking.
Gomas: ruedas del coche.
Timón: volante (coche).
Gallegos: españoles.
Botar: tirar. "Quedarse botado" es quedarse tirado.
Carpeta: recepción del hotel.
Vaucher: tícket/ entrada.
Vrochur: catálogo, folleto.
Fula: moneda fuerte, convertible. También se usa la palabra para calificar negativamente algo: "un tipo fula" quiere decir que es muy poco fiable.
Tomar: beber. "Estar tomado" es estar borracho. "Si has tomado no manejes". "Si manejas no tomes". Es decir, lo de si bebes no conduzcas.
Pajarito: homosexual. Si la persona no esconde sus preferencias sexuales, se añade que es "pajarito con balcón a la calle".
Trusa: bañador (en la zona del oriente).
Shorts: pantalones cortos.
Pulover: camiseta.

¡Mamey!: ser original, divertido, estupendo. Es algo equivalente al "¡cómo mola!".
¡Es un clavo!: ser aburrido, de mala calidad.
Fajarse: "cabrearse". También, pelearse.
Bohío: casa de campo de tejado de hojas de palma.
Guajiro: campesino. Figuradamente, persona de poca cultura o muy inocente.
Guapo: chulo, alardoso.
Jinetera: prostituta, aunque no es una clasificación "profesional" como la conocemos, sino más bien coyuntural, por necesidad y temporalmente.
Jinetero: son los "corredores" de turistas, pequeños traficantes y vendedores de cualquier cosa. Las prestaciones sexuales pueden ser parte de sus servicios.
Bola: además de bola, quiere decir también cotilleo, rumor o chisme.
Pelota: béisbol.
Pila: grifo. "Agua de pila".
Baterías: pilas.
Paladar: restaurante privado. La palabra surgió de una telenovela brasileña donde la protagonista, después de pasar no pocas penurias, logró montar un restaurante llamado "El Paladar".
Yuma: se usa para referirse a cualquier extranjero sea este americano o no.

Por otra parte, la expresión "vale" que el español utiliza como coletilla en las frases, al cubano le suena muy cortante y a algo así como: "basta ya". De manera que hay que evitar usarla.

El famoso "mi amol" se escucha fecuentemente, pero si es un español quien lo dice, provocará risa en quien lo escuche.

INFORMACIONES PRÁCTICAS

El turismo en Cuba

La isla de Cuba como destino turístico no es un fenómeno reciente. El historiador cubano René Lufríu se remonta a la época colonial como un antecedente de la ola turística. Según este autor, la estancia de la Flota de Indias acantonada en La Habana, en espera de la Armada Española para iniciar la travesía en convoy hacia el puerto de Sevilla y la llegada a este puerto de los emigrantes, como trampolín para saltar a cualquier otra colonia americana, supuso la estancia de cientos o miles de personas desocupadas en la ciudad durante varios meses. No deja de ser una opinión pintoresca, pero lo que es cierto es que La Habana durante esa época era una ciudad de comercio y servicios, sin ninguna producción material, donde el dinero se movía con rapidez, y negociantes, usureros, tramposos, timadores y tahures hacían su agosto. La capital era mercado, garito y lupanar que engullía oro y ofrecía concupiscencia y desenfreno a todo el que pudiera pagarlos.

Los orígenes verdaderamente turísticos de la isla se inician en La Habana a mediados del siglo XIX. En principio, los hombres de negocios norteamericanos fueron los pioneros, pero estos atrajeron tras de sí a los primeros turistas, en general curiosos y aventureros que buscaban exotismo y aventuras en un país sin peligro para ellos, dado el neocolonialismo imperante en la época. Uno de los hoteles de los que se tiene noticias más antiguas es el *Santa Isabel;* comenzó su actividad en otro emplazamiento, pero en 1868 se trasladó al palacio de los Condes de Santovenia –en la mismísima plaza de Armas-, una magnífica construcción del siglo XVII que alquiló a tal efecto el norteamericano Luis Lay.

Mercadillo en la Plaza de la Catedral de La Habana.

Tras este se fundaron otros, como el *Hotel Telégrafo,* en las proximidades de *El Prado,* que tenía baños y un restaurante con comida a la carta, un auténtico lujo para la época. De aquellos tiempos, y aún en funcionamiento, data el *Hotel Inglaterra (*1875) uno de los lugares más bellos y con más historia de la ciudad, dado que en sus dependencias, el General Maceo, entre otros, conspiró contra España en los albores de las guerras de independencia. Poco a poco, las instalaciones turísticas fueron desplazándose de la Habana Vieja hacia el nuevo centro de la vida social y económica, el barrio del Vedado. En él estaba el *Hotel Trotcha,* el primero de la zona. Fundado en 1886, sirvió de alojamiento para el alto mando del ejército norteamericano tras su victoria en 1898. De esta época datan las "pocetas del Malecón" –aún observables hoy día en las proximidades del castillo de La Punta, donde los más atrevidos tomaban baños de mar–, así como el balneario El Progreso en el barrio del Vedado, hoy soterrado por el propio Malecón, en las proximidades del *Hotel Nacional,* donde se reunía la flor y nata de la colonia norteamericana, más dada que los cubanos a esa locura del baño.

El verdadero punto de partida del turismo hacia la isla se produjo tras la Primera Guerra Mundial, época en la que se iniciaron los cruceros de lujo por el Caribe, cuyo puerto más importante fue La Habana. La línea de cruceros *Ward Line* fue la primera que inauguró en 1840 una línea con travesías regulares desde Nueva York a La Habana, Cienfuegos y Santiago de Cuba. Uno de sus barcos más famosos fue el "Morro Castle", que en los años veinte naufragó en las proximidades de Nueva York. Este desastre fue recordado en una deliciosa canción por el Trío Matamoros.

Además de la ciudad de La Habana, los turistas visitaban Matanzas, a la que llegaban, tras un recorrido de cuatro horas, en un tren en cuyo billete estaba escrito este curioso aviso: "Se notifica a los Srs. pasajeros que solo se permitirá llevar como equipaje de mano en este ferrocarril una maleta, un sombrero y un gallo de pelea". El mayor atractivo de Matanzas era la visita a la Cueva de Bellamar y el valle de Yumurí, al que se accedía a caballo. Hacia el oeste también se visitaban las plantaciones de tabaco de Vuelta Abajo y el valle de Viñales, con un recorrido en tren de unas dos horas y después en caballos y calesas. La ciudad de Santiago era también un destino turístico, aunque en menor medida. Ofrecía al visitante un mayor refinamiento que La Habana debido a la influencia francesa existente en la zona; era el caso del *Hotel de Madame Adela Lescailles* y el *Hotel La Suss,* donde florecía una vida cultural que pretendía seguir las pautas de los salones parisinos de la época.

En 1895 el multimillonario estadounidense Henry M. Flagler construyó un ferrocarril hasta Miami, prolongándolo posteriormente hasta Cayo Hueso, desde donde un ferry transportaba pasajeros y vehículos hasta Cuba. La línea comenzó a funcionar en 1912 con la inauguración

INFORMACIONES PRÁCTICAS

La provincia de Matanzas fue la pionera de la isla, junto con La Habana, en recibir turismo. En la foto, catedral de San Carlos en la ciudad de Matanzas.

del tren "Havana Special", que circulaba desde Nueva-York a Cayo Hueso; desde esta se llegaba a La Habana en ferry. Ya en 1928 transportó casi 30.000 pasajeros y 572 vehículos.

Los años veinte supusieron el comienzo del turismo masivo. Los norteamericanos encontraron en la isla todo lo que en su país estaba prohibido. La Ley Volstead, más conocida como la "Ley Seca", que estuvo vigente en Estados Unidos entre 1920 y 1935, constituyó un gran impulso para el turismo hacia Cuba, donde se ofrecía ron, juego, carreras de caballos y prostitución a bajos precios. Así aumentaron rápidamente las instalaciones turísticas con la construcción del Hipódromo de Marianao (1915), el Casino Nacional (1925), el *Hotel Sevilla* (1914), el *Hotel Presidente* (1928) y el emblemático *Hotel Nacional* (1930), todos dotados de casino y cabaret, así como de numerosos bares, entre ellos *El Floridita,* cuna del "daiquirí", donde los hijos del Tío Sam mataban sus ansias de alcohol. Las mejores playas de la isla pasaron a ser zonas privadas de los grandes hoteles, cuyo acceso solo estaba permitido a los cubanos adinerados.

La primera compañía aérea que estableció una línea regular con Cuba fue la *Pan-American:* en 1927 Cayo Hueso y La Habana estaban comunicadas por aviones Fokker F-7. A consecuencia de todo ello, en 1928 se superó la cifra de 80.000 turistas. Tras la Segunda Guerra Mundial, se produjo el auténtico *boom* del turismo hacia la isla. Además de los innumerables cruceros y el tándem ferrocarril-ferry, la vía aérea se convirtió en la principal fuente de viajeros.

Aparte de la mencionada *Pan-Am*, otras nueve líneas aéreas tenían vuelos regulares desde los Estados Unidos, y desde Europa, la holandesa *K.L.M.*, lo que suponía un total de casi 8.000 vuelos anuales. En 1957 el número de turistas se situó en más de 300.000, cifra récord que solo ha vuelto a alcanzarse en la década de los noventa del siglo pasado.

Sin embargo, la riqueza procedente de la industria turística no beneficiaría a los cubanos, ya que todo estaba promovido por el capital estadounidense, ya fuesen grandes empresas, como también ganster y mafias que se hicieron con el poder en la isla bajo el provechoso amparo del régimen de Batista. Mafiosos como Albert Anastasia, Lucky Luciano, Frank Costelo y, sobre todo, Meyer Lansky sentaron sus reales en Cuba, controlando el juego y la prostitución. En esos años cincuenta se creó el *Cabaret Tropicana*, fundado por mafiosos y tahúres que transportaban a sus clientes desde las principales ciudades norteamericanas en aviones en los que se podía jugar y contemplar un pase de atracciones cabareteras durante el vuelo.

En pleno auge de las inversiones, tanto en La Habana como en Varadero –que desde los años cuarenta se había convertido en el balneario más apreciado del Caribe, instalándose allí las grandes cadenas como Hilton, Sheraton, Dupont, etc.–, llegó la Revolución. Como dice la famosa canción de Carlos Puebla y sus Tradicionales: "Llegó el Comandante y mandó parar".

El "parón" fue auténtico, de los 300.000 turistas de unos años antes, en 1960 solo se alcanzó la cifra de 86.500, y las cosas fueron a peor en los años venideros. La Ley 270 de abril de 1959 declaró las playas de uso público; en 1960 se nacionalizó *Tropicana* y los principales hoteles, como el *Nacional* y el *Hilton*, que recién inaugurado fue rebautizado con el nombre de *Habana Libre*.

Ante la ausencia de turismo internacional, se aprovecharon las instalaciones para el turismo nacional y de los "países del este", pero la falta de recursos produjo el deterioro de las mismas. Finalmente, a principios de los ochenta, con la colaboración de empresas canadienses y españolas, se relanzó Cuba como destino del turismo internacional, alcanzando en 1995 la cifra de 850.000 visitantes. La iniciativa privada ha puesto en pie nuevos hoteles y promocionado destinos que antes no eran muy conocidos, como los cayos del norte. Aún así, el número de turistas aumenta lentamente, y en el año 2012, según estadísticas oficiales, han entrado en el país poco más de dos millones y medio de visitantes. Entre ellos, los canadienses son el grupo más numeroso.

El regreso de los grandes cruceros a La Habana, el puerto de Mariel y Santiago, tras la reinauguración a finales de 1995 del Muelle de Cruceros –originario de 1914–, supone un nuevo paso en una industria que aporta a la economía cubana más de mil millones de euros al año y constituye la primera fuente de ingresos en divisas del país.

Esta nueva mina de oro –además del reciente cambio de rumbo político en Estados Unidos con el presidente Obama– ha hecho que grandes empresas hoteleras estadounidenses, como Hyatt, Marriot o Hilton, las compañías aéreas *Delta* y *Continental* y las de tarjetas de crédito, como *American Express* y *Master Card*, hayan comenzado a tener contacto con las autoridades cubanas y a presionar a su propio gobierno para que finalice el boicot.

Salud y servicios sanitarios

La asistencia sanitaria cubana es comparable a la de los países más desarrollados, con una infraestructura de hospitales, dispensarios, ambulatorios, clínicas, etc., que cubren todo el territorio, no solo las ciudades sino también el medio rural. Y además es completamente gratuita para todos sus ciudadanos. Algunos datos estadísticos serán suficiente para apoyar la afirmación anterior: la esperanza de vida es de 75,2 años; la mortandad infantil de 7,2 por mil nacidos. Enfermedades como la poliomielitis, el paludismo, la difteria o la fiebre amarilla, que antes diezmaban la población, están totalmente erradicadas y Cuba posee la tasa de mortalidad infantil más baja de América Latina, así como la de mayor esperanza de vida del continente, superando incluso a la de Estados Unidos.

No es necesaria ninguna vacuna para entrar en el país desde Europa, incluso no es recomendable ninguna y los únicos peligros que, desde el punto de vista sanitario, pueden acechar al viajero son las quemaduras del sol o las picaduras de los mosquitos. Las campañas de fumigación de las viviendas son continuas porque en el Caribe, el peligro de enfermedades transmitidas por insectos no deben su-bestimarse, por lo que hay que protegerse seriamente de ellos tanto en el campo como en las ciudades.

En todos los hoteles de cierta categoría hay servicio médico de atención al huésped. Funcionan perfectamente los seguros de viaje, del tipo *Europ Assistance*, *Mondial Assistance*, *Gesa*, etc. La agencia cubana encargada de prestar asistencia a los tu-

Cuba disfruta de un excelente sistema sanitario, cuya consecuencia más positiva es que posee el mayor índice de esperanza de vida de toda América Latina.

ristas es *Asistur, S.A.,* abierta las 24 horas (Paseo del Prado, 208; Habana Vieja; telf. 866 44 99 y fax. 866 80 87).

Las **farmacias**, que habitualmente estaban bien surtidas en todo tipo de fármacos, atraviesan un período de desabastecimiento. En cualquier caso, los productos no se presentan con los nombres comerciales habituales en España, sino por su fórmula genérica, y no se suministra más que la dosis recetada por el médico en cada caso. En La Habana está la *Farmacia Internacional,* en la Avenida 41, esquina Calle 20, en el barrio de Miramar, además de otras como la del centro comercial del *Habana Libre* o la del hospital Camilo Cienfuegos (en el Vedado); esta última es de las mejor surtidas, y en todas es preciso pagar con CUC's.

Una confirmación del alto nivel sanitario del país, es que buena parte del turismo que llega a Cuba, procedente sobre todo de los países hispanos del área, está calificado como **Turismo de Salud** que visita Cuba para revisiones médicas, operaciones o tratamientos. Una gran cantidad de personas, fundamentalmente del área del Caribe y Centroamérica, acude a Cuba para tratarse y curar sus dolencias (en muchos casos, enfermedades de la piel, como la psoriasis).

Prácticamente, todas las especialidades son tratadas en sus hospitales, como el Hermanos Almeijeiras, frente al Malecón (telf. 57 60 77), y la Clínica Cira García (Calle 20, esquina Avenida 41, Barrio de Marianao. Telf. 24 28 11), esta última solo para extranjeros. Especialmente dedicada a servir al turista en este campo está la empresa Servimed del grupo *Cubanaca* cuyos servicios se pueden consultar en *www.servimedcuba.com*. Si se tienen problemas con las gafas, se puede acudir a la Óptica Miramar, en la Séptima Avenida, esquina Calle 24, en Miramar.

En comparación con otros países de la zona, los precios de los tratamientos y operaciones son muy bajos, por lo que se da la paradoja de que las élites de los países vecinos, en general furibundos anticomunistas, viajan a Cuba cuando tienen problemas de salud. Una de las especialidades más desarrolladas son los tratamientos de desintoxicación a drogodependientes, con modernos tratamientos y alta especialización. El porcentaje de casos con resultados positivos es muy elevado, debido fundamentalmente a la inexistencia de la tentación, ya que en Cuba las drogas prácticamente no existen.

Otros tratamientos en los que Cuba está a la cabeza del mundo son la retinosis pigmentaria, tratada en el Hospital Camilo Cienfuegos, y el parkinson, que a través de la cirugía está siendo objeto de interesantes avances.

A pesar de todo lo dicho, y de la buena situación sanitaria de Cuba en relación con otros países de su entorno y nivel económico, es preciso decir que la caída del bloque socialista fue un duro golpe también para este aspecto de la vida de los cubanos: las dotaciones médicas en fármacos y aparatos que venían de Rusia han desaparecido de las clínicas cubanas, y el castigo de los EE. UU. a las empresas que comercien con Cuba ha agravado la situación al no permitir su abastecimiento. Si añadimos que el estado cubano envía grandes contingentes médicos en "misiones humanitarias" a países amigos, se comprende que el cubano de a pie ha notado una merma en la asistencia sanitaria que recibe, tanto en medios materiales como humanos.

Desde el punto de vista farmacéutico, se ha hecho referencia anteriormente a las consecuencias que produce en el abastecimiento de productos el bloqueo estadounidense, sobre todo en los medicamentos de última generación, aunque la investigación cubana ofrece algunos productos novedosos, como una vacuna contra la meningitis tipo B, la estreptoquinasa contra el infarto o la melagenina, útil para las manchas de la piel (vitiligo); pero, sin duda, el "medicamento estrella" hoy en día es el *P.P.G.* –un derivado de la caña de azúcar–, que si hemos de fiarnos de los que lo venden ilegalmente por las calles es una panacea que cura hasta de las deudas. Según opiniones más profesionales, está indicado para los problemas de colesterol y se usa en tratamientos de adelgazamiento. Estos medicamentos se pueden encontrar en las farmacias en CUC's, incluso en el mismo aeropuerto de La Habana.

Medios de transporte

Avión. En el interior del país, las ciudades de Santiago, Camagüey, Cienfuegos, Holguín, Ciego de Ávila, Las Tunas, Bayamo, Moa y Baracoa y los centros turísticos de Manzanillo, Varadero, isla de la Juventud y Cayo Largo disponen de aeropuerto para vuelos nacionales. Los aviones que realizan vuelos por el interior son bastante viejos pero seguros, con modelos Tupolev rusos o antiguos aviones de hélice, como el segurísimo Fokker-27.

Por carretera. Si el viajero ha decidido alquilar un coche para hacer un recorrido por la isla, conviene tener en cuenta una serie de detalles para no encontrarse con sorpresas desagradables.

Las carreteras son, en general, bastante aceptables, sobre todo si las comparamos con los países del entorno geográfico, entre las que solo las de Puerto Rico estarían a la altura de las cubanas; claro que ello no quiere decir que para un europeo puedan parecer malas y llenas de baches.

La principal vía del país es la Autopista Central, que atraviesa el territorio cubano de este a oeste, uniendo los extremos de la isla. En la salida de La Habana tiene cuatro carriles por dirección y está relativamente bien señalizada; ahora bien, a medida que la capital va quedando atrás, las cosas cambian: hay solo dos carriles por vía y los baches comienzan a hacer su aparición aumentando en progresión aritmética. La escasez de tráfico y la llanura del territorio permiten que, a pesar de todo, se puedan hacer buenas medias en esta vía, aunque no se debe aumentar

Viajar en autobús

Los autobuses de **Viazul** son la forma más segura de viajar: creados para dar respuesta a las demandas del turismo individual y con ciertas garantías de calidad. Son más puntuales y muy modernos; tanto que el aire acondicionado –símbolo de modernidad en la isla– es muy fuerte, al extremo de que resulta imprescindible viajar con ropa de abrigo.

Hay destinos desde La Habana (y viceversa) a Varadero, Viñales (con parada en Pinar del Río), Trinidad (con parada en Jagüey y en Cienfuegos) y a Santiago (con paradas en Santa Clara, Sancti-Spíritus, Ciego de Ávila, Camagüey, Las Tunas, Holguín y Bayamo). El trayecto Habana-Santiago dura 16 horas. Las **guaguas** a Varadero son las más numerosas. Para el resto de los destinos se hacen dos trayectos diarios. También hay autobuses que realizan el recorrido Varadero-Trinidad.

- Estación de Viazul en **La Habana,** Avda. 26 y Zoológico, telf. (7) 881 14 13.
- **Varadero,** calle 36 y autopista, telf. (45) 61 4866.
- **Trinidad,** calle Piro Ginart, esquina Antonio Maceo y Gustavo Izquierdo, 224, telf. (419) 2404.
- **Santiago de Cuba,** Avda. de los Libertadores, esquina Yarayó, telf. (226) 2 8484.

Los que prefieran las cómodas **excursiones organizadas** en autobús, sepan que se ofertan gran cantidad de posibilidades desde las diferentes agencias de viaje del país, así como desde los burós de turismo de los propios hoteles.

INFORMACIONES PRÁCTICAS

Las comunicaciones en la isla aún tienen mucho que mejorar. En la imagen, Estación de Guachinango, en el Valle de los Ingenios de Sancti-Spíritus.

mucho la velocidad ya que es posible encontrar animales atravesando la calzada; esta circunstancia hace que no sea recomendable circular de noche.

La Vía Blanca, que une La Habana con Playas del Este, Matanzas y Varadero, es una de las de mayor tráfico del país.

Al margen de las anteriores, la calidad de las carreteras es muy diversa: se puede pasar de un asfalto aceptable y sólido a caminos de cabras embarrados, que atraviesan ríos y riachuelos por vados, ya que no hay ni siquiera puentes, en los que lo más probable es quedarse varado.

Por ejemplo, si se decide alquilar un coche en Varadero o La Habana, lo lógico es hacer los recorridos clásicos, visitando la ciénaga de Zapata, Playa Girón, Trinidad, Cienfuegos, Pinar del Río, Soroa y el valle de Viñales; para estos periplos cualquier coche es válido ya que las carreteras son buenas. En cambio, si el coche se alquila en Santiago de Cuba, Baracoa o Guardalavaca, lo más recomendable es alquilar un todoterreno, dado que las carreteras de la región oriental dejan mucho que desear. Tramos como Santiago-Guantánamo-Baracoa y Santiago-Holguín-Bayamo pueden ser recorridos con coches convencionales, pero si se quiere ir a Marea del Portillo, Ocujal, Moa, Punta de Maisí y otros de los maravillosos lugares que ofrece esta parte del país, lo mejor es alquilar un todoterreno y así viajar tranquilos.

Los peligros en la carretera son, fundamentalmente, los animales en la vía, los baches, los ciclistas y, sobre todo, los pasos a nivel de los trenes que transportan la caña. Aunque será una excepción encontrarse con alguno de ellos, en sus cruces con las carreteras hay unos desniveles muy pronunciados por los que es necesario transitar con precaución para no dejarse los bajos del coche.

Los únicos vehículos que circulan a buena velocidad son los autobuses interurbanos, que además se creen los reyes de la carretera y, al menor descuido, son capaces de sacar de la calzada a cualquier otro automovilista.

Otra recomendación importante es que se debe llenar siempre el depósito de gasolina al completo, dado que las estaciones de servicio de *Servi-Cupet*, las únicas que venden gasolina en divisas, se encuentran solo en las ciudades y a veces están muy distantes unas de otras. En cualquier recorrido que se efectúe por la isla se encontrará gente haciendo "botella" (auto-stop). Este hecho es el fiel reflejo del caos en el que se halla el transporte por el interior; los cubanos pasan la jornada entera intentando desplazarse hasta lugares que, en muchos casos, se hallan a menos de 30 km, y a veces tienen que intentarlo de nuevo al día siguiente.

Hay que hacer especial hincapié en que no se viaje con el coche medio vacío, no solo por solidaridad, sino incluso por

PARA VIAJAR POR CUBA

otros motivos: en primer lugar, porque la gente es amable y charlatana, por lo que, mientras se viaja, se tendrá a mano una fuente local de información; en segundo lugar, porque en muchos casos la señalización es penosa y sin un "guía del país" se corre el riesgo de perderse, y por último, porque, en caso de quedarse atascados en la arena o el barro, serán los primeros en echar una mano para salir del atolladero. Por otro lado, no hay que tener la menor inquietud, ya que la gente es honrada, amable y servicial.

A medida que los recorridos se adentran por el interior o por zonas alejadas de las grandes ciudades, tomarse un refresco o una cerveza se convierte en un problema, agudizado por el maravilloso calorcito tropical. En esos casos se pueden adoptar dos soluciones: atreverse a probar los refrescos caseros que ofrecen en cubos en los cruces de las carreteras o bien, lo que resulta una decisión más sensata, entrar en cualquier pueblecito mediano y preguntar por alguna cafetería o bodega, donde se podrá comprar con divisas refrescos, agua mineral e incluso cerveza fría.

En La Habana no se debe dejar el coche aparcado en cualquier sitio, pues se corre el riesgo no solo de ser despojado de lo que se lleve en el interior, sino también de que desaparezcan las ruedas, los limpiaparabrisas, el motor o cualquier otra cosa; por tanto, conviene aparcar en lugares visibles y vigilados. Fuera de la capital este riesgo es mínimo, pues, como ocurre en todos los países, "la capital es la capital" tanto para lo bueno como para lo malo.

El respeto a las normas de tráfico por parte de los cubanos es bastante correcto, utilizan bien los indicadores, las luces –cuando las tienen– y respetan las señales de tráfico.

Ómnibus, volgas y boteros. La mayor parte de los vehículos que circulan por las carreteras son camiones y los **ómnibus** interprovinciales, que, por cierto, van a una velocidad de vértigo. Para desplazarse en ómnibus de una ciudad a otra, hay que ir a la terminal, donde se informa de los precios y horarios, y se expenden los billetes. En las proximidades de estas se estacionan coches particulares que, ilegalmente, recogen pasajeros para ir de un lugar a otro. Es la forma más cómoda, aunque resulta un poco lenta, pues suelen ser coches americanos, enormes y muy viejos, llamados **"almendrones"**, que no van a mucha velocidad. Los fines de semana están atestados de pasajeros.

Los problemas de abastecimiento de materiales y piezas de recambio hacen que el parque de autobuses sea viejo, malo

DISTANCIAS KILOMÉTRICAS

739	524	125	543	457	800	984	740	149	819	71	207	673	610	381	273	Bayamo
466	251	398	270	184	527	711	467	124	546	202	480	400	337	108		Camagüey
358	143	506	162	76	419	603	359	232	438	310	588	292	229			Ciego de Ávila
177	78	735	74	153	253	419	193	461	243	539	817	105				Cienfuegos
108	183	798	130	216	169	354	109	524	178	602	880					Guamá
946	731	86	750	664	1.007	1.191	947	356	1.026	278						Guantánamo
668	453	196	472	386	729	913	669	78	748							Holguín
144	321	944	276	362	18	176	102	670								**La Habana**
590	375	274	394	308	651	835	591									Las Tunas
42	271	865	197	283	60	267										Matanzas
309	497	1.109	441	527	194											Pinar del Río
102	331	925	257	343												Playas del Este
282	67	582	86													Sancti Spíritus
196	89	668														Santa Clara
864	649															Santiago de Cuba
269																Trinidad
Varadero																

Cuba en Internet

- **Dónde y cómo conectarse:** Las conexiones a Internet en Cuba no son rápidas ni se encuentran en cualquier lado. Hay que acudir a locutorios públicos, o bien a los puestos de conexión que existen en todos los hoteles importantes, aunque no estemos alojados en ellos. El acceso a Internet es caro, y más si consideramos la lentitud de la red.

- **Información sobre Cuba:** A continuación se incluyen algunas páginas en las que encontraremos informaciones útiles sobre Cuba. Algunas son páginas oficiales y otras no. Hay que comprobar que la página que consultamos esté vigente, porque los dominios cambian con frecuencia; además de que la información que ofrecen no siempre está actualizada.

Info:
www.infotur.cu
www.dtcuba.com
www.hicuba.com
www.cubaweb.cu
www.autenticacuba.com
www.ecured.cu
www.visitarcuba.org
www.turismodecuba.info

Sobre alojamientos, incluyendo casas particulares:
www.casas.cuba.org
www.rentaencuba.com
www.hospedajecubano.com
www.bookingcubana.com
www.casasdealquilerencuba.com
www.alojamientoencuba.com

Sobre alquiler de automóviles:
www.transtur.cu
www.cubacar.es
www.havanautos.com
www.cuba-coches.es

y, sobre todo, escaso, por lo que hoy día cualquier vehículo, ya sea un camión, el remolque de un tractor o un carro de caballos, es público.

Dadas las grandes distancias existentes en Cuba (hay que tener en cuenta que entre La Habana y Baracoa hay 1.069 km y a Santiago 876 km), para ir a la zona de Oriente, lo más recomendable es el avión y, en último caso, el tren.

Alquiler de automóviles. En los últimos años esta posibilidad se ha potenciado enormemente, por lo que han entrado en el mercado empresas como *Transautos*, *Nacional Rent-car Gaviota* y otras, frente al antiguo monopolio de la empresa *Havanautos*. El resultado de todo ello ha sido la bajada de los precios y la proliferación de los puntos de alquiler. Hoy día todos los hoteles de cinco y cuatro estrellas, y muchos de tres, así como los aeropuertos disponen de una agencia de alquiler de automóviles.

También se han ampliado los **modelos** en oferta, que van desde los pequeños *Fiat* y *Peugeot 205*, a los lujosos *Mercedes 190* y *180* o los *Nissan Sentra*, con aire acondicionado. También se ofrecen, y son muy interesantes para las malas carreteras, dos tipos de pequeños 4x4: *Daihatsu Ferosa* y *Jeep Suzuki*. En caso de ser un grupo mediano, son interesantes las furgonetas *Nissan Vanette* y el *Dodge Caravan*, esta última solo con chófer. Las **tarifas**, hasta no hace mucho prohibitivas, se han situado en algunos casos por debajo de los 50 euros al día con kilometraje ilimitado.

La contratación de un seguro es obligatoria, aunque la cuota mínima suele estar sobre los 10 euros diarios. Los pagos se hacen en divisas, aunque es preferible utilizar tarjeta de crédito. Se paga por adelantado tanto el alquiler como el depósito de gasolina lleno; al devolver el vehículo, se reembolsa parte del importe del depósito en la proporción que corresponda. El pago de este último es conveniente hacerlo en efectivo, ya que en ese caso se devuelve lo que sobra en divisas; si se utiliza tarjeta de crédito, se expide un recibo cuyo importe se cobra en el banco al regresar a casa, lo cual no es recomendable porque merma el efectivo en vacaciones. Se puede alquilar un coche en un lugar y devolverlo en otra ciudad mediante el pago de unas tarifas que varían de acuerdo a la distancia entre ambos puntos.

Si se paga en divisas, la **gasolina** no constituye ningún problema, ya que hay bastantes estaciones de servicio de *Servi-Cupet*. No obstante, como se dijo anteriormente, es mejor tener siempre el depósito lleno. Cuando se alquila un coche, por lo general, se advierte que solo se puede obtener gasolina mediante divisas. Esta es la disposición oficial pero, como siempre, la picaresca permite conseguir gasolina de la llamada "liberada", aunque este comercio ilegal está también bastante perseguido.

Auto-stop. El auto-stop o "hacer botella", como se dice en Cuba, es algo habitual y no presenta riesgos. El problema es la baja densidad de coches particulares, por lo que no resulta fácil encontrar transporte, aunque siendo "yuma" funciona a veces.

Clases de vehículos. Por las calles y carreteras del país circulan coches que son auténticas reliquias de los años 40 y 50, preciosos, algunos magníficamente conservados, pintados y limpios. Toda una gama de auténticos "dinosaurios del asfalto", vivitos y coleando cuando ya están extinguidos en otros lugares. Se les llama "almendrones".

También circulan muchas motos de mediana y gran cilindrada, casi todas fabricadas en los países del Este y la mayoría con sidecar, algo ya desaparecido en todo el mundo. Pueden verse algunas *Harley Davison* antiguas que son una auténtica belleza. Extraña, en cambio, la escasez de motos de pequeñas cilindradas, que, teniendo en cuenta el clima del país, serían una solución para el transporte.

Bicicletas. Las restricciones energéticas y los problemas de transporte público han llevado a las autoridades a promover el uso de la bicicleta. En el último año se ha fabricado más de un millón, que son utilizadas fundamentalmente en las ciudades.

La posibilidad de tener una bicicleta se ha utilizado como premio a los trabajadores y estudiantes más aplicados. La solución es buena, pues el clima y la escasa densidad del tráfico las hacen ideales para las ciudades; el problema es que no es una opción libremente elegida, sino una necesidad, debido a las circunstancias económicas, por lo que los cubanos siguen añorando la posibilidad de las cuatro ruedas. A consecuencia de que el paso de bicicletas por el túnel que cruza la bahía de La Habana está prohibido, la unión del centro con los municipios o barrios vecinos de Casablanca, Regla y Guanabacoa solo era posible mediante pequeños transbordadores que transportaban la bicicleta. La lentitud del procedimiento llevó a buscar una original solución: los **"ciclobuses"**,

La bicicleta es el transporte más popular en Cuba.

INFORMACIONES PRÁCTICAS

curiosos autobuses sin asientos a los que se accede por una rampa, que solamente hacen el trayecto desde la puerta del Museo de la Música, junto a la estatua del General Máximo Gómez, hasta el desvío de la ruta de Playas del Este, que va hacia el castillo del Morro. También se admiten pasajeros sin velocípedo, por lo que es una posibilidad recomendable para visitar las fortalezas.

Ferrocarril. El sistema de ferrocarriles de Cuba data de la mitad del siglo pasado, adelantándose en su instalación incluso a la metrópoli, ya que los trenes circularon antes en la isla que en España. Fueron instalados por las compañías azucareras, fundamentalmente para el transporte de la caña de azúcar. También hoy día ofrecen un buen servicio de pasajeros, aunque los trenes son bastante antiguos y lentos.

Están comunicadas con La Habana, al oeste, las ciudades de Guanajay, Artemisa y Pinar del Río; al sur, las de Güimes y Cienfuegos, y hacia el este, Matanzas, Cárdenas, Colón, Santa Clara, Ciego de Ávila, Camagüey, Las Tunas, Bayamo, Santiago y Guantánamo.

Existen dos tipos de trenes: los **expresos,** más rápidos y con aire acondicionado, y los **regulares, mucho más** lentos y con obsoletas instalaciones.

Barcos. En el puerto de Batabanó, al sur de La Habana, hay un servicio de **hidrodeslizador** –dos veces al día– y un **ferry** –una vez al día; capacidad para más de mil pasajeros–, que van hacia la isla de la Juventud o isla de Pinos. Para los viajeros más adinerados que lleguen a Cuba en yate, el país posee acogedoras marinas a lo largo de su extensa costa, como la Marina Hemingway en La Habana, las marinas Barracuda y Chapelín en Varadero, las marinas de Cayo Blanco y Cayo Coco, Guardalavaca, Punta Gorda y Sierra Mar en Santiago, Marea del Portillo en Granma, Ancón en Trinidad y Faro Luna en Cienfuegos, así como las de Cayo Largo y Punta del Este en la isla de Pinos.

Transportes urbanos

El sistema de transporte urbano es uno de los talones de Aquiles del gobierno. El transporte público es, en general, malo, masificado, lento e incómodo, a lo que hay que añadir los problemas derivados de la escasez de combustible.

Autobuses o guaguas. La red de autobuses o "guaguas", nada recomendable para el turista, está dotada de escasos medios y con un material obsoleto, en absoluto acorde con las necesidades de un país en el que, dada la escasez de vehículos privados, la mayor parte de la población necesita recurrir al transporte público para ir al trabajo, sobre todo, en La Habana y Santiago.

En las horas punta es imposible entrar en una guagua. Los conductores circulan a gran velocidad, con arrancadas y paradas bruscas, lo que las hace aún más incómodas. En La Habana es una de las quejas más escuchadas.

Los ya desaparecidos "camellos" (autobuses gigantescos arrastrados por cabinas de camión), que funcionaron durante décadas, han dejado lugar a unos autobuses más convencionales, de fabricación china, que continúan tan atestados e impuntuales como siempre. A decir de los habaneros,

Transportes públicos de La Habana: guagua- y cocotaxi.

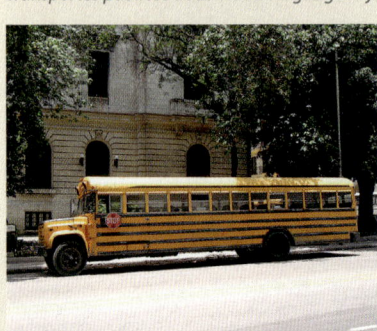

los autobuses de La Habana son como las películas del sábado noche: sexo, violencia y lenguaje adulto.

Taxis. En la actualidad existe una sola compañía estatal de taxis, *Cubataxi*, que ha unificado las varias líneas que funcionaban hasta hace bien poco. Sin embargo, esto no quiere decir que los precios estén unificados: esta compañía tiene varias gamas de vehículos, que van desde el Lada de durísima suspensión y sin aire acondicionado, hasta el más cómodo *vagon-station* de ocho plazas.

El precio de la carrera depende de la gama del vehículo, así que conviene estar muy atento porque el ahorro llega a ser de más del 20 por ciento en el precio, siempre en pesos convertibles (CUC's).

El uso de taxis resulta bastante necesario en La Habana, pero tanto la bajada de bandera como las carreras tienen precios más baratos que en otros países. En ocasiones, se puede utilizar este medio para recorridos más largos: a lugares cercanos, por ejemplo. Cuentan con unas tarifas por distancias que se pueden consultar.

Los cubanos usan otro tipo de taxis, en moneda nacional –mucho más baratos–, y también legales. Se trata de los "almendrones" (coches americanos anteriores a 1959), que realizan recorridos fijos por la ciudad y funcionan como taxis colectivos.

Llevan un cartel en el parabrisas con la palabra "taxi". En principio, este es un servicio solo para los cubanos, pero un extranjero avezado y que conozca los recorridos, o que vaya acompañado, también puede utilizarlos para ahorrarse unos pesos.

En cuanto a los "boteros" –conductores particulares que ofrecen trasladar a los turistas o, como ellos dicen, "dar botella" por precios más módicos que los taxis oficiales–, no es un servicio legal. Nos arriesgamos a tener problemas e incluso a ser estafados. En Santiago de Cuba buena parte de los "boteros" van en moto, con dos cascos, y se les para al vuelo...

Durante la escasez energética del "período especial", en muchas ciudades, sobre todo en el Oriente, el **caballo** y la **calesa** han recuperado su antigua vigencia colonial usándose como taxis-tranvías. Es una delicia darse un paseo en ellos. En otros lugares, como en Holguín, los **"ciclo-riksow"** orientales tienen su versión cariñeña en los triciclos con uno o dos asientos posteriores. Por poco dinero se puede dar una vuelta en ellos por la ciudad.

El tráfico en el interior de las ciudades es fluido, pues las calles, salvo en las zonas coloniales, son amplias y bien trazadas, y dada la escasez de vehículos, los atascos de otros países son impensables.

Correos y teléfonos

Correos. El correo es algo deficiente, aunque en todos los hoteles hay buzones y, normalmente, las tarjetas enviadas a España llegan con regularidad, aunque no se puede asegurar cuándo. En cambio, en la calle se da la paradoja de que muchos cubanos solicitan a los extranjeros que les envíen desde su país una carta, sobre todo las dirigidas a Estados Unidos, donde casi todos tienen familiares. Aunque este hecho no sea indicativo de que se viola la correspondencia, al menos pone de manifiesto una gran desconfianza en el servicio de correos por parte de los propios cubanos.

Si se quiere estar seguro de que las cartas o paquetes van a llegar a su destino, lo mejor es confiarlos a la empresa de mensajería mundial *DHL*, que tiene su sede central en la Primera Avenida y Calle 42, en Miramar, La Habana. También recogen los paquetes en la mayoría de los buenos hoteles, las empresas como *Cubanacán Express* y *Cubapost*, con delegaciones en La Habana, Santiago, Varadero y en algunas otras ciudades.

Teléfono. El teléfono es otro de los problemas con los que es posible encontrarse. No hay gran número de ellos, carencia que se ha paliado en parte con la introducción en la isla de la telefonía móvil que, aunque cara, va llegando a buena parte de la población. Si a esto se añade que un incendio destruyó hace unos años la central más importante de la ciudad, la comunicación no es muy fluida. En La Habana a veces hay que marcar siete u ocho veces para comunicar con un abonado de la propia ciudad, dadas las pocas líneas de las que se dispone.

En los hoteles se cobran las llamadas locales a precios exagerados, a veces incluso un euro por minuto, por lo cual compensa más hacerlas desde teléfonos públicos de monedas –si es que funcionan–. También las llamadas a larga distancia desde los hoteles son carísimas.

Para llamar, lo mejor y más cómodo es hacerse con **tarjetas** de teléfono prepagadas de la compañía *ETECSA*. Se pueden adquirir en oficinas de correos, hoteles, locutorios telefónicos, oficinas de turismo, aeropuertos y en algunas tiendas.

Las **cabinas** son azules, fáciles de encontrar e idénticas a las españolas de Telefónica. Las comunicaciones internacionales funcionan bastante bien y empieza a haber cómodos locutorios de teléfonos. En las cabinas están expuestos los indicativos provinciales del país y los códigos internacionales.

Para **llamar a España** desde Cuba hay que marcar el 119, después el códigpo del país (34, España) y el número del abonado.

Para **llamadas en el interior** de la isla hay que marcar el 0, el código de la localidad y el número deseado.

Para **llamar a Cuba** desde España hay que marcar el 00 y esperar el tono (llamada internacional), el prefijo 53 (Cuba), el prefijo de la provincia (7 para La Habana) y el número del abonado, siempre y cuando esté comunicado automáticamente, en caso contrario hay que comunicar a través de la operadora.

Electricidad

La corriente eléctrica es de 110 voltios y 60 Hz, aunque en las habitaciones de los buenos hoteles (y en bastantes casas) hay algún enchufe que funciona a 220 voltios. Los enchufes son de tipo americano, es decir, de espiga plana, por lo que es conveniente llevar un adaptador.

Los problemas energéticos no solo se limitan a la gasolina. Los apagones son endémicos, pero suceden a temporadas, y afectan fundamentalmente a la población cubana, pues en los hoteles disponen de plantas autógenas que garantizan el suministro.

Medios de comunicación

Prensa. El rey de la prensa cubana es el periódico *Granma*, órgano oficial del Partido Comunista de Cuba, del que se edita también un resumen semanal, *Resumen Granma Internacional*, en español, portugués, francés e inglés y se vende por la calle a cambio de "la voluntad", o en los escasos quioscos, a precio mínimo. Se trata de una publicación mínima (ocho hojas) en la que conviven proclamas políticas, estadísticas oficiales y alguna información internacional, fundamentalmente de América Latina. La suscripción al mismo se puede realizar en las oficinas de la plaza de la Revolución (telf. 81 62 65). Otros periódicos son: *Juventud Rebelde, Trabajadores* y *El Bastión*, que, como sus propios nombres indican, siguen la misma tendencia. En los quioscos también se encuentran periódicos de ámbito provincial y algunas revistas.

La prensa extranjera es imposible de encontrar; solo en algunas Diplotiendas se venden algunas revistas, fundamentalmente, de información general y deportiva. Hay también publicaciones especialmente dirigidas a los turistas, como la *Guía del Sol* y *Cartelera*, pequeñas revistas de distribución gratuita y con información de eventos y espectáculos. También, como información de la programación televisiva del *Canal del Sol*, se publica la revista *Vea*. En la capital se publica una pequeña revista mensual llamada *La Habana*, que es como una *Guía del Ocio*, donde constan todas las informaciones turísticas que se puedan desear.

Radio. La radio es un medio de difusión quizás excesivamente politizado. Enfatiza la función educadora y social, y olvida la función de entretener y divertir al oyente. Algunas emisoras programan música y solamente una de ellas está dedicada a la música clásica. Hay también una emisora turística, *Radio Taíno*, con música e información internacional y turística en varios idiomas; la única forma de saber quién actúa y a qué hora es escuchar su programación. En principio, fue una emisora creada para informar a los turistas, pero ha llegado a convertirse en la primera emisora escuchada por los habaneros, frente a los turistas, que utilizan poco este medio.

También se reciben bien en la isla las emisoras que transmiten desde Miami en español. Entre ellas destaca *Radio Mambí*, centrada en temas políticos, aunque, lógicamente, con diferente orientación ideológica.

Televisión. La televisión, como la radio, hace gran hincapié en la faceta informativa, deportiva y cultural, aunque se programan bastantes películas y telenovelas de tipo "culebrón" tanto cubanas como mejicanas, brasileñas o venezolanas, que mantienen a toda la población pegada al

Colección de sellos históricos y conmemorativos de la República.

aparato. Los cubanos prefieren las brasileñas, que suelen ser de más calidad y menos lacrimógenas.

Hay cinco canales, aunque los más populares son la *Televisión Nacional* y el *Canal Rebelde*.

En los hoteles internacionales puede verse el *Canal del Sol*, solo para turistas, en el que se emiten todo tipo de películas, junto con algún reportaje sobre la naturaleza o de promoción turística. Los anuncios están todos dirigidos al turista, ofreciéndole las bellezas, excursiones o compras que se pueden realizar en el país.

Hay también un canal de televisión, *T.V. Martí* –dirigido por exiliados cubanos–, que emite desde Miami, pero sus ondas son interferidas y no llegan a la mayor parte de la isla.

En la mayoría de los hoteles disponen de antena parabólica, con lo que la oferta de canales internacionales se multiplica. Se reciben bien cadenas como la *N.B.C*, la *C.B.S*, las mejicanas y TVE internacional, que emite bastantes partidos de fútbol.

Alojamiento

Cuba ofrece al visitante una buena red de hoteles en todos los lugares turísticos. Muchos de estos establecimientos datan de antes de la Revolución, que posteriormente fueron expropiados a las grandes cadenas hoteleras. Otros, como los de Cayo Largo o la Marina Hemingway, son de reciente construcción, en muchos casos, en consorcio con empresas turísticas extranjeras, fundamentalmente, canadienses, alemanas y españolas. En los últimos años se ha restaurado la mayoría de los antiguos hoteles, que hasta hace poco estaban bastante deteriorados. Entre estos destacan el *Habana Libre* o el *Nacional*, en la capital, y el *Casagranda* en Santiago.

Los servicios de los hoteles, en general, han mejorado mucho, pero aún están a gran distancia de lo que ofrecen los hoteles de su misma categoría en países capitalistas. Las averías en la fontanería, aire acondicionado... son frecuentes y, por desgracia, no los arreglan con la debida diligencia, por lo que es frecuente que se tenga que dar varios avisos en la "carpeta" antes de que lo resuelvan.

Fuera de los lugares turísticos y en el interior del país la oferta es muy reducida y lo que hay es bastante modesto.

En el hotel hay que inscribirse depositando el pasaporte en recepción y rellenar los formularios oficiales. Con la llave se recibe una tarjeta de residente en el hotel, que hay que enseñar al ascensorista al dirigirse a la habitación.

Todos los hoteles cubanos tienen vigilancia interior que cumplen la misión de no permitir la subida a las habitaciones a quienes no estén debidamente registrados. Este control –efectuado en algunos hoteles de importancia y en ocasionales épocas de eventos internacionales– suele ampliarse a la misma entrada del establecimiento.

Esto quiere decir que el turista no puede ser acompañado a sus habitaciones por otra persona que no sea huésped. La importancia pues de conservar la tarjeta de residente es fundamental.

El pago en los hoteles es obligado en divisas y, sobre todo durante la temporada alta, conviene reservarlos con antelación en los burós de turismo.

La clasificación que se establece en esta guía, mediante estrellas, no es precisamente oficial, sino más bien indicativa de las comodidades, los servicios y precios que tiene cada establecimiento.

Habitaciones en casas particulares. Legalizadas hace unas décadas, suponen una buena alternativa a los hoteles estatales, la mejor forma de conocer gente, de charlar, de pasar veladas agradables y divertidas, y de pagar con divisas a quienes más las necesitan. Se reconocen estos hospedajes por la pegatina blanca con un triángulo verde que exhiben en la puerta. Raramente se anuncian con carteles o banderines, porque eso equivaldría a pagarle al Estado un impuesto especial más.

Este tipo de alojamiento, que aumenta progresivamente, tanto en las grandes ciudades como en poblaciones pequeñas, en las que hay poca oferta hotelera y gran afluencia de visitantes. El mejor lugar para quedarse en una casa particular, y donde mayor oferta hay, es en Trinidad. Pasar la noche en una casa colonial de altos techos, plagada de viejas obras de arte y con cuartos alrededor de un fresco patio, resulta una experiencia realmente grata. En la mayoría se sirven comidas, desayunos, cenas, lavan la ropa, el coche, cortan el pelo... En fin, todo aquello que pueda reportarles unos pesos extras, además de proporcionar una hospitalidad cálida y entrañable.

Para alojarse en las casas hay que mostrar el pasaporte; el huésped queda inscrito en un libro en el que ha de firmar. Los precios, las condiciones y el estado es tan variable, que conviene echar un vistazo y hablar con los propietarios antes de aceptar nada. Las habitaciones tienen por regla general aire acondicionado y ventiladores, y casi siempre, cuartos de baño independientes. Si no es así, el baño no suele ser compartido por más de dos habitaciones.

Gastronomía

Comidas. La cocina cubana se diferencia poco de la de los otros países de su área. En la base se halla la cocina española, que aportó a la isla no solo infinidad de ingredientes sino también las diversas formas de prepararlos.

Dada la dificultad de conseguir algunos de los elementos de estos platos españoles en Cuba, poco a poco, los criollos fueron introduciendo en su cocina nuevos elementos originarios del país. A esto se añadió la influencia africana, ya que en la época de la esclavitud los cocineros o cocineras solían ser esclavos. Esta última influencia afectó no solo a la forma de preparación de los platos sino que también aportó nuevos ingredientes, como el ñame, base de la alimentación en África introducido por los españoles como alimento de los esclavos. La "guinda" la aportaron los miles de inmigrantes chinos que llegaron a la isla a finales del siglo XIX y principios del XX. Esta amalgama de influencias proporciona a la cocina cubana, y también a la de todo el Caribe, una personalidad propia.

Los cubanos llaman viandas a toda clase de tubérculos, como la patata, el boniato y la zanahoria, aunque también comen otros, como la yuca, el ñame y la deliciosa malanga. En Cuba el significado de las palabras bocadillo y sandwich es inverso al que tienen en España. Si se quiere un bocadillo, hay que pedir un sándwich, y viceversa. Al sándwich tambien se le llama bocadito.

Una curiosa reminiscencia de la época colonial es la forma de denominar las diferentes formas de harina: la de maíz se llama "harina criolla"; en cambio, la de trigo se llama "harina de Castilla".

Bebidas. El agua del grifo es potable, aunque el visitante deberá abstenerse de beberla por si no le sienta bien; y además en casi todas partes se venden botellas de agua mineral. La más conocida es la de *Ciego Montero*, en las variedades natural y con gas. También la del manantial *Los Portales* y *Mayabe*, esta última sobre todo en Holguín. La mejor agua con gas es *El Caney*, procedente del famoso valle oriental.

Cuba es, por excelencia, el país de los **cócteles**, y junto a los universales mojitos, piña colada, ron collins, daiquirís –de los que hay varios tipos, como el *Rebelde*, al que se le añade menta; el *Papa's* sin azúcar, que debe su nombre a que era el que consumía por docenas Hemingway, y el natural, con la receta clásica–, existen otras muchísimas combinaciones nacidas de la mano de sus magníficos barmen: *Mulata, Havana Special, Cubanito, Isla de Pinos, Presidente, Saoco* y *Cuba Bella*. Siempre se ha relacionado las maracas con las cocteleras, en este país dominan ambas.

El rey de las bebidas alcohólicas es el **ron**, bebida nacional que ha hecho famosa a Cuba en todo el mundo. Hay una amplia gama de marcas, entre las que destaca el *Havana Club*, con sus diferentes variedades y calidades: el normal, blanco de tres años, llamado *Cartablanca;* los añejos de cinco y siete años, y también el de quince años, el *Havana Club "Exquisito"*, que debe su nombre a Fidel Castro, que al probarlo dijo que era exquisito. Otras marcas de gran calidad son *Varadero, Caribbean Club, Matusalén, Ron V.C., Caney, Bucanero, Bocoy* y *Paticruzado*. Destaca el *Ron Santiago*, de quince años, que solo se encuentra en la ciudad homónima y en algunos sitios por un precio de unos 20 euros. En el aeropueto de La Habana a veces se encuentra, pero carísimo. Otro de los más apreciados es el *Centuria* extra añejo. Muchas veces no son fáciles de encontrar aunque en la tienda del hotel *Habana Libre* suele haber de todos.

También se fabrican deliciosos **licores** de ron y frutas, tanto para beberlos solos como para condimentar macedonias y ensaladas de frutas, y un aguardiente similar a la cazalla llamado *Kubay*, y otro a base de guayaba que se llama *Guayabita del Pinar*. El *Ron Bacardí*, originario de Cuba, se trasladó a Puerto Rico tras la revolución.

Algunas especialidades gastronómicas cubanas

- **Congrí,** compuesto de frijoles colorados, carne de cerdo troceada, chicharrones, tocino y arroz cocinado con el agua donde se ablandaron los frijoles, que le da su característico color oscuro.
- **Ajiaco,** una especie de ragú de tasajo y carne salada con infinidad de vegetales, como maíz, plátanos verdes, yuca, papas, etc.
- **Moros y cristianos,** arroz con frijoles negros estofados.
- **Langosta enchilada,** un plato típico que solo comen los turistas, por tanto, cada vez menos típico.
- **Lechón,** cerdo de pocos meses asado o frito, en la zona oriental se le llama macho.
- **Yuca con mojo,** yuca cocida, con una salsa compuesta de aceite, ajo, sal, pimienta y limón.
- **Tostones,** trozos de plátano verde, aplastados y fritos.
- **Tamal en cazuela con mariscos,** un guiso de tamal y mariscos con salsa muy condimentada.
- **Tasajo a la cubana,** carne seca y guisada, con salsa.
- **Picadillo de carne,** carne picada de ternera, guisada con aliño y tomate.
- **Fricassé de puerco** o **de chivo,** y aunque es bastante más exótico y difícil de encontrar el **fricassé de jutía,** una especie de gran roedor autóctono de la isla.

INFORMACIONES PRÁCTICAS

Tanto en los hoteles como en las tiendas *shopping* se pueden adquirir a precios razonables coñac, whisky, vino, ginebra de las más conocidas marcas y, hasta hace unas décadas, los mejores vodkas rusos. No es raro encontrar marcas españolas, como la ginebra *Larios* o *MG*, el pacharán *Zoco*, el brandy *Torres* y los cavas *Codorniú* y *Freixenet*.

Capítulo aparte merece la **cerveza** cubana, que, según la mitología nacional, llega a alcanzar los 15°. Conviene aclarar que la graduación cubana es diferente a la internacional; por ejemplo, la cerveza *Lagarto* anuncia 12°, y leyendo la letra pequeña dice 5'5° (europeos). La marca de mayor tradición y calidad de la isla es la *Bucanero*, que es la única de distribución nacional, ya que las demás solo se encuentran en las zonas de producción: *Mayabe*, *Tínima*, *Clara*, *Suave* y *Cristal*.

Por los graves problemas de abastecimiento no es fácil encontrar siempre la marca de cerveza que se desea, pues en la mayoría de los establecimientos solo suelen tener una. También, en los hoteles, restaurantes y tiendas para turistas se venden algunas cervezas importadas, como *Löwenbräu*, *Heineken*, *Lite*, etc. La cerveza que consumen los cubanos

Restaurante en resort turístico.

cuando pueden, está embotellada sin marca; la llaman "nacional" y si no está fría le añaden hielo.

No se pueden olvidar en este apartado los deliciosos **zumos** o **jugos** de frutas tropicales, de los que el jugo de caña, o guarapo, y el agua de coco son las bebidas más populares.

En cuanto a los **refrescos**, el más consumido es, sin duda, la *Tropi-cola*, especie de Coca-Cola nacional y muy dulce. Aunque, cada vez más, en las tiendas para turistas y algunos hoteles se puede conseguir Coca-Cola, Pepsi, Fanta, etc., pero siempre pagando en alguna divisa convertible. Otros refrescos menos corrientes que se ofrecen por la isla son: soda de limón *Cachito* o de naranja *Orangina*, ambos cubanos, y la malta *Caracas*, procedente de Venezuela. Curiosamente, en los locales de salsa y los cabarets siempre que se pide una botella de ron la acompañan con cuatro botellas de Pepsi-Cola.

El **café** cubano es muy espeso y concentrado, lo sirven en minúsculas tacitas y ya azucarado previamente, quizás en exceso. Si se desea solo y sin azúcar, hay que avisar al pedirlo y tener suerte, pues la mayoría de las veces no hacen ni caso y viene dulce como la miel, que es como acostumbran a tomarlo los cubanos. Si se quiere un cortado hay que pedir "un cortaíto", el "americano" es largo aunque en general fuerte, y los cafés con leche son prácticamente todo leche.

El fenómeno de "las paladares"

Se trata de uno de los síntomas de la "apertura económica". La posibilidad de abrir paladares surgió a primeros de los años noventa del siglo pasado, cuando la crisis económica se agudizó en la isla por las causas que sabemos: los cambios en la Unión Soviética. Aunque los primeros negocios de esta clase surgieron teóricamente dirigidos a los cubanos, pronto puso el foco en el creciente número de visitantes que parecía desear una oferta de restauración más amplia y menos rígida que la existente.

En un principio, se trataba de puestos ambulantes que ofrecían en plena calle pollo o puerco asado, con guarnición de "moros y cristianos", malanga, yuca, plátano, etc., servidos en cajas de cartón que la gente consumía en su casa o bien incluso degustaba en la calle mediante la técnica de hacer unas rudimentarias cucharas de cartón con la tapa del recipiente y los dedos, que en estos casos son muy útiles. Poco a poco, alguna buena cocinera comenzó a ofrecer en su propia casa la comida caliente –en plato, con mesa y mantel, por lo general un hule de flores–. La cosa proliferó, incluso el mundo del teatro y de la música –las malas lenguas dicen que también el de la política–, acababa sus actividades con una cena de trabajo en una paladar. En los lugares más turísticos algún "empresario" más avispado comenzó a reclutar su clientela entre los turistas, que al ir enterándose poco a poco, constituyen hoy la parroquia habitual.

En realidad, una paladar es un pequeño restaurante –montado obligatoriamente en un domicilio particular– que tiene que estar habitado por los propios "paladareros". Dispone de un número limitado de mesas y, por lo tanto, de comensales: comenzaron con veinte y ahora están autorizados a aceptar treinta. Aunque la experiencia comenzó tímidamente y ha sufrido diversa fortuna en distintas épocas, en la actualidad constituyen la oferta gastronómica más variada e interesante para el turista. Para los cubanos tienen precios totalmente prohibitivos. La oferta es muy buena, ya que muchos de los establecimientos oficiales no tienen ni tan siquiera eso, y la relación calidad-servicio-precio es la mejor que se puede encontrar.

En los primeros años de su existencia se abrieron muchas paladares sin las condiciones sanitarias y estéticas deseables; la competencia ha provocado grades cambios, muchos han pintado las fachadas y las paredes, han decorado el local, en algunos casos con verdadero gusto e incluso algunos sirven la comida en platos de loza y cubiertos de plata. Los más atrevidos han colocado en el exterior pequeños carteles que anuncian su actividad e incluso el menú del día. Como en botica, hay de todo. En algunos se come bien y abundantemente, aunque en la mayoría solo se cuida este último aspecto. La tendencia es a mejorar, dado que cada día son más los turistas que eligen estos locales antes que los "oficiales", y no se equivocan.

Como no todos los días se sale a cenar o a comer por todo lo alto, estos restaurantes privados ofrecen una opción barata con servicio rápido y amable. Se pueden utilizar incluso como cafeterías o bares para tomar una cerveza y un piscolabis.

Tras la euforia de sus inicios -en los primeros cinco años de vida se establecieron más de 1.500 paladares-, cerraron más de la mitad y el mercado de las paladares se estabilizó. Los altos impuestos que pagan al estado, la imposibilidad de servir más que un número limitado de comidas y la inexistencia del mercado mayorista en Cuba -tienen que aprovisionarse en las *shopping*-, dio al traste con muchas de ellas. Nuevas liberalizaciones han favorecido esta clase de negocios y hoy día han recobrado impulso. Algunos de ellos, más caros que los propios restaurantes de los hoteles, han adquirido una justa fama por la excelente comida que sirven y las instalaciones cuidadas y cómodas: salitas de casas antiguas, jardines interiores...

A veces, algunos chicos, por la calle, ofertan las delicias de tal o cual paladar por la simple comisión que les pagará el dueño del local por llevar clientes (aunque, al final, es el cliente es el que paga la comisión).

Se abastecen en los mercados oficiales y en las tiendas "Chopping", que pertenecen a cadenas estatales y en las que se paga en divisas, por lo que las divisas tarde o temprano acaban en las manos de "papá Estado".

A día de hoy, podemos encontrar *paladares* en toda Cuba. En ciudades como La Habana o Trinidad (las más visitadas de la isla) proliferan estos negocios, unos más ambiciosos que otros (desde la sala de una bella casa colonial hasta el paladar con ambición de restaurante con todas las de la ley), y prosperan basándose en la información personal entre los clientes.

En los centros de playa son muy poco frecuentes ya que los hoteles de los grandes polos turísticos (como Varadero, Cayo Largo o los cayos del norte) ofertan paquetes de vacaciones con todo incluido, y los clientes no necesitan buscar dónde comer.

Hay que tener en cuenta que en algunos casos el precio de la comida depende de si la elección de la paladar es libre o bien si se llega acompañado por algún "promotor callejero", en cuyo caso se incrementará la cuenta con la comisión correspondiente. Es recomendable, por tanto, preguntar siempre los precios cuando se pidan los platos.

Tabaco

Cuba es la tierra del tabaco. En esta isla fue donde los primeros españoles vieron a los indios fumando y desde donde se expandió su consumo al mundo entero.

No en vano, en todo el mundo, se conocen los puros habanos. Marcas como *Cohíba, Partagás, Montecristo, Dunhill, Bolívar, Gener, Vegueros, Upmann* o *Romeo y Julieta* son tenidos mundialmente como los mejores puros.

Los cigarrillos más abundantes son los elaborados con tabaco negro, y los hay de una calidad insuperable: marcas como *Upmann, Partagás, Reil* y otras más comunes y populares, como *Popular* y *Ligeros*, harán las delicias de los aficionados al buen tabaco negro.

En cuanto al tabaco rubio, la oferta es más limitada: *Upmann, Holliwood,* aunque en los hoteles y tiendas de turismo se pueden adquirir las más famosas marcas americanas, como *Marlboro, Winston, Camel* y *Moore*.

Compras

Artesanía. Lo que se vende como tal en Cuba es una colección de objetos de nueva factura para consumo de los turistas, aunque seguramente basados en viejas tradiciones. En los mercadillos encontramos instrumentos de percusión (claves, maracas, güiros, tambores), objetos tallados en maderas nobles, otros hechos con palma o yarey (sombreros, por ejemplo), en barro (coloristas figuritas de mulatas, o del Che), algunos artículos de marroquinería o estupendas hamacas de algodón... Hoy día, además de los pequeños artesanos, encontramos cooperativas de mujeres que confeccionan ropa en algodón blanco con tela y algodones tejidos a ganchillo.

Puros habanos. Los puros habanos constituyen una preciada carga para regalar e incluso como negocio. Un par de cajas en España pueden resarcir de algunos gastos del viaje, en especial si se pueden vender en algún restaurante de lujo, donde son muy bien cotizados. La diferencia entre el precio de venta en Cuba y en España merece la pena. Atención: los puros *Cohíba* solo se pueden adquirir en divisas; el resto de las marcas, si se tiene un amigo cubano, se pueden adquirir en pesos.

Por la calle se ofrecen con frecuencia cajas de *Cohíba* de estraperlo; los que las ofrecen aseguran que son escamoteados por los propios trabajadores de las fábricas, pero hay que tener cuidado, a veces las cajas no contienen lo que prometen. Otro problema es que, al salir de Cuba, en la aduana suelen registrar el equipaje y exigen la presentación de los recibos de compras de puros, y en caso de carecer de ellos los requisan. Por tanto, es conveniente no perder la factura.

Cuando se vuelve a España procedente de Cuba, al llegar lo primero que mira la policía en la aduana es precisamente este punto y, en caso de sobrepasar los cantidades permitidas, si no se pagan los derechos son requisados.

Ron. No hay que dejar de comprar una o dos botellas, pues, salvo el *Havana Club*, el resto de las marcas son imposibles de encontrar en España. Los amigos lo agradecerán, y si de paso se aprende a preparar alguno de los famosos cócteles cubanos, el éxito estará asegurado.

Libros y música. Una de las cosas más interesantes para comprar en Cuba son los libros. Hay multitud de publicaciones nacionales, tanto de novela y poesía como de historia y ensayo. No hay que esperar las últimas novedades editoriales, pero en literatura clásica se encuentra un panorama amplísimo.

Los aficionados a los libros antiguos tienen la oportunidad de encontrar auténticas joyas a precios bajísimos. En el mercadillo de libros usados de la plaza de Armas y en algunas librerías de viejo es donde hay que buscar y, sobre todo preguntar, pues las autoridades intentan que los buenos libros no salgan del país, por lo que los vendedores no los exponen, pero los venden a escondidas.

Otra de las compras más interesantes son los discos de vinilo de música cubana, que también son baratísimos y se pueden adquirir pagando en pesos.

No hay muchas más cosas que comprar, si acaso sombreros y bolsos de paja, camisetas con logotipos, algún instrumento musical tradicional y joyas y bisutería de coral negro, muy bonitas y originales, a un precio muy ventajoso.

Tiendas. Las tiendas para turistas, llamadas **Diplotiendas** o **tiendas** *shopping,* son establecimientos en los que las mercan-

Venta de souvenirs.

cías a la venta solamente pueden ser adquiridas en euros o alguna de las divisas convertibles. Otra cadena especializada en artículos culturales (libros, pósters, música, vídeos, etc.) es **Artex.** A veces, al entrar en alguna de estas tiendas, resulta sorprendente ver frigoríficos, lavadoras,

Balcón colonial en La Habana Vieja.

televisores en color, equipos de música, ventiladores, aparatos de aire acondicionado y toda una gama de electrodomésticos que, evidentemente ningún turista querría comprar para sí. Por tanto, está claro que son artículos para cubanos que pueden comprar abiertamente en estas tiendas. También han comprado y compran en ellas los familiares y amigos de cubanos, residentes en el extranjero, sobre todo en Miami, que regalan dichos bienes a los nacionales.

Deportes

Como en otros países socialistas, el gobierno hizo de la práctica de los deportes una cuestión de estado. A causa de la escasez de recursos, han disminuido los triunfos deportivos en las últimas décadas, aunque Cuba sigue haciendo un gran papel en relación con su población y nivel económico.

Los cubanos son muy aficionados a los deportes, y se sienten muy orgullosos de sus éxitos deportivos en las competiciones internacionales. Los deportistas de alto rendimiento son venerados tanto por el gobierno –que les concede privilegios especiales, como el acceso a la compra de coche– como por la población. Esto no impide que, de cuando en cuando, se "pierdan" en un viaje al exterior para buscar mejores condiciones económicas y sociales.

El deporte rey, con gran diferencia, es el **béisbol**, con grandes ligas y espectáculos de masas. Pero donde verdaderamente se nota la afición es en las calles. Todos los niños e incluso los jóvenes, con pelotas y bates caseros, pasan horas en partidos interminables. El nivel del béisbol cubano es de primera categoría. La locura de los cubanos con este deporte es increíble, no solo la televisión retransmite constantemente partidos, sino que los estadios están repletos hasta en las ligas menores. Los fines de semana cualquier calle se convierte en campo de juego, con bates improvisados y pelotas hasta de trapo, con las cuales pasan horas jugando.

El nivel internacional de los equipos y deportistas cubanos es de sobra conocido. Un deporte de base, como el **atletismo**, ha aportado grandes figuras, como el corredor Juantorena en los años setenta o el récord del mundo de salto de altura, Sotomayor, cuya carrera deportiva terminó deshonrosamente; en boxeo, el ya fallecido Teófilo Stevenson, tricampeón olímpico y mundial, y Félix Savón, medalla olímpica en Barcelona 92 en pesos superpesados. También sus equipos han logrado grandes éxitos en vóleibol, halterofilia, waterpolo, baloncesto y judo.

Turismo deportivo. Cuando se planifica un viaje, este es uno de los aspectos que más deben pesar a la hora de elegir Cuba como destino.

En **deportes acuáticos, caza** y **pesca** este país es un paraíso. No solo por la belleza de sus costas y la abundancia de capturas, sino también por los precios relativamente moderados de estas actividades. La vela, con botes de cualquier clase, el esquí acuático, la pesca de altura y el submarinismo, sobre todo estos dos últimos, no tienen competencia en el mundo.

Se puede practicar el **submarinismo** por un precio módico. Contratando en el buró de turismo, se obtiene transporte desde el hotel al embarcadero, barco, todo el material necesario, la asesoría de monitores durante todo el tiempo, y el transporte de nuevo al hotel en autobús. Además de esto, por una pequeña cantidad se puede incluso comer a bordo. Ninguna persona debería dejar pasar la oportunidad de bucear en estas aguas, donde hay magníficos monitores –alguno de ellos campeón del mundo de pesca submarina y todos submarinistas experimentados–, que se encargan de enseñar y dirigir todas las excursiones. Los arrecifes de coral, con su innumerable fauna, nos harán caer atrapados para siempre en la magia de las profundidades.

También se puede practicar la **pesca de altura,** en la que la posibilidad de poder llegar a capturar un gran ejemplar de pez espada o espadones, o bien otras especies, producirá emociones incomparables. En la Marina Hemingway se organizan tres importantes torneos internacionales de pesca del espadón. Para la **pesca de río** existen magníficos cotos en los que abundan ejemplares de los que ya se ven pocos en nuestras latitudes. La **caza de aves,** fundamentalmente acuáticas, presenta una abundancia y variedad sorprendentes. La temporada, según las especies, se extiende desde agosto a marzo.

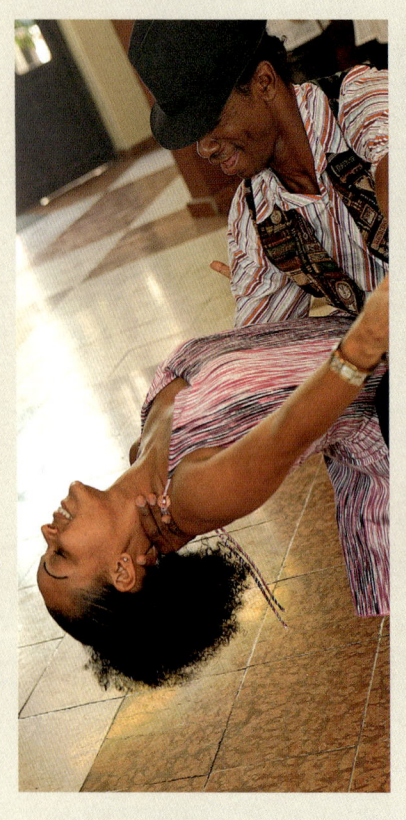

Diversiones y espectáculos

La **vida cultural** de Cuba, y sobre todo de La Habana, es notable. Se pueden encontrar espectáculos de ballet, ópera, conciertos de música clásica, jazz y folklore, más de diez teatros, conferencias, exposiciones, museos, etc., con solo dos millones y medio de habitantes. Además, la participación popular en dichos eventos es masiva y no se limita como en otros lugares a una élite cultural, sino que el público asiste, participa, se entusiasma, pregunta y colabora como no se ve en ninguna parte. A esto se añade que los precios en todos estos espectáculos están al alcance de cualquier bolsillo y a veces la entrada es gratuita. Desafortunadamente, esto tiene como contrapartida las colas, algo habitual en el país, aunque el turista que paga en divisas puede hacer reservas en el buró de turismo para todo lo que quiera.

Las **peleas de gallos,** aunque eran una tradición cubana, hoy están terminantemente prohibidas a causa de las apuestas. La paradoja es que en la Fiesta Campesina, organizada por el propio Ministerio de Turismo para los turistas, uno de los espectáculos centrales es un "tope de gallos".

Vida nocturna. La diferencia entre el fin de semana y los días laborables es enorme, incluso dependiendo de que sea o no "semana larga". En las noches de los viernes y sábados las calles, bares, cabarets y restaurantes están repletos, con grandes colas para entrar, por lo que conviene planificar previamente dónde se quiere ir, haciendo reservas para no correr riesgos.

La **música** y el **baile** circulan, junto con la sangre, por las venas de los cubanos. Basta verlos caminar, cadenciosos y con ritmo, con esa sensualidad imposible de encontrar en latitudes menos cálidas. Hace siglos que los ritmos tradicionales saltaron los límites de la isla; hoy en día, las rumbas y las habaneras forman parte, la primera del flamenco y la segunda, del folklore levantino y catalán. Son los llamados ritmos de ida y vuelta.

Más recientemente el mambo, el cha-chachá, el sucu-sucu y el son llenaron las

La oferta de ocio es amplísima en toda Cuba. A la izquierda, bailando salsa en un café, a la derecha, espectáculo de cabaret.

pistas de baile de todo el mundo durante los años 40 y 50, y últimamente, quién no conoce a los músicos de la *Nueva Trova Cubana:* Silvio Rodríguez, Pablo Milanés, y otros que han llenado de música y poesía los escenarios. Grandes músicos, como Pérez Prado, Bola de Nieve, Antonio Machín, el Trío Siboney, Olga Guillot, Celia Cruz, la Sonora Matancera y otros muchos, también llenaron la juventud de los mayores. Las *Casas de la Trova*, sobre todo las de Santiago y La Habana, merecen una visita por su autenticidad y la espontaneidad de los intérpretes.

En el campo de la música moderna, los intérpretes de salsa cubana son hoy día los que arrastran a la juventud. Algunos como Los Van-Van y La Original de Manzanillo llevan muchos años en la brecha, y otros como Manolín el Médico de la Salsa, La Charanga Habanera, Pahito Alonso y su Kini-Kini, N.G. la Banda, Rojita la Voz de Oro o Paulito y su Élite son los que llenan los locales y provocan colas kilométricas para conseguir entradas. Sus procaces y atrevidas letras, que rompen con la estética dominante, reflejan dentro de lo "posible" la realidad, aunque siempre de una forma divertida y por supuesto, bailable.

Algunos de esta pléyade de artistas actúan en las noches de las principales ciudades de la isla, por lo que es recomendable acudir a verlos, no solo por la música, que es trepidante, sino también por ver bailar a los cubanos de a pie. Son un maravilloso espectáculo y es fecuente que algún turista se atreva a mezclarse con ellos en la pista.

Los clásicos **cabarets** cubanos, con las mulatas de fuego, el lujo, los boleros y el humor, combinados con buena compañía y unos cócteles, siguen siendo una fórmula infalible. Las **discotecas** de los hoteles de lujo de las zonas turísticas ofrecen noches de rap y bacalao hasta altas horas de la madrugada. Por otro lado, salvo en la Habana, Varadero, Santiago y poco más, la vida nocturna no existe.

INFORMACIONES PRÁCTICAS

Fiestas

Los días festivos en Cuba son: El día **primero de enero,** día de la Libertad Nacional, en el cual se produjo el triunfo definitivo de la Revolución, con la toma del Palacio Presidencial. Se celebra con grandes desfiles y conmemoraciones.

El **Primero de mayo,** Día del Trabajo, que lógicamente en un país socialista tiene una gran relevancia, con actos oficiales de exaltación de los trabajadores.

Los días **25, 26 y 27 de julio,** días de la Rebeldía Nacional, que se hacen coincidir en La Habana y Santiago con los Carnavales. Estos sí son unos días auténticamente populares, donde se olvidan la política y las dificultades, en una fiesta continua en la que sale a relucir el espíritu lúdico y caribeño del cubano. El **10 de octubre,** que conmemora el inicio de la Guerra de la Independencia.

La **Navidad,** fiesta desde la primera visita del Papa a la isla, se celebra en familia, dado el carácter religioso y tradicional de muchos cubanos.

El **Carnaval de Varadero** se celebra durante los meses de enero y febrero. Muy animado y con mucho color, aunque organizado fundamentalmente para turistas, con lo que carece de la espontaneidad de los de La Habana y Santiago.

Esta riqueza musical solo es producto del alma cubana, alegre, rítmica, poética y marchosa. La mezcla del ritmo africano con las melodías e instrumentos europeos produjo esta magnífica simbiosis. La presencia norteamericana y su influencia en la isla también aportó nuevos ritmos al conjunto: el blues y el jazz hicieron mella en el pueblo cubano, aportando en este campo grandes figuras, como Bola de Nieve o los actuales Arturo Sandoval y el Grupo Irakere.

La facilidad para la danza es algo innato en Cuba. En cualquier sala de baile se ven jóvenes y mayores entregados al baile con un ritmo y maestría que es imposible competir con ellos. Las parejas se insinúan con movimientos de una sensualidad y provocación que a veces nos resultan chocantes.

El aislamiento de Cuba tras la Revolución no ha conseguido que los jóvenes dejen de estar atentos a su vez a las últimas novedades del mundo discográfico. La proximidad de las emisoras de radio en Miami hace que circulen por el país grabaciones de todos los grupos y cantantes del momento. Lo que sí se echa en falta son más salas, medios y mejores equipos de sonido. La música es prácticamente toda en vivo, en todos los lugares, con grupos y solistas de una calidad, generalmente, por encima del local y de los equipos que ponen a su disposición.

En lo que respecta a música española, suenan bastante los que aquí casi ya ni se oyen: baladas de Dyango, Miguel Gallardo,

Vista de la ciudad de La Habana, a la derecha niños y jóvenes cubanos.

Lolita y todas las "folklóricas". Gustan mucho las baladas de Aute, Serrat, Víctor Manuel y Ana Belén, comparables a la música de la Nueva Trova.

Es fácil encontrar amigos y amigas con los que salir a cenar y bailar. Los cubanos son en extremo amigables, curiosos y deseosos de relacionarse, el único problema es que como no disponen de mucho dinero, los gastos siempre los paga el visitante. Lógicamente, con la facilidad que proporciona el idioma los españoles tenemos una gran ventaja en este campo, pero, si se quiere llegar más lejos en estas relaciones, conviene saber que en los hoteles no se admiten visitas, y que la policía, en su afán de perseguir la prostitución y preservar a la población del sida y otras enfermedades de transmisión sexual, emplea un celo excesivo.

Horarios

La diferencia horaria con España es de 6 horas, que permanece invariable, pues en Cuba también se adelantan los relojes una hora durante el verano.

El apartado "horarios" es otro en el cual Cuba es diferente. El horario de las **oficinas públicas** es de 8.30 h a 12.30 h y de 13.30 h a 17.30 h, de lunes a viernes, así como un sábado sí y otro no, que es lo que los cubanos llaman "semanas cortas y largas". Los **bancos** abren de 9 h a 15 h. **Correos** abre de lunes a sábado, de 8 h a 22 h, y los domingos, de 8 h a 18 h. Los **comercios** para cubanos tienen horarios complicados; la mayoría abre a las 12.30 h del mediodía, aunque las tiendas de alimentación tienen horarios distintos.

Las **farmacias** abren de 8 h a 17 h, excepto las de guardia, que están abiertas las 24 horas. Los museos, cabarets, restaurantes, bares, etc., tienen diferentes horarios y cierran escalonadamente, por lo que conviene informarse antes de planificar lo que se quiere hacer. En los casos de **restaurantes** y **cabarets,** lo mejor es reservar previamente en el buró de turismo del hotel, si no se quiere esperar a veces varias horas o no poder entrar. Esta recomendación también es válida para toda clase de teatros, óperas, conciertos y demás espectáculos.

Los **hoteles** hay que abandonarlos antes de las 12 o 14 h del día de la partida, en caso contrario hay que pagar otra media jornada. Un sábado sí y otro no son laborables, conviene tenerlo en cuenta a todos los efectos. Las **tiendas** para turistas están abiertas incluso los domingos.

Desde el primer momento, el recién llegado notará que todo el mundo le pregunta la hora, incluso aunque quien pregunta tenga reloj: es la estratagema que los especialistas en turistas utilizan para informarse de la nacionalidad e idioma del visitante, para a continuación, ofrecerle cambio, *Cohíba* o compañía.

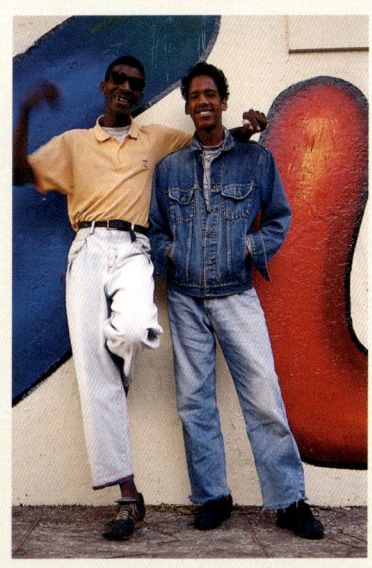

Seguridad ciudadana

Este es otro aspecto en el que Cuba es modélica aunque, con el auge del turismo, ha comenzado a surgir en La Habana una pequeña delincuencia callejera (carteristas, tironeros, etc.), hecho por el que las autoridades muestran viva preocupación desplegando una presencia policial bastante nutrida. Poco, pues, debe temerse pero deben observarse algunas normas como no mostrar joyas, (sobre todo cadenas), tener controlada la cartera en todo momento y ser precavido en las zonas de La Habana alejadas de las áreas turísticas. La presencia policial es abundante en todos los lugares y de una amabilidad exquisita para cualquier necesidad. Solamente abordan al viajero por las calles algunos niños pidiendo chicles o caramelos y los vendedores del mercado negro.

Lo que sí puede molestar algo es el exceso de control en hoteles y cabarets. La policía suele preguntar al turista el nombre del hotel y la habitación en que se aloja. En caso de ir acompañado por un cubano, a él o ella, le harán identificarse y anotarán sus datos hasta la salida, no permitiéndoles entrar en muchos sitios si no van acompañados de un turista. En ningún caso se permite a los nacionales subir a las habitaciones de los hoteles, salvo que estén alojados en él. Esta discriminación hace dificultosa la relación con los cubanos, que de por sí son abiertos y simpáticos. Si se pretende tener relaciones más estrechas, lo mejor es alojarse en villas o bungalows, donde el control es menor.

A pesar de todo lo dicho, Cuba no es el paraíso, también hay algunos delicuentes menores –carteristas, chorizos, descuideros– por las calles menos transitadas de la Habana Vieja. Últimamente, se están produciendo bastantes tirones y, como ya dijimos anteriormente, los robos en los coches son bastante habituales. El ocasional asedio de jineteras y jineteros, con resultar molesto, es también muy fácilmente evitable.

Guía de servicios

RECOMENDACIONES PARA LA LECTURA DE ESTE APARTADO

En este apartado se presentan todas las localidades, playas y lugares de interés que cuentan con infraestructura turística comenzando por la capital y continuando por el resto de localidades, ordenadas alfabéticamente.

Se ha incluido el prefijo telefónico (detrás del signo ✆). En las principales ciudades se incluyen también las direcciones de las oficinas de información turística, aeropuertos y compañías aéreas, estaciones de tren y autobús, agencias de viajes, alquiler de automóviles, etc.

La calidad y nivel de los servicios de los **hoteles** se indica mediante los siguientes signos:

★ los hoteles de lujo, equivalente a los de cinco estrellas
★ 1ª categoría, equivalente a los de cuatro estrellas
★ 2ª categoría, equivalente a los de tres estrellas
★ 3ª categoría, equivalente a los de dos estrellas
★ 4ª categoría, equivalente a los de una estrella

El nombre del hotel va seguido de su dirección, teléfono, fax y web. Además de los hoteles, en este apartado se indican también otro tipo de alojamientos, como hostales, casas particulares, campings, moteles y villas.

En cuanto a los **restaurantes,** son todos ellos recomendados por esta guía con un breve comentario sobre el tipo de cocina, ubicación, ambiente y precios.

LA HABANA

✆ 7

Oficina Nacional de Información Turística. Infotur:
En el Aeropuerto, Terminal III, telf. 266 40 94.
Habana Vieja, calle Obispo 524, telf. 866 33 33/ 866 41 53. Obispo y San Ignacio, telf. 863 68 84.
Miramar, 5ª con 112, telf. 204 70 36.
Playas del Este, Avda. de las Terrazas e/ 10 y 11, Santa Mª del Mar, telf. 797 12 61. Avda. 5ª e/ 468 y 470, telf. 796 41 39, Guanabo.
En la web: www.infotur.cu.

Aeropuerto y compañías aéreas
Aeropuerto Internacional José Martí
Avenida Van Troi y Final.
Telf. 266 4644.
Iberia, 5ª con 78. Centro de Negocios-Edif. Santiago de Cuba, Miramar. Telf. 204 34 43, 204 34 44, 204 34 45.
Air Europa, 5ª con 78. Centro de Negocios-Edif. Santiago de Cuba, Miramar.
Telf. 204 69 08.
Cubana de Aviación. Terminal I, Aeropuerto José Martí, telf. 266 44 95, 266 46 44 ext. 4384.

Estaciones de tren y autobús
Terminal de trenes, Habana Vieja, Avda. del Puerto y Egido. Telf. 860 3161.
Viazul, Avda. 26 y Zoológico, Nuevo Vedado. Telf. 881 5652/ 881 1413.
Transtur, Ctra. a la Cujae km. 1,5. Telf. 261 9017/ 261 9016.

Agencias de viajes
El modo más seguro y rápido de moverse por Cuba es en excursiones de uno o más días contratadas con alguna de las agencias de viajes destinadas a los viajes turísticos. Tienen una oferta que cubre los puntos más interesantes de la isla, y los recorridos se efectúan por el sistema de "todo incluido": autobuses, avión de vuelo doméstico (si es necesario), hotel (si se incluye alguna noche), comidas, guía, bebidas… La organización es buena y los viajeros no tienen que ocuparse de nada. Además, las excursiones no son caras en comparación con otras opciones de ocio.
En el vestíbulo de los hoteles están instaladas las agencias y dan información al visitante de los recorridos previstos y todas sus condiciones. Se contratan con algún día de antelación y no es necesario estar alojado en el hotel para apuntarse, aunque los autobuses recogen a los pasajeros en los hoteles por la mañana (no con demasiada puntualidad, eso hay que reconocerlo).
Las agencias son todas estatales, pero tienen distintos nombres y ofertas. Estas son las direcciones de sus centrales:
Cubamar Viajes, calle 3ª e/ 12 y 14, Vedado. Telf. 833 25 23. www.cubamarviajes.cu.
Havanatur, Avda. 5ª e/ 182 y 184 Playa. Telf. 272 4646. www.havanatur.cu.
Cubatur, calle 15 e/ F y G, Vedado. Telf. 835 41 15, 836 22 59. www.cubatur.cu.
Cubanacan, A 305, e/ 3ª y 5ª, Miramar. Telf. 208 99 20, 208 88 66. www.viajescubanacan.cu.

Alquiler de automóviles
Todas las agencias de alquiler de automóviles son también estatales.
Como sucede con las agencias, en cada hotel hay oficinas de alquiler y posibilidad de contratar, pero la cosa no es sencilla más que en apariencia. Para comenzar, los coches de alquiler no son abundantes, y no siempre encontraremos el que nos conviene. Eso no quiere decir que no se pueda lograr si se obtiene colaboración de la agencia: llamar a la central, preguntar en agencias cercanas…
Lo mejor es llegar con el coche reservado, aunque no siempre es posible predecir cuándo y para qué lo necesitaremos.
Las ciudades más turísticas tienen agencias de alquiler, y también existe la posibilidad de tomar el coche en una ciudad y devolverlo en otra, así como alquilar el vehículo con conductor si nos conviene.
Una página centraliza las reservas de las dos agencias más grandes (**Havanautos** y **Cubacar**). En ella se informa de todas la oficinas que hay en los hoteles y las ciudades de todo el país, y podemos elegir la que más cerca nos quede. Esta es la dirección: www.transtur.cu.
Existen otras agencias de alquiler, como Rex, Rentacar, etc.; las importantes se encontrarán fácilmente en los hoteles.
Los precios no son precisamente una bicoca: a partir de 50 CUC los más pequeños. Pero estos son más difíciles de encontrar, y según sube la gama el precio escala más altas cotas. Tampoco la gasolina es precisamente barata: en este momento, a 1,15 CUC el litro; aunque lo más trabajoso es encontrar dónde repostar. Se paga el depósito de gasolina y el seguro, además de dejar una cantidad como rescate que es devuelta al entregar el coche. Algunas agencias ponen condiciones especiales (número mínimo de días, por ejemplo).
Especial cuidado hay que tener con el lugar donde se aparca: hay que recurrir a los aparcamientos vigilados en las ciudades si uno no quiere llevarse una desagradable sorpresa porque el coche y su buen estado son responsabilidad de quien alquila.
Havanautos, telf. 837 59 01, 833 34 83, 204 34 22.
Cubacar, telf. de la central de reservas: 835 00 00.

Taxis
Las compañías de taxi estatales (esto es, todas) son varias y ostentan distintos colores y categorías, perfectamente proporcionales a sus comodidades interiores y al estado de sus vehículos. El aspecto, color y tamaño de los coches influyen decisivamente en el precio final.

El recurso más vistoso lo constituyen los coco-taxis: motos a las que se han adosado amarillas carrocerías abiertas en forma de huevo o coco. A pesar de lo que podríamos suponer, cuestan el mismo precio que los taxis de gama baja. Tienen la gran ventaja de que no necesitan aire acondicionado... Pero comparados con los europeos, no son caros.

Las últimas reconversiones han acabado con alguna de las líneas más baratas, y los cambios continúan; lo más aconsejable es informarse de qué compañía de taxi es la que nos conviene en cada momento, según el trayecto y nuestro presupuesto.

En general, a la puerta de los hoteles hay paradas donde encontraremos transporte de taxi.

Los taxis cubanos llevan taxímetro, pero el conductor a veces no lo pone en marcha, lo que quiere decir que no declarará esa carrera para aumentar un poco su escaso sueldo; es una pequeña trampa al estado, pero rara vez al pasajero... Si eso sucede, se puede optar por exigirle el funcionamiento del taxímetro o bien pactar con él de antemano el precio del servicio sin taxímetro, lo que solo es posible si el viajero tiene una idea aproximada del trayecto.

Habanabustour

Una iniciativa reciente que muchos visitantes agradecerán, ya que La Habana es muy extensa y no es posible recorrerla recurriendo al transporte público, es la aparición de autobuses turísticos que realizan recorridos circulares por la ciudad a muy bajo precio: hasta 5 CUC.

Ofertan tren recorridos distintos: desde la Alameda de Paula, Marina Hemingway y Parque Central.

El servicio, que funciona de 9 a 21 horas, incluye paradas en los puntos principales de cada una de las rutas, que incluyen respectivamente la Habana vieja, Vedado y Miramar.

Alojamientos Pequeños hoteles del casco histórico

La Oficina del Historiador (auténtica autoridad en la rehabilitación y explotación turística de la Habana Vieja) ha puesto en marcha en el recinto histórico un programa de equipamiento hotelero con gran personalidad, consistente tanto en hoteles pequeños en edificios históricos como en cafeterías y restaurantes con un carácter muy acusado.

Los precios que se indican están sujetos a cambios por ofertas ocasionales o en las opciones "todo incluido" de las agencias de viajes.

☆ **Hotel Santa Isabel.** Baratillo 9, entre Obispo y Narciso López. Plaza de Armas, Habana Vieja. Telf. 860 82 01. Fax: 860 83 91. Uno de los mejores de La Habana, situado en un palacio del siglo XVII y con un servicio y comodidades acordes. Habitación doble con desayuno desde 170 €. www.habaguanexhotels.com.

☆ **Hostal Conde de Villanueva.** Mercaderes 202, esquina Lamparilla. Habana Vieja. Telf. 862 92 93. Fax: 862 96 82. Pequeño y encantador hotel especialmente rehabilitado para los fumadores de puros: magnífica tienda de habanos en armarios climatizados, habitaciones con techos altos, materiales ignífugos, butacas especiales para fumadores, etc. Habitación doble con desayuno desde 120 €. www.habaguanexhotels.com.

☆ **Hotel Florida.** Obispo con Cuba, 252. Habana Vieja. Telf. 862 41 27. Fax: 862 41 17. Magnífica restauración de un palacio barroco. El patio es impresionante. Situado en la calle más animada de la Habana Vieja, a un paso de la plaza de Armas. Habitación doble con desayuno desde 70 €. www.habaguanexhotels.com.

Los alojamientos más cómodos son los situados en el barrio del Vedado, alrededores de La Rampa, que podría ser considerada como la calle principal de La Habana.

☆ **Tryp Habana Libre.** Calle L, con calles 23 y 25. Vedado. Telf. 834 61 00. Este hotel es, sin duda, el corazón turístico de la ciudad. Situado en pleno centro, en La Rampa, era el antiguo *Hotel Habana Hilton*, que fue inaugurado pocos días antes de la caída de Batista, y rápidamente expropiado. La cadena española Meliá se ocupa de su gestión. Junto con el Nacional, es el buque insignia del turismo en Cuba. El precio parte de los 140 € la habitación doble. www.hotelhabanalibre.com.

☆ **Meliá Cohíba.** Avda. Paseo con Malecón. Vedado. Telf. 833 36 36. Fax: 833 45 55. www.melia.cohiba.com. Es un hotel de la cadena española Sol-Meliá, que ofrece una de las mejores ofertas en su categoría en cuanto a instalaciones; 459 habitaciones de todo confort, salones de reuniones y banquetes, instalaciones deportivas, discotecas... en un ambiente de lujo, un poco alejado de La Habana Vieja. Desde 120 por habitación doble.

☆ **Hotel Nacional de Cuba.** Calle O con calle 21. Vedado. Telf. 836 35 64 al 67. El edificio emblemático *art déco* por el que han pasado los más ilustres visitantes incluye entre sus comodidades aire acondicionado, televisión, restaurante, bar, cafetería, cabaret, night-club *el Parisién*, dos piscinas, sauna, tenis y alquiler de automóviles. Totalmente restaurado con todo lujo de detalles y mimo, está situado sobre una colina con vistas espléndidas del Malecón y la ciudad, y por su historia representa el emblema de la misma (véase *Visita de la ciudad*, pág. 14 en adelante). En el caso de no alojarse en él, merece la pena ir de visita o a tomar algo en sus jardines, donde se respira paz, pese a estar en el centro de la ciudad. Los precios de la habitación doble parten de los 170 €. www.hotelnacionaldecuba.com.

☆ **Meliá Habana.** 3ª con calles 76 y 80. Telf. 204 85 00. En el corazón de Miramar y cerca del Centro de Negocios, es una alternativa un poco alejada del centro pero muy tranquila. A pesar del lujo y la ostentación, la profusión de la vegetación en la decoración le otorga un cierto aire de hotel típicamente caribeño. Preciosas piscinas e interesantes restaurantes. El precio de la habitación doble parte de los 150 €. www.melia-habana.com.

☆ **Saratoga.** Paseo del Prado esquina a Dragones, Centro Habana. Telf. 686 10 00. Es uno de los hoteles más nuevos de La Habana, y probablemente el más caro. Su situación, junto al Parque Central y frente al Capitolio, es inmejorable. El cuidado edificio ostenta lujos inusuales en las habitaciones, una piscina en la terraza y un restaurante ya famoso por su calidad. La habitación doble desde 180 €. www.hotel-saratoga.com.

☆ **Ambos Mundos.** Obispo, 153 con Mercaderes. Telf. 860 96 30. Es el hotel donde el legendario Hemingway vivió por primera vez en Cuba durante los años 40, y se conserva su habitación como recuerdo. Ostenta un ambiente clásico y distinguido, y su íntimo restaurante *Plaza de Armas*, en la última planta, prepara todo tipo de delicias internacionales. La habitación doble cuesta aproximadamente desde 120 €. www.hotelambosmundos-cuba.com.

☆ **Château-Miramar.** 1ª con calles 60 y 70. Telf. 204 19 52. Frecuentado casi mayoritariamente por personas de negocios, dada la cercanía del Palacio de Convenciones, es también una buena oportunidad para familias que deseen tranquilidad. Cuenta con 50 habitaciones y está ubicado junto al Acuario Nacional. La habitación doble cuesta desde 100 €. www.hotelescubanacan.es.

☆ **Comodoro.** Mar con 84. Miramar. Telf. 204 55 51. Tiene habitaciones y bungalós muy cómodos que permiten mayor independencia. Aire acondicionado, televisión, restaurante, bar, cafetería, cabaret, piscina, pequeña playa privada, pistas de squash y tenis. Moderno y lujoso pero muy alejado del centro. Hay oficina de alquiler de coches y un centro comercial. La habitación doble parte de los 80 €. www.hotelescubanacan.com.

☆ **NH Parque Central.** Neptuno con Prado y Zulueta. Telf. 860 66 27. Inaugurado a finales de 1998, oferta lujo, distinción y un aire que combina la nueva arquitectura colorida con cierto sabor tropical. Las habitaciones impecables y baños con ducha y bañera separadas; la piscina, de aire griego, en el último piso, y el jacuzzi con techo en forma de cúpula, ponen la guinda a la estancia. Situado en el corazón de Centro Habana, todo queda a mano. La habitación doble cuesta a partir de 130 €. www.hotelparquecentral-cuba.com.

☆ **Inglaterra.** Prado, 416, esquina San Rafael. Centro Habana. Telf. 860 85 93/97. Inaugurado en 1875, es uno de los más antiguos de La Habana y ha sido declarado monumento nacional.
Fue punto de encuentro junto al Parque Central y el teatro García Lorca. Su situación hace que sea un sitio ideal para descansar y reponer fuerzas cuando se visita la Habana Vieja. Por las noches, un día a la semana se celebran actuaciones culturales: recitales poéticos, conciertos o cuentacuentos. La decoración tiene motivos españoles: azulejos de Valencia y una sevillana de tamaño natural que preside el salón. Los precios de la habitación doble, a partir de los 80 €. www.hotelinglaterra-cuba.com.

☆ **Occidental Miramar.** 5ª con calles 72 y 76. Telf. 204 35 84. Situado en el corazón de Miramar, se trata de un hotel moderno y funcional, donde destaca el uso de las líneas rectas, tanto en el geométrico exterior como en el interior. Cuenta con habitaciones coloridas con todas las comodidades y buenas instalaciones deportivas: canchas de tenis, squash, gimnasios, sauna y piscinas. La habitación doble, desde 120 €. www.occidentalhotels.com.

☆ **Palacio-Hostal de San Miguel.** Cuba, 52 con Peña Pobre. Telf. 862 76 56. Este palacio del siglo XIX donde se han sabido conservar las joyas arquitectónicas que el español don Antonio San Miguel, hombre de las letras y la literatura, le añadiera a principios del siglo XX. Las preciosas vidrieras con escenas literarias (también presentes en las diez habitaciones), la fachada de piedra, la carpintería o el mármol de la adorable escalera le confieren un aire refinado. Las vistas de la bahía y del barrio de El Vedado son soberbias. Precio de una habitación doble: desde 90 €. www.habaguanexhotels.com.

☆ **Plaza.** Ignacio Agramonte, 267, con fachada al Parque Central. Centro Habana. Telf. 860 85 83. Se trata de un edificio histórico, bellamente decorado, que cuenta con todas las comodidades: aire acondicionado, restaurante, cafetería, bar, night-club. Situado en un punto estratégico para los visitantes, desde la terraza se contempla toda la Habana Vieja. Precio de la habitación doble: desde 90 €. www.hotelplazacuba.com.

☆ **Presidente.** Calzada y G. Vedado. Telf. 838 18 01. Cuenta con aire acondicionado, televisión, restaurante, piano bar, cafetería y una piscina pequeña. Situado en una de las avenidas más bonitas del Vedado, la de los Presidentes, fue construido en 1928, ha sido muy cuidado, y resulta uno de los más señoriales. Su decoración conserva piezas de los años treinta. Una magnífica opción de alojamiento en La Habana. El precio de la habitación doble parte de los 80 €. www.gran-caribe.com.

☆ **Raquel**. Amargura con San Ignacio, Habana Vieja, telf. 860 82 80. Se trata de un hotel muy especial, pequeño pero exquisito, con guiños decorativos y culinarios para la cultura judía. Está tan cuidado su interior que merece una visita, con o sin alojamiento. Precio de la habitación doble: desde 140 €. www.habaguanexhotels.com.

☆ **Mercure Sevilla**. Trocadero, 55, entre paseo del Prado y Zulueta. Telf. 860 85 60. Magnífico hotel de los años treinta que cuenta con 190 habitaciones, aire acondicionado, televisión, restaurante, tiendas, salones, piscina, sauna, asistencia médica, alquiler de automóviles... Junto con el *Plaza* y el *Inglaterra* son los hoteles más antiguos que quedan en la parte vieja de la ciudad, cosa a tener en cuenta por aquellos a los que les guste estar en pleno centro. También merecen una visita sus instalaciones, con grandes salones, patios y decoración andaluza. La habitación doble cuesta desde 100 €. www.gran-caribe.com.

☆ **Victoria**. Calle 19 con calle M. Vedado. Telf. 833 35 10. Tiene 31 habitaciones, aire acondicionado, televisión, restaurante, piscina, cafetería y bar. Es un pequeño hotel magníficamente situado y casi siempre lleno de intelectuales, periodistas o artistas, situado a un paso del Malecón y de la Rampa. Uno de los más cómodos, acogedor y atractivo diferente de los grandes hoteles, que alojó, entre otros, a Juan Ramón Jiménez y Zenobia Camprubí. Precio de la habitación doble: desde 120 €. www.hotelvictoriacuba.com.

☆ **Habana Riviera**. Avda. Paseo con Malecón. Telf. 833 40 51. Otra herencia de los años cincuenta es este hotel, con un edificio espléndido y una situación privilegiada (junto al Malecón). Situado junto al *Meliá Cohíba*, un poco alejado del centro pero con vistas sobre el golfo, tiene uno de los cabarets más famosos de La Habana, el *Copa Room* y tres buenos restaurantes: *L'Aiglon*, *Riviera Grill* y *Puesta del Sol*. Un poco descuidado, también ha bajado de precio y categoría. Desde 100 € la habitación doble. www.habanarivierahotel.cu.

☆ **Hostal del Tejadillo**. Tejadillo con San Ignacio. Telf. 863 72 83. La antigua casa de Doña Regla se convirtió después de la Revolución en colegio para señoritas. Tras un largo periodo en estado ruinoso se rehabilitó maravillosamente y hoy es un precioso hotelito de 32 espaciosas habitaciones y dos frescos patios, donde crecen altísimas plantas que sobrepasan lo edificado. Aunque le falta todavía el calor del paso del tiempo, lo nuevo asegura su calidad. Habitación doble: desde 70 €. www.habaguanexhotels.com.

☆ **Hostal Comendador**. Obrapía, entre Avda. del Puerto y Oficios. Telf. 867 10 37. Situado a pocos metros del anterior, y bajo la misma gerencia, se trata de un edificio del siglo XVII, con ese aire entre mesón castellano y el colonialismo de la construcción andaluza. Tiene 32 habitaciones distribuidas en dos plantas. Las más pequeñas tienen un toque romántico del todo apetecible, con encantadores muebles de la época. Cuenta con un bodegón especializado en tapas asesorado por dos españoles. Habitación doble: alrededor de 100 €. www.habaguanexhotels.com.

☆ **Capri**. Calle 21 con calle N, entre el *Nacional* y el *Tryp Habana Libre*. Vedado. Telf. 833 37 47. Tiene 216 habitaciones con aire acondicionado, televisión, piscina, cambio de moneda, oficina de turismo, restaurante, café, cabaret, night-club, y bar. Está situado a un paso de la Rampa. Precio por habitación doble: desde 60 €. www.havanatur.com.

☆ **Complejo Neptuno-Tritón**. Calle 70 con 3ª (Mar). Miramar. Telf. 204 16 06 y 204 00 42. Fax: 204 00 42. Se trata de dos torres que acopian casi 800 habitaciones, con aire acondicionado, televisión, restaurante, cafetería, salón de belleza, salón de reuniones, bar, night-club y piscina. Al igual que el *Comodoro*, aunque en peor estado, se encuentra en Miramar, alejado del centro aunque pero cerca del Palacio de las Convenciones. Los precios de la habitación doble parten de 40 €. www.gran-caribe.com.

☆ **Copacabana**. 1ª con calles 44 y 46. Miramar. Telf. 204 10 37. Tiene 164 habitaciones, aire acondicionado, televisión, restaurante, café, discoteca y bar. Es un antiguo hotel recientemente remozado, situado cerca del Acuario Nacional, y cuenta con una impagable y enorme piscina dentro del mar. La habitación doble cuesta a partir de 80 €. www.hotelescubanacan.com.

☆ **Deauville**. Galiano, 1, con Malecón y San Lázaro. Telf. 866 88 12. Oferta aire acondicionado, televisión, cafetería, restaurante, night-club. Situado a mitad de camino entre el Vedado y la Habana Vieja, aunque un poco distante de ambas, se encuentra junto al Malecón, donde se puede pasear a cualquier hora. Las habitaciones interiores son más baratas. Precio de la habitación doble: desde 80 €. www.gran-caribe.com.

☆ **Kholy-Bosque**. Calle 49-A con calle 36, en la playa. Telf. 204 92 32. Tiene 136 habitaciones, aire acondicionado, teléfono, televisión, radio, minibar, restaurante, piscina, pista de tenis y squash. Está situado junto al Bosque de La Habana. Precio de la habitación doble, desde 70 €. www.gaviota-grupo.com.

☆ **Paseo Habana**. Calle 17 con A, Vedado. Telf. 836 08 08. Es un pequeño hotel situado en un edificio colonial con 30 habitaciones bien dotadas: baño, tv, aire acondicionado, caja de seguridad... La habita-ción doble cuesta desde 70 €. www.islazul.cu.

Saint John's. Calle O, entre calles 23 y 25. Vedado, Plaza. Telf. 833 37 40. Tiene 96 habitaciones, aire acondicionado, restaurante, bar, cabaret y piscina. Bien situado y cómodo, a pocos metros de La Rampa. En el último piso se encuentra el *Pico Blanco*, bar conocido como *Rincón del Feeling*, que mantiene viva la música de los años cuarenta del pasado siglo. Precio de la habitación doble: desde 45 €. www.gran-caribe.com.

Vedado. Calle O, 244 con calles 23 y 25. Vedado, Plaza. Telf. 836 40 72. Tiene 185 habitaciones, aire acondicionado, restaurante, bar, cafetería y piscina. Bien situado, cerca de la Rampa. Precio de la habitación doble: desde 80 €. www.gran-caribe.com.

Caribbean. Paseo del Prado, 164, entre Colón y Refugio. Telf. 860 82 41. Excelentemente situado, cuenta con 36 habitaciones y es barato, perfecto para jóvenes. Precio por habitación doble, desde 50 €. www.islazul.cu.

Colina. Calle L, entre calle 27 y Jovellar. Vedado. Telf.836 40 71. Tiene 80 habitaciones, aire acondicionado, restaurante, cafetería y bar. Magníficamente situado junto a la Universidad, está casi siempre lleno. Tiene un servicio aceptable, aunque está bastante deteriorado. Precio por habitación doble: desde 45 €. www.islazul.cu.

Hostal Valencia. Oficios, 53 con Obrapía. Habana Vieja. Telf. 867 10 37. Tiene 10 habitaciones y tres suites instaladas en un pequeño palacio de época colonial restaurado, de ambiente agradable, con patio y céntrico. Es un sitio encantador que conserva excelentes trabajos artesanales de época en madera y herrería. Oferta atracciones diversas, jazz y otras actividades. Es famoso su cóctel sábanas blancas. La habitación doble parte de los 80 €. www.habaguanexhotels.com.

Lincoln. Virtudes, 164, con Galiano. Habana Vieja. Telf. 862 80 61-65. Tiene 135 habitaciones, aire acondicionado, restaurante y bar. Es un antiguo hotel ubicado a un paseo del casco histórico. La habitación doble parte de los 70 €. www.islazul.cu.

Mesón de la Flota. Mercaderes con Amargura y Brasil. Telf. 863 38 38. Minúsculo hotel de tan solo cinco habitaciones organizadas en torno a un patio central, donde se conservan arcos y columnas originales. Todas cuentan con aire acondicionado, caja de seguridad, minibar y cuarto de baño con secador de pelo. Tres de ellas poseen un balcón a la calle, con vista panorámica de La Habana Vieja. Ofrece cocina española (chorizo, jamón...) en el mesón, decorado con barricas de vino. Habitación doble: desde 130 € con desayuno. www.habaguanexhotels.com.

Restaurantes

Se ofrece una relación de restaurantes recomendados divididos en tres bloques, los situados en la Habana Vieja, que son en general pequeños y tradicionales; los de la Habana Moderna, que se clasifican por tipos de cocina y, por último, unas *Recomendaciones especiales*. Todos los restaurantes suelen tener actuaciones musicales en vivo, ya sean tríos, solistas –piano, guitarra, etc.– e incluso pequeñas orquestas.

Están incluidos los paladares, aunque será preciso informarse sobre el terreno, porque, al ser privados y a causa de la reciente liberalización, cada día surgen nuevos... o muere alguno de los conocidos.

Hay que tener en cuenta que los hoteles suelen albergar restaurantes acordes con su categoría.

Habana Vieja y Centro Habana

Esta es, sin lugar a dudas, la parte de la ciudad donde han proliferado más estos pequeños restaurantes privados, especializados en clientela extranjera. Las paladares para cubanos, en cambio, aparecen en cualquier parte de la ciudad. Conviene recordar nuevamente que no hay que dejarse llevar por ninguno de los ganchos que pululan por la plaza, ya que, aparte de ser ilegal, la comida saldrá más cara, ya que se incluye en la cuenta la comisión del "agente comercial".

Casa Víctor. Callejón del Chorro, 60. Telf. 862 53 82. Situado junto a *Doña Eutimia*, tiene una presencia mucho más modesta y sin ninguna clase de lujos. Iguala a este en la calidad de su cocina, e incluso lo supera en la cantidad de comida que se sirve. Su chef es Víctor Manuel Aguiar y su especialidad, la cocina con productos del mar. Desde 10 €.

La Perla de Obispo. Situado en la calle del mismo nombre, entre Habana y Aguiar, se encuentra en un primer piso. Telf. 861 62 76. Se anuncia con un cartel, cosa rara en estos establecimientos. La oferta es parecida a la mayoría. De 8 a 15 €.

Al Medina. Oficios, 12, entre Obispo y Obrapía. Telf. 867 10 41. Comida árabe en un elegante edificio del siglo XVII, decorado en estilo mudéjar.

Bodeguita del Medio. Empedrado, 206, con Cuba y San Ignacio. Telf. 867 13 75. Es la taberna-restaurante más típica de La Habana. Debe su nombre a que en La Habana todos los bares y tabernas estaban situados en las esquinas y esta, en cambio, está en pleno centro de la calle. Fue fundada como una tienda de víveres en 1942 con el nombre de Casa Martínez. Más tarde, el inmigrante húngaro Sepy Dobronyi la transformó en una fonda, a la que desde su inicio acudieron los personajes más relevantes del mundo cultural y artístico. Especialidad en "mojitos" y cocina criolla. Un trío de música tradicional ameniza almuerzos y cenas. En ella han actuado grandes intérpretes de la música cubana, como Ñico Saquito y Carlos Puebla. Para comer conviene reservar, pero no para probar su mojito.

Castillo de Farnés. Monserrate con Obrapía. Telf. 867 10 30. Sirve cocina española e internacional. Fundado en 1896. Un clásico junto al Parque Central.

El Criollo. En el *Hotel Plaza*, Ignacio Agramonte, 267, junto al Parque Central. Comida de menú a elegir entre varios platos de primero y segundo por un precio módico.

Divina Pastora. Parque Histórico-militar. Morro-Cabaña. Telf. 860 83 41. Construido sobre una antigua batería de cañones del castillo del Morro, con terraza sobre la bahía. Buen pescado y langosta.

Don Giovanni. Tacón, 4 con Empedrado. Telf. 867 10 27. Cocina italiana en el patio de una casona antigua, emblemático como muestra de su especialidad.

Floridita. Obispo, 557 con Monserrate. Telf. 867 13 00. Tal vez el bar-restaurante más famoso de Cuba, fundado en 1818 por el catalán Constantino Ribalaigua –que además tuvo la genialidad de añadir al daiquirí hielo picado, que es como se toma desde entonces–. Especialidad en pescados y mariscos, además de cocina internacional. Es aconsejable reservar mesa si se va a comer, pero en el bar siempre se puede tomar su cóctel estrella. Frecuentado casi exclusivamente por turistas, suele tener música en directo.

Hanoi. Bernaza con Teniente Rey. Telf. 867 10 29. Su nombre hace suponer que ofrece cocina vietnamita, pero es básicamente criolla. Es barato y lo frecuentan turistas jóvenes.

La Mina. Obispo, 109 con Oficios, en plena plaza de Armas. Telf. 862 02 16. Deliciosa terraza donde se ve la vida pasar, mientras se saborea cocina cubana a buen precio.

La Paella. En el *Hostal Valencia*. Oficios, 52, con Obrapía. Telf. 867 10 37. Su especialidad es la paella, de la que ofertan distintas versiones: de verduras, de pescado y marisco, con carne... No es del Mediterráneo, pero sí muy aceptable.

El Patio. San Ignacio con Empedrado. Plaza de la Catedral. Telf. 867 10 34. Instalado en el antiguo palacio del Marqués de Aguas Claras, cuyo patio interior le da nombre, es ya un clásico, con magnífico servicio y cocina internacional. Además, siempre hay música en directo. De 15 € en adelante.

Puerto de Sagua. Egido, 603, con Acosta y Jesús y María, cerca de la Estación Central. Telf. 867 10 26. Fundado en 1945, su especialidad es la cocina con productos del mar; entre ellos, el arroz a la marinera y el ragú Puerto de Sagua.

Torre de Marfil. Mercaderes, 115, con Obispo y Obrapía. Telf. 867 10 38. Comida china de aceptable calidad, fuera de contexto: no está en el barrio chino.

La Zaragozana. Monserrate, 352, con Obispo y Obrapía, al lado del *Floridita*. Telf. 867 10 40. De los más antiguos de la ciudad, lo fundó en 1930 una mujer aragonesa (de ahí su nombre). Oferta cocina española *sui generis*, pescados y mariscos.

La Guarida. Concordia, 418, e/ Gervasio y Escobar. Telf. 866 90 47. Se ha convertido en la paladar más famosa de Cuba por su aparición en la película "Fresa y Chocolate": hay que reservar. Situado en el segundo piso de un caserón destartalado, es sin embargo la oferta de moda. Buena cocina entre la tradición y la modernidad, y precios no muy modestos: alrededor de 30 €. www.laguarida.com.

Café Oriente. Oficios esquina con Amargura. Telf. 860 66 86. Además de ser una cafetería encantadora, bien servida y fresquita, tiene dos salones restaurante de primera categoría en todos los sentidos, incluido el precio.

Doña Blanquita. Paseo del Prado, 158 1er. piso, entre Colón y Refugio. Telf. 867 49 58. Se trata de una buena paladar donde degustar auténtica cocina cubana casera, céntrico y a buen precio.

Vedado y Miramar

Cocina cubana

La Carreta. Calle 21 con calle K. Telf. 832 44 85. Oferta también cocina internacional.

Castillo de Jagua. Calle 23 con calle G. Telf.832 02 76. Horario continuado desde las 11 h a las 23 h. Especialidades cubanas y buenos camarones en la misma Rampa.

El Cochinito. Calle 23, entre las calles H e I. Telf.832 62 56. En la misma avenida, este oferta su especialidad en cerdo a la criolla.

La Rueda. Calle 294 e/ 185 y 187, Residencial *El Chico*, carretera del Guajay, Boyeros. Telf.645 87 38. Cocina criolla en ambiente rústico. Especialidad en carne de oca. Música guajira. Un poco lejos del centro, en dirección al aeropuerto.

Cocina internacional

El Conejito. Calle M, número 206, con calle 17. Telf. 832 46 71. Especialidad en conejo. Decorado como un pub inglés. Muy barato.

El Emperador. Calle 17, entre las calles M y N. Edificio FOCSA. Telf. 832 49 98. Remodelado en 2006, ahora oferta cocina internacional con toques locales; ambiente bastante exclusivo.

Monseigneur. Calle O, número 120, con calle 21. Telf. 832 98 84. Situado en un bajo, es un bar-restaurante de antiguas glorias: fue un local de lujo y de especialidades francesas donde Bola de Nieve, el famoso músico y cantante de

Babalú, tenía su espectáculo. Hoy las luces de las velas en las mesas disimulan, con la oscuridad, su ajada decadencia. El servicio es exquisito y "a la antigua usanza". El *barman* prepara unos estupendos daiquirís naturales.

Restaurante I830. Malecón, 1252 con calle 20. Telf. 838 30 90-92. Situado en un antiguo palacete frente al mar, con jardines japoneses, justo a la entrada de Miramar, oferta pescados y langosta, cocina internacional y baile después de la cena. El precio está a la altura.

La Torre. Calle 17, número 35. Telf. 838 30 88-89. Situado en el último piso del edificio FOCSA, tiene dos salones –uno más informal y barato, otro más caro– y se disfruta de magníficas vistas. Muy aconsejable al atardecer o de noche.

Cocina española

La Casa Española. C/ 7ª e/ 24 y 26, Miramar. Telf. 204 42 33. El edificio es notable y la comida presume de buena.

Centro Vasco. 3ª Avenida, 413. Telf. 830 98 36. Especialidades españolas muy *sui generis*. Buenas carnes rojas.

Cocina china y asiática

Tien-Tan. Cuchillo, 17, e/ Zanja y San Nicolás. Telf. 861 54 78. Es uno de los mejores restaurantes chinos de La Habana, famoso por su carne de res y sus buenas raciones. Nada caro.

Chang Weng Chung Tong. San Nicolás e/ Zanja y Dragones. Telf. 682 14 90. Más que centenario, fue fundado por una familia china y continúa la tradición. La cocina oferta platos de diversas regiones chinas, siempre con el toque caribeño mestizo.

Polinesio. En la planta baja del *Hotel Tryp Habana Libre*. Telf. 834 61 60. Está situado en los bajos del Tryp Habana Libre, y su especialidad es el pollo al carbón y la cocina de inspiración asiática, como su decoración.

Cocina de Europa

Sofía. Calle O con calle 23. Telf. 832 07 40. Cocina búlgara en la Rampa.

La Casa. Calle 30 e/ 26 y 41. Nuevo Vedado. Telf. 881 70 00. Es un conjunto de locales de restauración entre los que destacan las especialidades italiana, francesa y china.

Recomendaciones especiales

El Barracón. Situado en la planta baja del *Hotel Habana Libre*, con preciosa decoración rústica imitando los barracones de los esclavos. Cocina tradicional cubana y también italiana. Especialidades: ajiaco a la criolla, chilindrón de cordero, tamal a la cazuela y vaca frita con mojo. Apreciable bodega.

La Cecilia. 5ª, entre calles 110 y 112, Miramar. Telf. 204 12 43 y 202 67 00. Especialidad en ajiaco a la criolla. Magnífica cocina y bodega. Rodeado de jardines, perfecto para un día casi campestre. Conviene llegar pronto o reservar porque es muy popular, aunque no precisamente de los baratos. Con música en directo y cabaret.

La Estancia. Avda. 31 y 15, junto al *Hotel Bellocaribe*, en Rancho Boyeros. Telf. 833 99 06. Es un restaurante selecto con buena cocina criolla y especialidad en langosta.

La Ferminia. Calle 184 con 5ª, Reparto de Flores, Miramar. Telf. 273 65 55. Cocina criolla e internacional con fama del ser el mejor de la ciudad.

La Maisón. Calle 16, número 701, Miramar. Telf. 204 15 43 al 48. Situado en la famosa casa de modas, en la que se puede comer mientras se tienen lugar pases de modelos y actuaciones de grupos de salsa. Cocina internacional. Caro.

El Tocororo. Calle 18, con 3ª. Telf. 204 22 09. En la zona de Miramar, se sitúa este restaurante que cuenta entre los más famosos de La Habana. Tiene una terraza al aire libre en un pequeño jardín tropical. Muy buena cocina y aceptable carta de vinos, dentro de las posibilidades. De los mejores y más caros.

Decamerón. Línea e/ Paseo y 2, Vedado. Telf. 832 24 44. Es un pequeño paladar muy céntrico especializado en cocina italiana pero con otras opciones. Cuidadísima cocina y exquisito servicio.

La Fontana. 3ª con 46, Miramar. Telf. 202 83 37. Fue uno de los primeros paladares y conserva una estupenda fama gracias a su delicioso jardín y su parrilla de carnes y pescados. No es precisamente barato, pero merece la pena. Suele ofrecer música en directo.

El Aljibe. 7ª e/ 24 y 26. Telf. 204 15 83, Miramar. Está especializado en pollo y tiene precios muy sensatos.

Gringo Viejo. Calle 21 e/ E y F. Vedado. Telf. 831 19 46. También muy famoso, oferta cocina cubana bien hecha y no es de los más caros. Un clásico muy recomendable.

Torresson. Malecón e/ Prado y Cárcel. Telf. 861 74 76. Centro Habana. Es muy apreciado por su hermosa terraza con vistas al Malecón y por su buena cocina criolla.

Maraka's. Calle O e/ 23 y 25. Junto a la Rampa, es una pizzería grande que oferta además otros platos italianos. Muy apropiado para tomar una pizza buenísima sobre la marcha.

Bares

Hasta hace pocos años, uno de los problemas al recorrer La Habana era encontrar un lugar, que no fuese la cafetería de un hotel, donde hacer un descanso y tomar un refresco o una cerveza fría. Hoy el problema está resuelto, ya que una enorme cantidad de bares y terrazas pueblan las calles de la Habana Vieja, con cerveza helada... e incluso hasta pinchos.

Habana Vieja

Azucena China. Monte con Cienfuegos, telf. 860 91 81. Abierto las 24 horas. Comida china y rápida, muy barato.

Café O'Reilly. O'Reilly, 203. Uno de los lugares más bonitos del casco antiguo, con una bellísima escalera de caracol de hierro forjado que da acceso al salón del primer piso. También se puede comer.
Café París. San Ignacio, 202 con Obispo. Bebidas y comida rápida. Barato, lleno siempre de turistas y con música en directo.
Cafetería La Lluvia de Oro. Obispo, esquina Aguiar. Clásico bar con mobiliario de madera y ventiladores de techo. Suele haber música en vivo.
Casa del Café. Tradicional cafetería para tomar un buen desayuno en la plaza de Armas.
Franco. Avda. Bélgica (popularmente conocida como Monserrate), 415 con Lamparilla. Situado enfrente del *Monserrate*.
Heladería El Naranjal. Obispo con Cuba. Batidos, sorbetes y refrescos.
Monserrate. Monserrate, entre Obispo y Obrapía. Una barra casi española, con pinchos de chorizo y tortilla que se acompañan con cerveza helada e incluso con Rioja.

Habana Centro

Café Cantante Mi Habana. Paseo con calle 39, telf. 878 42 75, en la plaza de la Revolución, frente al Teatro Nacional. Solo tarde-noche.
Casa del Vino. Situado al lado de *Las Infusiones del Tío Román*. Probad el vino de arroz.
Esquina de Dragones. Dragones, esquina Amistad, detrás de la fábrica Partagás y cerca del barrio Chino. Bar con terraza y parrilla. Está abierto a las 24 horas del día y con música en vivo, fundamentalmente boleros.
Cafetería Americana. Galiano y Neptuno, telf. 866 84 30. Grande y con distintas opciones: un poco de todo según esté el abastecimiento.

Terrazas

Los lugares más visitados de La Habana (Habana Vieja y Malecón principalmente, además de los parques céntricos y las plazas) están plagados de pequeñas terrazas en las que tomar un refresco o incluso comer un tentempié. Bares y hoteles se extienden en las aceras que disfrutan de sombra, como la del Hotel Inglaterra -de pasado histórico-. Otra terraza muy recomendable es la del Hotel Ambos Mundos, en su piso alto, donde también se puede comer y contemplar la Habana Vieja en la noche.
Además, varias cadenas estatales se ocupan del servicio, que no siempre es inmejorable... pero cumplen su papel, como la omnipresente Ditú. El Coppelia, en un parque situado en la Rampa y L, es la mítica heladería que aparece en la película *Fresa y Chocolate*. Hay un edificio junto al que hacen cola los cubanos (se paga en peso cubano) y, al lado, una terracita con su kiosko donde se compran helados con pesos convertibles. A pesar de las crisis y de cierta decadencia en la variedad de sabores, oferta unos helados muy buenos.
Avenida del Puerto. A espaldas de la catedral, en los jardines de la avenida del Puerto, se ha instalado una serie de terrazas y bares donde recuperar el resuello tras el calor acumulado en estas recoletas calles. La brisa marina del atardecer hace que sea un lugar muy animado.
Casa Blanca, Torre del Oro y **Doña Isabel.** Mercaderes, 1 con Tacón y Empedrado. Telf. 867 10 38. Estos tres locales son similares y están juntos. Bebidas y hamburguesas o perritos calientes.

Vida Nocturna

Tabernas

Bodeguita del Medio. Empedrado, 206, entre Cuba y San Ignacio. Habana Vieja. Telf. 857 13 74. Especialidad en frijoles negros y lechón asado. Los mejores mojitos del país. Como decía Hemingway, "my mojito en La Bodeguita and my daiquirí en el Floridita". Ambiente de artistas y poetas de antaño y, sobre todo, turistas.
Los XII Apóstoles del Morro. Dentro del famoso castillo del Morro, a la entrada del puerto de La Habana. Telf. 863 82 95. Cocina criolla. Abierto hasta las 23 h. En el mismo lugar está la cafetería *Batería del Sol* y el bar *El polvorín*.
La Flota de La Habana. Mercaderes e/ Amargura y Teniente Rey, junto a la plaza de Armas. Habana Vieja. Decorado con armas y ambiente marinero. Pinchos y cócteles.
Mesón de la Chorrera. Malecón y calle 20. Vedado. Telf. 833 45 04. Pinchos y sandwichs. Ambiente español.
La Punta. En la fortaleza de La Punta, entre Prado y Malecón. Para degustar unos pinchos y comida fría.

Salsa en vivo

Estos locales son los favoritos de los más animosos, y es muy recomendable asistir a alguno de ellos al menos una noche. Como la afluencia de turistas es grande -no están al alcance económico de la mayoría de cubanos-, acuden las y los jineteros para establecer amistades. No obstante, el ambiente es relajado y tranquilo. Solo hay que estar avisado para evitar situaciones equívocas. Si vamos en pareja (cubana o no), nadie se nos acercará. Los grupos que actúan son los mejores del país y conviene preguntar previamente qué grupo toca, dónde y a qué hora, lo cual no es tan fácil, pues en los burós de los hoteles no suelen saberlo. La mejor forma es a través de Radio Taíno o bien preguntando a los taxistas, que escuchan siempre esta emisora. Si el grupo elegido es uno de los de moda o bien se desea asistir al espectáculo en fin de semana, es imprescindible realizar la reserva de mesa y llegar con tiempo, pues si el llegar tarde significa verlo de pie. Suele haber un grupo telonero que empieza a tocar a partir de las 11 de la noche, mientras que el grupo estrella actúa a partir de la medianoche. La actuación se divide en dos partes, con un intermedio en el que suelen actuar cómicos o malabaristas, y acaba siempre más allá de las 4 de la madrugada.

La entrada es algo cara, y no está incluido el derecho a consumición. Lo habitual si se va en grupo es pedir una botella de ron, que se acompaña con cuatro refrescos y un cubo de hielo. Pedir las copas sueltas suele salir bastante más caro. Conforme llega la actuación estelar, el bullicio sube y es imposible quedarse sentado cuando empiezan a actuar, pues esta música es para ser bailada.

Casa Artex. Calle L con calle 23. Vedado. Es una discoteca.
Casa de la Música. Miramar, entre las calles 20 y 35. Telf. 204 04 47. Conciertos de salón todas las noches. Lugar obligado para bailar salsa con los mejores grupos cubanos.
Casa de la Música. Centro Habana, calle Galiano entre Concordia y Neptuno. Telf. 862 41 65. Es la versión un poco más canalla, pero igualmente estupenda para bailar con la mejor música cubana.
La Cecilia. 5ª entre las calles 110 y 112. Miramar, Playa. Telf. 204 12 43. En este famoso restaurante suele haber conciertos de salsa los viernes y sábados.
Eco-Bar del *Hotel Nacional*, situado en los jardines del mismo. Además de música en vivo hay también pases de moda. Las vistas hacia el Malecón y su decoración tropical crean uno de los ambientes imprescindibles de La Habana.
La Maison. 7ª, 701, Miramar. Telf. 204 15 43. Además de pases de moda, a veces también hay conciertos de salsa.
Palacio de la Salsa. En los bajos del *Hotel Riviera*. Telf. 33 37 38. Tras una reforma, volvió a convertirse en el lujoso cabaret que fue en sus orígenes.
Patio del Castillo de La Fuerza. A veces hay actuaciones.
Restaurante 1830. Malecón, 1252, con calle 20. Vedado, Plaza. Telf. 55 30 90 y 33 45 21. Cocina típica.
La Vereda. En el barrio de La Lisa.

Discotecas

Las más lujosas y animadas son: **Aché**, en el *Hotel Meliá Cohíba*, y las de los *Hoteles Copacabana*, llamada **Ipanema.** Telf. 204 10 37; **Comodoro**, junto con la discoteca **Habana Libre** y un karaoke. En la del *Hotel Deauville* predomina el ambiente gay. Aunque un poco lejos, están muy bien los centros nocturnos **Papa's y Los Caneyes y Chan-Chán,** en la Marina Hemingway. Telf. 204 11 50.

Night Club Amanecer. Malecón con calle O, Vedado. Telf. 832 90 75.
Dos Gardenias. 7ª con calle 26, Miramar. Boleros. Telf. 204 23 53.
Esquina de Dragones. Dragones, esquina Amistad, Centro Habana. Suele sonar música tradicional.
La Pampa. Junto al Malecón, con Marna. Centro Habana. Ambiente cubano.
Rincón del Feeling Pico Blanco. En el *Hotel St. John's*.
Macumba Habana. Calle 222 con calle 37. La Coronela, La Lisa. Telf. 273 23 18.
Salsoteca. Calle 0 con 1ª. Miramar-Playa.
Discoteca Los Jardines. Malecón, 1252. Vedado, Plaza.
Discoteca Ranchón Caney. *Hotel Horizontes Tropicoco.*
Discoteca Ribera Azul. *Hotel Horizontes Deauville.*
Discoteca Río Club. 3ª con calle Cero. Miramar, Playa. Telf. 209 33 89.
La Zorra y el Cuervo. C/ 23, La Rampa, entre L y O. Vedado. Telf. 833 24 02. Es el pub más famoso de toda Cuba, especializado en jazz. Es pequeño, íntimo y acoge a los mejores artistas cubanos de este género.

Cabarets

Para el turista que acaba de llegar a la isla es la forma más habitual de pasar la primera noche en La Habana. La oferta es muy variada, desde el lujosísimo y espectacular *Tropicana*, a pequeños cabarets con un ambiente menos formal.

Cabaret Discoteca Chévere. Calle 49 con calle 28 A. Kholy, Playa. Telf. 204 49 90.
Cabaret Nacional. San Rafael y Prado. Centro Habana. Telf. 863 23 61.
Cabaret Night Club La Maison. Calle 16 con 7ª. Playa. Telf. 204 15 48.
Cabaret Palermo. San Miguel y Amistad. Centro Habana. Telf. 861 97 45.
Cabaret Las Vegas. Infanta con calle 25. Centro Habana. Telf. 870 79 39.
Cabaret Salón Rojo. Calle 21 con N, Vedado. *Hotel Horizontes Capri.* Información: en la carpeta del hotel. Telf. 833 37 47.
Cabaret Turquino. *Hotel Tryp Habana Libre*, piso 25. Vedado, Plaza. Telf. 834 61 00.
Café Concert El Gato Tuerto. Club y restaurante. Calle O con calles 17 y 19. Vedado, Plaza. Telf. 866 22 24.
Delirio Habanero. Paseo y 39, sobre el Teatro Nacional. Telf. 879 70 11.
Jazz Café. 1ª con Paseo, en la planta alta de las Galerías Paseo. Vedado, Plaza.
Capri. En el *Hotel Capri*. No hay que confundirlo con el *Salón Rojo*, situado en el mismo hotel. Información: en la carpeta del hotel.
Caribe. En el segundo piso del *Hotel Habana Libre*. Después de ver el *Tropicana*, todos parecen pequeños, aunque este ofrece un espectáculo muy cuidado tanto en su vestuario como en su coreografía. Información: en la carpeta del hotel.
Cabaret Copa Room. *Hotel Habana Riviera.* Probablemente el mejor, después del *Tropicana.* Información: en la carpeta del hotel.

Cabaret Parisien. En el *Hotel Nacional*. Animadísimo, muy famoso Durante el espectáculo, todo el mundo baila en sus mesas, y al finalizar, la pista se llena. Información: en la carpeta del hotel. Telf. 836 35 64.

Cabaret Tropicana. Calle 72 y avenida 43, Marianao. Telf. 267 17 17. Un cabaret bajo las estrellas. Sirven cenas. Cierra los lunes. Abierto desde las 8 h a las 2 h de la madrugada; actuaciones en dos shows, a las 9.30 h y las 12 h. Los viernes y sábados, hasta las 3 h. Es imprescindible hacer reservas previas en las oficinas de turismo. Los habaneros dicen que es el cabaret más grande del mundo al aire libre; aunque esta afirmación parece un poco exagerada, dispone de un escenario espectacular, con escaleras y pasarelas por todas partes por las que discurren los más bellos mulatos y mulatas de Cuba, en un atractivo mundo de color, ritmo y bellezas. www.cabaret-tropicana.com.

Club Habana. 5ª con calles 188 y 192. Playa. Telf. 204 57 05.

Compras

Las calles más comerciales son Obispo y Obrapía, en la Habana Vieja; Bulevar, Neptuno y Galiano, en Centro Habana. Pasear por la calle Obispo a mediodía, la hora en la que abren las tiendas, es una actividad muy recomendable; la gente pulula desordenadamente por las calles y hace largas colas en los comercios.

Por su parte, los mejores hoteles cuentan con una zona comercial irregularmente dotada. Salvo los productos típicos de Cuba, La Habana no es un lugar donde se acude a comprar (no encontraremos variedad y además los precios no son precisamente baratos), pero siempre puede hacer falta cubrir una necesidad repentina.

La Maison. Calle 16, 701, esquina 7ª. La más elegante y bonita tienda de modas, joyas, perfumería y antigüedades de La Habana, en Miramar. También tiene un restaurante del mismo nombre donde a veces hay actuación es musicales.

Tiendas del Hotel Habana Libre. Con una ojeada a la galería comercial de este hotel, se puede uno hacer una idea de lo que se puede comprar en Cuba: ron, cigarros, ropa, perfumes, artesanía de todo tipo... Es, sin duda, uno de los establecimientos mejor abastecidos.

Al Capricho. Obispo, 458 con Aguacate y Villegas. Habana Vieja.

Benetton. Calle Oficios, 152 con Amargura, en La Habana Vieja.

Centro Comercial Hotel Parque Central. Telf. 867 08 90.

Galerías Cohiba. Hotel Meliá Cohiba, 3ª y Paseo. Vedado. Fundamentalmente, moda.

Centro Comercial Comodoro. *Hotel Comodoro*, en Miramar. Tiene bastantes tiendas, algunas de marcas europeas.

Galería Comercial Manzana de Gómez. C/ San Rafael e/ Monserrate y Zulueta. Junto al Parque Central se conserva este centro comercial en los bajos de un edificio. Hay una multitud de tiendas de todas las especialidades.

Centro Comercial Palacio de la Artesanía. Cuba, 64 con Peña Pobre y Cuarteles. Habana Vieja.

Libros

Esta sí será una posible buena compra en La Habana, porque se pueden encontrar ediciones curiosas, y no solo de literatura cubana. Algunas librerías venden en pesos convertibles y otras en pesos cubanos: a precios increíblemente baratos. Conviene preguntar antes de comprar. También hay un floreciente mercado de libros de segunda mano.

Bella Habana. O'Reilly con Tacón. Telf. 862 80 91. Bonito nombre para la mejor librería de la ciudad. Si no se encuentra algún título, se puede pedir a los dependientes, que diligentemente lo conseguirán.

Casa de Las Américas. Calle G, entre 3ª y Malecón, frente al Ministerio de Asuntos Exteriores. Entre otras publicaciones tienen las que ellos mismos premian cada año y que proceden de todo el continente.

Librería Internacional. Obispo, 526, al lado de la anterior. Telf. 861 32 83. Muy bien surtida, tanto en libros cubanos como internacionales.

La Moderna Poesía. Obispo, esquina Bernaza, Habana Vieja. Dispone del mayor surtido de libros.

Papelería O'Reilly. O'Reilly, 102 esquina plaza de Armas. Todo tipo de material de papelería y algún regalo.

Ateneo. Línea con calles 12 y 14. Vedado, Plaza.

Cultural UNESCO. O'Reilly con Tacón. Habana Vieja.

Grijalbo Mondadori. O'Reilly con Tacón. Habana Vieja.

Rubén Martínez Villena. Prado con Teniente Rey. Habana Vieja. Telf. 862 25 80.

Rayuela. Casa de las Américas. 3ª con calle G. Vedado, Plaza. Todos los días, excepto los lunes y viernes, hay un mercadillo de libros usados en la plaza de Armas. Se pueden encontrar verdaderas joyas en publicaciones antiguas. Hay que rebuscar.

Fernando Ortiz. C/ L e/ 25 y 27. Vedado. Tiene muchísimos libros antiguos y, aunque no es barata, se encuentra de todo.

Discos

Conviene comprar lo que se desee cuando se encuentre y no dejarlo para otro momento, pues puede acabarse en ese entretiempo y no volver a verlo. En todas las tiendas de los grandes hoteles se pueden encontrar CD's y cintas de música; los vinilos son más difíciles de encontrar.

Longina. Obispo, 360. Reúne toda la producción musical cubana y cuenta con buenos instrumentos musicales.

Artex. Calle L con calle 23, Vedado, Plaza de la Revolución. Casa de grabación cubana.

LA HABANA

EGREM (centro de publicaciones cubanas). Campanario, 216, entre Neptuno y San Miguel. Centro Habana.

Museo de la Música. Cárcel, 1, entre Habana y Aguiar. Buen sitio para encontrar clásicos como el maestro Lecuona o el Trío Matamoros.

WSP Max Music. Calle 33, 2003, entre calles 20 y 22. Playa. Una de las tiendas más completas.

Estudios Areíto. Estudios de grabación y tienda de música. San Miguel con Lealtad y Campanario. **Marina Hemingway.** 5ª con calles 246 y 248. Santa Fe, Playa.

TECMUSIC. 5ª con calle 88. Miramar, Playa.

Mercados

El mercado en el que comprar algún recuerdo, artesanía o pintura directamente a los artistas, se aloja en un galpón del puerto. Aquí se regatea. Se venden todo tipo de artesanías de cerámica, coral (¡cuidado con las falsificaciones!), carey, tallas de madera, pinturas, instrumentos musicales, labores de ganchillo, etc.

Feria de la Artesanía. Avda. del Puerto.

Fondo Cubano de Bienes Culturales. Muralla, 107 y San Ignacio. Plaza Vieja. Telas y artesanías.

Palacio de la Artesanía. Cuba, 64, frente al paseo del puerto. Caserón antiguo rehabilitado, pintado de azul, con un gran patio interior y una balconada que lo rodea por el interior. En este lugar se pueden adquirir las mismas cosas que en la calle pero con la garantía de que es auténtico y está en buen estado. En la joyería *Coral Negro* además de tener la seguridad de que es genuino, hay bonitos diseños.

Puros

Los puros son artículos muy demandados por los visitantes, y en casi todos los hoteles se encuentra alguna tienda especializada en tabaco. Los precios oficiales son baratos comparados con los que se encuentran fuera de Cuba, así que no merece la pena recurrir al mercado ilegal, que puede resultar una estafa.

Casa del Habano (antigua *Casa Partagás*). Industrias, entre Barcelona y Dragones, a espaldas del Capitolio. Hermosa casona de color crema y rojo fundada en 1845. Gran variedad de habanos.

Bacará. Calle 72 con Línea del Ferrocarril. Playa.

El Aljibe. 7ª con 24. Playa.

El Espiral. Casa de la Amistad. Paseo con calles 17 y 19. Vedado, Plaza.

El Corojo. *Hotel Cohíba*.

Don Cangrejo. La Escogida. *Hotel Comodoro*.

El Palacio del Tabaco. Zulueta, 106 con Refugio y Colón.

La Casa del Habano Partagás. Industria, 520 con Dragones y Barcelona. Centro Habana.

Casa del Tabaco. Mercaderes, 120, entre Obispo y Obrapía. Aparte de los famosos *Cohibas*, se pueden adquirir otros muchos de buenísima calidad y no tan onerosos. Lo mejor es confiar en el dependiente.

Tabaquería del Hostal Valencia. Y, además, también se pueden encontrar las tiendas especializadas de los *Hoteles Nacional, Habana Libre* y *Meliá Cohiba*.

Café y ron

Casa del Café. Baratillo, esquina plaza de Armas. Establecimiento dedicado al café, donde se puede degustar la mezcla elegida entre las variedades: cubita, turquino, caracolillo o uno de los cócteles de la casa, a cada cual más delicioso.

Casa del Ron: Taberna del Galeón. Baratillo, 53, esquina a Obispo. Dedicada a la venta de ron y licores cubanos. Se vende una gran cantidad de tipos de ron, aunque en otras ciudades se fabrique ron propio, que normalmente no sale de la zona. El ron *Santiago añejo* o el *Paticruzado* son difíciles de encontrar fuera de la región oriental.

Varios

Artesanías Indias. Bazar Aborígenes. Bernaza, entre Obispo y O'Reilly. Tallas y reproduciones.

Bazar Fernando Ortiz. Monserrate, esquina O'Reilly, al lado del *Floridita*. Especializado en artesanía afrocubana.

Bazar Guanabacoa. Martí, esquina Vista Hermosa, barrio de Guanabacoa. Arte afrocubano, donde se pueden conseguir efectos de santería y cosas llegadas de África.

Casa de las Miniaturas. Tacón, esquina Avda. del Puerto. Soldaditos de plomo y otros juguetes en miniatura.

Cerámicas Roberto Fernández Martínez. O'Reilly, entre Bernaza y Villegas.

Galería Orígenes. Tienda de artesanía y pinturas. En los bajos del Centro Gallego, al lado del teatro García Lorca.

Mapas y Cartas Náuticas El Navegante (Instituto Hidrográfico de Cuba). Calle Mercaderes, 115, entre Obispo y Obrapía. Venden todo tipo de mapas y planos de la ciudad, de carreteras, de rutas de navegación y publicaciones marinas del mundo entero, entre otras cosas.

Palacio del Arte. Calle 72, esquina con 5ª. Miramar. Elegante palacio dedicado a la exhibición y venta de valiosas antigüedades y objetos de arte. Para coleccionistas.

Pinturas Luis Valdovino Díaz. Aguacate, 254, bajo, esquina Obispo.

Pinturas Raúl V. Puig Lago. Calle Obispo, entre Bernaza y Villegas.

Farmacia Johnson. Obispo. Muy grande y antigua, donde comprar legalmente *P.P.G* y *Melagenina*.

Farmacia María Auxiliadora. Teniente Rey, esquina Compostela, frente a la iglesia del mismo nombre.

Farmacia Internacional Miramar. 5ª, 1814 con calle 20. Miramar, Playa. Telf. 204 20 52.

Farmacia Internacional Plaza. *Hotel Plaza*. Telf. 860 85 83. Ext. 270.

Óptica Miramar. 7ª con calle 24. Miramar, Playa.
Floristería Jardín Wagner. Mercaderes, 115, entre Obispo y Obrapía.
Floristería Flor Habana. Calle 12 con calles 23 y 25. Vedado. Telf. 830 51 21.
Floristería Tropiflora. Calle 12 con Línea y Calzada. Vedado, PLaza. Telf. 830 38 69.
Floristería Floriarte. 5ª con calles 24 y 26. Miramar, Playa. Telf. 204 52 90.
Foto-Vídeo. Calle 40, entre 5ª y 7ª. Miramar. Revelado, impresión de fotos y servicios de vídeo y videoclub.
Telf. 204 02 67.
Fotografía Comodoro. 1ª con calle 84. Miramar, Playa.
Fotografía Dos Gardenias. 7ª con calle 26, Miramar, Playa.
Lavandería-Tintorería autoservicio. Calle Obrapía, 501, esquina Villegas.
Cerámica y regalos. Dentro del palacio del Segundo Cabo, en la plaza de Armas. Ofrece una vistosa colección de detalles de *papier maché*.
Quitrín. La Casa del Bordado. Obispo, esquina a San Ignacio, al lado de la plaza de Armas. Especializada en bordados de ropa de hogar y lencería en telas finísimas con magníficos encajes.

Playas del Este
Hoteles y villas
☆ **Hotel Atlántico.** Avenida de las Terrazas con calle 16. Santa María del Mar, junto a la playa. Telf. 797 10 85/87. Aire acondicionado, televisión, restaurante, bar, cafetería, night-club, piscina. Oferta también transporte gratis a los huéspedes que quieren visitar la cercana Habana. www.gran-caribe.cu.
☆ **Hotel Club Arenal.** En la laguna Itabo. Santa María del Mar. Telf. 797 12 62. Tiene 198 habitaciones, aire acondicionado, restaurante, bar, grill, piscina, alquiler de vehículos, muy moderno y de reciente construcción.
☆ **Villa Los Pinos.** Avenida de las Terrazas, 21. Santa María del Mar. Telf. 797 13 61. Con 25 villas, muchas para cuatro y seis personas, equipadas con aire acondicionado, algunas tienen cocina, frigorífico y televisión. Restaurante, cafetería, bar, cabaret, pistas de squash y tenis y alquiler de vehículos. Cerca de la playa Mégano. www.gran-caribe.cu.
☆ **Villa Trópico.** Autopista Vía Blanca, en Santa Cruz del Norte, junto a la playa de Trópico, a 50 km de La Habana. Telf. 729 52 05. Tiene 51 cabañas, con aire acondicionado, televisión, frigorífico y cocina. Restaurante, bar, cafetería, tenis, squash, baloncesto, béisbol, voleibol, pista de baile y alquiler de vehículos. www.gran-caribe.com.
☆ **Apartotel Horizontes Las Terrazas.** Avda. de las Terrazas, entre calle 10 y Rotonda. Santa María del Mar. Telf. 797 13 15. Tiene 32 apartamentos de una habitación, 40 de dos y 10 de tres. Aire acondicionado, televisión, frigorífico, cocina, piscina y alquiler de coches y motos. www.islazul.cu.
☆ **Tropicoco Beach Club.** Avenida Sur y las Terrazas, Santa María del Mar. Telf. 797 13 71. Dispone de 180 habitaciones, aire acondicionado, televisión, piscina, tenis, alquiler de vehículos. www.cubanacan.cu.
☆ **Villa Bacuranao.** En el km 15,5 de la autopista Vía Blanca. Telf. 763 92 41. Consta de 51 bungalós, de una o dos habitaciones, aire acondicionado, restaurante, cafetería, bar y alquiler de vehículos. Se puede bucear en una ensenada donde está hundido un galeón del siglo XVIII. www.islazul.cu.
☆ **Villa Las Brisas.** Calle 11, entre 1ª y 3ª. Santa María del Mar. A cierta distancia de la playa, unos 500 m, en una colina con magníficas vistas. Equipada con aire acondicionado, televisión, frigorífico y cocina. Restaurante, bar, cafetería, piscina y alquiler de vehículos.
☆ **Villa Mégano.** En el km 22,5. Santa María del Mar. Consta de 61 habitaciones independientes con aire acondicionado. A 200 m de la playa. Restaurante, bar, piscina, tenis, cabaret y alquiler de coches. www.havanatur.com.
☆ **Club Atlántico.** Avenida de las Terrazas, con calles 11 y 12. Santa María del Mar. Consta de 113 apartamentos repartidos en tres bloques y un total de 186 habitaciones, todas ellas con aire acondicionado y, algunas, con frigorífico, cocina y televisión. Utiliza los servicios del hotel. www.havanatur.com.
☆ **Villa Loma.** Situada en la playa de Jibacoa, Santa Cruz del Norte, en el km 57 de la carretera de La Habana. Telf. 728 53 16. Trece villas de dos y tres habitaciones, con televisión, aire acondicionado, cocina y frigorífico. Restaurante, bar, piscina y pista de baile. www.havanatur.com.
☆ **El Abra.** En la playa de Jibacoa, a 50 km de La Habana. Tiene 84 cabañas y sitio para colocar tiendas de campaña. www.havanatur.com.

Restaurantes
Mi Casita de Coral. Avda. Sur con 2ª. Santa María del Mar. Telf. 797 16 02. Tan solo cuatro o cinco mesas bien dispuestas para no desvirtuar el excelente servicio. Se come de maravilla y a buenos precios. Lo mejor son los camarones y la res.
Mi Cayito. Laguna Itabo. Telf. 797 13 39. Unas pasarelas sobre la laguna llevan hasta un pequeño trozo de tierra firme donde, a la sombra de hermosos árboles y junto al cántico de exóticos pájaros, se comen pescados, mariscos y una buena selección de carnes rojas. Por la noche hay música afrocubana.
Bodegón del Este. 1ª. Boca Ciega. Telf. 796 30 89. Es una casa encalada de blanco con tejadillo de teja criolla, cuyo patio sirve de agradable mirador y comedor. La masa de cerdo, el tasajo al bodegón, los potajes, los camarones enchilados y alguna que otra car-

ne importada lo hacen recomendable.

Los Caneyes. 1ª con calles 438 y 440. Boca Ciega. Telf. 204 11 50. Un pequeño rancho con espectáculo de música tradicional. Masa de cerdo, langosta estilo Varadero, guarniciones criollas, filete de res y de postre, quesos con mermeladas.

Casa del Pescador. 5ª con calle 442. Boca Ciega. Telf. 796 36 53. Su cocinero, que preparaba langosta en un restaurante de El Plantío en Madrid, ha vuelto a su tierra y ahora las cocina –asegura que mejor– en este coqueto restaurante ambientado en estilo marinero (redes, peces, el color azul...). La famosa langosta enchilada, grillé y las parrilladas de mariscos son los platos más interesantes.

Guanabo Club. Calle 468 con calles 13 y 15. Guanabo. Telf. 796 28 84. Para quien no guste demasiado del pescado o esté saturado de langosta, este es un buen lugar. Tiene como platos especiales el filete uruguayo, preparado con jamón y queso y el *cordon bleu*. No hay que dejar de probar el "caribe tropical"; la receta, no la suelen desvelar.

Vida nocturna
Cabarets

Atlántico. En el hotel del mismo nombre, espectáculo y baile. Telf. 97 10 85. Barato.

Guanabo Club. En el restaurante. Espectáculo y baile. El mejor, junto con el *Habana Club*.

Habana Club. Calle 10, entre 1ª y 3ª, Santa María del Mar. El mejor espectáculo. Baile.

Guanimar. 5ª con calles 466 y 468. Guanabo. Uno de los mejores.

Discotecas

Tokio. 5ª entre las calles 470 y 472, Guanabo. Música disco. Cierra pronto, a medianoche.

Trébol. Vía Blanca, entre las calles 10 y 11, Santa María del Mar. Música más bailable. Cierra a medianoche.

Fiestas en la playa

Un día a la semana se celebra una fiesta: *Noche del Pirata*, en *Villa Bucaranao*; *Noche del Mar*, en Villa Mégano; *Noche del Caribe*, en *Villa Los Pinos*; *Carnaval Mar Azul*, en el *Hotel Mar Azul*; *Noche del Amor*, en el *Hotel Atlántico*, y *Noche Cubana*, en *Villa Trópico*.

Noche afrocubana. En la *Granja Guanabito*. Se organiza al aire libre, todos los lunes, y consiste en un recital de música y bailes afrocubanos. Puede ser una noche mágica alrededor del fuego y bajo las estrellas.

Noches de competición. En cada hotel se organizan torneos de bailes cubanos y de cócteles, y los ganadores compiten todos los viernes a las 21 h en el cabaret *Pino Mar*.

Noche Guaicanimar. Espectáculo y baile en la playa, con magníficos bailarines que iniciarán a cualquiera que lo desee en los ritmos cubanos.

En Cojímar
Hoteles

⭐ **Complejo Turístico Panamericano.** Calle A y Avenida Central. Cojímar. Telf. 768 41 01. Tiene habitaciones y suites con aire acondicionado, televisión, restaurante, cafetería, bar, night-club, gimnasio, sauna, masajes, tratamientos antiestrés, piscina, etc. Es un complejo turístico situado en Cojímar, cerca de las playas del Este, e integrado por el *Hotel Panamericano* y los *apartoteles Vista del Mar* y *Las Brisas*. Fue construido para alojamiento antes de los juegos panamericanos de 1991.

Restaurantes

La Terraza. Calle Real esq. a Candelaria. Telf. 763 94 86. Era uno de los lugares preferidos de Hemingway, de quien conserva fotos y objetos. Pero tiene otros encantos que sugieren una visita: langostas y camarones buenísimos, y unas vistas preciosas sobre la pequeña ensenada.

En Marina Hemingway
Hoteles

⭐ **Residencial Turístico Marina Hemingway.** 5ª con calle 248. Telf. 204 11 50/59. Fax: 204 67 68. Comprende dos instalaciones:

⭐ **Apartotel El viejo y el mar.** 5ª con calles 246 y 248. Telf. 204 67 69. 60 apartamentos y 20 cabañas, de uno o dos dormitorios. Todos con piscinas, restaurante, cafetería, bar, alquiler de coches, alquiler de vídeos, aparatos reproductores, cámaras, servicio médico, boutique libre de impuestos, pistas de tenis, bicicletas, motos y posibilidad de practicar toda clase de deportes náuticos. Campo de golf de 18 hoyos que sería el primero del país.

⭐ **Chalets Marina.** Se trata de un conjunto de 33 lujosas casas, con uno, dos, tres y cuatro dormitorios, aire acondicionado, televisión, frigorífico, cocina, hilo musical, pudiendo incluso contratar personal de servicio, como cocinero, sirviente, niñera, camarera... Un lujo señorial insospechado en Cuba.

⭐ **Hotel Acuario.** 5ª con calles 246 y 248. Marina Hemingway. Telf. 204 76 28. Se trata de apartamentos y casitas de verano, situados en los canales 2 y 3 de la Marina, con posibilidad para el amarre directo. En la piscina, rodeada de tumbonas, solo se habla en inglés.

⭐ **Villa Paraíso.** 5ª con calle 248. Marina Hemingway. Telf. 204 11 50. Pequeños bungalós independientes rodeados de palmeras en la isla de la Marina. Son coquetos, cómodos y apartados del mundo exterior. Con piscina.

Restaurantes

Fiesta. Carnes rojas y aves. Sus especialidades son el *Pato Fiesta* y la *Suprema de oca*. Dispone de varios salones, como el *Toril*, donde cada comensal se puede preparar los platos, y el *Salón Irula;* comida criolla. Telf. 204 11 50, ext. 3337.

Papa's. Cocina marinera. Ambos forman parte del complejo residencial. Telf. 209 79 20.

La Cova. 5ª con calles 246 y 248. Marina Hemingway. Está especializado en cocina italiana.

Vida nocturna

Bar Papa's. Especialidad, el *Daiquirí Papa's*, sin azúcar y con doble de ron. El preferido de Hemingway.

Bar Terraza Lilas. En el restaurante *Fiesta*. Sirve variados cócteles y deliciosos helados al aire libre.

Club Chan-Chán. Marina Hemingway, Playa. Al aire libre y junto al mar, un ambiente relajado con música en directo y copas a precio razonable. Perfecto para las noches calurosas, porque siempre sopla algo de brisa. Telf. 204 46 98.

Cabaret Los Caneyes. Marina Hemingway, Playa. Telf. 204 11 50.

BALNEARIO DE ELGUEA

✆ 42

Hoteles

⭐ **Elguea.** Corralillo. Telf. 268 62 92. Tiene más de cien habitaciones, aire acondicionado, restaurante, cafetería, bar, piscina y deportes. Se trata de una residencia termal modernamente equipada con servicios balnearios. Su proximidad a la costa y a los cayos del norte es un aliciente más. www.islazul.cu.

BARACOA

✆ 21

Hoteles

⭐ **El Castillo.** Calixto García, Loma del Paraíso. Telf. (21) 645 51 65. Ocupa una antigua fortaleza española (Castillo de Seboruco o Sanguily) adaptada como hotel, en lo alto de un cerro. Desde sus terrazas y el bar es posible contemplar vistas muy amplias del Yunque, la ciudad de Baracoa y la bahía. Cuenta con 35 habitaciones, aire acondicionado, televisión, restaurante, piscina, bar y parrillada. www.gaviota-grupo.com.

⭐ **Porto Santo.** Ctra. del Aeropuerto s/n. Telf.(21) 645 106. Casona de estilo colonial con tejas, arcos y maderas barnizadas, perfectamente restaurado y situado en una calita muy acogedora, desde donde se pueden hacer excursiones en canoa por el Toa o pasear por la ciudad. Dispone de una pequeña playa privada. Tiene 36 habitaciones y 24 cabañas repartidas por cuidados jardines. Aire acondicionado, teléfono, piscina, cancha de tenis, rent a car, restaurante, bar y parrillada. www.gaviota-grupo.com.

⭐ **La Rusa.** Máximo Gómez, 161. Telf. (21) 643 011. Con solo 13 habitaciones, es un lugar más modesto y una buena opción frente al malecón. Debe su nombre a una mujer rusa que se instaló en estas latitudes. Perfectamente restaurado. www.gaviota-grupo.com.

⭐ **Villa Maguana.** Ctra. a Moa, km. 22. Playa Maguana. Telf. (21) 641 204. En un rincón apartado, a 18 km de Baracoa, se encuentra esta pequeña casa que hace suya una paradisíaca playa. Con capacidad para ocho personas, tiene baño, aire acondicionado y servicio de comida, pero con una cierta austeridad que requiere cierto espíritu de aventura. Reservas en el Hotel La Rusa. www.gaviota-grupo.com.

Restaurantes

En cuanto a los restaurantes, en esta localidad existen algunas opciones de comer buena cocina criolla. Las más recomendables son: La Punta, telf. (21) 645 224 y Finca Duaba telf. (21) 645 372.

BAYAMO

✆ 23

Transportes

Cubana de Aviación. Aeropuerto Carlos Céspedes. Telf. (23) 42 75 14 y (23) 42 79 16.

Agencias de viajes

Universitur S.A. Km 17 de la ctra. Manzanillo. Bayamo. Telf.(23) 42 74 95.

Hoteles

⭐ **Sierra Maestra.** Carretera Central. Vía Santiago de Cuba, km 1,5. Telf. (23) 42 79 70. Tiene 132 habitaciones, aire acondicionado, televisión, frigorífico, restaurante, cafetería, bar, cabaret y piscina. www.islazul.cu.

⭐ **Villa Horizontes El Yarey.** Ctra. Santiago-Jiguaní. Telf. (23) 42 76 84. Tiene 14 habitaciones en cabañas sobre la loma El Yarey a imitación de las viviendas campesinas construidas con madera y techos de guano. www.cubanacan.cu.

⭐ **Villa Bayamo.** También llamado del XXX Aniversario. Ctra. Central, km 5,5, vía a Manzanillo. Telf. (23) 42 31 02. Tiene 24 habitaciones y 12 cabañas, aire acondicionado, televisión, restaurante, cafetería, piscina. www.islazul.cu.

Restaurantes y cabarets

Cabaret Bamby. Parque Granma, ctra. Almirante. Cena y espectáculos.

Cabaret Bayamo. Carretera Central. Telf. (23) 42 16 98. Cena, espectáculo y baile. Cierra tarde. Muy barato.

El Menegua. Figueredo. Telf. (23) 42 47 28. Cocina cubana. Solo cena. En un antiguo caserón con techos de madera.

Restaurante 1.513. General García, 180. Telf. (23) 42 29 39. Cocina Criolla.

La Presa. Amado Estévez con Carretera Central. Telf. (23) 42 41 23. Mucho pescado, pudiendo elegir entre diferentes especies y los mariscos más baratos de todo el país.

El Telégrafo. José Antonio Saco, 108. Telf. (23) 42 48 14. Cocina criolla e italiana con especialidades como el pollo rancho luna relleno de jamón y queso. No son más que cuatro o cinco mesas, pero dispuestas en un precioso patio interior. Buenos precios y una completa selección de vinos del Penedès.

Plaza. Maceo, 53. Telf. (23) 42 22 90. El restaurante del Hotel Royalton es de las mejo-

CAMAGÜEY

res opciones por su elegancia y precio. Cocina criolla por unos 12 $ bajo los soportales de grandes columnas azules del edificio.

Otros restaurantes de cocina criolla son **La Bayamesa,** telf. (23) 42 17 75; el restaurante del **Motel El Yarey** (La Yanagua; Marea del Portillo, telf. (23) 225 01 y **El Pedrito,** telf. (23) 41 18 41.

CAIBARIÉN

☎ 42

Hotel España. El mejor lugar para comer y alojarse. Tiene un restaurante con los mariscos más baratos del país.

Complejo Brisas del Mar. Reparto Mar Azul, telf. (42) 35 16 99. Cuenta con 27 habitaciones y un emplazamiento idóneo en la plaza de Caibarién. Conviene confirmar su funcionamiento, puesto que está en periodo de ampliación. www.islazul.cu.

CAMAGÜEY

☎ 32

Transportes

✈ *Aeropuerto Ignacio Agramonte*. Avda. Finlay a 7,5 km de la ciudad. Telf. (32) 261 010 y 267 292.

Cubana de Aviación. República, 400, esquina Correa. Telf. (32) 291 338 y 292 156.

Hoteles

⭐ **Puerto Príncipe**. Avda. de los Mártires 60, La Vigía. Telf. (32) 28 24 69. Tiene 77 habitaciones, aire acondicionado, restaurante, cafetería, bar y night-club. Es un hotel histórico, fundado nada menos que en 1943. www.islazul.cu.

⭐ **Gran Hotel**. Maceo, 67 con Ignacio Agramonte y General Gómez. Telf. (32) 29 20 93/94. Tiene 72 habitaciones, aire acondicionado, bar, restaurante y night-club. www.islazul.cu.

⭐ **Colón.** República e/ San José y San Martín. Telf. (23) 25 48 78. Céntrico, con 48 habitaciones climatizadas, tiene también un buen restaurante de cocina criolla. www.islazul.cu.

⭐ **Isla de Cuba.** San Esteban esquina con Popular. Telf. (32) 29 15 15. También céntrico, cuenta con más de 40 habitaciones climatizadas, con mejores servicios de los esperados por su categoría. Restaurante y otros recursos ofertados. www.islazul.cu.

Restaurantes

La Campana de Toledo. Plaza de San Juan de Dios. Telf. (32) 28 68 12. Está situado en un viejo caserón colonial en cuyo patio hay típicos tinajones. Turístico, con buena comida criolla y mucha capacidad

Jayama. Reparto Julio Antonio Mella. Telf. (32) 27 19 17. Cocina cubana e internacional. Especialidad en ajiaco.

El Dorado. Van Horne, 1 con República y Avellaneda. Cocina criolla.

El Ovejito. Hermanos Agüero. Especialidad, cordero. Música tradicional en vivo.

Lunamar. Centro Comercial de la playa Santa Lucía, Nuevitas. Telf. (32) 33 61 46. La especialidad es el lechón asado y también la cocina italiana.

Don Cayetano. Callejón de la Soledad y República. Telf. (32) 29 19 61. Especializado en cocina española, con buenos platos y precio muy ajustado.

Don Ronquillo. Ignacio Agramonte e/ República y Lope Recio. Telf. (32) 28 52 39. Buena cocina criolla.

Puerto Príncipe. En el Hotel del mismo nombre, de la cadena Horizontes Camagüey. Cocina internacional.

Proyecto Ejo. Padre Valencia, 65. Telf. (32) 28 28 59. No es solo un paladar, es todo un proyecto. Se trata de un lugar de encuentro e intercambio cultural montado con muchísimo gusto por artistas locales. Cuenta con área de trabajo, de exposiciones, patio de tertulia y un pequeño restaurante. Se trata de un experimento de "paladar cultural" donde se combina la restauración –entendida como una manifestación más del arte– con el encuentro de artistas. Cocina típica camagüeyana, donde se rescatan recetas ancestrales. También es un buen lugar para ir a tomar una copa.

Colonial. Plaza de la Solidaridad. Inaugurado en diciembre de 2000, este restaurante se integra dentro de un centro comercial donde hay tiendas de artesanía, cabarets, la casa del tabaco, bares, salas de exposiciones, shows… Es la llamativa casa amarilla y verde de la céntrica plaza de la Solidaridad.

Vida nocturna

Justa fama tiene la noche en Camagüey, que no es otra cosa que el trasiego que se observa todos los sábados en la plaza de la Solidaridad y el los bulevares. Se sacan los quioscos a la calle, los bares sirven comidas y bebidas, todo al aire libre. El ambiente no puede ser más genuino.

Cabaret Caribe. Entre Javier de la Vega y Alturas del Casino. Telf. (32) 29 81 12. Magnífico espectáculo y baile. Caro.

Cabaret Colonial. Avenida Agramonte. Espectáculo y baile. Telf. (32) 298 112.

Discoteca La Cueva. Avda. de la Libertad.

Discoteca Maracas. Ctra. de Nuevitas.

Discoteca La Red. Entre Horca y Herrera.

Rincón Colonial. En la avenida Agramonte, 406. Telf. (32) 285 239.

Cabaret Panorama. Enclavado en el último piso del Hotel Puerto Príncipe.

Barra impacto. República, junto a La Terraza. 8 $ por pareja. Es lo más parecido a un local de copas a la española, aunque con pocos medios.

Disco Café. Independencia. Permanece abierto hasta las 2 h de la madrugada. Música salsera y precios baratos.

Casa de la Trova Patricio Ballagas. Salvador Cisneros, 171. Telf. (32) 291 357. Un poco más tranquilo que el anterior. Un precioso hall de entrada con gran cantidad de cuadros representa a los grandes

trovadores. En el interior, un patio donde vienen encantadores viejecitos a escuchar la música de la trova, a partir de las 20.30 horas (los fines de semana hasta las 23 horas).
Maison. Además de actuar como discoteca se celebran pases de moda.
También son animados **El Cambio, Las Terrazas** y el **bar del Gran Hotel**, excelente taberna donde tomar cócteles y el clásico mojito.

En Playa de Santa Lucía
Hoteles
✆ 32

☆ **Cuatro Vientos/Brisas**. Playa de Santa Lucía, Nuevitas. Telf. (32) 33 63 17. Chalecitos de corte mediterráneo y cabañitas tropicales con tejado de guano rodeadas de jardín. Ubicado en la entrada de Santa Lucía. Piscina, discoteca, canchas de tenis y centro de buceo. www.hotelscabanacan.com.

☆ **Life Hotel Caracol**. Playa de Santa Lucía, Nuevitas. Telf. (32) 33 63 02. Tiene unas 150 habitaciones y cabañas que imitan un pequeño poblado. Aire acondicionado, televisión, frigorífico, restaurante, bar y discoteca. www.hotelscubanacan.com.

☆ **Mayanabo**. Playa de Santa Lucía, Nuevitas. Telf. (32) 36 61 84. Sistema "todo incluido". Tiene 225 habitaciones, restaurante, café, bar, piscina, alquiler de vehículos y caballos. El precio es bueno aunque ha perdido partes de su antigua gloria. www.hotelscubanacan.com.

☆ **Villa Tararaco**. Playa de Santa Lucía, Nuevitas. Telf. (32) 33 63 10. Consta de 31 apartamentos, bien equipados con aire acondicionado, televisión, frigorífico, restaurante, bar y discoteca. Web: www.islazul.cu.

☆ **Gran Club Santa Lucía**. Avda. Turística. Telf. (32) 33 61 09. De muy buena relación calidad precio, oferta todos los entretenimientos junto a la playa. www.cubanacan.cu.

Restaurantes
Como la playa de Santa Lucía suele ofertar en sus hoteles un "todo incluido", estos alojan restaurantes que merecen una visita; es el caso de el Brisas, Lunamar... Citamos algunos.
Villa Tararaco, Casa de la Langosta y Casa del Pescador. Especialidad en pescados y mariscos.
Galería Colonial. Ignacio Agramonte con República. Cocina cubana.
Luna Mar. Telf. (32) 33 61 46. Especializado, como muchos de ellos, en cocina criolla sobre la base de productos marinos: langosta, camarón...
Bucanero. Playa de los Cocos. Telf. (32) 36 52 26. Las mismas especialidades y un entorno; un lugar muy recomendable en todos los sentidos.

CAYO LARGO
Transportes
✆ 45

La única forma de acceder al cayo es mediante un pequeño avión que parte de La Habana o Varadero (Cubana de Aviación, en el aeropuerto de Cayo Largo. Hay excursiones de un día o dos a cargo de las agencias, que se ocupan de todo. Si vamos a alojarnos en un hotel, ellos organizan el transporte. Si se tiene yate particular no se requiere visado ni pasaporte. *Aeropuerto Vitalio Acuña*, telf. (45) 482 07.

Hoteles
☆ **Playa Blanca**. Telf. (45) 28 81 11. De la cadena Gran Caribe, funciona con el sistema de todo incluido. Está en primera línea de playa y tiene todas las comodidades de la gama, piscina y opciones deportivas marinas. www.playablanca.cu.

☆ **Sol-Meliá Cayo Largo**. Telf. (45) 24 82 60. Uno de los mejores hoteles de la cadena en Cuba es este, de cuidada arquitectura y excelente servicio; el mejor del Cayo, sin duda. www.meliacuba.es.

☆ **Sol Pelícano**. Telf. (45) 24 82 33. Otra opción de lujo, esta vez a cargo de la cadena cubana Gran Caribe. Los precios son similares. Oferta actividades deportivas y nocturnas, como es habitual en el cayo. www.gran-caribe.cu.
Villa Lindamar. Es la última y mejor alternativa para los que prefieran algo un poco más rústico e íntimo, a modo de cabañas de madera independientes, con tejado de guano, a las que tampoco les falta de nada. Es conveniente asegurarse de pedir que las ventanas tengan su mosquitera. www.gran-caribe.com.

☆ **Complejo hotelero Isla del Sur**. Telf. (45) 34 81 11. Es el primero que se construyó pero ahora engloba las villas que aparecen a continuación. Cuenta con 59 habitaciones, aire acondicionado, televisión, restaurante, bar, piscina, salón de belleza y tiendas internacionales. Todas sus habitaciones dan al mar. www.gran-caribe.com.

☆ **Villa Capricho**. A unos 700 m del Villa Iguana. 39 cabañas rústicas de madera con tejado de guano, cafetería, bar y grill. www.havanatur.com.

☆ **Villa Iguana**. Está situado justo al lado del Isla del Sur, con 60 apartamentos, aire acondicionado, televisión, restaurante, bar, piscina, tienda internacional. En realidad, es casi una ampliación del mencionado hotel, del que utiliza también sus servicios. Telf. (45) 48 11 11. www.cubaaparthotel.com.

Estos tres hoteles, los primeros que se construyeron en Cayo Largo, disponen de pista de tenis y alquiler de bicicletas, motos y caballos. Con estas otras tres nuevas instalaciones, se ha duplicado la capacidad hotelera del cayo.

☆ **Villa Coral**. Casas de dos plantas de estilo colonial con vistas al mar. Bien equipadas con aire acondicionado, televisión, restaurante, bar, piscina, alquiler de automóviles y tienda internacional. www.gran-caribe.cu.

CIEGO DE ÁVILA Y LOS CAYOS

⭐ **Villa Soledad**. Tiene 12 cabañas típicas con celosías de madera, aire acondicionado, televisión, restaurante, bar, cabaret, piscina y alquiler de automóviles. Telf. (45) 24 81 11. www.gran-caribe.cu.

Restaurantes

No hay muchas opciones: o se come en los restaurantes de los hoteles o no se come. La única alternativa, a mediodía, es en el **Ranchón de Playa Sirena**, donde se sirven comidas, pero hay que reservarlas personalmente y previamente, y el **Ranchón Cayo Rico**.

Vida nocturna

No es precisamente Cayo Largo un paraíso para los noctámbulos. A esta isla solo se viene buscando sol, y cuando este se oculta tras unas impresionantes puestas de sol, la vida se acaba.

Los bares de los hoteles permanecen abiertos –incluso con música en vivo– un día cada uno, y los miércoles hay actuaciones y bailes en el recinto del aeropuerto, que a su vez se convierte en cabaret.

Últimamente, no obstante, han creado centros de recreación como **El Caney** y el **Centro Equino,** este último en el Complejo hotelero Isla del Sur, y también alguna taberna, como la de **El Pirata;** el bar **El Hatuey;** el centro nocturno **La Chusmita** y la discoteca **Iguana Azul.** El más especial de todos es, sin duda, el **Bar de Olga,** en Villa Capricho, con cócteles como el "Olga especial", que prepara ella misma.

Deportes: pesca

Excursiones diarias en bote a zonas de pesca, como Cayo Ávalos, Centro de Cazones, Banco de Jagua y Puntalón, donde se capturan, sobre todo, chernas, pargos, arguajíes y agujas. El material y los monitores van incluidos en el precio. Para informarse de precios y posibilidades conviene consultar la página www.nauticamarlin.com.

CIEGO DE ÁVILA Y LOS CAYOS

📞 33

Transportes

Aeropuerto de Cayo Coco. Telf. (33) 309 127 / 309 161 / 309 165. www.cayococo.airportcuba.net.
Oficina del Ministerio de Turismo en Ciego de Ávila Máximo Gómez, 82. Telf. (33) 26 66 41.

En Ciego de Ávila
Hoteles

⭐ **Hotel Morón**. Avda. de Tarafa. Telf. (33) 50 22 30. Habitaciones con aire acondicionado, agua fría y caliente. TV vía satélite. Servicio de habitaciones y restaurante. Dispone también de bar, discoteca, piscina, tienda de souvenirs, oficina de turismo y servicio de taxis. www.islazul.cu.

⭐ **Ciego de Ávila**. En el km 2,5 de la autopista de Ceballos. Tiene 136 habitaciones, aire acondicionado, restaurante, café, bar, cabaret y piscina. El más caro. www.islazul.cu.

⭐ **Santiago-Habana**. Honorato del Castillo. Telf. (33) 22 57 03. Tiene 76 habitaciones, aire acondicionado, restaurante, cafetería, cabaret y bar. Algo más barato.

Parador San Fernando. Rotonda Morón. Telf. (33) 50 25 84. Casa con 9 habitaciones totalmente equipadas, climatizadas y con servicio de cafetería y restaurante. www.palmarescuba.com.

En Cayo Coco y Cayo Guillermo
Hoteles

⭐ Blau Colonial Cayo Coco. Telf. (33) 30 13 11. Organizado como pequeñas villas de estilo colonial, con todas las comodidades posibles. Todas están provistas de aire acondicionado, agua fría y caliente, TV vía satélite, un buen restaurante que sirve cocina internacional y bufé. Ofrece la posibilidad de hacer parrilladas y cuenta con un ranchón de playa. Animación nocturna, oficina de turismo, taxis, alquiler de vehículos y equipos náuticos. www.hotelescubanacan.com.

⭐ **Hotel Meliá Cayo Coco**. Telf. (33) 30 11 80. 250. Habitaciones que aparecen suspendidas sobre pivotes en el mar con aire acondicionado, agua fría y caliente, TV vía satélite, restaurante con una amplia oferta de cocinas (internacional, criolla...). Piscina con agua dulce y salada, peluquería, masajes, animación nocturna, oficina de turismo, taxis, alquiler de vehículos y náutica. www.meliacuba.es.

⭐ **Hotel Sol Cayo Coco**. Telf. (33) 30 12 80. Se trata de un hotel de 270 habitaciones que, además de tener todo lo que requiere este tipo de hotel de la cadena Meliá, cuenta con habitaciones para discapacitados, caja de seguridad, 4 bares que cubren las 24 horas y servicios médicos. www.meliacuba.es.

⭐ **Hotel Meliá Cayo Guillermo**. Telf. (33) 30 16 80. Se trata de uno de los más grandes complejos abiertos en la cayería. Más de 300 habitaciones con todas las comodidades propias de este tipo de hotel, con los servicios de su categoría. Similar en prestaciones al anterior. www.meliacuba.es.

⭐ **Hotel Sol Cayo Guillermo**. Telf. (33) 30 17 60. Con todas las comodidades de los anteriores, aunque a cargo de la cadena Gran Caribe. www.meliacuba.es.

⭐ **Hotel Iberostar Daiquirí**. Telf. (33) 30 16 50. Fax: 30 16 45. No es tan lujoso como los anteriores, pero no le faltan servicios ni comodidades. Destaca su jardín fresco y húmedo, y sus construcciones de estilo colonial. www.gran-caribe.cu.

⭐ **Villa Cojímar**. Telf. (33) 30 17 12. Rodeada de cocoteros, tiene 60 habitaciones y 30 cabañas bautizadas con los nombres de personajes sacados de las novelas de Hemingway. Aire acondicionado, frigorífico, restaurante, bar y alquiler de automóviles. www.gran-caribe.cu.

☆ **Villa Azul Hotel.** Telf. (33) 30 12 78. Es un centro de buceo, barato y para deportistas. www.islazul.cu.

☆ **Villa Gaviota.** Telf. (33) 30 21 80. No es baratísimo, pero sí muy tranquilo. www.gaviota-grupo.com.

☆ **Villa Jardín de los Cocos.** Telf. (33) 30 81 21. En una ensenada, es de los pocos alojamientos baratos. www.islazul.cu.

☆ **Villa Flotante.** Como indica su nombre, se trata de un hotel flotante llamado El Último Paraíso, que inicialmente prestaba su servicio en el archipiélago de los Jardines de la Reina, al sur de la provincia, y que fue trasladado por mar rodeando la isla hasta este cayo. Consta de 8 habitaciones dobles y 4 triples, bar y restaurante, y es un centro importante de actividades náuticas como la pesca y el buceo. www.cubaparadises.com.

En Ciego de Ávila
Restaurantes

Don Ávila. C/ Marcial Gómez e/ Libertad e Independencia. Telf. (33) 26 53 53. Cocina criolla muy cuidada. El edificio y su ambiente están muy cuidados. Es uno de los restaurantes más nuevos y oferta también otros servicios, como la venta de puros.

Finca Oasis. Ctra. Central, km. 22. Telf. (33) 20 19 52. Un ambiente entre palmeras y excelente cocina criolla: muy recomendable.

Yisan. Carretera Central, extremo oeste con calles 7 y 8. Cocina china.

Solaris. Honorato del Castillo con Independencia y Libertad. Está situado en la planta 12 del edificio. Cocina internacional.

La Vicaría. Carretera Central este, frente a la terminal interprovincial de Ómnibus nacionales. Telf. (33) 26 64 77. Comida rápida.

La Estrella. Honorato del Castillo, 34, esquina a Máximo Gómez. Telf. (33) 26 61 86. Una opción muy barata.

En Cayo Coco y Cayo Guillermo
Restaurantes

Además de la cocina en los hoteles la oferta se amplía sobre todo con parrilladas y cocina criolla. Algunos de los restaurantes más conocidos son: **Playa Flamencos, Servicentro La Rotonda,** en Cayo Coco y el **Ranchón Playa El Paso** y el **Ranchón Media Luna,** en Cayo Guillermo.

Cueva del Jabalí. A 5 km del Tryp Cayo Coco, por la carretera a Cayo Guillermo. Telf. (33) 30 12 06. Es una cueva natural especialmente acondicionada como restaurante, discoteca y cabaret. Preparan parrilladas, tanto de carne como de pescado, aunque la especialidad es el cerdo asado. Si hay espectáculo nocturno, se encarece un poco. A la hora del almuerzo es más económico.

Restaurante Rocarena. Telf. (33) 30 14 31. Es el mejor restaurante extrahotelero de los cayos. Abierto en 2000, ofrece cocina creativa a la altura de un buen restaurante. Que no asusten las engalanadas mesas, ni las cristaleras frente al mar porque es del todo asequible. Algunos de los mejores aciertos son las ancas de rana, el paté de pescado, la piña rellena de langosta, las brochetas, las ruedietas de salmón y la algarabía de marisco, una especie de pisto de verduras con marisco servido con arroz cocido.

Playa Pilar. En Cayo Guillermo. Un poco más rústico que el anterior, pero con la misma línea en la cocina. Es del grupo Rumbos, se come estupendamente y está en la mejor playa de todos los cayos. Marisco y parrilladas.

Sitio La Güira. Telf. (33) 30 12 08. El lugar recrea un tradicional asentamiento de carboneros en lo que fue el Cayo Coco, de principios de siglo pasado. Hoy se celebran comidas campestres a base de escabeche, carne de res y güirita rellena.

La Roca. Donde empieza Playa Prohibida se levanta un ranchoncito de refrescos, cócteles y plato rápidos como filete con patatas o pollo frito. Desde este lugar parte el sendero de las Dunas de la playa del Puerto y también barcos hasta Cayo Media Luna.

La Silla. Situado junto al pedraplén (km 18). Refrescos, mojitos y bocaditos de jamón y queso. Junto a él está el mirador de flamencos rosados y el Centro de información y turismo.

Vida nocturna
En los Cayos

Centro nocturno Cueva del Jabalí. Cayo Coco. En un ambiente natural ofrece buenos espectáculos en vivo y de música grabada. El grill ofrece una amplia oferta gastronómica.

Sala de fiesta Restaurante Rocarena. Telf. (33) 30 14 31. En la Punta Las Coloradas. En el restaurante comienza, a partir de las 11 de la noche, la animación.

Discoteca Villa Azul. Cayo Coco. Todas las noches servicio de bar y discoteca.

En Ciego de Ávila

Centro nocturno La Cima. En el Hotel Santiago-Habana, esta opción es la mejor para bailar hasta altas horas de la madrugada.

Discoteca Batanga. Pertenece al Hotel Ciego de Ávila y es uno de los mayores atractivos de este, debido a su atmósfera informal y buena música.

Cabaret Las Piñas. Música cubana en vivo al aire libre.

CIENFUEGOS

✆ 43

Transportes

A pesar de tener aeropuerto, la forma más habitual de acceder es por carretera, con dos posibles vías desde La Habana, una a través de la ciénaga de Zapata, Playa Larga y Pla-

ya Girón, en un largo y bonito recorrido turístico; y la otra, a través de Santa Clara, el acceso más utilizado. También se puede ir desde Trinidad siguiendo la costa.
Aeropuerto Internacional de Cienfuegos "Jaime González". Telf. (43) 55 20 47.
Cubana de Aviación. Avd. 20 esquina con 35. Telf. (43) 51 11 71.

Hoteles

Jagua. Calle 37, con 0 y 1. Punta Gorda, al final del paseo del Prado. Telf. (43) 55 10 03. Tiene 149 habitaciones, de las cuales 10 son suites y 139 dobles. Ofrecen aire acondicionado, televisión, piscina, restaurante, bar, cafetería, y cabaret. Situado en una lengua de tierra que domina la entrada del puerto. Moderno y confortable. Único dentro de la ciudad. www.gran-caribe.com.

Hotel Boutique La Unión. Calle 31, con 54 y 56. Telf. (43) 55 10 20. Tiene 49 habitaciones, de ellas 13 suites, con todas las comodidades. Servicio de habitaciones, restaurante, bar, médico, farmacia, piscina... www.hotellaunion-cuba.com.

Villa Guajimico. Ctra. Trinidad, km 42. Cumanayagua. Cienfuegos. Telf. (43) 54 09 47. Consta de 51 habitaciones climatizadas, totalmente equipadas. Ofrecen centro nocturno, prensa y correo, lavanderías, actividades náuticas, (buceo y snorkeling). www.cubamarviajes.cu.

Hotel Club Amigo Rancho Luna. Ctra. Rancho Luna, km 18. Cienfuegos. Telf. (43) 54 80 12. 42 habitaciones climatizadas con todo lo necesario. Dispone de restaurante, servicios médicos, oficina de turismo, cambio de moneda, además de club de playa con actividades deportivas (buceo, snorkeling). www.hotelescubanacan.com.

Palacio Azul. C/ 37 entre 12 y 14. Punta Gorda. Telf. (43) 55 58 28. Una preciosa casa colonial con pocas habitaciones y todas las comodidades dentro de su categoría. www.hotelescubanacan.com.

Pasacaballo. Ctra. Rancho Luna, km 22. Telf. (43) 59 21 00. En una colina de la orilla opuesta de la bahía, en el canal de salida, frente al castillo de Jagua. Con 188 habitaciones, aire acondicionado, algunas con televisión, y frigorífico. Restaurante, café, bar, piscina, discoteca, tienda internacional. Magníficas vistas de la bahía y el mar abierto, y posibilidad de realizar deportes de aventura y voleibol playa, a mejor precio. www.islazul.cu.

Restaurantes

El Cochinito. Avenida 37, esquina con 4. Telf. (43) 51 86 11. La especialidad la indica su nombre y es bastante barato. Cocina cubana. Especialidad en lechón.

Covadonga. Avenida 37, entre 2 y 0, muy cerca del Hotel Jagua. Telf. (43) 51 64 20. Cocina española. La especialidad es la paella cienfueguera.

Mandarín. Paseo del Prado. Cocina china y cubana.

El Pollito. Paseo del Prado. Muy barato.

Restaurante 1819. Su nombre conmemora la fundación de la ciudad. Es el restaurante del Hotel La Unión, Paseo del Prado. Telf. (43) 55 10 20. Cocina criolla e internacional, en la opción más elegante de Cienfuegos.

La Verja. El más conocido de la ciudad. Avenida 54, 3306, e/ 33 y 35. Telf.(43) 51 63 11. Extenso menú de más de cien platos. Los sábados, Noche Cubana. Es necesario reservar con antelación.

La Cueva del Camarón. Calle 27 con 2ª. Telf. (43) 55 11 28. Además de estar especializado en cocina criolla, también sirve estupendo marisco.

Casa del Pescador. La Milpa. Restaurante especializado en mariscos.

Las cafeterías más conocidas de Cienfuegos, por si apetece una comida menos elaborada son el **DITÚ**, especializado en pollo; **La Bolera,** telf. (43) 55 13 79, con helados, comidas ligeras y café; Sodería **El Terry,** entre otras.

Vida nocturna

Café Cantante Beny Moré. Calle 37 con 54. Telf. (43) 55 16 74. Espectáculos de animación en vivo de música popular cubana, en homenaje al gran cantante cubano.

Casa Caribeña. Calle 35 con calles 20 y 22. Comida y espectáculo en uno. Además, cócteles muy bien servidos.

Bodegón del Chalet del Valle. Calle 37 con calles 0 y 2. Este centro de recreo destaca de entre sus actividades la del karaoke. También sirven cócteles.

Bar Rojo Discoteca. Hotel Pasacaballo. Ctra. Rancho Luna, km 22. Una vez terminado el espectáculo de música en vivo, el recinto se convierte en una no menos agradable discoteca.

Otras discotecas y clubes a visitar son **Tropisur,** en la calle 37 con calles 56 y 58; o la **Cueva del Camarón,** en la calle 37 con calles 0 y 2.

GUANTÁNAMO

✆ 21

Transportes

Aeropuerto Mariana Grajales. Carretera Paraguay. Telf. (21) 35 54 54.
Cubana de Aviación. Calixto García e/ Prado y Aguilera. Telf. (21) 35 54 53.

Hoteles

Caimanera. Loma Norte. Telf. (21) 49 94 14. En la punta de la bahía homónima. Cuenta con 17 habitaciones, una suite y 8 cabañas, con todos los servicios, y cuyo principal aliciente es estar al lado del mar en una zona tranquila de descanso. Excelente paisaje y vistas sobre la bahía y la base americana. Web: www.islazul.cu.

Guantánamo. Calle 13, entre Norte y Ahogados. Telf. (21) 38 10 15. Fax: 38 24 06. Tiene 124 habitaciones, 6 suites y 12 cabañas, aire acondicionado, restaurante, cafetería, bar y piscina. www.islazul.cu.

☆ **Villa Islazul La Lupe**. Ctra. a Salvador, km 3,500. Telf. (21) 35 52 87. Tiene 50 habitaciones con aire acondicionado y baño independiente que, para lo que se lleva en el país, son bastante aceptables. También comprende servicio de restauración y su cercanía al río Bano ofrece posibilidades de naturaleza muy sugerentes. www.islazul.cu.

☆ **Hotel Martí**. Calixto García con Aguilera. Telf. (21) 32 95 00. Es un hotel mediado, de solo 20 habitaciones, pero con todos los servicios y muy céntrico. www.islazul.cu.

HOLGUÍN

✆ 24

Transportes

Aeropuerto Frank País. Telf. (24) 47 46 30. Situado en la Carretera Central, en la salida hacia Bayamo.
Cubana de Aviación. Libertad con Martí, Edificio Pico Cristal, 2º piso. Telf. (24) 46 81 48/9.
Transtur. Edesio Pérez. Telf. (24) 42 41 87.
Transautos. Hotel Pernik. Telf. (24) 48 10 11
Micar. Playa Guardalavaca. Telf. (24) 46 31 25.
Veracuba. Playa Guardalavaca. Telf. (24) 301 31.
Havanautos. Aeropuerto. Telf. (24) 46 84 12.
Cubacar. Avda. Internacionalistas con Jesús Menéndez. Telf. (24) 46 84 12.

Hoteles

☆ **Pernik**. Avda. XX Aniversario (Jorge Dimitrov) con plaza de la Revolución. Telf. (24) 48 10 11. Tiene 202 habitaciones, aire acondicionado, restaurante, cafetería, bar, cabaret, discoteca, piscina y alquiler de coches. Está muy céntrico y no es caro. www.islazul.cu.

☆ **El Bosque**. Avenida XX Aniversario (Jorge Dimitrov) con plaza de la Revolución, muy cerca del anterior. Telf. (24) 48 10 12. Tiene 69 habitaciones y 46 cabañas, aire acondicionado, televisión, frigorífico, restaurante, cafetería, bar, discoteca, piscina. Más barato. www.islazul.cu.

Restaurantes

Brisas de Yareyal. Situado cerca del km 15 de la Carretera Central. Telf. (24) 451 17. Restaurante barato. Cocina cubana.
Mirador de Holguín. En la Loma de la Cruz. Telf. (24) 438 68. Muy bonito y con vistas. Precios económicos.
Polinesio. Avenida Lenin, en el piso 12 del edificio Sierra Cristal. Telf. (24) 42 52 34. Cocina internacional. Solo cenas. El mejor de la ciudad, con excelentes vistas.
Pico Cristal. Edificio Pico Cristal. Telf. (24) 42 58 55. Cocina internacional.
La Taberna de Pancho. Avda. Jorge Dimitrov. Telf. (24) 48 18 68. Cocina internacional. Buenos precios.
Mirador de Mayabe. Alturas de Mayabe, km 8. Telf. (24) 42 21 60. Cocina cubana.

Vida nocturna

Cabaret Nuevo Nocturno. En la Carretera Central, a 4 km en dirección a La Habana. Telf. (24) 42 93 45. Abierto hasta tarde, espectáculo y baile.
El Pétalo. Es la discoteca del Hotel El Bosque. Telf. (24) 48 10 12.
Discoteca Havana Club. Avda. Jorge Dimitrof. En el Hotel Pernik. Telf. (24) 48 10 11. Es la discoteca más conocida de la ciudad.
La Casa de la Trova el Guayabero. Maceo e/ Martí y Freixs. Telf. (24) 45 31 04. Para escuchar música tradicional a cualquier hora del día. Excelentes granizados de frutas.
Casa de la música. Freixes y Libertad. Telf. (24) 46 50 08. Otra alternativa para escuchar a músicos populares del oriente cubano.

En Gíbara

Hoteles

Casa particular Villa Miguel. J. Peralta, 61. Telf. (24) 342 11. Junto al Malecón. Una sencilla casita blanca con rejería azul, que mira al mar. Dos habitaciones con baño y ventilador. La mejor, la que está forrada de madera y tiene una bañera casi redonda. Sirven cocina criolla, especialmente de marisco.
Hostal Vitral. Independencia, 36. Telf. (24) 344 69. Se trata de una enorme casona de 1874 con vitrales y tres habitaciones con baño. El solarium de la terraza superior y las vistas son magníficos.
Base de Campismo Silla de Gíbara. Ctra. A Gíbara, km 17. Cabañas de mampostería con baño, donde se cobra dependiendo de cuál sea la procedencia del viajero.

Restaurantes

El Faro. Plaza El Fuerte. Telf. (24) 345 96. La mejor opción de la población. Junto a la bahía, y con un enorme balcón que da al mar. Especialidad en marisco y pollo marinero, que se sirve frito a la criolla con enchilado de camarones. Hay estupendas "tables" (menús) muy completos.
El Mirador. El nombre describe su privilegiada situación, aunque la comida no es tan buena.
Miramar. Donato Mármol, 13. Telf. (24) 344 66. Instalado en una casa de madera, sirve los mejores pescados y mariscos. Solo por la comida marinera y la hermosísima vista que se contempla desde la loma del Vigía merece la pena la excursión.

En el Mirador de Mayabe

Hoteles

☆ **Villa Mirador de Mayabe**. Situado a unos 8 km de Holguín, en el parque José Martí. Telf. (24) 42 21 60 y 42 53 47. De estilo campestre, está compuesto de 24 habitaciones y 24 cabañas, con aire acondicionado, televisión, frigorífico, restaurante, bar, cafetería, cabaret y piscina. El Bar del Burro Pancho, en el mismo hotel, debe su nombre a un burro que confraterniza con los clientes y hasta bebe cerveza. Web: www.islazul.cu.

En Playa Guardalavaca
Hoteles

☆ **Cubanacan Turey**. Sistema "todo incluido". Telf. 43401 95 al 43401 97. Con todos los servicios de su categoría.

☆ **Hotel Brisas Guardalavaca**. Banes, Playa Guardalavaca. Telf. (24) 43 02 18. Un enorme complejo hotelero con 437 habitaciones y 126 bungalows. Funciona con el sistema todo incluido y es perfecto para una estancia familiar, porque oferta todos los servicios imaginables: excursiones, actividades deportivas, restaurantes, discotecas, animación, piscinas, paseos a caballo, etc. Además, está situado en una de las mejores playas de la isla. www.hotelescubanacan.com.

☆ **Hotel Club Amigo Atlántico**. Playa de Guardalavaca. Banes. Telf. (24) 43 01 80. Tiene 747 habitaciones dotadas de aire acondicionado tv, etc. Además cuenta con restaurante, cafetería, bar, piscina, alquiler de automóviles. Junto a la playa. www.hotelescubanacan.com.

☆ **Villa Cabañas Guardalavaca**. En la misma playa de Guardalavaca. Banes. Telf. (24) 430 03 14. Con cabañas, aire acondicionado, restaurante, night-club, situado frente al mar y mucho más barato que los anteriores. www.islazul.cu.

Restaurantes

El Ancla. Telf. (24) 43 03 81. Al final de la playa, en un altozano que se adentra en el mar con una magnífica vista. Cocina marinera y arroz con mariscos.
A todo lo largo de la playa y dentro de la zona turística hay una serie de pequeños restaurantes y chiringuitos, entre los que destacan **El Cayuelo** (telf. 43 07 36; pescados y mariscos), **El Patio** (cocina criolla) y la **Parrillada de Raúl** (pollo y carnes a la brasa).
Pizza Nova. Comida italiana, junto al centro comercial.

Vida nocturna

Discoteca La Roca. Telf. (24) 43 01 67. El centro nocturno más concurrido de la zona es esta macrodiscoteca situada en una balconada frente a la playa, con gran parte al aire libre.

En Playa de La Esmeralda
Hoteles

☆ **Meliá Paradisus Río de Oro**. Playa Esmeralda. Ctra. Guardalavaca. Telf. (24) 43 00 90/94. Con 924 habitaciones climatizadas con baño privado, telefonía internacional, radio, TV, caja de seguridad, mesa bufé, restaurante de cocina criolla y marinera, además de buceo, snorkeling, senderismo. Salón para eventos con climatización, traducción simultánea, proyección de vídeos y films, etc. www.meliacuba.es.

☆ **Sol Río de Luna y Mares**. Playa Esmeralda. Ctra. Guardalavaca. Telf. (24) 43 00 60. Más de 400 habitaciones climatizadas con todas las comodidades. Cuenta con todo tipo de servicios, incluido alquiler de motos, bicicletas, peluquería, sauna, gimnasio, cancha de tenis, centro de belleza con sauna, barbería, peluquería, masaje... y la posibilidad de realizar buceo, snorkeling, senderismo. www.meliacuba.es.

Restaurantes

Conuco Mongo Viña, ranchón campestre especializado en comida criolla. Se encuentra a 1 km de los hoteles anteriores.
La Casa Criolla. Telf. (24) 30 915. Especialidades cubanas.

En Playa Pesquero
Hoteles

☆ **Breezes**. Costa Verde. Con las habitaciones a modo de bungalós. Telf. (24) 43 35 20. Habitaciones con todo lo necesario para disfrutar de unas vacaciones relajadas. Además, por la noche, en su centro nocturno suelen desarrollarse actividades. Cuenta también con salones privados para eventos. www.gaviota-grupo.com.

☆ **Costa Verde Beach Resort**. Telf. (24) 43 35 10. Muy similar al anterior. No se trata de bungalós, pero la comodidad está asegurada. Adscrito al grupo Gaviota: www.gaviotagrupo.com.

En Playa Don Lino
Hoteles

☆ **Villa Islazul Don Lino**. Playa Blanca, Rafael Freyre. Telf. (24) 43 03 08. Las habitaciones ocupan cabañas con aire acondicionado, y tiene también restaurante, bar, dos piscinas, tenis y un cabaret en una carabela que es una réplica de la Santa María de Colón. Posibilidad de realizar actividades náuticas y una estancia muy tranquila en su playa prácticamente privada. www.islazul.cu.

En Cayo Naranjo
Hoteles

☆ **Cayo Naranjo**. Telf. (24) 43 01 32. Se puede pasar la noche en el Cayo Naranjo, en una adorable construcción palustre sobre un pequeño cayuelo al que se llega a través de una pasarela sobre pivotes. Es una réplica de la casa donde nació Fidel Castro. Está bien dotada, es solitaria, romántica y en el precio se incluye el baño con los delfines. www.gaviota-grupo.com.

Restaurantes

Restaurante Cayo Naranjo. Junto al delfinario. La especialidad es la "marinera especial", arroz a la marinera acompañado de 10 tipos de marisco.

LAGO HANABANILLA

Hoteles

⭐ **Hanabanilla**. Manicaragua, Villa Clara. Telf. (42) 20 85 50. En una colina, al borde del lago. 90 habitaciones, aire acondicionado, restaurante, bar, cabaret, piscina, alquiler de caballos, de botes y avíos de pesca.

Restaurantes

Río Negro, de cocina cubana. Al otro lado del lago, al que se accede en bote. Magníficas vistas. Se organizan excursiones a caballo, con visitas a un cafetal.

MANZANILLO

Hoteles

⭐ **Guacanayabo**. Avda. Camilo Cienfuegos. Telf. (23) 57 75 88. Tiene 112 habitaciones y 7 suites. Servicios de acuerdo a su categoría. www.islazul.com.
⭐ **Villa Santo Domingo**. Ctra. La Plata, km 16. Se ubica en el vecino municipio de Bartolomé Masó. Telf. (23) 56 55 68. Se trata de un hotel de montaña situado en la falda de sierra Maestra. Desde este establecimiento se organizan excursiones al Parque Nacional Turquino y otros parajes naturales. Para amantes de la naturaleza. www.islazul.com.

Restaurantes

Las Américas. Maceo, 83, entre Martí y Miguel Gómez. Telf. (23) 57 30 43. Cocina cubana.
Restaurante 1880. Merchán, 243, entre Maceo y Saco. Telf. (23) 55 37 03. Buena cocina internacional, está considerado como el mejor restaurante de toda la ciudad.
El Golfo. 1º de Mayo con Narciso López. Pescados y mariscos. Telf. (23) 55 31 58.
Guacanayabo. Camilo Cienfuegos. En el hotel del mismo nombre. Marisco.

En la playa Marea del Portillo

Hoteles

⭐ **Marea del Portillo**. Ctra. Marea del Portillo, km 7,5. Pilón. Telf. (23) 59 70 08. Tiene 122 habitaciones y 48 cabañas, aire acondicionado, restaurante, cafetería, bar, piscina e instalaciones para la práctica de deportes náuticos. Otro remanso de paz en la playa. www.hotelescubanacan.com.

En Sierra Maestra

Hoteles

⭐ **Balcón de la Sierra**. Telf. (23) 56 55 35. Tiene 21 habitaciones en plena naturaleza con servicios mínimos, cuyo mayor atractivo es el de el paisaje que lo rodea. www.islazul.cu.
Hotel Sierra Maestra. Ctra. Central Vía Santiago de Cuba, km 1,5. Telf. (23) 42 79 70. Cuenta con 132 habitaciones con todo lo necesario: climatización, tv, etc. En el complejo hay restaurante, sala de fiestas y otras alternativas de diversión y descanso. www.islazul.cu.
Camping La Sierrita. 27 encantadoras cabañas de piedra con cuarto de baño. Tiene restaurante.

Deportes

Caneyes de Virama. Están ubicados entre la ciénaga de Virama y la granja arrocera Vado del Yeso, en la costa sur de la provincia. Es un importante coto de pesca del black-bass, en los lagos Virama y Leonero, este último un embalse artificial. También se puede practicar la caza de aves acuáticas, como el yaguasín, las gallaretas de pico blanco y los patos. Para alojarse, hay seis cabañas, con capacidad para 12 personas, restaurante y bar.

MATANZAS

☎ 45

Transportes

Aeropuerto Internacional Juan Gualberto Gómez. Ctra. de Varadero. Matanzas. Telf. (45) 61 30 16.
Aerocaribbean, LTU, Cóndor, Martinair Holland y Air Canada.
Oficinas de turismo INFOTUR. Centro Comercial Hicacos, 1ª Avda. e/ 44 y 46. Telf. (45) 66 70 44. Matanzas.
1ª Avda. esq. c/ 13, Hotel Acuazul. Telf. (45) 66 29 66. Varadero.

Hoteles

⭐ **Motel Horizontes Casa del Valle**. Telf. (45) 52 45 84. Situado en el km 2 de la ctra. de Chirino. En pleno valle del río Yumurí, entre una exuberante vegetación se encuentra esta hermosa quinta convertida en casa de reposo antiestrés, asma, obesidad e hipertensión, con técnicas de relajación, acupuntura, masajes e hipnosis. Dispone de 43 habitaciones con modernas instalaciones. El tratamiento incluye paseos y excursiones a distintos puntos de la provincia, baños en la playa, pesca, buceo y otros deportes náuticos.
⭐ **Hotel Velasco**. Calle Contreras, e/ Santa Teresa y Ayuntamiento. Telf. (45) 25 38 80. Fundado en 1902, ha sido recientemente reconstruido, es un hotel con mucho encanto que conserva su ambiente neoclásico, todas las comodidades y muy buen servicio. www.hotelescubanacan.com.
⭐ **Hotel Canimar**. Vía Blanca. Se sitúa a unos 4 km de Matanzas. Telf. (45) 26 10 14. Una construcción bien integrada en el rico entorno natural que lo rodea, que resulta estupenda base para realizar excursiones por el curso del río. Rodeado de tranquilidad, recepción muy caribeña, habitaciones totalmente equipadas y piscina. Excelente alternativa a la estancia en Varadero. www.islazul.cu.

MORÓN

☎ 33

Hoteles

⭐ **Morón**. Avda. de Tarafa. A dos kilómetros del centro de la ciudad del gallo. Telf. (33) 50 22 30. Tiene 144 habitaciones, bien equipadas con aire acondicionado, restaurante, cafetería, cabaret, piscina y cuatro bares: El Manatí, para uso exclusivo de los huéspedes; Laguna, donde se celebran las "Noches Morenas", con cena criolla y bailes; Atlántico, con piano en vivo y el de la piscina, abierto todo el día. También tiene canchas de tenis. Por la mañana temprano es curioso ver, en el vestíbulo del hotel, esperando a sus respectivos transportes, tanto a cazadores como a pescadores con todo su equipo. www.islazul.cu.

En el lago La Redonda
Hoteles
☆ **La Casona de Morón**. Calle Cristóbal Colón, 44. Telf. (33) 50 20 36. Con solo 7 habitaciones. Muy confortable para este tipo de turismo rural y para disfrutar de la laguna más grande de Cuba, donde acuden aficionados a la pesca o a la pura naturaleza.

NUEVA GERONA

Transportes
Aeropuerto "Rafael Cabrera", Nueva Gerona. Telf. (46) 32 23 00. *Cubana de Aviación.* Aeropuerto. Telf. 226 90; en Nueva Gerona, calle 39, 1415, entre las calles 16 y 19. Telf. (61) 32 42 59.
Desde el *puerto de Batanabo* (60 km al sur de La Habana, trayecto para el que se puede tomar un autobús Viazul), dos servicios diarios de hidrodeslizador (2 horas largas) y un servicio diario de ferry. Información: Naviera Cubana Caribeña en Nueva Gerona. Telf. (46) 32 44 36.

Hoteles
Para alojarse en la ciudad, lo más seguro es acudir al alquiler en casas particulares. No será difíl, porque se pueden buscar por Internet o bien recorrer las calles principales y ver qué casas tienen el sello de autorización para alquiler. Como la afluencia de turistas a esta isla es muy errática, los hoteles abren y cierran súbitamente: antes de viajar hay que asegurarse de que están en funcionamiento.

☆ **Motel La Cubana**. Frente al parque Camilo Cienfuegos. Telf. (46) 32 35 12. Ha sido reabierto en los últimos años. Cuanta con 17 habitaciones dobles y ciertos servicios de restauración.

☆ **Villa Gaviota Isla de la Juventud**. Autopista Nueva Gerona-La Fe, km 1. Telf. (46) 32 32 90. Tiene 20 habitaciones de dos plantas, aire acondicionado, frigorífico, bar, restaurante, alquiler de automóviles.

☆ **Las Codornices**. A 5 km de Nueva Gerona, antigua ctra. de La Fe. Telf. (46) 32 49 81. Cuenta con 17 habitaciones, aire acondicionado, frigorífico, televisión, restaurante, bar y piscina. Muy cerca del aeropuerto, en las orillas del lago.

☆ **Colony**. Ctra. de Siguanea, km 46. Telf. (46) 39 81 81. Cuenta con 77 habitaciones, aire acondicionado, televisión, restaurante, café, bar, piscina y cabaret. Es el mejor de la isla, situado en la costa sur. En él se halla el Centro Internacional de Submarinismo.

☆ **Rancho El Tesoro**. A 3 km de Nueva Gerona, antigua ctra. de La Fe. Telf. (46) 32 30 35. Tiene 39 habitaciones, aire acondicionado, frigorífico, televisión, restaurante, bar, cabaret. Es el más cercano a la capital y está situado a orillas del río Las Casas.

Restaurantes
Casa del Cazador. En el Hotel Colony. Telf. (46) 32 46 57. Especializado en platos exóticos a base de cocodrilos, iguanas, jutías y otros animales de la isla.
Casa de los Vinos. Calle 20 con calle 41. Nueva Gerona. Embutidos y vinos.
El Cochinito. Calle 39 con calle 24. Nueva Gerona. También tiene bar. Cocina cubana, especialidad en lechón y manitas de cerdo. Más caro que El Río.
El Corderito. Calle 39 con calle 22. Nueva Gerona. Igual que el anterior, especializado en cordero.

La Góndola. Calle 35 e/ 28 y 30. Nueva Gerona. Pizzas y pasta.
El Jagüey. Entre las calles 9 y 2. La Fe. Cocina cubana.
El Ranchón. Calle 9. La Fe. Cocina china. Muy barato.
Ranchón Arcoiris. Playa del Tesoro. Langostas y pescados.
El Río. Calles 32 y 33. Nueva Gerona. Cocina criolla y gran especialidad en pescados. Situado al aire libre, es el mejor lugar de la isla. Barato y, además, con bar, donde tomar magníficos daiquirís.

Deportes: caza
Tanto en la reserva de caza de Punta del Este, como en la de Punta Francés abunda la paloma torcaz, cuya temporada de caza va de agosto a octubre. También hay una reserva en la que abunda el cerdo salvaje y el jabalí. Gran abundancia de aves, de las que destaca por su cantidad la cotorra, que dio nombre a la isla en la época de la piratería.

PINAR DEL RÍO
📞 48

Hoteles
☆ **Hotel Moka**. Autopista Habana-Pinar del Río, km 51. Telf. (48) 57 86 00. Cuenta con 26 habitaciones climatizadas: 1 suite, 3 triples y 22 dobles con baño privado, minibar, TV vía satélite, caja de seguridad, servicios médicos, restaurante de cocina internacional, parrillada, instalaciones deportivas... Se trata de un hotel muy especial para cuya construcción el entorno ha sido el protagonista: los árboles se integran en el edificio. www.hotel-moka-lasterrazas.com.

☆ **Hotel Horizontes Los Jazmines**. Ctra. de Viñales, km 25. Telf. (48) 79 62 05. Se trata de 62 habitaciones dispuestas en dos módulos hoteleros con todas las comodidades. Ofrece la mejor vista sobre el valle de Viñales. El área deportiva incluye voleibol de césped y piscina. www.hotelescubanacan.com.

☆ **Pinar del Río**. Martí con Autopista. Telf. (48) 75 50 70.

Tiene 136 habitaciones con aire acondicionado y 13 cabañas con aire acondicionado, televisión y frigorífico. Restaurante, cafetería, bar, piscina, cabaret. El mejor de la ciudad, muy céntrico y excelente punto de partida para realizar excursiones por los parajes naturales de la provincia. www.islazul.cu.

Motel Villa Aguas Claras. Situado en una instalación rústica, en la carretera de Viñales, km 7. Telf. (48) 77 84 27. Cabañas y cámping. www.cubanamarviajes.cu.

Villa Laguna Grande. Granja Simón Bolívar. Telf. (48) 42 34 53. Dispone de 12 cabañas dobles totalmente equipadas con cocina, refrigerador, etc. Hay una laguna artificial para la pesca de la trucha y se puede también pasear a caballo.

Restaurantes

Don Tomás. Salvador Cisneros, 140. Telf. (48) 79 63 00. Es el más famoso de la ciudad. Oferta comida cubana e internacional. Tiene un delicioso y fresco jardín interior.
La Casona. José Martí, esquina Colón, muy cerca del Teatro Milanés. Telf. (48) 77 82 63. Bonito edificio de ambiente colonial. Cocina cubana.
Doce Plantas. Maceo, entre la avda. Rafael Ferro y la avda. Comandante Pinares. Muy típico, comida cubana y pescados.
Café Pinar. Vélez Caviedes, 34. Telf. (48) 77 81 99. Situado en el centro de la ciudad, con capacidad para 70 personas, este restaurante ofrece cocina internacional a la vez que prepara actividades recreativas y culturales nocturnas.
El Marino. José Martí, entre Isabel Rubio y Colón. Magníficos pescados y mariscos.
Paladar Casa Don Miguel. Gerardo Medina, 108, frente a la catedral. Pequeño y agradable, se puede comer en el porche. Es muy recomendable el pargo al horno.
Restaurante-Cabaret Rumayor. Aproximadamente a 1,5 km de la ctra. de Viñales, es un ranchón de madera rodeado de jardines. Telf. (48) 63 051. Es también cabaret, por lo que, al mismo tiempo que se cena su famoso pollo ahumado Rumayor, se puede ver el espectáculo y bailar hasta la madrugada. Sirven almuerzos y cenas.

Vida nocturna

Cabaret Rumayor. En el restaurante del mismo nombre.
Casa de la Trova. Vélez Caviedes, entre Yagruma y Retiro. Local en el que se reúnen los músicos aficionados. Perfecto para pasar la tarde y conocer gente. Se recomienda probar la Guayabita del Pinar, la bebida típica de la provincia, con más de dos siglos de historia, que consiste en una especie de licor parecido al coñac; se puede tomar dulce o seco y se obtiene de una fruta llamada guayabita.

Deportes

Coto Maspotón. Está situado a 135 km de La Habana y abarca un área de 134 km2, con tres grandes lagunas llamadas Maspotón, Pica-pica y Buenavista. Es refugio natural de una gran cantidad de aves acuáticas, como los patos aliazul y aliverde, la yaguaza, la gallareta y la becasina, así como de aves de tierra, como el faisán y el guineo.
En la presa de la Juventud se obtienen capturas de trucha de gran tamaño, y en la desembocadura del río San Diego, otras especies, como sábalo, macabí y róbalo.
Centro Laguna Grande. Está dedicado a la pesca y situado cerca de la península de Guanahacabibes, en el extremo más occidental de Cuba, a unos 84 km de Pinar del Río. Su presa principal es la perca, de la que se ha llegado a obtener una captura de 9,2 kg, siendo la media de las capturas de entre 500 y 1.000 gramos.
Centro Cuyaguateje. Es otra reserva de pesca situada en el río homónimo, a unos 34 km del anterior, con tres presas que retienen sus impetuosas aguas. Es quizás el lugar del país con mayor abundancia de percas. En el puesto de pesca se ofrece servicio de guías, alquiler de aparejos y de lanchas a motor.
Centro Internacional de Buceo María La Gorda. Península de Guanahacabibes. Telf. (82) 77 13 06. Conjunto de pequeñas casas de madera con una capacidad de 34 habitaciones completas. Como principal característica está la práctica de buceo, las fotografías subacuáticas y el senderismo. Con respecto a la espeleología, la oferta es casi irresistible, precisamente en el paraje donde se encuentran las mayores cuevas de América, muchas de ellas inexploradas. Cubatur ha confeccionado un programa que incluye visitas y recorridos con monitores expertos, explorando los sistemas cavernarios Majagua-Canteras y Herrería-Amadea, en los que se recorren galerías y salas, algunas como el salón de los Pájaros, uno de los más amplios del mundo, recorrido por arroyos subterráneos. Para los expertos, hay una gran cantidad de zonas inexploradas, previa autorización. Incluso para un principiante es una excursión fascinante siempre que no se padezca claustrofobia. Conviene visitar la página www.villamarialagorda.com.

REMEDIOS

42

Hoteles

Mascotte. Plaza Martí. Telf.(42) 39 51 44. Tiene 14 habitaciones, aire acondicionado y está amueblado al estilo colonial. En este hotel tuvieron lugar, después de la guerra de Independencia, las tensas negociaciones entre los invasores norteamericanos y los patriotas mambises. www.hotelescubanacan.cu.

Restaurantes

El Louvre. Máximo Gómez, 122. Telf. (42) 39 56 39. Ofrece diversas alternativas, todas baratas: cocina criolla o comida rápida. Muy céntrico.

SANCTI-SPÍRITUS

Hoteles

Villa Rancho Hatuey. Situada a la entrada de la ciudad de Sancti-Spíritus, en la Carretera Central, km 383. Telf. (41) 36 13 15. Consta de 10 bungalós y 22 habitaciones rodeadas de vegetación tropical. Aire acondicionado, televisión, teléfono, restaurante, dos bares. www.islazul.cu.

Plaza. Avda. Marcos García con Independencia, 1. Telf. (41) 32 71 02. Habitaciones más que decentes a precios razonables. Es un pequeño y céntrico hotel, cuya reciente remodelación se deja ver sobre todo en la recepción y en el patio interior. Turismo nacional y extranjero. www.cubanacan.com. www.islazul.cu

Restaurantes

Quinta Santa Elena. Quintero 70. Telf. (41) 32 81 67. Al final de la calle El Llano está este agradable restaurante desde donde se ve el río y el puente de Yayabo. Una terraza exterior a la sombra de los árboles y una casona amarilla son buen escenario para tomar las especialidades de la casa: vaca frita con arroz y viandas y pollo a la hacienda, elaborado con salsa criolla. También en la carta incluye cremas, ensaladas y sopas del día. Vinos españoles del Penedès y también cubanos de Pinar del Río.

Mesón de la Plaza. Máximo Gómez, 34. Telf. (41) 32 85 46. Es una casa de porte colonial, aunque del siglo XIX, con precioso artesonado en madera. El sobrio mobiliario de bancos corridos le dan ese aire de antiguo mesón español. Apuestan por la cocina cubana y española con especialidad en potajes y garbanzos, como la ensalada de garbanzos, el garbanzo mesonero, el espirituano... Para otros paladares hay también ternera de la villa, elaborada al vino; enchilado de camarón, asados, etc.

Deportes

Zaza. Telf. (41) 32 60 12. En el embalse de Zaza se practican diversos deportes; el más concurrido, la pesca. Conviene dirigirse al Hotel de Islazul (www.islazul.cu) que hay junto al embalse. Organizan recorridos y actividades deportivas. Alquila también equipos de pesca y lanchas.

SANTA CLARA

Hoteles

La Granjita. Ctra. de Maleza, km 2,5. Telf. (42) 21 81 90. Tiene 75 habitaciones, aire acondicionado, televisión, restaurante. Situada en pleno campo cerca del aeropuerto, con unas instalaciones muy completas. www.hotelescubanacan.com.

Santa Clara Libre. En la plaza, frente al parque Leoncio Vidal. Telf. (42) 20 75 48. Con 159 habitaciones, restaurante, bar, cafetería, cabaret. Todavía conserva en su fachada impactos de bala de la última batalla. www.islazul.cu.

Motel Los Caneyes. Ctra. de Circunvalación, esquina Eucaliptos. Telf. (42) 21 81 40. Tiene 84 cabañas, aire acondicionado, frigorífico, restaurante, café, bar, cabaret y piscina. Similar a Guamá, en cabañas rústicas imitando viviendas indias (caneyes). Situado en un monte, a las afueras de la ciudad. www.hotelescubanacan.com.

Restaurantes

Palmarés. Marta Abreu 10, e/ Villuendas y Cuba. Comida rápida internacional, pero de buena calidad.

El Sabor Latino. Esquerra 157 e/ Julio Jover y Berenguer. Telf. (42) 20 65 39. Buena comida criolla.

Restaurante 1878. Máximo Gómez. Telf. (42) 20 24 28. Se encuentra enclavado en una antigua escuela donada por la familia Abreu, cerrada y decorada con rejas desde el vestíbulo; lámparas, candelabros y muebles de caoba. Cocina cubana.

Restaurante-Cabaret Arco Iris. Autopista Central, km 304. Telf. (42) 20 91 81. Solo cenas, con baile y música de disco. Cocina italiana e internacional.

Taíno. Situada en el Hotel Los Caneyes. Ofrece cocina rural cubana. Especialidad, el congrí.

Vida nocturna

Cabaret Arco Iris. Citado en el apartado Restaurantes.

Cabaret El Cacique. En el Hotel Los Caneyes. Telf. (42) 21 81 40. Baile y música en vivo hasta altas horas de la madrugada.

Cabaret Cubanacán. Música y baile hasta las 2 h de la madrugada.

Cabaret Venecia. Muy animado, con música disco para bailar y espectáculos.

En la Cayería del norte de Villa Clara

Transportes

Aeropuerto Cayo Las Brujas. Ctra. Santa María, km 36. Telf. (42) 30 00 09. Junto al mismo pedraplén y a 3 km de Villa Las Brujas. Recibe vuelos chárter desde cualquier aeropuerto nacional.

Hoteles

Hotel Santa María. Cayo Santa María. Telf.(42) 35 02 00. Cuenta con 300 habitaciones del régimen "todo incluido". www.meliacuba.com.

Villa Las Brujas. Cayo Las Brujas. Telf. (42) 35 00 23. Despertarse y contemplar el azul turquesa del mar desde los adorables balcones es el mejor aliciente de este hotel. 24 habitaciones muy espaciosas y generosas en mobiliario concebidas con todo el confort y en pequeños módulos de dos plantas construidos íntegramente en madera. Alquier de equipos de buceo y snorkeling. El restaurante, a

la carta, se ancla en lo alto de uno de los farallones con mirador hacia la playa. Pescados, langosta, cangrejos y bistec son sus mejores propuestas. www.gaviota-grupo.com.
Barco San Pascual. Para pasar la noche en un antiguo barco mielero encallado en alta mar. Hay que preguntar en el Hotel Santa María. Tiene 9 sencillos camarotes con ventilador. Solo dos de ellos tienen baño incluido. De cualquier forma, también se ofertan servicios de transfer, con almuerzo, para la práctica de snorkeling.

SANTIAGO DE CUBA

Transportes aéreos
Aeropuerto Internacional Antonio Maceo. Telf. (22) 69 86 14/12. Situado a 9 km de la ciudad por la ctra. del Morro. *Cubana de Aviación.* Calle Enramada con San Pedro. Telf. (22) 65 15 77/79.

Estaciones de autobús y tren
Terminal Central de Ferrocarriles. Avda. Jesús Menéndez y Martí. Telf. (22) 62 28 36. *Terminal de Ómnibus Nacionales.* Avda. de los Libertadores, 457. Telf. (22) 65 16 84. *Asistur.* Hotel Casagranda, c/ Heredia, 201. Telf. (22) 68 61 28. *Infotur.* Lacret e/ Heredia. Telf. (22) 66 94 01.

Alquiler de automóviles
Como es habitual, las agencias de alquiler de automóviles cuentan con delegaciones en casi todos los hoteles (no es condición estar alojado en ellos para alquilar) y también en el aeropuerto.

Hoteles

Santiago de Cuba. Avda. de Las Américas con calle M. Telf. (22) 68 70 70. Tiene 250 habitaciones y 13 suites, aire acondicionado, televisión, frigorífico, restaurante, bar, cafetería, discoteca, tienda, piscina y alquiler de automóviles, motos y bicicletas. 15 plantas de lujo en el centro de la ciudad. www.meliacuba.es.

Casa Granda. Heredia, 201, esq. parque de Céspedes. Telf. (22) 65 30 21. 58 habitaciones, con aire acondicionado, televisión, restaurante, bar, agradable cafetería con balcón sobre la plaza con música en vivo. En las noches, en la terraza del piso superior hay un snack-bar con música en vivo. Caserón antiguo recién restaurado con un mobiliario de muy buen gusto. Una magnífica opción para los que gusten del turismo ciudadano, dada su ubicación frente a la Catedral. www.hotelescubanacan.com.

Hotel Brisas Los Galeones. Chirivico, Guamá. Telf. (22) 32 61 60. 32 habitaciones dobles y 2 suites con todo lo propio de un hotel de su categoría. Al borde de un acantilado, con magníficas vistas al mar y rodeado de vegetación. www.hotelescubanacan.com.

Las Américas. Avda. de Las Américas y General Cebreco, junto al Hotel Santiago. Telf. (22) 64 20 11. Tiene 68 habitaciones, bien equipadas con aire acondicionado y televisión, además dispone de restaurante, bar, piscina, discoteca. Bastante céntrico. www.islazul.cu.

Balcón del Caribe. Ctra. del Morro, km 7. Telf.(22) 69 15 44. Situado en un acantilado cerca del aeropuerto y del castillo del Morro. Tiene 72 habitaciones, y 24 cabañas. Aire acondicionado, televisión, restaurante y piscina. Buen servicio y magníficas vistas al mar Caribe. www.islazul.cu.

Rancho Club. Carretera Central, km 4,5. Telf.(22) 66 30 02. Al lado de la Fortaleza de San Pedro de la Roca, paraje declarado Reserva de la Humanidad por la UNESCO. Tiene 29 habitaciones, aire acondicionado, restaurante y cabaret. www.islazul.cu.

Cubanacán Versalles. Ctra. del Morro, km 3. Telf. (22) 69 10 16. Situado en una colina llamada Versalles, su arquitectura está inspirada en la colonial. Tiene 44 habitaciones y 14 cabañas, aire acondicionado, televisión, restaurante, bar, piscina y zonas deportivas. www.hotelescubanacan.com.

Villa Gaviota. Avda. Manduley, 502 esquina con calles 19 y 21. Vista Alegre. Telf. (22) 64 13 68. Tiene 51 habitaciones y 2 suites en modernas villas, aire acondicionado, televisión, frigorífico, restaurante, bar, cafetería, piscina y tenis. Situada en una colina y con una atractiva arquitectura. www.gaviota-grupo.com.

Villa San Juan (antes llamado *Leningrado*). Se encuentra en la ctra. Siboney, km 1. Telf. (22) 68 72 00.Situado en la histórica loma de San Juan, a las afueras de la ciudad. Tiene 102 habitaciones dispuestas en un conjunto armónico de bloques y cabañas rodeadas de un delicioso jardín tropical. Aire acondicionado, televisión, piscina, cafetería. www.islazul.cu.

En Santiago de Cuba proliferan, tanto como en La Habana, las casas autorizadas a alquilar habitaciones con baño. Hoy día no es difícil encontrarlas por Internet, o en las mismas calles de la ciudad preguntando a las personas en los barrios. Es la alternativa más barata; aunque siempre hay que ver el lugar antes de alquilar para no llevarse sorpresas.

Restaurantes

La Cecilia. Ctra. Cuidamar, entronque a Puntagorda, km 4. Cocina criolla.
Don Antonio. Plaza de Dolores. Telf. (22) 65 23 07. En un palacio que fue del Marqués de la Candelaria de Yarayabo, cocina criolla en un ambiente elegante.
Matamoros. Calvario, esquina Aguilera. Telf. (22) 68 64 59. Especializado en cocina criolla. Una gran casona de estilo colonial, en la que también hay una excelente casa de tabacos. Recomendado el pollo relleno.
Perla del Dragón. Plaza de Dolores. Cocina china en un local decorado al efecto.

Restaurante 1900. San Basilio, 354. Telf. (22) 62 35 07. Cocina internacional, con buenos platos. Precioso local decorado a la antigua, en pleno centro.

Restaurante Zunzún. Avda. Manduley, 159. Telf. (22) 64 15 28. Cocina internacional.

Restaurante La Fontana. En el *Hotel Meliá Santiago de Cuba*. Telf. (22) 68 70 70. Cocina italiana.

Restaurante La Isabelica. En el *Hotel Meliá Santiago de Cuba*. Telf. (22) 68 70 70. Cocina a la carta.

Restaurante El Cayo. Cayo Granma, Bahía de Santiago de Cuba. Telf. (22) 69 01 09. Especialidad en pescados y mariscos.

La Taberna de Dolores. Aguilera, esquina Reloj. Telf. (22) 62 39 13. Especialidad en asados de ave. Lugar rústico y típico, en un patio colonial al aire libre.

Taberna del Morro. Telf. (22) 69 15 76. Situado en el castillo de su mismo nombre, en una terraza con vistas al mar, sirve una buena carta y permite una panorámica impagable. Es el más apreciado por los turistas.

Teresina. Plaza de Dolores. Telf. (22) 68 64 84. Cocina italiana. Este restaurante debe su nombre a la diva italiana Teressina Paradi, que fue la que estrenó *La Traviata* en Santiago en el siglo XIX.

Tocororo. Avda. Manduley, 159. Reparto de Vista Alegre. Además, en todos los hoteles de la ciudad hay restaurantes acordes con sus respectivas categorías.

Paladares

Salón Tropical. Fernandez Marcané, 310 (Reparto Santa Bárbara). Telf. (22) 64 11 61. Sirven cocina criolla de la mejor calidad y elaboración.

Doña Cristy. Lino Boza, 8, entre Padre Pico y San Basilio. Antiguo callejón de Mangachupa. Muy barato. Su marido Alexis es santero.

Nueva Cocina Cubana. Enramada, 206 (altos), entre Santo Tomás y Corona. Platos cubanos.

La Gallegas. San Basilio, 305, junto al *Restaurante 1.900*. Regular y barato. Comida fuerte para estómagos resistentes.

Vida nocturna
Bares

Bar del Marqués. Plaza de Dolores, ambiente colonial.

Cafetería Las Enramadas. En la calle que le da nombre, junto a la plaza de Dolores, con una tranquila terraza donde sirven comida rápida a cualquier hora. Precios baratos.

Café La Isabelica. Aguilera con Calvario. Especialidad en cafés, pero mezclados con toda clase de licores y aromatizados con frutas. Lo más famosos de la ciudad de Santiago.

Casa de la Trova Pepe Sánchez. Heredia, 208. Telf. (22) 62 39 43. En honor al precursor del son cubano. Mítico lugar y música tradicional de la mejor.

Casa del Estudiante. Heredia. Ambiente juvenil, con actuaciones en directo los fines de semana. Casa de la Música. Corona e/ Aguilera y Enramada. Telf. (22) 65 22 43. Los fines de semana también hay música en directo.

La Claqueta. En un lateral de la catedral. Muy animado hasta altas horas de la noche, música en vivo.

Heladería Coppelia. Situada en los bajos de la catedral, esquina parque Céspedes, donde se puede probar "el Pru", refresco típico a base de canela, pimienta y raíces.

Discotecas

Espantasueño. En el *Hotel Santiago*. Es la mejor y más moderna de la ciudad. Abierta hasta altas horas de la madrugada.

Havana Club. Situada en el *Hotel Las Américas*.

Arco iris. Aguilera, 617. Telf. (22) 62 39 43. Es muy conocida y frecuentada. Solo para parejas.

Nuevo Lido. Entre Núñez de Balboa y Alvarado. Música disco y jamaicana.

Tricontinental Disco. En el *Hotel Las Américas*. Cierra temprano.

Discoteca Club Tropical. Autopista nacional km 1. Telf. (22) 68 70 20. Cierra los sábados.

Club 300. Aguilera con San Pedro y San Félix. Telf. (22) 65 35 32. Música en directo.

La Melipona. Avda. Manduley con General Cebrero. Un chalé blanco conocido como la "casa de la miel", donde acude lo más granado de la ciudad. Muy bonito y con tendencia casi exclusiva hacia los ritmos discotequeros internacionales.

Cabarets

Caribeño. Avda. de las Américas y camino de la Ceiba. Con espectáculo y baile. Cierra tarde. Barato.

Rancho Club. Carretera Central, km 4,5. Telf. (22) 63 32 02. Baile y espectáculo, que comienza a las 23 h.

Santiago Café. En el *Hotel Meliá Santiago de Cuba*. Telf. (22) 68 70 70.

San Pedro del Mar. Carretera del Morro, km 7,5. Telf. 69 12 87. En el *Hotel Balcón del Caribe*.

Tropicana Santiago. Autopista, km 1,5. El "Cabaret del Caribe". Telf. (22) 68 70 20. La música cubana, en especial la conga santiaguera, es la protagonista del mejor espectáculo de la ciudad. En La Habana hay otro similar.

Compras

Las calles Heredia, Enramada, San Basilio y el parque Céspedes constituyen la zona comercial de la ciudad, aunque también se puede comprar en las galerías comerciales de los grandes hoteles. Para comprar discos lo mejor es la tienda *Egrem*, en la Enramada; para los libros, la librería que está bajo de la Catedral. El ron es el elemento más preciado de Santiago; por ello, es imprescindible visitar la fábrica de ron, al igual que la de tabaco, ambas en la Alameda, frente al puerto.

Anticuarios como *La Minerva* (Heredia y Pío Rosado) y Galerías de Arte como la *Galería Oriente* (Lacret, 653, entre Heredia y Aguilera) y *Arte Bofill* (Heredia, entre Pío Rosado y Hartmann), entre otras, en toda la zona centro. Los fines de semana se venden artesanías y cuadros naïf en puestos por la calle. También se encuentran en el aeropuerto, la Casa de la Trova, los bajos de la catedral Metropolitana de Santiago de Cuba, las tiendas de los hoteles Albión, (Entramada con Calvario y Carnicería) hasta en la tienda *Artex* (Heredia con Calvario y Carnicería).

Parque Baconao

Hotels

Costa Morena. Ctra. de Baconao, km 38,5. Sigua. Telf. (22) 35 61 26. Consta de 125 habitaciones con aire acondicionado y los bares *Mareabaja*, *La Parrillada* y *La Pérgola* y los restaurantes *La Horquídea* y *El Ranchón Curujey*. Tenis, piscina, billar, voleibol, caballos y bicicletas. www.islazul.cu.

Club Amigo Carisol- Los Corales. Ctra. de Baconao, km 51. En la playa de Sigua. Telf. (22) 35 61 15/3. Es, probablemente, el mejor de todo el parque, y con la misma estética de guijarros lavados y amplia y colorida recepción. Con 120 apartamentos, bar, night-club, cafetería, alquiler de bicicletas y caballos, el restaurante *Los Anzuelos*, de cocina cubana, y el cabaret-restaurante *El Ranchón*. Además de la playa, otros recursos naturales se encuentran en sus inmediaciones: un delfinario, una laguna de cocodrilos y las cercanas montañas del Parque. www.hotelescubanacan.com.

Villa La Gran Piedra. Telf. (22) 68 61 47. Tiene 22 cabañas, al borde del abismo, con restaurante, café y bar. El entorno es agreste y muy apropiado para los interesados en la naturaleza: antiguos cafetales, un jardín botánico y la finca "La Isabelica". www.islazul.cu.

Brisas Sierra Mar. Ctra. de Chivirico, km. 60. Telf. (22) 32 91 10. Otro hotel de playa con todas las comodidades esenciales, piscinas, actividades acuáticas y servicios de restauración. Sistema "todo incluido" y frecuentado casi exclusivamente por canadienses. Situado en los márgenes del río Sevilla, en la playa del mismo nombre, entre el mar y la montaña en una lengua de tierra que se adentra en el mar. Tiene 18 cabañas y 204 habitaciones dispuestas en terrazas adosadas a una ladera que cae al mar. En la última planta se ubican los servicios comunes, como el restaurante, piscina, bar, etc. Desde el hotel se accede a una pequeña playa particular, ideal para deportes náuticos. Se pueden dar paseos a caballo por el macizo montañoso de Sierra Maestra, así como jugar al tenis y alquilar coches. www.hotelescubanacan.com.

Restaurantes

Casa de Pedro El Cojo. En playa Sigua, uno de los restaurantes más famosos de Cuba, con excelente cocina criolla, a orillas del mar frente a un acuario natural donde hay multitud de delfines.

Ranchón Los Pataos. En playa Baconao, donde es imprescindible probar el "patao frito", plato típico compuesto del pescado del mismo nombre.

Casa Rolando. En playa Baconao, junto a la laguna, con un criadero de cocodrilos y donde se pueden alquilar botes y yates. Cocina local. Telf. (22) 35 00 04.

La Rueda. Playa Siboney. Telf. (22) 39 93 25. Estupendo restaurante a la sombra de un pequeño jardín y con vistas al mar. Especialidad en pescados y mariscos, entre ellos, la grillada a la rueda, una combinación de masa de pescado y camarones gratinados con mantequilla y vegetales.

Mamá Inés. Casi enfrente del poblado del Oasis. Cocina criolla en un ambiente campestre donde nunca faltan los grupos de música guajira, los rodeos de vacas, una cafetería y una tienda de artesanía.

Finca El Porvenir. Pasado el Oasis, una carretera a la izquierda lleva hasta este restaurante. Hay que bajar 82 escalones hasta llegar al río a cuya orilla está la terraza, cobijada bajo frondosos árboles. Pollo frito, filete de res o de cerdo y filete a la santiaguera empanado y con queso.

De Santiago hacia el oeste por la costa

Hotels

Los Galeones Club Lodge. Ctra. Chivirico, km 70. Telf. (22) 32 61 60. Situado a 10 km del anterior y especializado en buceo, del que es centro internacional, y otros deportes náuticos. Dispone de 32 habitaciones dobles y 2 individuales, piscina, playa privada, tienda, taxi, excursiones ecológicas. También sistema "todo incluido". www.hotelescubanacan.cu.

Guamá. Cerca de Chirivico. Sencillo establecimiento que dispone de 8 habitaciones, con aire acondicionado y restaurante. Situado en un promontorio que domina el mar, carece de otras actividades y está dedicado al turismo nacional. A veces tienen cerveza.

Villa Horizontes El Saltón. Ctra. a Fié. Cruce de los Baños. Telf. (22) 56 63 26. Es un hotel de montaña con 22 habitaciones con la vocación de quitar el estrés a quien allí se hospede y proporcionar increíbles excursiones al corazón de sierra Maestra. El paisaje abrupto, a la vez que apacible y la localización junto a una cascada de varios metros de altura, le convirtieron en un lugar idílico. www.cubanacan.cu.

Restaurantes

El Mirador del Turquino. Se ubica en Ocujal de Turquino, a 109 km.

SOROA

☎ 48

Hoteles

Villa Soroa. Ctra. de Soroa a Candelaria, km 8. Telf. (48) 52 35 56. Tiene 31 habitaciones y 49 cabañas, con aire acondicionado, frigorífico, restaurante, bar, cabaret y piscina. Se pueden alquilar caballos para hacer excursiones por los alrededores. www.cubanacan.cu.

TRINIDAD

☎ 41

Transportes

Está situada en la costa meridional del Caribe, no junto al mar, pero sí a muy escasa distancia, a 380 km de La Habana y a 45 km de Sancti-Spíritus.

Transportes aéreos

Aeropuerto de Trinidad. Telf. (41) 99 63 93. A pesar de que se cita este aeropuerto en las páginas oficiales de Cubana de Aviación, no siempre funciona.

Estación de autobuses

Terminal de Ómnibus. Viro Guirnart, 224 c/ Antonio Maceo y Gustavo Izquierdo. Telf. (41) 924 04 y 944 48. VIAZUL.

Alquiler de automóviles

Cubatur. Calle Maceo e/ Francisco Javier Zerquera. Telf. (41) 99 66 10.
Cupet. Carretera Trinidad a Casilda, Circunvalación. Telf. (41) 99 63 01.

Información:

Infotur. Calle Gustavo Izquierdo e/ Simón Bolívar y P. Guinart. Telf. (41) 99 82 57.

Hoteles

⭐ **La Ronda.** Martí. Trinidad. Telf. (41) 922 48. Tiene 19 habitaciones con aire acondicionado, TV y minibar. Ha sido reabierto en 2012. www.cubanacan.com.

⭐ **Kurhotel Escambray.** Topes de Collantes. Telf. (42) 54 01 80. En la sierra del mismo nombre, a 800 m sobre el nivel del mar, lo que hace que su clima sea muy saludable para curas de salud y el descanso. Cuenta con 210 habitaciones, aire acondicionado, televisión, piscina, discoteca, restaurante, sauna, pistas deportivas, y sobre todo, las instalaciones más modernas y cualificadas para tratamientos de rehabilitación y revitalización. La flora y la fauna de los alrededores, de inigualable belleza, hacen que sea un lugar ideal para convenciones ecológicas y científicas. www.gaviota-grupo.com.

⭐ **Ancón Club Amigo.** En la playa de Ancón, a 12 km del centro de Trinidad. Telf. (41) 99 61 23. Tiene 103 habitaciones, aire acondicionado, restaurante, bares (uno dentro de la piscina), cabaret, cafetería, deportes náuticos y buceo (65$ la inmersión). Magnífica y moderna instalación. Saliendo por su puerta, se pisa la arena de una de las mejores playas del país. www.hotelescubanacan.com.

⭐ **Costasur.** En la playa de María Aguilar, Trinidad. Telf. (41) 99 61 74. Tiene 111 habitaciones y 20 cabañas, aire acondicionado, piscina, restaurante, discoteca y bar. Menos lujoso que el anterior pero no está mal. www.hotelescubanacan.com.

⭐ **Hotel Las Cuevas.** A las afueras, en la parte alta de Trinidad. Telf.(41) 99 61 33. Tiene 114 habitaciones, bar, restaurante, piscina y tienda internacional. Barato y bueno el restaurante. Es el único hotel aconsejable dentro de la ciudad. Magníficas vistas. www.hotelescubanacan.com.

⭐ **Hacienda Manatí.** A 67 km de la ciudad de Sancti-Spíritus. Telf. (41) 94 01 17. Cuenta con 13 habitaciones, aire acondicionado, televisión, restaurante. Es un lugar apacible en medio del campo muy adecuado para descansar.

⭐ **Horizontes Finca Ma Dolores.** Ctra. de Cienfuegos, km 1,5. Telf. (41) 99 63 94. En un ambiente tranquilo y campestre, este hotel es equidistante de varios lugares de interés: la ciudad de Trinidad, las playas de Ancón, Topes de Collantes y sus cascadas... Cuenta con todos los servicios habituales y piscina.

Restaurantes

Los de los hoteles, especialmente el del *Motel las Cuevas,* y desaconsejado el del *Hotel Costa Sur.*

Don Antonio. Gustavo Izquierdo con Piro Guinart y Simón Bolívar. Telf.(41) 99 65 48. Una alta rejería de estilo andaluz enmarca las ventanas de esta gran casona donde se ubica uno de los más elegantes restaurantes de la ciudad y la isla. Precios altos, pero aún asumibles. Entre las suculencias recomendables están la parrillada y el filete Don Antonio.

Mesón del Regidor. Simón Bolívar, 418. Telf.(41) 99 65 72. Fundada en 1801 por Rafael Ortiz, pasó antes por museo, galería de arte y hoy es un agradable restaurante con menús compuestos.

Plaza Mayor. Calle Real esquina a Rosario. Telf. (41) 99 64 70. En el centro, junto a las bulliciosas calles del mercadillo. Mobiliario claro de mimbre, mantelitos rojos, techos altos y comida bufé cuando hay suficientes visitantes. La terraza es un agradable comedor. También a la carta: pollo grillé con mojo de cebolla, bistec a la parrilla, delicias de Plaza, langosta mariposa.

El Jigüe. Rubén Martínez Villena, 69. Telf. (41) 99 64 76. En la famosa plaza del mismo nombre, esta elegante casa con paredes forradas de coloridos azulejos y altas rejas pone a la mesa sobre todo platos de pollo, como el pollo al coco, pollo a la canchánchara, pollo asado con arroz, etc. Para terminar se puede tomar un buen café de gallo, que es algo así como un carajillo de ron.

Vía Real. Rubén Martínez Villena con Boca y San José. Telf. (41) 99 64 76. Una gran

lámpara de araña preside el techo de este sencillo restaurante. Ofrece desde pizzas hasta parrillada real, pollo guajiro o vaca frita. De postre se puede elegir entre helados o ensaladas de frutas.
Trinidad Colonial. Maceo, 53, en la antigua mansión Videgaray. Telf. (41) 99 64 73. Conserva un precioso mobiliario de caoba. Sirven las comidas en una bonita vajilla de porcelana. Cocina internacional y cubana. Magníficos los cócteles en el bar.
Los alrededores de Trinidad, en los valles de San Luis, La Pastora y Santa Rosa, poseen una serie de ranchones-restaurantes donde sirven comida criolla, y hasta a veces pescado, en un ambiente campero, pero con todas las comodidades: **El cubano, Mi retiro, Casa de la Gallega, Hacienda Codina,** todos ellos amenizados por grupos de música cubana.

Paladares

Ileana Valer Merino. Lino Pérez, 454, entre Jesús Menéndez y Julio-Antonio Melle. Muy acogedor.
Paladar Estela. Simón Bolívar, 557. Telf. (41) 99 43 29. Un bonito cartel de madera tallada pende de la azulada puerta. De las pocas paladares que se anuncian como tal cosa. Cocina criolla abundante y amabilidad extrema. Es el más conocido.
Sol y Son. Simón Bolívar, 283, e/ Frank País y José Martí. Telf. (41) 99 29 26. Otro famoso paladar por su buena cocina, su salón, el patio y la música en directo.
Los paladares proliferan en Trinidad como los hongos. Podemos citar también La Coruña, San José, La Rosa... Se encontrarán más con solo preguntar por la calle.

Vida nocturna

Esta ciudad no es precisamente un lugar para trasnochar, aunque sí ofrece lugares típicos donde pasar la tarde y un montón de originales espacios para tomar una copa.

Bar Trinidad. En el restaurante homónimo. Sirve magníficos cócteles.
La Canchánchara. A media manzana de la plaza del Jigüe. En él se bebe el licor del mismo nombre, mezcla de aguardiente de caña, miel de abeja, zumo de limón y agua. Además es centro de reunión de los músicos de la zona.
Casa de la Trova. En la plazuela de Segarte. Se bebe, baila y canta con ritmos tradicionales. Las discotecas de los *Hoteles Ancón* y *Costa Sur* son bastante aburridas, salvo los fines de semana, en que se puede hacer amistad con los habaneros alojados en el camping. También se puede ir a la **Discoteca Las Cuevas**, en el hotel del mismo nombre, y que, como su nombre indica, se encuentra precisamente en una cueva.

Valle de Viñales

📞 48

Hoteles

⭐ **Hotel La Ermita.** Se halla en el km 1,5 de la carretera de la Ermita. Telf. (48) 79 60 71. Tiene 64 habitaciones y 18 cabañas, aire acondicionado, frigorífico, televisión. Restaurante, bar, piscina. Barato, y en un enclave precioso que domina todo el valle. www.hotelescubanacan.cu.
⭐ **Motel Los Jazmines.** En el km 25 de la ctra. de Viñales. Telf. (48) 79 62 05. Tiene 14 habitaciones y 16 cabañas con aire acondicionado, televisión, frigorífico. Restaurante, cafetería, bar, cabaret y piscina. Bella arquitectura de inspiración colonial en el edificio principal. Magníficas vistas sobre el valle. Web: www.hotelescubanacan.cu.
⭐ **Rancho San Vicente.** En el km 33 de la ctra. de Puerto Esperanza. Telf. (48) 79 62 01. Con 29 habitaciones y 33 cabañas, con aire acondicionado, frigorífico. Restaurante, cafetería, bar, piscina y cabaret. Junto a un manantial de aguas sulfurosas. www.hotelescubanacan.cu.

En Playa de María la Gorda

⭐ **Centro Internacional de Buceo María La Gorda. Villa Gaviota.** Telf. (48) 77 81 31. Acogedor conjunto de pequeñas casas de madera que dispone de 34 habitaciones climatizadas, TV, servibar, restaurante, tienda, sala de juegos, lavandería, alquiler de automóviles. www.gaviota-grupo.com.

En Las Terrazas

Camping La Chorrera. Autopista A4, km 50. Antes de llegar a Las Terrazas. Tiene pequeñas cabañas y habitaciones, pero hay que traer el saco y todo lo demás. De cualquier forma, el ranchoncito junto a la vía es un buen lugar para ir a tomar un bocadito o un refresco.

En Los Palacios

Villa Maspotón. En *Granja arrocera La Cubana.* Los Palacios Telf. 66 70 09. Fax. 66 70 08. Club de caza que dispone de 16 habitaciones, aire acondicionado, frigorífico, restaurante, bar, piscina y galería comercial. Alquila equipos de caza. Otra posibilidad de hospedaje en esta línea consiste en acampar en el **Campismo El Taburete** (junto al río San Juan. Desvío antes de cruzar el lago) y en el **Campismo La Caridad,** en la carretera en dirección a Soroa.

Sandino

📞 82

⭐ **Villa Laguna Grande,** situada en la Granja Simón Bolívar. Telf. (48) 42 34 53. Dispone de 12 cabañas, bien equipadas con aire acondicionado, frigorífico, televisión, además de restaurante y bar. Dispone de guías y alquiler de equipos de pesca y lanchas a motor.

Restaurantes

Casa del Marisco. Enfrente de la cueva del Indio.
Ranchón Mural de la Prehistoria. Carretera a Pons, km 2. Telf. (82) 79 62 60. Especialidad en lechón asado. Solo sirve comidas al mediodía.

Como es lugar obligado para ciertas rutas turísticas, suele haber música tradicional en vivo.

Paladares

Todos son modestos y en pleno campo.
El Algarrobo. En la ctra. de la Cueva del Indio, a la izquierda.
Los Antonios. Junto al *Hotel Rancho San Vicente*.

Vida nocturna

Por la noche, aparte de los bares y cabarets de los hoteles, en el interior de uno de los mogotes, dentro de una bonita cueva, se puede visitar el **Dancing Light Las Cuevas,** con música bailable.

VARADERO

📞 45

Transportes

El acceso más fácil es por carretera. Hay 144 km desde La Habana, es decir, unas tres horas de autobús, aunque encontrar una plaza los fines de semana es milagroso. Todos los turistas con viaje organizado acaban pasando por Varadero, y en los burós se pueden contratar excursiones para un día.

Transportes aéreos

Aeropuerto internacional Juan Gualberto Gómez. Telf. (45) 55 36 12. www.varadero-airport.com.
Cubana de Aviación. 1ª Avda. e/ 54 y 55. Telf. (45) 61 18 23.
Aerotaxi. Calle 24 con avda. Playa. Telf. (45) 66 75 40 y 61 29 29.

Estación de autobuses

Terminal de Ómnibus. Calle 36 y Autopista. Telf. (45) 61 48 86.
Infotur. 1ª Avda, esq. a 13. Hotel Acuazul. Telf. (45) 66 29 66.
Infotur. 1ª Avda. e/ 44 y 46. Centro Comercial Hicacos. Telf. (45) 66 70 44.

Taxis

Dados los constantes cambios en las compañías de taxis estatales, lo mejor es acudir a la puerta de los grandes hoteles que proliferan por todo el lugar.

Alquiler de automóviles

Como en La Habana, todos los hoteles suelen tener delegación de alquiler de autos, siempre de alguna de las compañías estatales. Las más frecuentes en Varadero son las siguientes, con esta indicación de contacto:
Cubacar. Avda. 1ª con 21. Telf. (45) 66 73 26.
Rex. Telf. (45) 66 21 21.

Hoteles

☆ **Meliá Las Américas.** Ctra. de las Américas. Telf. (45) 66 76 007. Con 250 habitaciones. De construcción reciente y todos los servicios de su categoría. Tiene acceso directo al Varadero Club Golf. Solo admite huéspedes mayores de 18 años. www.solmeliacuba.com.
☆ **Paradiso Varadero.** Autopista Sur. Telf. (45) 66 87 00. Sobre la playa de Varadero, junto al campo de golf y el centro turístico *Playa de las Américas*. Forma un complejo con el **Hotel Sol Palmeras.** A 12 km del aeropuerto. Tiene todos los servicios de un hotel de cinco estrellas, spa y gimnasio; 510 habitaciones, 7 suites y 80 apartamentos. www.meliacuba.com.
☆ **Tryp Península Varadero.** Parque Natural Punta Hicacos. Telf. (45) 66 88 00. Es también un gran hotel con 591 habitaciones. www.meliacuba.com.
☆ **Barceló Bungalós Solymar.** Autopista de Las Américas. Telf. (45) 61 44 99. Cuenta con con dos áreas de alojamiento, aire acondicionado, televisión, vídeo, utiliza los servicios del *Hotel Internacional*. Cerca del centro de la población. www.barcelo.com.
☆ **Hotel Arenas Blancas.** Calle 64 con avda. de la Playa. Telf. (45) 61 44 50. Tiene 67 villas, aire acondicionado, restaurantes, café, bar, piscina, tenis, alquiler de vehículos. Funciona también con el sistema todo incluido. www.gran-caribe.com.
☆ **Club Puntarena.** Final de Kawama. Telf. (45) 66 71 25. Conjunto de dos hoteles gemelos de siete plantas inaugurados en 1992. Tiene 500 habitaciones y todos los servicios de un hotel de lujo. Al principio de la playa de Varadero. www.gran-caribe.com.
☆ **Mercure Cuatro Palmas.** Avda. de la Playa con calle 62. Telf. (45) 66 70 40. Cuenta con 312 habitaciones, algunas en cabañas; aire acondicionado, restaurante, bar, alquiler de vehículos. www.gran-caribe.com.
☆ **Varadero Internacional.** Avda. de Las Américas. Telf. (45) 66 70 38. Tiene 163 habitaciones, aire acondicionado, televisión, restaurante, cafetería, bar, el mejor cabaret de Varadero –el *Continental*–, piscina, sauna, gimnasio, jardines, galería comercial, alquiler de vehículos, pistas de tenis y deportes acuáticos. www.gran-caribe.com.
☆ **LTI-Tuxpan.** Ctra. Las Morlas. Playa de Las Américas. Telf. (45) 66 75 60. Moderna versión de una pirámide maya en la playa de Varadero. Tiene 233 habitaciones. A los servicios normales de un hotel de 4 estrellas añade la posibilidad de alquilar yates, dos pistas de tenis, deportes náuticos, etc. www.hotelescubanacan.com.
☆ **Sol Palmeras.** Ctra. Las Morlas. Playa de Las Américas. Telf. (45) 66 70 09. Cuenta con 608 habitaciones, incluyendo *bungalows*, y está muy indicado para estancias familiares. www.meliacuba.com.
☆ **Barlovento Club.** 1ª con calles 9 y 12. Telf. (45) 66 71 40. Otras 293 habitaciones distribuidas en edificios de tres plantas entre jardines. Cuenta con instalaciones deportivas: tenis, piscinas... www.gran-caribe.com.
☆ **Brisas del Caribe.** Ctra. de las Morlas km 12. Telf. (45) 66 80 30. Cuenta con 145 apartamentos, con dos dormitorios, y 290 habitaciones, aire

acondicionado, televisión, frigorífico, restaurante, cafetería, bar, cabaret, piscina, galería comercial y alquiler de vehículos. Bastante céntrico. www.hotelescubanacan.com.

Complejo Hotelero Copey. Está formado por el *Centro Comercial Copey* y dos hoteles gemelos, *Atabey* y *Siboney*, que comparten algunos servicios. Bien equipado. Tel. (45) 66 30 12.

Club Tropical. 1ª entre las calles 21 y 23. Telf. (45) 61 39 15. 225 habitaciones, TV, piscina, restaurante, alquiler de coches, bicis. www.islazul.cu.

Hotel Varazul. C/ 13 entre 1ª y Camino del Mar. Telf. (45) 66 71 32. Dispone de 69 apartamentos con aire acondicionado, televisión, frigorífico. Pistas de tenis. www.islazul.cu.

Oasis Tennis Center. En Vía Blanca, km 29. Telf. (45) 66 73 80. Cuenta con 147 habitaciones, aire acondicionado, restaurante, cafetería, bar, piscina, galería comercial y alquiler de vehículos. Muy lejos del centro. Ideal para los amantes de la soledad. www.islazul.cu.

Hotel Dos Mares. Calle 53 con 1ª. Telf. (45) 61 27 02. Pequeño hotel de 32 habitaciones. Sobrio y eficiente. Buen restaurante. www.islazul.cu.

Aparthotel Herradura. Avda. de la Playa, entre 35 y 36. Telf. (45) 61 37 03. Tiene 33 apartamentos con 79 habitaciones, equipados con cocina, frigorífico, aire acondicionado, televisión. Cafetería, supermercado y alquiler de vehículos. www.islazul.cu.

Apartotel Mar del Sur. 3ª con calle 30. Telf. (45) 61 22 46 Tiene 48 apartamentos de dos habitaciones, 98 de una habitación, 42 estudios y 130 habitaciones, piscina, restaurante, bar y cafetería. www.islazul.cu.

Dos Mares Pullman. 1ª con calle 53. Telf. (45) 61 27 02. Cuenta con 34 habitaciones, ventilador, restaurante y bar. Muy barato. www.islazul.cu.

Los Delfines. Avda. de la Playa con 39. Telf. (45) 66 77 20. Tiene más de cien habitaciones, piscina, las comodidades básicas y ofertas deportivas. www.islazul.cu.

Villas turísticas

Es la mejor forma de alojarse en Varadero, pues se dispone de mayor libertad.

Villa Barlovento. Calle 10 y 1ª. Telf. (45) 66 71 40. 290 habitaciones repartidas entre 5 edificios y 6 casas, todas con aire acondicionado, restaurante, bar, piscina, tenis, alquiler de vehículos. Junto al mar. www.gran-caribe.com.

Villa Cuba. Reparto Dupont. Avda. de Las Américas, km 3. Telf. (45) 66 82 80. Tiene 162 habitaciones, aire acondicionado, televisión, restaurante, bar, tenis, alquiler de vehículos. www.gran-caribe.com.

Villa Cabañas del Sol. Las Américas. Telf. (45) 66 70 38. Tiene 159 villas, aire acondicionado, televisión, restaurante, bar, cafetería, tenis, alquiler de vehículos.

Villa Punta Blanca. Avda. Kawama. Telf. (45) 66 80 50. Cuenta con 320 villas, aire acondicionado, restaurante, bar, piscina, tenis, alquiler de vehículos. Un poco lejos.

Villa Caribe. Avda. de la Playa con calle 30. Telf. (45) 66 74 87. Cuenta con 124 villas, aire acondicionado, restaurante, cafetería, bar, piscina y alquiler de automóviles.

Villa Tortuga. Calle 9 con 1ª. Barrio Kawama. Telf. (45) 61 47 47. Dispone de 115 villas, aire acondicionado, restaurante, bar, tenis, alquiler de vehículos. Queda lejos. www.gran-caribe.com.

Villa Sotavento. Calle 13 e/ 1ª y Camino del Mar. Telf. (45) 66 71 32. Cuenta con 130 villas, restaurante, bar, tenis y alquiler de vehículos. www.islazul.cu.

Restaurantes

Como la mayoría de los alojamientos para turismo de Varadero ofertan el sistema "todo incluido", en todos los hoteles hay restaurantes en los que se puede comer. No obstante, algunos son más apreciados que otros y también hay opciones distintas. Por otra parte, proliferan los paladares privados, que habrá que encontrar gracias a la ayuda de habitantes de la población.

Albacora. Calle 59, al lado de la 1ª. Telf. (45) 61 36 50. Frente al mar. Especialidad en mariscos y pescados. Cocina y servicio excelentes.

Las Américas. Autopista de Las Américas, km 8,5. Telf. (45) 66 73 88. Instalado en la lujosísima casa Xanadú del millonario americano Dupont, construida en 1930. Cocina internacional. Mobiliario de lujo y bellísimos jardines. Merece una visita.

La Barbacoa. Calle 64 con 1ª. Telf. (45) 66 77 95. En la *Villa Arenas Blancas*. Solo cenas. Especialidad en carnes rojas.

El Bodegón Criollo. Avda. de la Playa con calle 40. Telf. (45) 66 77 84. Especialidades criollas: cerdo, tasajo, frijoles, yuca, etc. El edificio, en consonancia con la cocina, con amplias ventanas y porches sobre el mar, en auténtico estilo criollo.

L'altro Castell Nuovo. 1ª con calle 11. Telf. (45) 66 77 86. Cocina italiana, sirven comidas y también cenas.

Dante. Parque Josone, Vda. 1ª e/ 56 y 58. Telf. (45) 66 73 28. Cocina italiana.

Salón Violeta. Calle 44 con 1ª. Telf. (45) 61 28 66. Italiano.

Pizza Nova. Autopista del Sur, km 11. Telf. (45) 66 81 81. Comida italiana.

Salón Capri. Avda. de la Playa. Telf. (45) 61 28 66. Italiano. Almuerzo y cena. Muy barato.

Coral Negro. Se trata de un yate de 150 pies de eslora con capacidad para 60 comensales. Especializado en mariscos, pescados, carnes rojas y blancas.

Lai-lai. 1ª con calles 18 y 19. Telf. (45) 66 77 93. Cocina china de buena calidad. Solo cenas.

Mediterráneo. 1ª con calle 54. Telf. (45) 61 24 60. Especialidades cubanas.

Mi Casita. Avda. del Mar, entre las calles 11 y 12. Telf. (45) 61 37 87. Muy pequeño, solo quince comensales. Cocina canadiense. Solo cenas.

Mesón del Quijote. Avda. de Las Américas. Telf. (45) 66 77 96. Situado en una colina. Cocina española. Solo cenas.

Retiro Josone. 1ª entre las calles 56 y 59. Complejo recreativo ajardinado con un lago y situado junto al mar, donde se han inaugurado otros restaurantes.

El Sitio. 1ª con calle 18. Telf. (45) 66 32 97. Especialidades cubanas. Económico.

Heladerías y dulces

La Colmena, Casa de la Miel. Calle 1, entre las calles 26 y 27. Situada en pleno centro, es un excelente lugar para los golosos, que pueden acompañar los dulces con buenos cócteles. Dispone de una tienda en la que se venden productos de belleza y fármacos producidos con miel de abeja y sus derivados.

Coppelia. 1ª con calle 46, Centro Comercial Hicacos. Deliciosos helados de sabores tropicales.

La Guarapera. Calle 1, entre las calles 37 y 38. Establecimiento en el que sirven guarapos (jugo de caña de azúcar). También en parque Jorone.

Vida nocturna

Su vida nocturna deja mucho que desear. En general, todo son extranjeros y hay poco contacto con los cubanos, salvo durante la temporada baja, de mayo a octubre, en que el número de cubanos aumenta. De nuevo hay que recordar que muchos de los hoteles ofertan actividades de recreo nocturnas, con mejor o peor éxito.

Cabarets

Cabaret Varadero. Anfiteatro de Varadero. Telf. (45) 66 71 30. Baile con orquesta. En él se celebra el famoso *Festival de Varadero* en verano.

Continental. En el *Hotel Internacional*. Telf. (45) 66 70 38. Cena, espectáculo y baile. El más lujoso y divertido de Varadero. Acaba tarde y es conveniente asegurar el transporte al final.

Cueva del Pirata. Ctra. de las Morlas, km 12. Telf. (45) 66 77 51. Espectáculo y baile. Enclavado en una cueva que fue un antiguo refugio de piratas. Ambiente más juvenil.

Discotecas

La Bamba. En el *Hotel Tuxpan*. Abierta hasta las 5 h de la madrugada. Telf. (45) 66 75 60.

Kastillito. Avda. de la Playa con calle 49. Telf. (45) 61 38 88. Música disco y cubana. Ambiente joven, muy animado.

Havana Club. CC. Copey. Avda. 2 con 63. Telf. (45) 61 45 55.

Habana Café. Sol Club Las Sirenas. Avda. Las Américas con calle k. Telf. (45) 66 80 70.

Otras discotecas también muy animadas son **La 440** (Camino del Mar con calles 14 y 15); **El Sótano** (Club de golf Las Américas. Telf. (45) 61 38 56); **La Red** (3ª con calles 29 y 30).

Noches especiales. Alternativamente, en los diferentes centros nocturnos se organizan varios concursos de baile, cócteles, cenas de participación popular.

La Patana. Situada en el canal Kawama, dentro de un barco. Telf. (45) 61 99 71. Fiestas al aire libre que hay que reservar en sus burós.

La Pachanga. Avda. 1ª con calle 13. Telf. 66 71 32. La mejor y más barata. Ambiente muy cubano y cóctel.

Karaoke La Descarga. Hotel Kawama. Telf. (45) 66 71 56.

VICTORIA DE LAS TUNAS

Transportes

Aeropuerto Hermanos Almejeiras. Telf. (31) 34 68 73. *Cubana de Aviación.* Lucas Ortiz, esquina 24 de Febrero. *Infotur.* Calle Francisco Varona, 298. Telf. (31) 37 27 17.

Hoteles

Las Tunas. Avda. 2 de Diciembre, esquina Carlos J. Finlay. Telf. (31) 34 68 29 y 34 50 14. Tiene 142 habitaciones y 16 cabañas con aire acondicionado, televisión, frigorífico, bar, restaurante, cafetería y piscina. www.islazul.cu

Brisas Covarrubias. Playa Covarrubias. Telf. (31) 51 55 30. Se trata de coloridos chalecitos de dos plantas rodeados de jardín y a 100 m del mar. 180 habitaciones con TV vía satélite, teléfono, aire acondicionado, mini-bar, caja fuerte y secador de pelo. Piscina, tenis, servicios médicos y discoteca. Un moderno alojamiento para pasar unos tranquilos días de playa. www.villacobarrubias.co.cu.

El Cornito. Carretera Central Este. Telf. (31) 34 50 14. Tiene 129 habitaciones y 16 cabañas bajo un bosque de bambúes, aire acondicionado, televisión, frigorífico, bar, restaurante, cafetería y piscina. Situado en plena campiña tunera, *El Cornito* es famoso por los conciertos de música tradicional que se celebran en él.

Restaurantes

Casa de Quique y Marina. Hacia Camagüey. Restaurante cuyo único menú es el plato típico de la provincia, la "caldosa", especie de sopón hecho de carnes y vegetales varios.

Majibacoa. En el *Hotel Las Tunas*. También en el mismo hotel, los restaurantes *Las Delicias* y *El Protocolo*.

La Bodeguita. Francisco Varona, 293. Cocina internacional, italiana.

Restaurante 2007. Vicente García e/ Julián Santana y Ramón Ortuño. Cocina criolla.

El Baturro. Vicente García e/ Julián Santana y Ramón Ortuño, al lado del anterior. A pe-

sar de su nombre, sirve cocina criolla y un excelente conejo.
Covarrubias, Playa Covarrubias. Cocina criolla.
Para la noche los cabarets *Anacaona* en el Malecón, esquina Paco Cabrera, en Puerto Padre, y *Covarrubias* en la playa Covarrubias.

Deportes

Cerro Caisimú. A 18 km de la capital está este centro turístico con importantes reservas de caza, un motel de 17 cabañas, restaurante y bar. Las piezas más abundantes son gallina de Guinea, faisán de collar, pato de Florida y paloma rabiche.

ZAPATA (PENÍSULA)

✆ 45

Hoteles

2*Villa Horizontes Guamá. Telf. (45) 91 55 51. Dispone de 50 habitaciones en cabañas equipadas con aire acondicionado, televisión y frigorífico. Tiene además sala de juegos, discoteca, piscina, bar y un buen restaurante, *La Parrilla de Guamá*, donde la especialidad es el cocodrilo. Es también un centro de pesca. www.hotelescubanacan.com.

En Playa Larga

✆ 59

⭐ **Hotel Horizontes Playa Larga.** Telf.(45) 98 72 12. Dispone de 57 habitaciones en cabañas. Aire acondicionado, pistas de tenis, alquiler de motos, esquí acuático, wind-surf, buceo, restaurantes, como el *Arenas del Mar* y *El Ranchón*, y bares, entre los que destaca *El Tamarindo*, donde el buen barman Maximiliano Ortega sirve el mejor cóctel de la provincia, el "Playa Larga". www.hotelescubanacan.com.

⭐ **Horizontes Batey Don Pedro.** Carretera al central Australiana, km. 1. Jagüey Grande. Telf. (45) 91 28 25. Oferta varias cabañas en un entorno de naturaleza. www.hotelescubanacan.com.

El Canelo. Fiesta campesina. Ctra. de la Ciénaga, km 1. Telf. (45) 91 32 24. Menús completos y muy baratos.

La Boca y El Colibrí. Ctra. Playa Girón, km 19. Telf. (45) 59 55 62. Ofrecen carne de cocodrilo a la plancha.

Cueva de los Peces. Ctra. Playa Girón, km 46. Se trata de un cenote de aguas azules y 70 m de profundidad: maravilloso baño. Marisco, cangrejos blancos, gambas, langosta y cocodrilo.

En Playa Girón

⭐ **Hotel Playa Girón.** En el lugar del histórico desembarco de 1961. Telf. (45) 98 72 06. Un hotel grande, con 282 habitaciones, en una excelente playa y con todas las comodidades: restaurantes, atracciones nocturnas, piscina, actividades acuáticas, excursiones... www.hotelescubanacan.com.

ÍNDICE DE LUGARES

A
Aguachales de Falla, 86
Alto de Joaquín, 121
Alto Songo, 119
Archipiélago de los
 Canarreos, 66

B
Bahía de Jagua, 76
Bahía del Naranjo, 95
Balneario de Ciego
 Montero, 77
Balneario de Elguea,
 80, *232*
Banes, 94

Baracoa, 104, *232*
 Casa de la Trova, 105
 Castillo de Seboruco, 105
 Catedral, 105
 Castillo de la Punta, 105
 Monumento al indio
  Hatuey, 105
 Museo Municipal, 105
Basílica del Cobre, 116

Bayamo, 97, *232*
 Casa Natal de Carlos
  Manuel de Céspedes, 97
 Convento de Santo
  Domingo, 97
 Iglesia de San Salvador
  de Bayamo, 97
 Museo Provincial de
  Granma, 98
Boca, La, 92

C
Cabo Cruz, 100
Caibarién, 79, *233*
Cajobabo, 104
Caleta Buena, 65
Caney, El (valle), 119

Camagüey, 89, *233*
 Casa de la Cariátides, 90
 Casa Natal Ignacio
  Agramonte, 89
 Galería de Julián
  Morales, 90
 Iglesia de la Soledad, 90
 Iglesia Mayor, 89
 Iglesia de Nuestra Señora
  de la Merced, 91
 Museo Provincial de
  Ignacio Agramonte, 90
 Plaza de Armas, 89
 Plaza de Ignacio
  Agramonte, 89

 Plaza de San Juan
  de Dios, 89
 Plaza del Carmen, 89
 Teatro Principal, 89
Cárdenas, 61
Castillo de Nuestra Señora
 de los Ángeles de Jagua, 76
Cayo Blanco, 84
Cayo Coco, 88, *235*
Cayo Conuco, 80
Cayo Dama, 120
Cayo Enseñachos, 80
Cayo Fragoso, 80
Cayo Granma, 115
Cayo Guamá, 100
Cayo Guillermo, 86, *235*
Cayo Iguana, 71
Cayo Largo, 70, *234*
Cayo Levisa, 58
Cayo Naranjo, 239
Cayo Pájaros, 71
Cayo Redondo, 57
Cayo Romano, 91
Cayo Saetía, 95
Cayo Sabinal, 91
Cayo Santa María, 80
Chirivico, 120
Chorro de Maita, 96
Ciego de Ávila, 86, *235*
Ciénaga de Lanier, 68
Ciénaga de Zapata, 62, *252*

Cienfuegos, 72, 74, *236*
 Catedral, 75
 Cementerio Tomás Acea, 75
 Jardín Botánico, 76
 Museo Provincial, 75
 Palacio del Valle, 75
 Palacio Ferrer, 75
 Parque José Martí, 75
 Paseo del Prado, 74
 Teatro Terry, 75
Cojímar, 49, *231*
Contramaestre, 121
Coto Sur del Jíbaro, 81
Coto Yarigua, 77
Cordillera
 de Guaniguanico, 53
Cristo, El, 119
Cueva de Fustete, 100
Cueva de la Caleta Grande, 68
Cueva del Indio, 57
Cueva del Muerto, 119
Cuevas de Portales, 58
Cuevas de Punta del Este, 66

E, F
Embalse de Zaza, 81
Escaleras de Jaruco, 49

Escaleras de los
 Gigantes, 100
Filé, 121

G
Gíbara, 93, *238*
Gran Piedra, 118
Granjita Siboney, 121
Granma, 97
Guantánamo, 102, *237*

H
Habana, La, 14, *219*
 Academia de Ciencias
  de Cuba, 38
 Barrio Chino, 38
 Barrio de Regla, 44
 Batería de Santa Clara, 32
 Bodeguita del Medio, 30
 Callejón de Hamel, 46
 Capitolio Nacional, 38
 Casa de Baños, 25, 30
 Casa de Gobierno, 21
 Casa de la Beata
  de Cárdenas, 34
 Casa de la Cultura, 44
 Casa de Lombillo, 28
 Castillo de Cojímar, 32
 Castillo de la Chorrera, 32
 Castillo de la Real
  Fuerza, 24
 Castillo de los Tres Reyes
  del Morro, 31
 Catedral, 25, 26-27
 Cementerio Cristóbal
  Colón, 45
 Cementerio de Espada, 32
 Centro Gallego, 38
 Chorro, El, 25
 Convento de Nuestra
  Señora de Belén, 34
 Convento
  de Santa Clara, 34
 Coppelia (heladería), 41
 Floridita, 36
 Fortaleza de San Carlos
  y San Severino de la
  Cabaña, 31
 Fortaleza de San Salvador
  de la Punta, 32
 Giraldilla, 24
 Gran Teatro
  de La Habana, 38
 Guanabacoa (barrio), 44
 Habana Centro, 35
 Habana del Este, 44
 Habana Vieja, 20
 Heladería Coppelia, 41
 Hotel Capri, 40

ÍNDICE

Hotel Habana Libre, 40
Hotel Nacional, 40
Hotel Riviera, 40
Iglesia de la Virgen de Regla, 44
Iglesia de María Auxiliadora, 34
Iglesia del Espíritu Santo, 34
Iglesia y Convento de San Francisco de Asís, 34
Iglesia de Nuestra Señora de la Merced, 34
Iglesia de Nuestra Señora de Belén, 35
Malecón, El, 40
Memorial Granma, 37
Mercado de Artesanía, 31
Miramar (barrio), 40
Monasterio de San Francisco, 44
Monumento a José Martí, 44
Museo Casa Natal de José Martí, 35
Museo de Arte Colonial, 28
Museo de Artes Decorativas, 45
Museo de Cerámica, 21, 24
Museo de la Ciudad, 21
Museo de la Revolución, 37
Museo Hemingway, 45
Museo Histórico de la Santería, 44
Museo Nacional de Bellas Artes, 37
Museo Napoleónico, 45
Naranjos, Los (finca), 47
Palacio de los Capitanes Generales, 21
Palacio de los Condes de Casa Bayona, 28
Palacio del Conde de Jibacoa, 34
Palacio del Conde de San Juan de Jaruco, 33
Palacio del Conde de Santovenia, 21
Palacio del Marqués de Aguas Claras, 230
Palacio del Marqués de Arcos, 28
Palacio del Segundo Cabo, 24
Palacio Presidencial, 37
Parque Histórico Militar Morro-Cabaña, 31
Parque Lenin, 46
Paseo del Prado (José Martí), 37
Plaza de Armas, 20
Plaza de la Catedral, 25
Plaza de la Revolución, 44
Plaza Vieja, 33
Rampa, La, 41
Seminario de San Carlos y San Ambrosio, 35
Sociedades Chinas de Instrucción y Recreo, 38
Taller Experimental de Gráfica, 28
Teatro Carral, 44
Teatro Céspedes, 44
Templete, El, 14
Torre de San Lázaro, 32
Universidad de La Habana, 41
Vedado, El (barrio), 40
Vigía, La (finca), 45
Hacienda Cortina, 58
Hacienda La Demajagua, 99

Holguín, 92, 93, *238*
Casa de la Trova, 93
Catedral de San Isidoro, 93
Loma de la Cruz, 93
Monumento al General Calixto García, 93
Museo de Historia Natural, 93
Museo Provincial de Holguín, 93
Parque de Calixto García, 93
Parque Céspedes, 93
Parque de las Flores, 93

I, J
Isla de la Juventud, 66
Isla de Pinos, 67
Isla de Turiguanó, 86
Jardines de la Reina, Los, 88, 100

L
Lago Hanabanilla, 80, *240*
Lago La Redonda, 86
Laguna de Baconao, 119
Laguna del Tesoro, 64
Loma de Caguanes, 77
Loma de San Juan, 118

M
Manzanillo, 99, *240*
Marea del Portillo, 100, *240*
Marina Hemingway, 49, *231*

Matanzas, 59, *240*
Catedral de San Carlos, 60
Fortaleza de San Severino, 60
Gruta de Bellamar, 60
Iglesia de Monserrate, 60
Museo de Farmacia, 60
Museo Provincial, 60
Teatro Sauto, 60
Maya, La, 119
Mirador castillo de las Nubes, 54
Mirador de los Altos del Naranjo, 101
Mirador de Mayabe, 94, *238*
Moa, 105
Morón, 86, *240*
Mural de la Prehistoria, 52

N, O
Nueva Gerona, 68, *240*
Ojo de Agua Copey, 64
Ocujal de Turquino, 102

P
Palacios, Los, *248*
Parque Baconao, 118, *246*
Parque Nacional de Bariay, 94
Parque Nacional de la Güira, 57
Parque Nacional Desembarco del Granma, 100
Parque Nacional Sierra Maestra, 100
Parque Nacional Turquino, 121
Península de Guanahacabibes, 57
Perche, 76
Pico Pan de Guajaibón, 53
Pico Turquino, 121
Pinar del Río, 52, *240*
Playa Ancón, 84
Playa Arroyo La Costa, 119
Playa Bacajagua, 119
Playa Bailén, 58
Playa Bibijagua, 70
Playa Blanca, 71
Playa Bonita, 91
Playa Caletón Blanco, 120
Playa Cazonal, 119
Playa Chapaleta, 92
Playa Covarrubias, 92
Playa de Duaba, 105
Playa de Guardalavaca, 94, *239*
Playa de Lindamar, 71
Playa de La Esmeralda, *239*
Playa de los Cocos, 71
Playa de Maguana, 105
Playa de María la Gorda, 58, *248*
Playa de Santa Lucía, 91, *234*
Playa de Yurumí, 105
Playa Don Lino, 96, *239*
Playa El Francés, 120
Playa Estero Ciego, 96

aya Girón, 59, 65, *252*
aya Jaraguá, 119
Playa La Boca, 92
Playa La Herradura, 92
Playa La Llanita, 92
Playa Larga, 64, 70, 119, *252*
Playa Las Coloradas, 99
Playa Luna, 71
Playa Mar Verde, 120
Playa Pesquero, 96, *239*
Playa Punta de Piedra, 58
Playa Punta del Este, 70
Playa Roja, 70
Playa Sigua, 119
Playa Sirena, 71
Playa Tortuga, 70
Playa Varadero, 59
Playas del Este, 47, *230*
Punta del Inglés, 100
Punta Maisí, 104, 105
Puerto Padre, 92

R
Remedios, 76, 80, *242*
Reserva Arqueológica
   El Guafe, 100
Reserva Nacional de Ciénaga
   de Zapata, 62

S
Salina, La, 65
Salto de Caburni, 85
Salto de Soroa, 54
Sancti-Spíritus, 81, *243*
Sandino, *248*
Santa Clara, 78, *243*

Santiago de Cuba,
   106, 107, *244*
   Ayuntamiento, 115
   Balcón de Velázquez, 110
   Calle del Pico, 114
   Calle Enramada, 113
   Calle Heredia, 113

Casa de Diego Velázquez, 114
Casa de la Policía, 114
Casa de la Trova, 114
Casa del Adelantado, 114
Casa Natal de Antonio
   Maceo, 116
Castillo del Morro, 114
Catedral, 114
Cuartel Moncada, 116
Iglesia de Nuestra Señora
   de los Dolores, 114
Museo Casa Natal
   de Heredia, 113
Museo de Ambiente
   Histórico Cubano, 114
Museo de Frank País, 116
Museo de la Lucha
   Clandestina, 114, 116
Museo de la Piratería, 115
Museo de Historia Natural
   Tomás Romay, 117
Museo del Carnaval,
   113, 120
Museo del Ron, 116
Museo Histórico Veintiséis
   de Julio, 116
Museo La Isabelica, 118
Museo Provincial
   Emilio Bacardí, 116
Parque de Atracciones
   El Mundo de la
   Fantasía, 119
Parque de Atracciones
   Veintiséis de Julio, 118
Parque Dolores, 114
Parque Frank País, 115
Plaza-Parque
   de Céspedes, 114
Santo Domingo, 101
Sierra de Cubitas, 91
Sierra del Escambray, 85
Sierra del Rosario, 54
Sierra de los Órganos, 54

Sierra Maestra, 100, *240*
Silla de Gíbara, 94
Soroa,53, 247

T
Terrazas, Las, *248*
Topes de Collantes, 85

Trinidad, 82, *247*
   Casa de los Sánchez-
      Iznaga, 84
   Casa de Padrón, 84
   Casa del Regidor
      Ortiz de Zúñiga, 82
   Ermita de Nuestra Señora
      Candelaria de la Popa, 84
   Iglesia de la Santísima
      Trinidad,82
   Iglesia de San Francisco, 84
   Museo de Arqueología
      Guamuhaya, 78
   Museo de Arquitectura
      Trinitaria, 84
   Museo de la Lucha contra
      los Bandidos, 84
   Museo Romántico, 82
   Palacio de Brunet, 82
   Plaza Mayor, 82
Tunas, Las, 91

V
Valle de la Prehistoria, 119
Valle de San Luis, 84
Valle de Viñales, 52,55, *248*
Varadero, 60, *249*
Victoria de Las Tunas, 92, *251*
Villa Clara, 78
Viñales, 56
Vuelta Abajo, 52

Y, Z
Yunque de Baracoa, 105
Zapata (ciénaga, península),
   62, *252*

NDICE DE MAPAS, PLANOS Y PLANTAS DE MONUMENTOS

Mapa general, págs. *8-11*

Mapas

Cuba oeste, págs. *52-53*
Cuba central, págs. *72-73*
Cuba este, págs. *98-99*
Mapa de situación, pág. *127*

Planos de ciudades

Plano de La Habana I: Centro y Habana Vieja, págs. *18-19*
Plano de La Habana II: Vedado y Miramar, págs. *42-43*
La Habana accesos, pág. *45*
Plano de Santiago de Cuba, págs. *110-111*

Plantas de edificios

Alzado de la Catedral de La Habana, págs. *26*-27